U0781311

四川新華文化公益基金會出版資助項目

賴皋翔集

賴皋翔 著
張學淵 編

巴蜀書社

圖書在版編目(CIP)數據

賴皋翔集/賴皋翔著,張學淵編. —成都:巴蜀書社,
2020.5
(巴蜀文叢)
ISBN 978-7-5531-1141-4

Ⅰ.①賴… Ⅱ.①賴…②張… Ⅲ.①文史—中國—
文集 Ⅳ.①C52

中國版本圖書館 CIP 數據核字(2019)第 071796 號

賴 皋 翔 集
LAIGAOXIANG JI

賴皋翔 著
張學淵 編

策　　劃　王承軍　王群栗
責任編輯　王承軍
出版發行　巴蜀書社(成都市槐樹街 2 號　郵編 610031)
電　　話　總編室:(028)86259397
　　　　　發行科:(028)86259422　86259423
網　　址　www.bsbook.com
排　　版　成都完美科技有限責任公司
印　　刷　成都市金雅迪彩色印刷有限公司
版　　次　2020 年 5 月第 1 版
印　　次　2020 年 5 月第 1 次印刷
成品尺寸　240mm×170mm
印　　張　29.25
字　　數　420 千字
書　　號　ISBN 978-7-5531-1141-4
定　　價　150.00 圓

赖皋翔先生(1907—1993)

成都沙河故居留影(左起：赖皋翔、胡佩玖)

前言

鄧小軍

賴皋翔先生（一九〇七—一九九三），是二十世紀中國杰出的詩人、學者、教育家，少有的隱士。

七十年代，我由張學淵兄介紹，從四川新都中學退休老師周重能先生學詩。重能先生與皋翔先生是二十年代國立成都大學（四川大學前身）的同學，數十年的摯友。一九八二年，重能師去世。一九八三年春，我隨學淵兄謁皋翔先生於成都東郊鄉居。

從成都東門九眼橋出城，沿老成渝公路行數里，過沙河橋，下公路右折進入一條鄉村道路，路左田野，右邊溪水，不遠再左折進小路，就到了皋翔先生寓居的院子。院子面向溪水，背靠丘陵，丘陵遍植桃樹，花時絢若雲霞，皋翔先生詩中稱之爲『東陵』。院壩正北是一排瓦房，後面竹林翠影掩映，西北一進三間房屋，就是皋翔先生寓所。皋翔先生身着洗得泛白的中式灰布對襟衣衫，神態慈祥、尊嚴、睿智，一派舊式知識分子的形容、氣質。寓所後面有一片狹長的蘭草花圃和竹林籬寨，學淵兄和我就在屋後房檐下侍坐。那天，侍談的主要内容，是皋翔先生棄職歸田三十多年來的經歷，和他造詣異乎尋常深厚的中國文史之學。第一次見皋翔先生，給我留下震撼心靈的、永遠不能磨滅的印象：皋翔先生是當今的陶淵明，我親眼看到了中國文化傳統的見證人。

一、皋翔先生生平事迹

（一）皋翔先生的前半生：從大學高才生到優秀教育家

皋翔先生名鴻翺，字皋翔，一署高翔，以字行，四川簡陽人。先世由福建遷蜀。祖憲章公，爲清末秀才，讀書過目不忘，名聞鄉里。外祖父吴崇武公，以旅舍賬房，自學成才，考爲清末副榜，出長簡陽鳳來書院，主講程朱理學及音韻辭章。母四歲時，外祖父去世，外祖母守節扶養舅父及母成人。舅父雪琴公以光緒廿九年（一九〇三）東渡日本，留學於東京弘文書院，學成回國，創辦簡陽新學，民國初歷任縣教育局長、圖書館長。母幼承庭訓，賢淑而擅詩文。先生幼時，尚在懷抱，母即授以理學語録、曾文正公家書，啓蒙識字。六七歲時，偶患痢疾，自查方藥，自療而愈。舅父家藏書甚多，遍讀之，鄉里許爲神童。先入私塾，八歲入小學，舅父延聘鄉秀才毛氏任教，授四書五經。越級升入高小，以數學優異被稱賞。小學三年，即考入中學，從應茂如先生學桐城文，並以幾何優異被稱賞。

民國十四年（一九二五）秋，先生十八歲，考入國立成都大學中國文學系。林山腴先生主講國文，先生所作詩文爲林先生所激賞，遂棄桐城之學，從林先生潛心研習八代詩文。民國十五年，張瀾接任成大校長，用蔡元培學術自由之法治校，延聘吴又陵虞、林山腴思進、龔向農道耕、向先喬楚諸先生任教。先生轉益多師，最親近林先生。皋翔先生《憶林山腴先生》説：『林先生講五言古，以八代爲主；講七言古和近體，却是以唐人爲主。我們年終考試，先生出的題是《梅花引》，我用初唐體作了歌行。後來講到李東川的《愛敬寺古藤歌》：「南階雙桐一百尺，相與年年老霜霰。」他説去年的《梅花引》，爲什麽不照這詩作呢？林先生最善於改作文，凡是學生寫去的，他必定認真修改，使它像一個樣子。林先生能從學生詩文中的一句、或一段，賞識這學生，認定能有成就。同班的徐君荆石，就是因爲他所作花會詩「青羊道士如青帝，管領年年二月花」兩句，林先生很稱道，認爲他必然有成。林先生前後給我們改了不到二十篇文，但每一篇都給人很大的啓發，使人知道用詞造句的取捨。』後來，臯翔先生作古駢體文、五七言詩，皆有第一流成就。民國二十年，先生大學畢業，林先生撰書《師道篇》横幅相贈，詩云：『師道廢已久，常苦天下裂。悠悠暫學人，誰能喻舍鍥。平生負讀書，望道愧不切。徘徊歧路間，幸免中情熱。群言正淆亂，此衷猶可折。斐然二三子，高姿孕明哲。賴生尤淵淵，令器瑚璉别。』又云：『火盡待薪傳，斯理未宜絶。』高情厚望，一見於詞。先生懸諸寓壁，垂數十年。《憶林山腴先生》説：『《清寂堂詩》裏隨時都有憂時念亂之作。壬申（一九三二）《兵禍詩》叙成都巷戰，憤斥軍閥，簡直是許多人所不敢直言的。』林山腴《成都十月兵禍詩》，是學杜甫的時事叙事詩，長達一千二百二十字，篇幅超過杜甫的《自京赴奉先縣詠懷五百字》，及《北征》七百字。由此可見林山腴的詩史品格，及其對臯翔先生的感召。

民國二十年以後二十年間，臯翔先生先後執教於成都縣立中學、錦江公學、省立成都中學、川大附中、私立蜀華中學，其中任教蜀華逾十年。蜀華中學同事、後來著名的新儒家、思想家唐君毅先生，曾稱許臯翔先生之爲人：『足下之心性行爲，可爲中國文化之代表。』民國三十四年秋，先生出任蜀華中學校長。《憶林山腴先生》説：『校董會因爲我是學校的老教師，要我去繼任。我自來專力教書，没有做過行政上的事；又想這學校校董，許多是軍政方面的人，不想去同他們打交道。林先生聽説我不願意去，叫高詠陶來勸我，説：「現在教育界的情形這樣，我們學國文的人爲什麽不來主持一下，樹立一點風氣？」』可見林山腴先生與臯翔先生之間的道義相期。先生出任蜀華中學校長時，蜀華長期負債累累，一學期學費收入，僅能支付兩月薪金，其餘四個月都要借債。先生受命於學校危難之際，全力以赴，革故鼎新，延聘社會名流及歷屆優生爲教員，建立學校聲譽；實行經濟、操行、成績三公開，校風爲之巨變。一學期即償還債累，二學期即減輕學生負擔，三學期即改善教員待遇，隨後修葺校舍，興建大禮堂，學校舊貌，焕然一新。先生任蜀華校長四年半，始則妙手回春，終至生機盎然，培育出大批優秀人才。至一九五〇年學校交付新政府時，規模達二十四班千餘學生。先生將全部心血傾注於教育事業，雖然掌握行政、經濟權力，而克己奉公，非分之財，分文不取。故先生以特立卓行著稱於世。

（二）皋翔先生的後半生：隱逸躬耕三十五年

一九五〇年，因與時不合，皋翔先生辭去成都蜀華中學校長職務，短暫任教於王恩洋所辦東方文教研究院後，便歸田務農於成都東郊董家山，不久移居沙河橋東同學胡佩玖世玉先生宅，躬耕自養，長達三十五年。累次徵召，先生皆不爲所動。一九五六年，曾以故人敦請，執教於成都紡織學校，終因與時不合，僅一年即辭歸。記得當年侍坐，先生說過：『那時還年輕，當天從紡校退職回來，就把一張多餘的拌桶背到院壩裏，改做了一間床。』四川鄉下打穀子的拌桶，通常是要兩個人來抬的。可見先生當時之豪氣與負氣。先生還說過：『不失掉自己。』不失掉自己，就是保持獨立自由之人格。先生自題聯云：『立身有本末，所樂非窮通。』獨立自由之人格，是皋翔先生安身立命之本，快樂之根源。至於命運之窮通，或爲世人所看重，而爲皋翔先生所看輕。

一九八四年，先生友人趙元凱（趙堯生熙之子）作《春歸翌日皋翔兄招飲》詩云：『老去鄉人敬，村居溪路斜。好花紅上砌，疑是邵平瓜。』其二：『竹外村鳩鳴，開樽對場圃。言笑不知歸，陣陣荼蘼雨。』自注：『君種花售價數十元。』當時數十元，相當今天數千元。由種花出售一事，可見先生躬耕自養之勤勞智慧。說來有意思的是，棄職歸田，保持獨立自由人格，皋翔先生和陶淵明一樣；既種植糧食作物，也種植出售花卉蔬菜以維持生計，皋翔先生也和陶淵明一樣。

八十年代初，中國進入改革開放新時期，其標志之一，是爲幾十年來受管制的『階級敵人』地富反壞四類分子以及右派分子揭帽，恢復公民權。在此時代背景下，一九八四年，先生始以王善生諸故舊力薦，四川省文史館禮聘，出任四川省文史館館員。皋翔先生撰文回憶唐君毅先生，將由刊物發表，工作人員奉命告訴先生：『文章當説，唐君毅先生當日赴港，由於認識不清。』先生立即反對此説：『我對亡友不當用此態度。』一九八九年，先生寄故人北京大學哲學系周輔成先生詩云：『民貴君輕抉故書，一篇宏論闢榛蕪。由來興廢成虧路，正在人心向背初。』由此等事迹，足見先生暮年，風骨依舊。一九九〇年，先生移居成都市内文殊院側白家塘街老二號寓宅。一九九三年中秋節，以腦疾去世，終年八十有七，殮骨藏灰於簡陽故土。

皋翔先生是當代中國的隱士。一九四九年以後，大批地主、國民黨員、右派分子被下放農村勞動改造，而皋翔先生不是地主、不是國民黨員、不是右派分子，也不是被下放農村勞動改造，他是爲了獨立自由人格而自己歸田。美國人比爾·波特《空谷幽蘭——尋訪當代中國隱士》一書，記述一九四九年以後，有成百上千的佛教徒、道教徒，隱居深山長達數十年，而皋翔先生不是佛教徒、不是道教徒，他是人間隱士，隱逸農村長達數十年。中國古時真正的隱士，如伯夷、叔齊、孫登、陶淵明、韓偓、司空圖、鄭思肖、謝翱、傅山、王夫之，身在林下，何嘗忘懷天下。皋翔先生亦何嘗忘懷天下。先生詩『大地回春延歲月，槃阿息影看風雲』之句（一九七九），境界不在散原『憑欄一片風雲氣，來作神州袖手人』之下。《憶林山腴先生》説：『這些年來一般都把林先生看成是隱君子，不過問世事，好像先生對於人生社會，毫不相關。其實林先生還是對於民生疾苦，十分繫念的。』這也是皋翔先生的夫子自道。

皋翔先生著述，多毁於『文革』。一九六六年『文化大革命』破四舊運動，附近四川師院紅衛兵學生來抄家，先抄出先生所植蘭花，又抄出先生所藏書籍字畫手稿，先生手持《文物保護管理暫行條例》據理力争，説書是文物，國家保護，僅争回書籍，而手稿被學生付之一炬，其中包括《文論探源》一書手稿。《文論探源》全書用駢體寫成，精思卓識，李源澄先生稱之爲中國第二部《文心雕龍》。

皋翔先生著述，今尚存學術著述《學本》等十餘種，古文辭數十篇，《寄櫟軒詩存》詩詞四百首，有門人張學淵編《賴皋翔文史雜論》二册自印本。今存皋翔先生學術著述，具有重大創見，其詩具有第一流成就，皋翔先生實爲當代杰出之舊體詩人。

皋翔先生晚年自題聯云：『莊情孔思，沈筆陶詩，平生白業一揮手；文苑儒林，獨行隱逸，他年青史四傳人。』『莊情孔思』，指平生實踐儒家人道思想、道家自由思想。『沈筆陶詩』，指平生所作古駢體文、五七言詩，源自六朝詩文。『平生白業一揮手』，謙言上述平生善業，已揮手而去。『白業』，佛教語，指善業，亦用指教書育人事業，蓋舊時教書，用粉筆黑板，而多白粉之故也，風趣稱之。『文苑』，正史記載文士的傳記；『儒林』，正史記載儒者的傳記；此分别是指自己的詩文、學術成就。『獨行』，正史記載立志孤行者的傳記，創始於《後漢書·獨行列傳》；『隱逸』，正史記載隱士與遺民的傳記，創始於《後漢書·逸民列傳》，《宋書》命名爲《隱逸列傳》，歷代正史皆繼承之；此分别是指自己一九四九年前特立卓行辦好蜀華中學，一九四九年以後歸田隱逸三十五年。『他年青史四傳人』，是言上述平生四種善業，終將書於青史，而不會磨滅。

二、皋翔先生之學術創見

皋翔先生國學造詣異常深閎，對於先秦儒道以及諸子之學，造詣尤爲精湛。其學術著述，劫灰之餘，尚存《毛詩美刺論》《二南之作者與時代》《國風流別論》《詞賦流別論》《馬端臨文獻通考序箋釋》《方志論·編撰》《學本》上篇、《國故論衡原儒志疑》上下篇、《鍾嶸詩品後序》《滄浪詩話跋》等篇。

皋翔先生在中國思想史方面之學術創獲，今舉一例：《學本》揭示先秦儒道以及諸子之區別，在於講是非與講利害。歷來學者討論先秦儒道以及諸子之學，『於其分歧，固未遑專辨，亦有才見牙角，明而未融，取足於斯，豈能解其紛蔽』，皋翔先生有鑒於此，而作《學本》（一九四四）。今存《學本》上篇，煌煌近三萬言。

《學本》云：『閒常鈎稽載籍，審所立言，推於開物成務之途，驗其立心制行之要，爰知諸子之學所由別異，蓋有二端：一曰是非，一曰利害。利害是非合，則諸家之所由同也；利害是非分，則諸家之所由異也。儒家者立於是非者也，道家者立於利害者也，墨家者主是非而説之以利害者也，法家者主利害而説之以是非者也。儒墨之論以是非爲主而不言利害，道法之論以利害爲主而黜是非。墨家以天下之是非定人君之利害，法家以人君之利害立天下之是非。先秦諸子，蓋未有别於此四宗者也。』儒道以及諸子之學之區別，在於講是非與講利害之不同。此是皋翔先生揭示儒與道及諸子之學之區別的總綱領。

《學本》又云：『儒家所争者在名，名者天下之論，是非所由定也。道家所貴者在生，生者利害之所由養也。趨利避害，道家之由生也；求名於善，儒家所論是非也。』講是非與講利害之區別，在於追求善與追求生之不同。此是指出儒道在實踐上之區别。用今語表之，道家所追求之價值是個人的生命權、生存權利。此是皋翔先生對道家之不可磨滅的思想史價值與實踐意義，作出的顛撲不破的揭示，是對道家思想的重大貢獻。

《學本》又云：『是非者因心而異，隨見而殊……斯孔子所以不言是非而稱仁義者乎？』又云：『曰利害者，謂其以私己爲心者也；是非者，謂其以濟人爲心者也。以私己爲心者，不以物害己者也。』講是非與講利害之區别，在於心存人道精神與個體權利之不同。此是皋翔先生揭示出儒道在根源上之區别。

《學本》又云：『自春秋之末，迄於戰國，諸侯力征，生民益苦……世運之隆污既異，持論之輕重亦殊。故同一利害，老重在就利，莊重在避害，則網禁之密，民不聊生之所致也；同一是非，孔重在明是，孟、荀重在讁非，則處士横議，人無適從之所致也。此道儒先後之變也。儒者雖言利害，終主是非，故曰「人之生也直，罔之生也，幸而免」《論語·雍也》。道家雖言是非，終主利害，故曰「曲則全，枉則直」《老子》二十二章。』自春秋至於戰國，由於網禁之密、民不聊生，和處士横議，人無所適從，儒家學説從重在明是變爲重在讁非，道家學説從重在就利變爲重在避害。此是皋翔先生揭示出儒道區别之歷史背景之變化，及其思想史之發展。

皋翔先生《學本》對儒道諸子之區别的見解，是重大創見，而非常精闢，如大禹治水，知天下脉絡。可以借用宋儒的話來説：『不是他見得到，如何道得出？』而衹有對於儒道諸子之學深造自得，如自己所出，始能見得到。陳寅恪先生《陶淵明之思想與清談之關係》説：『凡兩種不同之教徒往往不能相容，其有捐棄舊日之信仰，而歸依他教者，必爲對於其夙宗之教義無創闢勝解之人也。』《金明館叢稿初編》，上海古籍出版社，一九八〇年，第一九六頁。皋翔先生信奉中國哲學，終生不捐棄舊日之信仰，與他對中國哲學特具創闢勝解之間，正是密切相關的。

皋翔先生的學問，並非衹是知識，而是具有實踐品格。儒道兩家思想，尊崇人的價值、尊嚴和獨立自由人格。皋翔先生爲了人的價值、尊嚴和獨立自由人格，而歸田隱逸長達數十年，就是他的學問具有實踐品格的證明。

皋翔先生《八十自壽》：『春秋八十忽忽過，社櫟山樗寄此生。』這是用《莊子·養生主》社櫟山樗，不材之木，無所可用，故能終其天年之典，表示自己隱逸農村數十年，全生避禍，以維護自己生存權利和獨立自由人格，是實踐莊子哲學。《題霜甘閣人日燕集詩後》：『從古興亡夜向晨，是非青史自能論。』《次韻重能南郊紀游》：『畢竟千秋誰占得？是非青史話從頭。』則是用自己所撰《學本》『儒家立於是非者也』之典，對世事滄桑，加以儒家之是非判斷。皋翔先生真正是儒道兩家哲學的圓融者、實踐者。

皋翔先生在史學方面之學術創獲，今舉一例：《劉光第傳》及《劉光第詩略論》揭示劉光第（一八五九—一八九八）之反清思想。劉光第是清末戊戌變法的重要人物，戊戌六君子之一。皋翔先生《劉光第傳》指出：『光第之死，自清室遺老及康、梁諸人視之，固爲忠於清室，懷始終之姓之義，此在當時情事，誠有可言。然觀其《雜詩二十首》，力斥清室上下誤國誤民之罪，初無韓昌黎「臣罪當誅，天王聖明」之意，而有「文王曰咨，咨汝殷商。汝炰烋于中國，斂怨以爲德」之情。以及《重葺張忠烈公墓詩並序》《賴義士傳書後》諸篇，蓋所傷者民生疾苦，所重者民族氣節。假使不遭此禍，知其道不行，或思退隱講學，藏器待時；或應天順人，投身革命，終不如康有爲之始終保皇，侑於亡國大夫之側可列也。』皋翔先生《劉光第詩略論》進一步指出：『《重葺張忠烈公墓詩並序》詩所云：「此骨南撑半壁天，前身北射中原月。……形骸久已外天地，留此大明土一丘。」《白雲山弔賴義士崧》：「武平賴生冠儒冠，誓將戴髮黃泉沒。白雲峰頭竟長往，孤竹魯連比高潔。……河山百代逗興亡，風雨萬靈趨恍惚。心孤曾怨鬼神迷，項拗竟隨天地折。匹夫殉國古亦有，殺人不死三章缺。監司徒與賻金錢，里老至今祠石碣。我過家山弔崖谷，恨少神弦奏金鐵。但聞風籟響陰林，似悲故國還凄咽。殺身成仁心所安，析義要如筋入骨。蘇卿嚙毛不忘漢，大禹文身爲游越。黃冠歸里儻得成，文山高操猶冰雪。」以一個爲清代敵人不屈而死的張忠烈公墳被盜修復而引起極大的敬仰，說他「此骨南撐半壁天」，說他「留此大明土一丘」；以一個不肯去髮而被人殺害的前朝遺民，而怪當時官吏沒有殺兇手來償義士的命，稱他爲殺身成仁，恨里閭沒有爲他辦樂曲祭祀，這豈是忠於清代的臣僚所能說的話？這簡直是反清復明的主導思想，也正是清末革命所倡導的一種思想。所以光第屢次想辭官歸里，不應當但看作是潔身自好，不肯身仕亂朝，而實在有「逝將去汝」的意向。」皋翔先生揭示出劉光第具有反清復明的思想，此思想與同情民生疾苦和尊崇民族氣節密切相關，並指出此種反清復漢思想正是清末革命的動力，此似爲劉光第研究從未有過的創見。

我們祇要看看《清稗類鈔·譏諷類》所載嘉慶十九年（一八一四）江西巡撫阮元鎮壓胡秉耀起義後，『有函投阮室，啓視之，胡在獄中所著詩』，詩曰：『能解《春秋》有幾人』，『爲憐未解金人禍』，『幾多豪杰輔元胡』，『惟向胡兒輕屈節』，阮元閱之曰：『此人固亦解文字也。』以及趙烈文《能静居日記》同治六年（一八六七）六月二十日所記趙烈文對曾國藩說『土崩瓦解之局』，『殆不出五十年矣』，『國初創業太易，誅戮太重，所以有天下者太巧，天道難知，善惡不相掩，後君之德澤，未足恃也』，國藩聞之，『蹙額良久』，就可知道反清復漢之思想，實爲清朝統治下漢人不絕如縷之集體潛意識。故辛亥革命義旗一舉，而清朝統治土崩瓦解。可見，皋翔先生的劉光第研究，創見至爲精微，而符合清史深層實際。

三、皋翔先生之詩

皋翔先生留與後人的寶藏，主要在詩。其非同尋常的思想、人格、智慧，皆藴藏於詩。

皋翔先生早年受林山腴先生詩學，林先生詩學，溯其源出自王湘綺，並受同光體影響。在中國近現代詩歌史上，湘綺詩學，效法八代，近體則取法唐詩，實爲詩歌創作之一大道，足以與同光體並駕齊驅。其在全國之影響，雖不敵同光體，而在四川，則蔚爲大邦。林山腴先生詩、皋翔先生詩，爲其翹楚。皋翔先生詩謹遵師法，由於湘綺詩學本身途徑正、堂廡大，皋翔先生又天分極高，爲豪杰之士，其所經歷之巨變爲二千年所未有，其特立獨行隱逸數十年亦異乎尋常，故其詩所開闢之境界，及其所造就，如其爲當代之詩史，爲當代之隱逸詩，實非傳統湘綺詩學所能範圍，乃自成一大家。

皋翔先生《寄櫟軒詩存》，今存詩詞四百首，無一懈筆，多數篇章，良玉精金，無以喻其美。

皋翔先生詩，以一九五〇年先生四十四歲爲界，可分爲前期詩、後期詩。其前期詩已取得非常優秀之成就，但是其最主要成就，爲後期詩。

（一）五古

湘綺詩學主張五言詩『持其志』，又主張五言詩分和、勁二途。皋翔先生五言古詩，取法魏晉，以『持其志』爲内涵，以寬和爲主，而融會和勁。《辛卯初秋濕疹成瘧兼嬰胃疾病起有作》云：

> 荏苒物序秋，漸漬時癘蒸。死喪豈不威，心嘆此遂生。六鑿攘更通，四體周自營。藥石已復間，内養得所争。闢牖面場區，拄杖出户庭。鳥雀來讙譁，瓜芋紛已盈。陰陽晦塞開，昏旦氣景清。川原

曠望間，黍稻莽然平。斂穡既有日，負戴亦有程。服經不履畝，豳雅何以興。膂力吾未愆，荷蓧將有能。倘列一廛氓，從君隴上耕。

此詩作於先生歸田之後不久。『服經』猶言辛勤從事經傳。『服』，從事，如《尚書·盤庚上》：『若農服田力穡，乃亦有秋。』『履畝』，語出《春秋公羊傳》魯宣公十五年『履畝而税也』。詩言病起間望黍稻，自勉從事躬耕，辭氣寬和，而悲欣交集。『死喪豈不威，心嘆此遂生』，憂生之蒼涼，何減阮籍。『服經不履畝，豳雅何以興』，懷新之風趣，雅似淵明。陶實融會和、勁。臯翔先生此詩，阮陶爲一，遂成自性。《蒙文通先生挽詩》二首其一云：

幽蘭誤當門，遑恤鋤刈捐。崑岡縱烈火，璿石共摧殘。薰蕕豈同器，膏液理難乾。一朝委塵埃，孰辨佞與賢。頗恨通人蔽，操世徒空言。遨游羿彀中，罹此禍福端。鬱鬱井絡精，慘慘商風寒。蜀學俄遂空，薪火定誰傳。託契李生者，謂浚清。膏明早自煎。

蒙文通先生是川大教授，卓越的歷史學家，『文革』中死於非命。『膏液理難乾』，用《文選》卷四四司馬相如《喻巴蜀檄》：『是以賢人君子，肝腦塗中原，膏液潤野草而不辭也。』『頗恨通人蔽』，用《弘明集》卷三何承天《答宗居士書》：『夫明天地之性者，不致惑於迂怪；識盛衰之徑者，不役心於理表。儻令雅論不因善權篤誨，皆由情發，豈非通人之蔽。』『操世徒空言』，用黄宗羲《孟子師説》卷下：『用行舍藏，因時制宜，終不落事局中。取辦功名，若常人之出處爲世所操，我不能操世，便是落於事局。』『遨游羿彀中』，用《莊子·德充符》：『游於羿之彀中，中央者，中地也，然而不中者，命也。』深婉曲折地表達了對蒙文通先生死於非命的痛心。『蜀學俄遂空』，如黄宗羲《八哀詩・錢宗伯牧齋》『紅豆俄飄迷月路』，『俄』字皆用得好，『俄』，俄頃、頃刻，在此有輕易之感，寫出對人文毁滅容易成就難之悲慨。此是當代詩史，筆調悲憤、沉鬱，屬於蔡琰、杜甫一路。

悲悼衆多故人死於非命或生前遭受迫害，形成皋翔先生詩文非常突出的當代詩史特色。在當代詩歌史上，沈祖棻詩悲悼衆多故人，如《歲暮懷人四十二首》，具有突出成就，但沈祖棻先生是用七絶短小篇制，而皋翔先生悲悼衆多故人是用五古長篇或五七言律中篇，且往往爲聯章，故叙事抒情更爲翔實深切。

（二）七古

湘綺詩學，取途八代，特别崇尚『詩緣情而綺靡』。皋翔先生早期七言古詩，即在綺麗一途，已有出色造就，不僅在於描寫之工致，氣韻之變化，而且在於境界之卓爾不凡。

皋翔先生早年所作《古妝仕女圖爲蔣恭南題》云：

東南樓上初日度，窈窕容光照縑素。秖言靈韻勝人間，人世縑羅已非故。亭亭孤秀瑣窗前，寶髻盤鴉黛娥鮮。十二闌干垂玉手，一重雲母映花鈿。朝寒綃帳飛文綺，盡夜春風吹錦水。偶然陌上望花開，平生未覺花能擬。回腰側袖轉身時，伯勞東去西燕飛。凌波海水摇空緑，破夢眉山送淺緋。交甫新悲漢皋佩，從來高致邈難對。遠思驚回桂魄秋，芳情暮入疏星外。北渚風流帝子家，萬年年少駐朝霞。却嫌陶令閑情賦，唐突仙人萼緑花。

此詩以齊梁筆調，綺豔色澤，描寫畫中人之美麗、高致。『偶然陌上望花開，平生未覺花能擬』，真神來之筆，雖用《藝文類聚》卷六九梁簡文帝《答南平嗣王餉舞簟書》『南湘點淚，喻也未奇；東宫赤花，擬之非妙』之語，而迥然青出，已爲原創。奇思逸韻，可比擬《春江花月夜》：『昨夜閑潭夢落花，可憐春半不還家。』結筆『却嫌陶令閑情賦，唐突仙人蕚緑花』，用陶淵明《閑情賦》之典，及梁陶弘景《真誥·運象篇》蕚緑華故事，忽然寫出對畫中女主人公亦即理想女性的人格尊嚴的尊敬，是何等高情、高致。此實爲新文化運動價值觀之詩性體現。先生是新文化運動先驅吴虞先生之弟子，撰有《吴先生墓志銘》。程千帆先生一九九四年三月八日致張學淵函云：『五十年前，流寓成都，嘗預賴翁交游之末。憶讀其所擬《吴又陵墓志》，嘆爲晉宋高文，容甫以後一人而已。』全詩當得『高華』二字。

皋翔先生早年所作《楊枝曲》『小袖雲藍憐玉手，花容婀娜粲瓠犀』，《采蘭曲爲鏡吾作》『生來蘼蕪傍風塵，靈犀一點貯穠春』，亦屬綺麗一途，寫照傳神，皆不失爲佳句。《夭桃已開梅蕚猶盛詩以頌之》始言『梅花未落桃花開，春風次第吹芳菲』，後言『山阿寒歲青虬枝，成棟參天自不知』，用陶淵明《飲酒》其八『青松在東園，衆草没其姿。凝霜殄異類，卓然見高枝。連林人不覺，獨樹衆乃奇』，而翻新出勝，寓風骨於韻致，已預示着皋翔先生詩歌風格未來之發展方向。

皋翔先生後期詩歌，是詩史，見風骨，其韻致則依舊。《霽晴索贈長歌》云：

劉郎五載江油客，消息探蹤渺無迹。長裾徒步踏門來，劍氣干霄猶可識。江油山色賨圖高，耦耕人是酒中豪。俯眉斂抑甘粗使，肯信埋没終蓬蒿。平生萬卷耽書策，揮手鋤耰如運筆。荷蓧朝出荷畚歸，南山種豆北山麥。辛勤四體誇身强，漸親鹿豕擾群羊。彌縫失意幾微事，涉歷險阻俱康莊。當時厚結師門契，交手西都合義類。高李吹臺紀勝游，應徐鄴下成嘉會。地坼天崩大過纏，遷斥凍餒相鈎連。誰知錦里生還日，已是山陽感舊年。感舊唏嘘歲月改，秋草玄亭葬文彩。吴質長愁薤露晞，第五高名埋上海。賈貿喧闐起市塵，蕭疏廠舍罷機輪。死生契闊幾人在，與君共話增酸辛。君鬢青青我鬢白，雞鳴如晦風雨夕。歲寒不損後凋心，兩人壯意今猶昔。與君相約更相親，種桃道士待何人？菜花零落莓苔長，來看玄都觀裏春。

霽晴，即劉霽晴，作者的同學、好友。起筆至『涉歷險阻俱康莊』十八句，寫友人失蹤五年，突然踏上門來見面，接着回顧友人下放江油勞動改造的生涯，不僅各種苦活重活舉重若輕，各種艱險履險若夷，而且從未屈服。其中，『長裾徒步踏門來』，『長裾』，不僅用《後漢書·獨行列傳·范式傳》『式見而識之，呼嵩，把臂謂曰：「子非孔仲山邪？」對之嘆息，語及平生，曰：「昔與子俱曳長裾，游息帝學」』之古典，寫出友人之豪氣；更用一九五六年自己因穿舊式長衫被譏而棄教紡校之今典，包含《離騷》『退將復修吾初服』之深意。『劍氣干霄猶可識』，用《藝文類聚》卷六〇雷次宗《豫章記》『吴未亡，恒有紫氣見牛斗之間』，即豐城劍氣之故事，及《梁文紀》卷六任昉《宣德皇后令》『劍氣凌雲，而屈迹於萬夫之下』之典，寫出友人之國士氣質，及屈迹人下之命運。此下句句精彩，如有神助。『平生萬卷耽書策，揮手鋤耰如運筆』，『辛勤四體誇身强，漸親鹿豕擾群羊。彌縫失意幾微事，涉歷險阻俱康莊』，寫出知識分子勞動改造生涯及友人剛强睿智性格，皆别開生面，古所未有。『當時厚結師門契』四句，忽然闌入舊時大學生活勝游嘉會之美好回憶，如影片之彩色與黑白二部曲交替，神明變化，興感無端。『地坼天崩大過纏』至結筆二十句，撫今追昔，慷慨淋漓。『地坼天崩大過纏，遷斥凍餒相鈎連』，化用李白《蜀道難》『地崩山摧壯士死，然後天梯石棧相鈎連』，以蜀道開闢之難喻世變及世道之難，氣派、貼切。『大過』，用《周易·大過》正義『此衰難之世，唯陽爻乃大能過越常理以拯患難也』，《象辭》『澤滅木，大過。君子以獨立不懼，遁世無悶』，及《周易集解》引《九家易》『至於大過之世，不復遵常，故君子犯義，小人犯刑，而家家有誅絶之罪』。『拆』『崩』『纏』『遷』『斥』『凍』『餒』『鈎連』，連用九個動詞字，直寫出當時知識分子所遭遇之從古未有之劫運，直至眼前之饑荒，不謂之詩史，不可得也，不謂之神筆，亦不可得也。『賈貿喧闐起市塵，蕭疏廠舍罷機輪』，更推擴開去，寫出三年經濟困難時期自由市場喧闐、工廠紛紛下馬之當代史。『死生契闊幾人在』十句，從滄海桑田死生契闊之悲慨，寫到道義風骨之相期許，五音繁會，撼動人心，譬之戲曲，曲雖終而情不盡也。

皋翔先生以七古長篇，寫出時代之劫難連綿，底層知識分子之苦難與風骨，當代詩史，戛戛獨造。《霽晴索贈長歌》是一代表作。

《憶昔行贈周重能》云：

憶昔太學興西陲，張公巖巖作之師。清寂愛智振金玉，風流文彩世莫追。吴先君毅先生自是鳳鸞姿，朋從群彦張羽儀。三蜀英豪競奔驟，蕩如大海魚龍歸。周郎廿七枕經史，竟日兀誦忘饑疲。刁君爲我通縞紵，道存目擊心神怡。六年成業驪駒暮，勞飛燕去還相顧。同門張卓名易建文與錢智儒周克謀，幾回連我東西路。我留君去去君來，十番期遇五不諧。偶然錦水蘭萍合，雲龍上下相追隨。爾時陸海物力充，六街九陌列尊罍。瓊漿玉食買朝夕，兼以詞翰相娭嬉。東郊薛井草堂西，北海樽翻九里堤。青羊花市賞春出，丞相祠中消夏回。風景不殊人代改，死喪疾餒重重待。諸老凋零實可哀，宿昔交親餘幾在？壯游君我稱賞心，十年羈阻復相尋。尚留皮骨保康吉，寧免感憤百憂深？君住清江綿教澤，我亦織室分一席。自慚疏拙謝知新，量力歸來守故轍。中間花發錦城春，君携童冠樂芳晨。馳箋故舊接歡燕，崔徐唐鄧來相親。一朝時沴連都邑，救困扶顛留不得。自此憂讒慮患深，風塵荏苒音書絶。世用從人棄散樗，君自抽簪領桂湖。檢校丹鉛理函海，白頭尚友楊新都。牛市東頭期一見，轉轂忽忽有程限。樓上斜陽照鬢絲，始悟歡悰雜哀怨。交柬壯老別情多，箋素酬君發浩歌。明年解禊桃花水，感舊相憐春夢婆。

本詩寫自己與老友滄桑之後相逢與惜別。『自慚疏拙謝知新，量力歸來守故轍』，用陶淵明《歸園田居》『開荒南野際，守拙歸園田』，《詠貧士》『量力守故轍，豈不寒與饑』，及《文選》卷四八揚雄《劇秦美新》『豈知新室委心積意』之典，表示歸田是爲了守住自己樸拙的本性及與時不合。『樓上斜陽照鬢絲，始悟歡悰雜哀怨』，寫出酒樓臨別，一道斜陽光綫照亮老友斑白鬢絲之瞬間畫面，滄桑契闊歡悰哀怨當下涌上心頭，真是傳神之筆。其光綫背景與形象特寫，令人聯想起杜甫《夢李白》『落月滿屋梁，猶疑照顔色』，與『出門搔白首，若負平生志』。而連用『悟』『歡』『悰』『哀』『怨』『雜』一系列心理動詞，則深得蔡琰《悲憤詩》『見此崩五内，恍惚生狂癡』，及潘岳《悼亡詩》『悵恍如或存，回遑忡驚惕』之神理。此等藝術特詣，雖是出自詩人之靈心鋭感，亦是出自非同尋常之生活遭際。

《題霜甘閣人日燕集詩後》結筆『從古興亡夜向晨，是非青史自能論。他年海水群飛盡，誰與刊碑紀亥辛』，用《劇秦美新》『神歇靈繹，海水群飛』之古典，與成都『辛亥秋保路死事紀念碑』之近典，表達期望未來，蘊含興發感動，境界深沉高遠，看似近於陶淵明《飲酒》『衰榮無定在，彼此更共之』，《述酒》『流淚抱中嘆，傾耳聽司晨』，其實風味已然不同，畢竟時代已邁越千年。

(三) 五律

皋翔先生五律，王、孟之華秀超逸取致，杜甫之沉鬱頓挫風趣，今之隱士之獨特境界，融會爲一，而別具一格。求之在昔，似未之有也。字字妍秀，句句警策之作，集中比比皆是。

《奉酬重能佛操見壽之作次重能韻》其四云：

背郭依山宅，朝暉映彩霞。傾筐勞厚饋，翳地賞餘花。南國三春樹，東陵五色瓜。興衰談已倦，一唱浪淘沙。

『背郭依山宅，朝暉映彩霞』，幽静、絢麗，境界全出。『傾筐勞厚饋』，故人攜來厚贈，傾筐而出，人情味、生活氣息，撲面而來。『翳地賞餘花』，揚雄《方言》卷十三：『翳，掩也。』郭璞注：『謂掩覆也。』翳，指樹陰或藤陰掩覆其下空間以及地面。《左傳》宣公二年『舍於翳桑』杜預注：『翳桑，桑之多蔭翳者。』陶淵明《雜詩》其十：『庭宇翳餘木。』韓愈《示兒》：『西偏屋不多，槐榆翳空虚。』皆此義。『翳地賞餘花』，言餘花猶密密匝匝，無異繁花，蔭翳其下空間以及地面，花陰之下，仰面賞花，人已陶醉；繁花時節，其麗如何？此句之境，極美極幽，韻致罕見。『杏花疏影裏，吹笛到天明』，看似似之，實未似之，繁花翳地，杏花疏影，花之疏密，並不相同。『南國三春樹』，用《楚辭·橘頌》『后皇嘉樹，橘徠服兮。受命不遷，生南國兮。深固難徙，更壹志兮。緑葉素榮，紛其可喜兮』，並自然帶出其相關下文『嗟爾幼志，有以異兮。獨立不遷，豈不可喜兮』，『蘇世獨立，横而不流兮』，『願歲並謝，與長友兮』，『行比伯夷，置以爲像兮』。用簡單明白之語，及屈原《橘頌》之典，道眼前橘樹之景，隱喻今之隱士心情，毫不費力，幾於出神入化。『東陵五色瓜』，用《史記·蕭相國世家》『召平者，故秦東陵侯，秦破，爲布衣，貧，種瓜於長安城東，瓜美，故世俗謂之「東陵瓜」』，及阮籍《詠懷詩》其六『昔聞東陵瓜，近在青門外』，『五色曜朝日，嘉賓四面會』，及陶淵明《飲酒》其一『邵生瓜田中，寧似東陵時』，自道隱逸身份，以及嘉賓相會。『興衰談已倦，一唱浪淘沙』，上句語出《漢書》卷八七《揚雄傳下》揚雄《長楊賦並序》『僕嘗倦談，不能一二其詳』，下句指李後主《浪淘沙》詞『無限江山，別時容易見時難。流水落花春去也，天上人間』。曰『已倦』，曰『一唱』，跌宕磅礴，一結餘音永永不盡。

五律此等境界，求之在昔，未之有也；字字妍秀、句句警策，正此詩之謂也。

《桂湖賞秋賦謝重能兼以爲別》云：

八月芬馨發，相邀太史祠。前朝雙桂樹，新酒五糧巵。溉釜酥脂夥，磨刀縷膾絲。與君往來熟，何事怨將離。

桂湖公園，在四川新都，爲明代楊升庵故居。自六十年代至七十年代，每年桃花開時，鍾佛操先生、周重能先生便到成都東山皋翔先生家做客賞桃；桂花開時，佛操先生、皋翔先生便到新都重能先生家做客賞桂，題觴留詠，歷十餘年而無間斷。諸先生集中，此等詩篇甚多。此種花時聚會，看似朋友賞花之期、文酒之會，爲詩人韻事，其實雅有深意存焉。

『八月芬馨發，相邀太史祠』，『太史祠』指桂湖公園中之升庵祠。此時掩映在金色的桂花之間，桂花似海，芳香醉人。『前朝雙桂樹』，言升庵祠前兩株桂樹，是前朝所植，並用楊升庵《艮庵餉白果》『好比仙家雙桂樹，一枝留向月中攀』之語，象喻相約賞桂而來的兩位老人是前朝之人。以透明之語，尋常之典，寄託深意，無迹可求，此是皋翔先生詩之絶詣。此下皆寫友情。『新酒五糧巵』，友情之醇，正似此酒。

『溉釜酥脂夥』，極有生活氣息。當時經濟持續困難，糧食、肉類、食油等，皆實行配給制，配給量少，滴油似珠。詩言主人炒菜，釜中油脂充盈，由此生活細節，足見友情之厚。『與君往來熟，何事怨將離』，結以臨別對話，更見友情之真。有『前朝雙桂樹』一句之照明，全詩之友情，遂具有非比尋常之深度。皋翔先生《戊午壽重能詩並序》云：『十餘年蹤迹相亞，詩酒相親』，『亦見兹禮之不可損也。』『兹禮』，即《詩大序》『懷其舊俗』之『舊俗』，『止乎禮義』之『禮義』。『詩酒相親』，看似小事，堅守『兹禮之不可損』之精神，則並非小事。

皋翔先生詩更有風趣一體。《次韻重能門壁生槐戲賦三首》其一云：

盤根庭院側，挺秀板門間。比似鄰娃幼，無心日款關。凌雲須破屋，避地不棲山。好共銷長夏，薰風一解顔。

『盤根庭院側，挺秀板門間』，重能先生家在新都諭亭巷一院内，是一平房，木板門壁。詩言門前古槐參天，盤根滿院，竟有一條槐枝，挺秀生出於室内。『挺』，狀槐枝苗條，『秀』，狀槐葉碧緑。此詩明白如話，實際仍多雅言。『挺秀』，語出《晉書》卷七五《王湛列傳》：『安期英姿挺秀。』『板門』，語見《太平廣記》卷四二一《賀知章》：『西京宣平坊有宅，對門有小板門，常見一老人乘驢出入。』『比似鄰娃幼，無心日款關』，言槐枝比起鄰家女娃還要幼小，天真的鄰娃，天天來扣門拜訪您，而幼小的槐枝，乾脆就住進您家！『鄰娃』，語見陸龜蒙《陌上桑》『鄰娃盡著繡襠襦，獨自提筐采蠶葉』，及周曇《顔叔子》『夜雨鄰娃告屋傾，一宵從寄念悲驚』。『款關』，語見《史記·商君列傳》：『由余聞之，款關請見。』《集解》引韋昭曰：『款，叩也。』『凌雲須破屋』，言槐枝可有凌雲志氣了，沒準哪天她就長大了，穿破您家屋頂！

『避地不棲山』，言槐枝眼下可就住在您家了，她也想逃避這個世間，住在您家，就不用隱居深山，因爲您這就是隱士家。風趣的背後，非常自然地、不期而然地，流露出了詩人自己的隱士襟懷。再就是，非常曲折地，隱隱約約地透露出這個好人隱逸的時代。『避地』，語見《論語·憲問》：『子曰：賢者避世，其次避地。』何晏注引馬融曰：『去亂國，適治邦。』結筆『好共銷長夏，薰風一解顔』，説有了槐枝就好了，你們可以一起度過這個長夏，您好開心，夏風之中，也能開顔一笑。

此詩幽默，妙趣横生，全篇句句堪稱警句、妙句。題材新穎，求之前人，似未曾有。《次韻重能門壁生槐戲賦三首》其二：『依人如社燕，裂壁憶飛龍。』其三：『未須盆盎植，生意已充廬。』也都是佳句。

皋翔先生五律佳句甚多，風味不同。蒼凉，如《奉酬佛操重能見壽之作次重能韻》其三：『大浸魚龍寂，高堂燕雀親。』《同佛操壽重能新都》其四：『雖爲人境宅，幽意比蒿萊。』《挽羅孔昭》：『盧駱差肩愧，巢由避地難。』《挽鄧克明》：『换世無家别，憂生旅食春。』《桂湖春會次重能佛操韻》：『今雨聞聲集，相知復幾人。』

風骨，如《次答佛操重能見壽之作》：『屈子曾哀郢，賈生復過秦。』《次韻重能見壽之作》：『未辨馴龍性，難遷野趣饒。』《同佛操壽重能新都》：『修短成虧理，淹留與細論。』

韻秀，如《伍非百先生枉過村居》：『不辭郊郭遠，留賞到斜暉。』《佛操東山曉望》：『麥分千畝秀，樹繞一亭孤。』《次韻重能立春》：『光風回岸柳，輕靄瑩場苗。』

逸興，如《次韻佛操見壽之作》：『不有仙源樹，焉知黍穀春。』《佛操生日壽詩》：『箕潁情猶在，濠梁興未遥。』

深摯，如《次韻佛操九日過飲》：『莫辭傾盞醉，此會兆將離。』《同佛操壽重能新都》其二：『本自濠梁契，先同稷下游。』

田家生活氣息，如《次韻重能見壽之作》：『偶然鄰叟對，班坐話桑麻。』《次韻佛操見壽之作》：『伐輻水清漣，晨炊屋滿烟。』《秋雨次韻重能》：『新苔欲上砌，遺秉盡生芽。』

（四）七律

皋翔先生五七言律詩，皆熔鑄唐律藻采風神，五律更多韻秀風致，七律更多沉鬱頓挫，近杜甫、劉禹錫，並因身世際遇而近散原，深邃蒼涼，別具一格。《次韻重能辭絶介壽之作》云：

> 公羊三世廣前聞，成毁誰齊物論紛。大地回春延歲月，槃阿息影看風雲。孤燈獨照心忘老，一味能甘手自分。高會幔亭何日事？題詩先問武夷君。

詩作於『文革』結束後，中國進入新時期之初。

『公羊三世廣前聞』，語出《公羊傳·哀公十四年》『所見異辭，所聞異辭，所傳聞異辭』，『撥亂世，反諸正，莫近諸《春秋》』，及《隱公元年》何休注：『於所傳聞之世，見治起於衰亂之中，用心尚粗觕，故内其國而外諸夏』，『於所聞之世，見治升平，内諸夏而外夷狄』，『至所見之世，著治大平，夷狄進至於爵』，詩言中國撥亂反正，進入新時期，有似公羊三世之説，新的説法已增廣了舊的説法。

『成毁誰齊物論紛』，語出《莊子·齊物論》『其分也，成也；其成也，毁也』，『是以聖人和之以是非而休乎天鈞』。詩言世道成毁，説法紛紜，誰能定論？

『大地回春延歲月』，用《文選》卷四三孫楚《爲石仲容與孫皓書》『徘徊危國，冀延日月，此猶魏武侯却指河山，以自强大，殊不知物有興亡，則所美非其地也』，及李善注引《史記》：『魏武侯浮西河而下，中流顧謂吳起曰：「美哉！山河之固，此魏之寶也。」吳起曰：「在德不在險，若君不修德，則舟中之人，盡爲敵國也。」武侯曰：「善。」』詩言中國走出了崩潰邊緣。

『槃阿息影看風雲』，用《詩經·衛風·考槃》『考槃在阿』，及《陸士龍集》卷七《涉江》『形息景於重陰』，以及《文選》卷二二謝靈運《游南亭》『息景偃舊崖』，詩言息影山阿的隱士，靜靜地觀看着風雲變化。隱士不能忘懷天下之襟懷，見於言外。

『孤燈獨照心忘老』，用《藝文類聚》卷三謝惠連《秋懷詩》『孤燈曖幽幔』，《文苑英華》卷九〇謝偃《影賦》『孫惠顧以致悚，田巴臨而獨照。想古人之遺烈，哀吾生之不劭。守愚直以固窮，無明略以求効』，《宋書》卷七三《顔延之傳》顔延之《庭誥》『欲使人沈來化，志符往哲，勿謂是賒，日鑿斯密。著通此意，吾將忘老，如曰不然，其誰與歸』。詩言孤身隱逸到老，也不會改變守直固窮的品節、獨立自由的人格。

『一味能甘手自分』，語出《後漢書》卷八四《楊震傳》『雖有推燥居濕之勤』，李賢注引《孝經·援神契》：『母之於子也，鞠養殷勤，推燥居濕，絶少分甘。』詩言自奉儉樸，一味自甘，安貧樂道。張學淵《賴皋翔先生傳》云：『尤喜王闓運撰彭玉麟之墓志銘，志云：「然其遭際，世所難堪。始則升斗無資，終則帷房悼影。」又云：「蕭寥獨旦，終身羈旅而已。不知者羡其厚福，其知者傷其薄命。由君子觀之，可謂獨立不懼者也。」先生以爲，彭之遭逢，與己尤爲貼切。』可資參考。

『高會幔亭何日事？題詩先問武夷君』，用《類説》卷七《諸山記》『武夷山有神人，號武夷君，一日語人曰：「汝等以八月十日會於山頂。」是日，村人畢集，見彩縵屋宇，器用甚設，聞空中人聲，不見其形』之典，是説：我題詩先問友人重能先生，我們的文酒之會，好比神仙會，何日能舉行呢？

皋翔先生此詩深情高致，意境邃遠，氣韻深沉，乃第一流七言律詩。在中國當代，應該是最好的、第一位的隱逸詩。『大地回春延歲月，槃阿息影看風雲』之句，境界不在散原『憑欄一片風雲氣，來作神州袖手人』之下。

《次韻奉酬霽晴大兄枉過山居之作》云：

豈因萇楚樂無家？寄迹皋橋興未涯。塵夢易醒桃樹盡，春風如舊柳枝斜。衰容笑我顛毛白，豪氣憐君雅望賒。市遠盤飧難取醉，高情空對小園花。

『豈因萇楚樂無家』，用《詩經·檜風·隰有萇楚》『猗儺其華，夭之沃沃，樂子之無家』，言豈是因無家而樂。然則所樂何事？『寄迹皋橋興未涯』，用《後漢書》卷一一三《逸民列傳·梁鴻傳》『過京師，作《五噫》之歌』，『肅宗聞而非之，求鴻不得。乃易姓運期，名耀，字侯光，與妻子居齊魯之間。有頃，又去，適吴，遂至吴，依大家皋伯通，居廡下，爲人賃舂』，及《太平寰宇記》卷九一《蘇州》『皋橋，即漢皋伯通居此，橋以得名，梁鴻賃舂之所』，以及庾信《哀江南賦》『下亭漂泊，皋橋羈旅』。言隱逸生涯，其樂無涯。『塵夢易醒桃樹盡』，用劉禹錫《元和十一年自朗州召至京戲贈看花諸君子》：『紫陌紅塵拂面來，無人不道看花回。玄都觀裏桃千樹，盡是劉郎去後栽。』《再游玄都觀並引》：『余貞元二十一年爲屯田員外郎，時此觀未有花。是歲出牧連州，尋貶朗州司馬。居十年，召至京師。人人皆言有道士手植仙桃，滿觀如紅霞，遂有前篇，以志一時之事。旋又出牧，於今十有四年，復爲主客郎中，重游玄都觀，蕩然無復一樹，唯兔葵燕麥動摇於春風耳。因再題二十八字，以俟後游。時大和二年三月。』詩云：『百畝庭中半是苔，桃花凈盡菜花開。種桃道士歸何處，前度劉郎今又來。』詩言種桃道士之夢想及其事業，已經落空。『市遠盤飧難取醉，高情空對小園花』，用杜甫《客至》『盤飧市遠無兼味，樽酒家貧祇舊醅』，及庾信《小園賦》『落葉半床，狂花滿屋，名爲野人之家』，謙言隱士家遠離城市，盤飧草草，難以取醉，空有小園花酬對故人高情。

『塵夢易醒桃樹盡』，深致。『市遠盤飧難取醉，高情空對小園花』，高情。若問深致深幾許？海水直下三萬里。

《地震奉和》云：

> 陵谷推遷事可哀，喧喧萬衆向泉臺。月孽望朔天垂象，地竭珍奇丱召災。國有大喪連岱嶽，世方多難感風雷。傷心一卷蕪城賦，寂聽凝思淚已摧。

詩爲一九七六年唐山大地震作。『喧喧萬衆向泉臺』，寫大地震萬衆死難情景如畫。『地竭珍奇丱召災』，寫浩劫根源，深沉之至。此句用皮日休《鹿門隱書》：『夫山鳴鬼哭，天裂地坼，怪甚也。聖人謂一君之暴，災延天地，故諱耳。然後世之君，猶有窮凶以召災，極暴以市異者矣。』並可參柳宗元《天説》引韓愈言：『人之壞元氣陰陽也亦滋甚。墾原田，伐山林，鑿泉以井飲，窾墓以送死，而又穴爲偃溲，築爲牆垣城郭臺榭觀游，疏爲川瀆溝洫陂池，燧木以燔，革金以鎔，陶甄琢磨，悴然使天地萬物不得其情。』『丱召災』，並用《梁書》卷一《武帝本紀上》：『夫擾亂天常……歲月滋甚，挺虐於鬌翦之年，植險於髫丱之日。猜忌凶毒，觸途而著；暴戾昏荒，與事而發。』揚雄《方言》卷一：『挺，取也。』『鬌翦』，小兒剪髮；『髫丱』，幼年。『丱召災』，指『文革』時學生肆虐造孽，戾氣召致災難。『國有大喪連岱嶽，世方多難感風雷』，寫出那個年代之時事與特殊之氛圍。結筆『傷心一卷蕪城賦，寂聽凝思淚已摧』，歸至痛心唐山大地震民衆之死難傾城。此痛其有盡乎？抑未有盡耶？

臯翔先生七律，佳句甚多。沉鬱，如《重能佛操以踐辰枉存清游五日樂頌連朝去後有詩次韻賦謝兩君》：『大壑茫茫青未了，逢辰須盡手中杯。』《奉祝霽晴兄六十覽揆之辰》：『南國霸才思范蠡，西州文苑老朱家。』《次韻重能南郊紀游》：『畢竟千秋誰占得？是非青史話從頭。』《次重能自壽詩韻奉和》：『著述不因風會改，參苓能挽逝波流。』《奉和以唐言詭異之詞爲佛操壽四首》：『阮生處貴嘆途窮，寧識孫登處士風。』《戊午壽重能詩並序》：『博士換朝秦伏勝，他鄉託老趙荀卿。』《壽劉霽晴大兄八十》：『玄都觀在劉郎壽，尚憶同歌紫陌辰。』《霽晴大兄村居看桃花有作次韻奉和》：『何事乘桴北海濱？桃蹊千載隔周秦。』《次韻奉酬佛操重能新都相候不至之作》：『海水群飛天薦瘥，扶衰猶喜故人多。』《夢佛操次重能韻》：『何當吾炙編成集，一卷嚶鳴紀友聲。』《八十自壽》：『春秋八十忽忽過，社櫟山樗寄此生。』韻秀，如《同佛操飲霽樓齋中》其二：『二主一賓同此醉，交游今日是雲霞。』其三：『白頭尚論心猶昔，青眼相看意有餘。』《重能佛操以詩見壽次韻答賦》：『却愛劉卿詩句好，閑花落地聽無聲。』《同趾祥訪重能新都歸來得所寄詩次韻奉答兼柬馮君》：『高會定堪年一度，未須禁足老烟蘿。』舉不勝舉。

（五）七絶

臯翔先生七絶，其情韻、神韻獨到處，雅似唐賢，又不同唐賢；其蒼凉深邃處，幾於古今無兩。其興發感動，可歌可泣，不期然而然也。《除夕詩》云：

嶺上桃花映紫雲，梯田日暖草初薰。當春便得春風力，説向人間口角芬。

《除夕詩》三十二首，是臯翔先生早年之作，原稿喪於兵火，五十五歲時，記憶補綴，得十二首，序云

『以存吾家故實』。此是其中第十二首。『嶺上桃花映紫雲』之『紫雲』，即紫雲英，又稱江西苕、紅花草，草本，莖直立，緑葉，花紫紅，花時燦若雲霞，浮於緑葉之上。是蜀中稻田的冬季緑肥作物。『梯田日暖草初薰』之『草薰』，語出江淹《別賦》『閨中風暖，陌上草薰』。《文選》卷十六李善注：『薰，香氣也。』『當春便得春風力』之『春風力』，語出曹鄴《四怨三愁五情詩十二首》之《二怨》：『庭花已結子，巖花猶弄色。誰令生處遠，用盡春風力。』皋翔先生詩言，春風一吹來，萬物便充滿了活力，嶺上一道道梯田，桃花、紫雲英花盛開，宛如雲霞，相映成趣，春草碧色，日暖花香，當人們説着嶺上花開了時，連口角也帶有百花的芬芳。

『當春便得春風力，説向人間口角芬』，新穎，從未有人道過，而韻味無盡。詩人若非有如此真切的農村生活體驗，若非對故鄉有如此刻骨銘心之情，又如何道得出？

《感事答右真兼寄荆石》云：

荷蓧難安物外心，始知巢許負堯深。卷舒羿彀何人會？解褐歸來問展禽。

五十年代初，皋翔先生棄職成都蜀華中學校長，歸隱成都東山，躬耕自養，詩作於此時。『荷蓧難安物外心』，用《論語·微子》所載春秋隱士荷蓧丈人之典，言時代巨變，雖爲世外荷蓧之人，亦難心安。『始知巢許負堯深』，用晉皇甫謐《高士傳》等所載上古隱士巢父、許由之典，及王維《送韋大夫東京留守》『曾是巢許淺，始知堯舜深』，言如今始知身爲巢、許，是深有負於國家。此等境界，古來不多有，不是隱士，道不出；不是隱士而關懷天下，亦道不出。『卷舒羿彀何人會』，『卷舒』，指仕隱，用《論語·衛靈公》『君子哉蘧伯玉，邦有道則仕，邦無道則可卷而懷之』，及《文選》卷一〇潘嶽《西征賦》『蘧與國而舒卷』。『羿彀』，用《莊子·德充符》：『游於羿之彀中。中央者，中地也。然而不中者，命也。』郭象注：『羿，古之善射者。弓矢所及爲彀中。夫利害相攻，則天下皆羿也。自不遺身忘知、與物同波者，皆游於羿之彀中耳。……則中與不中，唯在命耳。』陸德明《經典釋文·莊子音義上》：『游於羿之彀中，觸處皆危機也。』『解褐歸來問展禽』，用《論語·微子》『柳下惠爲士師，三黜』之典。『解褐』，指出仕、出來工作。『卷舒』二句，言身處羿彀式之環境，無論工作、隱退，人人皆將處於隨時可能被害之狀態，此有誰能知道？唯有去問昔日出仕、今已歸隱的展禽，他是知道的人。詩中『荷蓧』『巢許』『展禽』，都是藉指自己。

此詩憂患意識之深，智慧預見之邃，現代性之强烈，而詩語之典雅，絕句從未有過。似乎《莊子》羿彀喻之洞見，竟是專爲此詩而預設。其意境，實與小説《一九八四》波瀾莫二。無論六朝詩、同光體，皆不可能有此等詩。

目録

寄櫟軒詩存卷四　七言律詩 …………五三

寄櫟軒詩存卷五　七言絶句

附録

寄櫟軒詩存

寄櫟軒詩存卷一

五言古風

清寂先生人日霜甘閣燕集賦詩命和

令節延淑氣，嘉會展芳辰。不有文燕歡，孰知物候新。開樽薦時羞，侍坐促華茵。心悟俗變非，對酒不能陳。伊余三十年，遭世涉艱屯。閉閣理陳編，戰亂交我鄰。一際陽九阨，再睹天地紛。徒懷微管嘆，空視時運淪。古人恷手援，群彥今何臻？且復奉一觴，聊以暢精神。

己卯人日招集雲生文通高翔亮生百川孔昭元凱源澄諸子飲霜甘閣作林山腴

開歲已七日，連陰凄涉旬。令節豈不美，登高賞徒新。昔騁阡陌游，韶景麗芳塵。今憐物序標，群彥展華茵。興廢屬時運，隆替匪由身。易初鄙君子，伊予久陳人。胡語彈琵琶，夷氣滿朝纓。誰言黄炎裔，終古竟沉淪？天意果何私，人情方樂春。且復進清醥，無爲辜紫鱗。

壬午人日寄懷荆石渝州

連雨潤新節，人日眷春蕤。開軒見梅桃，粲粲欲同時。嘉辰豈不芳，物序各有宜。徒憐霜雪情，來即暄風吹。以兹念徐生，雅志託東菑。一朝被塵羈，宛轡憩中逵。郎曹非其好，簿領安所爲？默然守太玄，寧避俗士嗤？伊余卧林丘，養生昔所期。耕稼事貧居，秫稻聊自貽。時危無安息，出處豈云乖？雖知仕隱殊，素心非有違。依依衢道旁，迢迢久别思。倘及邀還車，清醥留共持。

辛卯初秋濕疹成瘧兼嬰胃疾病起有作

荏苒物序秋，漸漬時癘蒸。死喪豈不威，心嘆此遂生。六鑿攘更通，四體周自營。藥石已復問，内養得所争。闟牖面埸區，拄杖出户庭。鳥雀來讙譁，瓜芋紛已盈。陰陽晦塞開，昏旦氣景清。川原曠望間，黍稻莽然平。斂穡既有日，負戴亦有程。服經不履畝，豳雅何以興？膂力吾未愆，荷蓧將有能。倘列一廛氓，從君隴上耕。

山居懷范生

叢桂已秋華，春芳漸憔悴。一爲衰盛殊，頓覺炎凉異。空谷感跫音，索居懷友契。暢然舊游望，豈徒哀時邁！伊昔導絃誦，范生實指臂。樸訥謝世譽，墾款勤職事。桃李易成蹊，珠玉方自致。迴飈來一旦，睽隔再徂歲。離合信非常，音塵諒能嗣。如何咫尺間，曠日消息昧。豈伊疾患侵，未宜風波忌。延首冀良覿，眷言余心痗。

九日悲懷

閑居際重九，心慨無射律。未知節物異，頗覺遷代迫。皋魚慟風木，所遇成悽切。矧余喪兩親，識此悲秋日。先慈晚歲數誦杜公『老去悲秋强自寬』之什，初不意篇中明年誰健，一語成讖。傷余未及一歲，連喪二親也。知舊忽遭命，大運相流析。下慚東門吴，亦有望思戚。固知剥復易，念我年歲及。豈無風日暄，詎肯適人適？娟娟凉露興，漫漫長夜隔。憂緒觸萬端，感憤聊自抑。仿佛平生游，寐覺哀成泣。天地運有窮，愁來曷有極？雖有素心歡，余思良未戢。

九日雜詩

大鈞無停留，陽夏已消閑。閑居玩物序，奈此風雨節。佳名豈不愛，登覽將安息。出門四方望，流潦縱横積。徒步窮簷下，晨溜朝猶滴。凄凄獨往心，曖曖長夜迫。有生猶可嘆，安用適人適？

皋魚慟風木，仲由傷負粟。徒爲盛衰嘆，大願良易足。薄祜鮮兄弟，驕惰安慈育。少壯竊世用，虚譽戀微禄。市朝忽遷移，霜露凄已促。漸覺骨肉疏，始恨承歡薄。已矣罔極哀，豈爲窮途哭？

東望嗟余季，役心有萬端。既悲比翼折，復痛雁行殘。繞膝將四雛，拮據事饔飡。辛苦窮朝暮，常難免饑寒。所幸託高族，伯仲兩相完。漸見門户立，已覺前路寬。阿兄恃弱女，薄禄供琱盤。相思不相顧，感慨涕潺湲。

我思劉孝標，亮節何慷慨。失水困長鯨，轉側驚塵壞。道尊性不遷，處危情愈泰。詩篇美玉裁，勝論玄珠在。不辭箏岳寬，肯於琴瑟隘！豈無江湖信，送子沮洳外。風波各有時，歲月猶堪愛。采菊泛餘觴，太息層城閡。

清寂先生挽詩三首

大火流朱方，炎風送陽夏。時乖運數遷，爽氣將來迓。斯文理未喪，道在物無化。庶幾慭遺人，行健天能藉。昔誦病起詩，松喬諒非亞。失此耋歲期，終與壑舟謝。平生獎掖恩，覃思託秋駕。一爲梁木嘆，萎哲吾安借。寂寞井絡精，慘澹商聲夜。詩人哀殄瘁，撫心彌悲吒。

含悽述舊德，幽情懷古初。自非授受專，一間隔榛蕪。伊昔太學游，百慮正紛如。達識無門户，高論筦衡樞。精言會神思，斲手驗急徐。心貌同異間，億載通津途。當時賢彥臻，疾首辨讒愚。滔滔一世來，宿素日以疏。徒聞黄鐘毁，寧思叩梃無？不睹泰巖尊，焉知浩氣舒？莊生論傳薪，法巽今無餘。師門盛英哲，感憤徒唏嘘。

異代玄亭寂，夙昔文讌歡。不悟衰盛殊，誰知世路艱？宛宛霜甘閣，淑氣交芳蘭。旨酒催行觴，珍錯累瑚盤。高會事如昨，此樂忽遂殫。弱冠行事師，玄鬢今已斑。顧視儕輩中，孰爲壯盛顔？駸駸歲月馳，汲汲念所安。猶驚異問虚，窀壙已無還。惟禮重心喪，築場道實難。葬無臨穴慟，哭不憑輀棺。追思移晷談，一訣不再攀。三秋隔萬古，對此空汍瀾。

向先生挽詩三十韻辛丑秋九月

棟橈纏百六，群倫逐運遷。三命隨所遭，聖智難自全。懿維夫子德，内秉實貞堅。觀化達盛衰，操心悟經權。始遘桑海移，再睹風雲騫。大錯鑄新期，餘生際蹇連。禮樂暫得施，隆替本由天。先生詩『大錯鑄成新造國，餘生留讀未燒書』。雖弘教化恩，胥溺固難援。剥復亮有時，龍蠖理亂間。卷舒恃寧極，守道待來賢。明夷以柔順，高度濟艱難。從容鎮雅俗，遂覺天地寬。世俗縱呰謷，孰知彼所安？悠悠毁譽心，異地豈不然。伊余奉門牆，三紀迄兹年。文彩韶穎標，辨學博奥殫。實蒙啓掖諄，志業愧不專。志業無專授，趨侍徒空言。所嗟師弟親，豈惟失躋攀。宿昔介壽樽，款勤洲渚前。昔歲曾與諸同學祝先生壽於三洞橋酒家，至此遂不相見。談諧四坐傾，訪舊三世傳。亦有通蔽疑，亦既簡周旋。五年杖履隔，俄驚館舍捐。黯然翳靈光，幽隧曠無還。設像高堂祭，誰銘有道阡？耆英一代凋，仰止竟何緣？惟莊喻夜壑，惟孔嘆逝川。坐爲萎哲哀，未覺殄瘁謾。慽慽商飈急，悽悽梁木殲。愴然展箋素，感憤涕洏漣。

蒙文通先生挽詩戊申閏七月中浣

幽蘭誤當門，遑恤鋤刈捐！崑岡縱烈火，璿石共摧殘。薰蕕豈同器？膏液理難乾。一朝委塵埃，孰辨佞與賢？頗恨通人蔽，操世徒空言。遨游羿彀中，罹此禍福端。鬱鬱井絡精，慘慘商風寒。蜀學俄遂空，薪火定誰傳？託契李生者，謂浚清。膏明早自煎。

大道讒愚廢，卮言翳天游。高唱懷令德，奥義闡重幽。上紹六譯館，域分理前修。下窮四夷變，風俗驗荒陬。經史遂一貫，道術各異流。箴肓起廢疾，百氏燦然周。每惟行健資，頤壽庶無憂。餘生接耆獻，尊俎共沉浮。歡言陪晨暮，萬類齊雕搜。如何一歲乖，對酒不復酬。豈惟摧獎惠，邦寶今何求？啜其黃鳥嘆，涕下不能收。

李培甫先生挽詩

卌載人間世，興亡傳舍看。先驅啓前代，没爲遺獻難。始薄興義徒，雲起化高官。奄忽推排老，終始困饑寒。惟玆進退懷，聲實遠未騫。資生趣學宮，纔可備甕飧。石田不代耕，負重逾百盤。達既失恩寵，敗乃罹其藩。兄死猶子盡，惻惻門户單。五年累數喪，哀慟詎能言！緬彼通識養，深達成毁端。忘情遣是非，物我理無干。巍然九十尊，上壽近百年。猶驚異問虚，窀壙已無還。積損既已多，盧扁豈能全？一爲井絡哀，西南寶遂殫。

請學盛乾嘉，精思達訓詁。文字啓秘鑰，人推南閣許。晚殿餘杭翁，聚徒開堂廡。盡解群言紛，遠延炎黄緒。當時廣聲氣，成者譽角數。君子實親炙，斲輪驗甘苦。小學衍薪傳，豈曰徒禦侮！同聲向觙公，彈冠招貢禹。一謝國學長，再總辟雍侶。友生龐趙親，勝賞清寂與。高文壽朱叔，恍若親眉宇。叢殘誰與收？嘔心於何補？太息一代才，泯滅歸塵土。

執經不半載，高誼乃千秋。追惟獎掖恩，賞心安所由？江河流浩浩，溝澮良可羞。過爲國士期，策蹇追驊騮。不耻歷塊蹶，譽慰一何周。卜居近城西，弟子職始修。中堂侍家宴，尊俎共獻酬。醉歸扶杖履，童冠笑啁啾。拙生遠朝市，柴户寄山幽。自此蹤迹疏，間歲一從游。昨奉高齋坐，神完氣尚遒。孰言移晷談，遽作死生休。易簀竟何期？零落念山丘。慨然感平生，涕泗交横流。

挽陳澤熙

中年哀樂多，悲與親友别。一别已摧心，况乃音塵絶。陳生同門親，每愧肝腸熱。彈冠就織室，憶子攻錯切。十載過從疏，勞心驚末疾。黯然歌薤露，此恨將誰説？世法骨斂灰，形銷神既滅。君猶具棺衾，首穴尋墓穴。自是生者恩，寧期死者悦？感此爲君歡，臨風息哽咽。

東皋春燕雨竟日酒後作寄陶公

勞生倦塵鞅，得性寄林丘。時或陳觴酒，要我風誼儔。櫻桃既含華，紫蘭夙已抽。芳辰展嘉薦，俎獻聊共酬。借釜因人熟，乞憐不自尤。庶幾並四難，樂飲小園幽。皎皎白日光，晴曦一旦收。清晨膚寸合，薄暮溝澮流。行野道阻闊，誰與翼雙輈。挾山超北海，此事信難謀。遂令隔歲約，坐爲風雨憂。青陽令節暄，餘寒行自休。懸知韶景開，氣爽朝光浮。今歡誠未洽，後約當復修。更遲春禊飲，安車噬來游。

注：陶公，陶亮生也。

桂湖禊集並序

余性好山川，憚於旅宿。平生賞會，不越郊坰。弱冠在太學，始與資陽楊君、遂寧羅君、仁壽峨眉兩宋君，有新都之行。於時少年，健蹠自矜。拂衣晨征，還及日晡。猶得優游城闕，顧瞻祠宇。挹桂叢之清露，賞湖水之漣漪。更歷寶光，周覽法像。循途競捷，浩蕩而歸。然自此倦游，專力講誦。學涉既廣，手饜編摩。臨水登山，目存而已。其間兩至青城，信宿齋舍。攬靈崖之紅葉，聽灌口之濤聲。爲之主者，靡不殷勤款接，適館授飡。而休暇有程，率無久住。玉步既更，輪軌四達。百里之遠，曾不崇朝。復與崇慶徐君荆石，再至新都，流連盡晝。屈指舊游，經三十載。一時同門，零落將盡。昔桓元子金城種柳，十圍引悲；潘安仁騎省寓直，二毛已嘆。矧余勞生夢覺，年在秋方。雖榱桷維新，襟情已異。心悽此會，念絶後游。匪石既堅，理難回轉。而金堂周君重能，奉編理升庵遺集之命，假館湖濱。願作導師，招爲勝賞。十年闊别，傾抱共談。閑院風清，故人誼重。以其羈寓，莫適居停。官舍留賓，亦殊往例。盡移晷之清言，送飈輪而遂遠。其後重能定居此邦，乃得與郫縣鍾君佛操，頻來止宿。裹子桑之飯，下陳蕃之榻。一歲之中，或三數至。今兹踐履，邂逅禊辰。尚想永和，恨不同時。而荆石之歿，又將十稔。宿昔游侶，猶有羅君。音塵既絶，晤對無期。雖竹林之游，猶偕稽阮；南皮之會，已痛應劉。感昔悼今，悲來興盡。然而韶景既妍，雲物愈美。丹堊塗附，樓臺焕然。城頭新桂百株，八榦臨風，亭亭照水。仕女駢集，童冠春游。知魚樂於濠梁，采芳蘭於曲渚。亦有以破涕成笑，舒憂娱哀。極視聽之歡娱，排胸臆之積慘者焉。昔人有言，出處一也。而情不勝境，未能忘情。其唯擇境，是以謝公絲竹，陶寫中年；顔子心齋，坐忘仁義。審堯桀之相非，則物論可齊；悟聖蹠之同塵，則死生能貫。江湖要眇，甘留賞以十年；百歲大齊，望前期之三紀。豈必興哀於陳迹，發憤於故物。失坦蕩之懷，抱長戚之困。唯憂用老，坐損天年。於是相與縈拂水濱，偃仰亭榭。游觀既極，還於主人之居①。命彼尊罍，同傾積素。孫興公所云：和以醇醪，齊以達觀，快然兀矣。焉復覺鵬鷃之二物哉。既即遇以成欣，遂申情而寫詠其詞云爾。

青陽盛元巳，嘉賞麗城阿。不與良友期，令節恒蹉跎。逍遥池臺望，渌水泛新荷。芳藹卉木妍，澹宕風日和。婉彼春服者，輕鮮勝綺羅。班坐縱談笑，簡禮釋煩苛。念昔楊文憲，髦髻舞婆娑。謫逐荼蓼身，適興良已多。人代有遷謝，志節常轗軻。俯仰成古今，擅此湖水波。時來誰不歡，老壯寧謝科。安知叢桂枝，蔭我非前柯。羲唐既云邈，來者當如何？且從殫余襟，緩節肆安歌。自注：時壬子夏建三月。

佛操招游二仙庵遂至百花潭有作

澤國陰雨多，稱心得開霽。言尋仙觀娱，賞此風日麗。芳菊紛然榮，芙蓉燦猶媚。娟娟翳叢竹，亭亭列松

---

①『還於主人之居』一稿作『復於』。

桂。茲區信名迹，嘉游及童穉。喧闐争席坐，散漫階墀戲。仄景望朝陰，長波樂後濟。感此爲君歡，觴來不辭醉。乘興度河梁，浪莽窮幽異。方廣十頃圃，舍宇縱横寄。目極熊館陰，静聆鶴池唳。狌猿既失巧，鵬鶚亦斂翼。猛虎昔在山，震嘯風雲利。一爲圈牢養，婉媚適人意。物性固易移，群生能無遂。所守誠匪愆，利害安足計。邂逅蒼髯叟，紅顔亦换世。傾情論今故，達心解宿蔽。花潭尺水波，坐覺軒亭易。俯仰一周甲，吾衰行已至。清言寧不暢？白日忽復逝。良會尚可期，安能久留滯。

題重能自挽及告存詩後

稽康論養生，上壽百二十。過此莫非夭，况乃三餘一。自挽期已淹，告存人猶昔。抽思作狡獪，翩焉文采溢。似君錦城游，怱怱尋返轍。倘蓄思舊心，久住復何惜？近聞好蒙莊，巵言淪不測。安時而處順，深根以寧極？死生亦云大，去住難泥迹。旅力縱已愆，饔飧能自執。朝賦詩百篇，暮成詞百闋。鱗鴻來紛沓，几案堆重叠。鋪寫龍鍾態，諱言行健德。雖達存没觀，未了形骸識。是謂通人蔽，通蔽相磋切。君才江海氾，我意溝澮竭。欲罷既不能，賡歌又何力？敢附芻蕘心，千慮資一得。

寄櫟軒詩存卷二　七言歌行

覽古興詠二首

東門行

騂角死文繡，芻狗困巾箱。寧戚南山難石爛，何如原憲桑樞旁。君不見，昔時李斯宦未成，布衣上蔡事荀卿。年少功名在馳騖，自傷久賤非士情。西游秦廷論王霸，利劍齎金弊天下。一朝逐客成丞相，門前上壽千車馬。當時卑處怨饑寒，太盛方思稅駕難。從古誇名殉權士，淈阿不瘖碩人寬。榮勢喧喧如過雨，兩朝富貴倉中鼠。身試明君督責書，五刑自致嗟何許？始知貞士貴直尋，容奸積毀坐銷金。借問東門嘆黄犬，寧當郡舍視鹿禽？

銅雀臺

項王臨陔戰漢兵，虞姬帳下楚歌聲。千古英雄繫情累，曹公儲美望西陵。生平霸業孫劉愧，季子託人方隕涕。自信諸郎似仲謀，陳思以下燃萁淚。朝晡脯糒奉誰嘗？夫人執手恨分香。漳河東流直到海，豈有嬌影當君旁？君不見，嗣王諒闇樂百戲，盡取遺倡奉宮衛。狗鼠空來太后嗟，舍中不作履組賣。當年破賊爲奴情，翻因平視貶劉楨。誰信愛深忘吐哺，爲君一誦短歌行。

冬月憶舊

鳧雁翻江波，風吹蒹葭白。凄霜昨夜來，寒動將歸客。天涯孤客賤年華，一歲三時不在家。正月新稊陌上柳，早秋蒲稗水中芽。幽情蘊結江海樹，危檣繫纜朝光度。隔浦鴛鴦上下潮，故鄉勞燕東西路。車塵催送草萋萋，暮艇漁村夕照低。離心行向摩訶月，歸思人過折柳堤。堤邊積水生空霧，願夏悲秋不相顧。新吟梁曜五噫歌，舊誦相如美人賦。江山平遠望悠然，晴雪征衣欲盡年。閨中莫寄相思字，會見汀洲下瀨船。

清寂先生九日蘇州對雨作歌蜀中讀之賦獻

蘇臺風雨重陽節，有客羈棲傷鬢雪。一篇行國感江湖，萬里鄉心望梁益。寧知梁益正沸羹？列陣三千覆釜傾。大將曳兵守渝塞，紅巾伐鼓近嘉陵。西戍東屯一時潰，劍南百舍張烽燧。貴里空堂散網絲，豪商盡室遷車賄。賓朋相對興蕭然，九日秋華不肯妍。却向山阿訪叢桂，心傷獨寐感邁槃。此時東南號平治，兵火雖銷異朝市。往事滄桑故老悲，穨垣瓦礫蝸蠻淚。先生流寓况衰年，到時悽惻去時難。歸歟陳國宣尼嘆，憔悴江關庾子山。憶昔征帆下吴楚，荆揚浩蕩清秋雨。秪言洄溯靖風波，誰分淹留悵笳鼓。人生意願苦不侔，大好吴都困轍游。舊夢京華禊南泊，今日閶門笑虎丘。末士依聲徒自耻，在前不御思千里。風尚應憐過眼非，文物近識鄉邦美。蘇蜀一軌坐傷離，役車何日送西歸。似聞禮殿談經席，猶待揚雲問賦來。

楊枝曲

春風畫卷游絲細，錦城如錦燕支氣。金屋新開九陌塵，樓上玉人稱絶世。當時征戍動邊烽，幕府西移馳道通。營衛安排定銅馬，湖波平掃待驚鴻。驚鴻婉孌朝霞綺，横塘一片江南水。入夢不羞吴苑花，踏歌總愛梁州美。回身轉睞出青墀，復道風輕笑語時。小袖雲藍憐玉手，花容婀娜粲瓠犀。瓠犀玉手留芳晚，門庭錯轂吹塵滿。闌干燈火照人行，士貴金貂常在眼。樽前絃管鬥歌唇，背後釵鈿稱舞身。自矜絶藝驕同伴，不惜腰支擲向人。朱甍畫閣天欲曙，危樓坐擁薰衣處。菡萏香迎燕子飛，合歡半是啼鴉住。烏柏霜紅晚徑迷，五湖千里未須歸。秖言容色年年好，秖期歡笑永相持。時物風光不終在，人事波瀾朝夕改。昨聞絳樹擅新聲，旋見飛花泛遼海。身世輕車載幾程，御溝流水淚如傾。惟餘殘照當門路，無限芳菲送往情。

采蘭曲爲鏡吾作

瀟湘蘭芷年年緑，采緑唱作江南曲。吉夢徵蘭更作花，小字蘭花豔珠玉。生來蘼蕪傍風塵，靈犀一點貯穠春。不應楊柳蘇臺種，散作高唐夢裏人。似聞漂泊關山例，蹙國東南千萬騎。薄命傳烽灩澦來，驚香催馱腰支細。館娃宫外寇如麻，青鳥西來不憶家。朱字苕華新刻玉，羅衣翡翠暮飛花。飛花刻玉春如海，自惜娉婷不輕待。肘後香囊夜夜心，隨身雜珮姗姗在。翩然初夏錦筵開，紅箋傳詔向蓬萊。寧勞彩鳳雙飛翼，持贈相思一寸灰。小閣披簾心共許，列坐娥眉輕爾汝。何曾紈扇領温馨，直爲冰肌滌煩暑。煩暑温馨無限情，此時宜醉復宜醒。瓊枝壓酒行杯易，曼語宜人綺思縈。分明促坐回燈宴，忽覺清宵傳漏箭。寵柳嬌花不住芬，明星玉女當筵散。當筵散處漾横波，回頭欲笑朱顔酡。却與髯唐相嫵媚，背人今夜攬春多。

古妝仕女圖爲蔣恭南題

東南樓上初日度，窈窕容光照縑素。秪言靈韻勝人間，人世縑羅已非故。亭亭孤秀瑣窗前，寶髻盤鴉黛娥鮮。十二闌干垂玉手，一重雲母映花鈿。朝寒綃帳飛文綺，盡夜春風吹錦水。偶然陌上望花開，平生未覺花能擬。回腰側袖轉身時，伯勞東去西燕飛。凌波海水摇空緑，破夢眉山送淺緋。交甫新悲漢皋珮，從來高致邈難對。遠思驚回桂魄秋，芳情暮入疏星外。北渚風流帝子家，萬年年少駐朝霞。却嫌陶令閑情賦，唐突仙人蕚緑花。

夭桃已開梅蕚猶盛詩以頌之

梅花未落桃花開，春風次第吹芳菲。皇天運行終始積，朝暾夕月相攀追。忽覺眼前喧景異，釀雪含春並妍媚。飈輪大道恣往還，麗日繁花誰不貴？山阿寒歲青虬枝，成棟參天自不知。莫誇素質幽棲種，還向當途長十圍。

霽晴索贈長歌

劉郎五載江油客，消息探蹤渺無迹。長裾徒步踏門來，劍器干霄猶可識。江油山色竇圌高，耦耕人是酒中豪。俯眉斂抑甘粗使，肯信埋没終蓬蒿！平生萬卷耽書策，揮手鋤耰如運筆。荷蓧朝出荷畚歸，南山種豆北山麥。辛勤四體誇身强，漸親鹿豕擾群羊。彌縫失意幾微事，涉歷險阻俱康莊。當時厚結師門契，交手西都合義類。高李吹臺紀勝游，應徐鄴下成嘉會。地坼天崩大過纏，遷斥凍餒相鈎連。誰知錦里生還日，已是山陽感舊年。感舊唏噓歲月改，秋草玄亭葬文彩。清寂先生。吴質長愁薤露晞，秋實。第五高名埋上海。五世兄。賈貿喧闐起市廛，蕭疏廠舍罷機輪。死生契闊幾人在？與君共話增酸辛。君鬢青青我鬢白，雞鳴如晦風雨夕。歲寒不損後凋心，兩人壯意今猶昔。與君相約更相親，種桃道士待何人？菜花零落莓苔長，來看玄都觀裏春。

憶昔行贈周重能

憶昔太學興西陲，張公巖巖作之師。清寂愛智振金玉，風流文彩世莫追。吴先君毅先生自是鳳鸞姿，朋從群彦張羽儀。三蜀英豪競奔驟，蕩如大海魚龍歸。周郎廿七枕經史，竟日兀誦忘饑疲。刁君爲我通縞紵，道存目擊心神怡。六年成業驪駒暮，勞飛燕去還相顧。同門張卓名易建文與錢智儒周克謀，幾回連我東西路。我留君去去君來，十番期遇五不諧。偶然錦水蘭萍合，雲龍上下相追隨。爾時陸海物力充，六街九陌列尊罍。瓊漿玉食買朝夕，兼以詞翰相娱嬉。東郊薛井草堂西，北海樽翻九里堤。青羊花市賞春出，丞相祠中消夏回。風景不殊人代改，死喪疾餒重重待。諸老凋零實可哀，宿昔交親餘幾在？壯游君我稱賞心，十年羈阻復相尋。尚留皮骨保康吉，寧免感憤百憂深？君住清江綿教澤，我亦織室分一席。自慚疏拙謝知新，量力歸來守故轍。中間花發錦城春，君携童冠樂芳晨。馳箋故舊接歡燕，崔徐唐鄧來相親。一朝時沴連都邑，救困扶顛留不得。自此憂讒慮患深，風塵荏苒音書絶。世用從人棄散樗，君自抽簪領桂湖。檢校丹鉛理函海，白頭尚友楊新都。牛市東頭期一見，轉轂忽忽有程限。樓上斜陽照鬢絲，始悟歡悰雜哀怨。交柬壯老别情多，箋素酬君發浩歌。明年解禊桃花水，感舊相憐春夢婆。

素交行贈羅去非

林回論交喻甘醴，密誓甜言三釁始。惟君於我傾素心，四十年間淡如水。平生不與稻粱謀，頗笑輈張坐百憂。陶寫哀樂過中歲，漸聞齊物師莊周。莊周息心君作健，爲學天刑忘身患。直從坡潁溯淵雲，欲與鄉邦長文獻。抱書日日守高樓，坐看儕輩委山丘。斗室蕭條聚家口，心無滯礙神天游。憶昔太學初相見，好事濃薰屈宋豔。漆髮朱顏兩少年，今來蒼雪盈顛換。蒼雪盈顛黯自悲，却將契闊數從來。消魂别賦春前讀，嘆逝山陽笛裏哀。解易臺歸君發軔，鋒鏑餘生丸迸枕。不適樂土棲燕梁，却共危邦困蛙井。明年花發走邛都，九折驅盡怯征途。一棄儒冠習吏役，便却文章理簿書。嘉陵山色牛鞞水，常調遷君來吾里。季也翩翩北坐才，授餐適館聯新喜。我歸祭酒老荀卿，君出鄉校領諸生。一夢已憐朝市换，十年難得酒杯傾。人生壽夭誰能料？弱草棲塵悲年少。無多骨肉雁行摧，兩家厄運傷同調。此時君我數相聞，前游回首各沾巾。楊劉周徐盡黃土，况復悲風怨雨人。爲君注酒君莫停，素交寥落如晨星。願保黃髮介眉壽，長年共倒雙玉瓶。

題霜甘閣人日燕集詩後

君不見，魏文南皮思夏燕，七子凋零行自念。典午怱怱玉步移，樂往哀來兆先變。又不見，蘭亭雄筆紀山陰，事遷情倦感來今。得意文詞尚如此，何况傷麟嘆鳳心。我欲驅車訪城市，燕子不歸宅主易。人日霜甘閣上春，幾回華屋山丘淚。彭公衰病蒙公存，掩閣高居避世紛。孔昭卧疾音塵絶，文陶坐廢不相聞。就中李生誼最篤，談經證史心相逐。五日名山講舍高，一夕鄉園酒味薄。當年南北轉車塵，轍轘奉手大師門。

一生幾許彈冠願，百歲難爲後死人。賢哲棲棲意獨厚，明珠投暗憐君久。自是淮陰誤感恩，蒯通相法嗟何有？從古興亡夜向晨，是非青史自能論。他年海水群飛盡，誰與刊碑紀亥辛？

種菜行並序

往在太學，又陵師録黃公度《人境廬》七絶題屏見贈。不意遂爲今讖。因演首句爲《種菜行》，寄佩玖四姊廣西。

天下英雄聊種菜，愛智題屏如相戒。人境廬詩人境誦，字字磊落生光怪。少年豪氣元龍樓，學圃學稼非吾憂。誰言白髮垂兩鬢，却來背郭共山丘。山丘一畦種菜少，叢竹穿雲蓊翳早。隔日潑水布濕灰，芹莧不生生蔓草。君在勤治園蔬肥，君去園荒野艾滋。青菘五寸方抽葉，啄食更有鄰家鷄。蔥蒜性烈鷄不啄，却與衆蔓争生活。偶復蹲踞軾耘耔，近視時帶嘉蔬出。劉家種菜草盡鋤，我家種菜日荒蕪。心矜夏雨蘿卜大，老懶待兔空守株。冰①霜烈日陰潤少，百卉凋②悴草不枯。惟有油菜與青筍，尚留榮茂葉敷腴。近來更兼懷抱惡，獨坐空庭心落寞。悼死憂生意未了，復有紲羈欲絆足。以兹滌釜百不思，黃粱既熟香風吹。略點鹽醬供③一飽，何煩摘菜療朝饑。七月種菜臘月過，俗語云：七月種菜風吹大，八月種菜雨淋大，九月種菜長不大。故種菜

---

① 冰：一稿作『嚴』。
② 凋：一稿作『盡』。
③ 供：一稿作『資』。

宜早。共道播殖已非宜。且須來①歲春雨發，鋤畦別種君當歸。

此詩作於經濟困難時期。師謂此詩爲俚辭；《臘雪寄重能佛操》則爲雅辭。黄公度七絶詩云：『天下英雄聊種菜，山中高士愛鋤瓜。無奈我却如雲懶，偶爾栽花偶看花。』

沙河弔李劼人先生

陂陀邐迤朝光明，樓閣連棟棲群星。巢車日夜走雷霆，中有稗官青史紀西京。百年易盡追前迹，愴然動我涕淚零。淚零摹訶池中水，蜀王宫闕精廬啓。盤龍砌繞至公堂，菑園講舍春風裏。通眉長爪一書生，談天海客驗華瀛。數典有時不經意，才高終見氣峥嶸。楊生好奇綜今故，邀我城南款朱户。萬字欄干花滿庭，主人微醉趿雙履。法蘭秘笈列書楹，笑指曲廊足避兵。窮愁北海孫賓石，用徐荆石句。鑿坯曾免趙邠卿。謂舒新城也。少年輕俠高意氣，歸來慣説平生事。小雅堆盤五侯鯖，大波累卷前朝記。漢嘉明秀甲南天，魚網漂成五色箋。史公貨殖先端木，范蠡師法託計然。峨峨廠舍千間立，朱家奴好招亡命。目送風塵故國昏，運移水木新朝盛。新朝傍闕起高樓，副尹迎歸雪滿頭。博士倚席循牆見，開府當筵畫諸休。榮勢喧喧印纍纍，勞生總爲高名累。馳車廣厦簿書忙，退食郊原風日美。左思十載賦三都，保路重勘益部書。喜見新編易流播，詎憐末命不踟躕？一代才人歸一代，雲散風流泣辛亥。當年北坐揾衣人，望塵無復軒車拜。沙河何地叩幽扃？頗恨門庭懶未經。他年大道東迴處，誰與刊石紀姓名？

① 來：一稿作『明』。

醉歌和佛操重能

鍾君醉作歌，纍纍貫珠多。鏤金錯彩入毫翰，要於何處争巍峨？周君和醉歌，沛若决江河。舊瓶新酒黄公度，五音繁會交枝柯。我欲兩君歌，心儀意婆娑。强步靈均賦山鬼，被服薜荔帶女蘿。平生解笑醒而狂者蓋次公，又非薏苡招疑馬伏波。既不使酒駡坐學灌夫，亦不鈎黨服政操干戈。無端絓網羅，忽然脱去青天摩。使我神游九千仞，夢浮雲海入雲窩。茫茫下視人間世，天迴地轉蟻旋磨。恰似長鯨吸川玉山倒，醉眼迷離失平頗。就令遵大路，猶恐遭跌蹉。不如且從玉川煮茗盡七椀，蕩滌胸臆消煩苛。還我清明在躬志氣樂，迎祥送瑞風雲和。嗚呼！何時滿眼足歡意，迎祥送瑞風雲和？

注：己酉（一九六九）年賦。

同佛操壽重能留新都五日遍覽城郊諸勝長歌奉謝

詩翁膾鯉自行庖，閑置筆硯揮霜刀。高齋選賓傾儲盎，肥肉釃酒勤招邀。早日聲名滿鄉國，晚戀湖山甘旅食。賃廡雖無舉案妻，脯脩正有兒孫力。三年車轍踐鷗盟，破例先期五日停。泠然左挹浮丘袖，來頌南極老人星。緑槐摇陰日初午，快洗塵埃忘徂暑。鄰人隔牖笑狂客，高談大睨無今古。與君款曲話從頭，范張雞黍安足儔？不曾桑下三宿慣，此是平生第一游。江城寂寂居人少，夜月荒荒步官道。太史祠中叢桂陰，寶光寺外旌旗繞。嵯峨大厦成鋼分，插天燧管散黄塵。八陣雲昏諸葛壘，一江濤擁馬超墳。新營舊迹看難盡，感往思今雜歡恨。夜語渾忘漏滴殘，將歸更引重來興。雕盤綺食𢡟君情，酒盡塵封雙玉瓶。荷包蛋卧百合酪，翠毛鮮燒十景鐺。多君意氣相留住，舊約重堅錦江樹。安寢何分上下床，小别漫惜東西路。一聲長笛向遥天，撲地閭閻識市闤。後夜相思在何處？夢回孤月照湖烟。

自注：庚戌（一九七〇）四月中浣。注：時爲周師四月十八七十二歲生辰前後數日也。

夢魂曲題後

人生苦惜歡娱少，玄鬓怱怱換衰老。浮萍聚合海風吹，骨肉交親離散早。當時太學諸少年，張君我亦共周旋。雖無皋比行相逐，頻叨醉飽奉宾筵。宇合波翻雲譎怒，瓠瓜不繫前時樹。女媧黄土摶作人，魂魄解析終還故。哀樂中年嘆逝心，感君懷舊思愔愔。月白楓清關塞黑，屋梁顔色夢追尋。夢追尋，心斷絶，長歌宛轉情悽惻。但教昔昔夢魂親，夢來覺處何分别？

注：庚戌（一九七〇）年賦。

次韻和重能瓶底脱歌

天道虧盈人忌滿，令榷酒酤月一瓱。普天率土流例同，除却公讌無脩短。君今何處得瓶封？小瓶大瓶酒花穠。便堪千里列侯國，何止一邑稱富翁！富貴權多貧賤奪，慈悲當頭來棒喝。足令高陽舊酒徒，戒酒先看瓶底脱。知己清歡足暮朝，索居把酒嘆寂寥。且注山泉滿瓶甒，屠門大嚼意也消。醉裏讀君醒時曲，半醒半醉詩情續。爲君濡翰賡長歌，洗盡人間薄瓶辱。

注：甲寅（一九七四）年賦。

次自述謡韻

百歲大齊君望八，數到期頤餘二十。若論靈椿千萬壽，此是太倉米一粒。宿昔車馬争會同，遠慕耆英洛水中。一朝改轍疏來往，交道難言善始終。錦里傳餐息壤在，先唱者誰翻吝悔？坐令咫尺遠天涯，靈府生波積塊磊。餘春首夏實清和，不比三伏熱客多。乍可高談破岑寂，何妨杖履共婆娑。枯禪禁足閉關已，掩塞六鑿甘向死。朝游北海暮蒼梧，學道吕生能久視。山王亦①預竹林玄，放翁人喚海棠顛。世有息交絶游賞，憂讒慮患君豈然？我誦蜀都左思賦得教督，冬春燕喜因蜀俗。坐上有客尊有酒，傾情倒盞餘生足。點筆操紙繼君謳，大開三徑待羊求。詩人從古愛桃花，又陵先生《謁費此度祠》絶句。師訓説與金堂周。

注：乙卯（一九七五）年賦。

臘雪寄重能佛操

蜀都冬雪再飛花，送臘催春釀歲華。已見祥霙被陵闕，還思險韻鬥尖叉。憶昨西城傳尺素，歲暮寒風吟雪賦。至後初雪得佛操詩。誰知臘雪更氤氲，萬壑千山斷行路。童心回首舞勺前，除夕中庭積素鮮。爆竹聲喧殘臘盡，元旦門開山浩然。此後擔簦來錦里，摩訶池上春風起。賞雪看花不計年，積霰飄英明玉壘。金河岸上踏瓊瑶，園林凍合散春嬌。韜霞揜日懸冰柱，鶴亭短簿來相邀。恭南自號鶴亭隱士，人謚之曰短主簿。兩客孤坐

① 亦：一稿作『曾』。

游人絶，青天四望房櫳白。雲散風流二紀餘，蔣尉歸魂招不得。幾回冬暖换春初，欲問堯年似此無？雅詠繁霜歌正月，愁生鬢雪感麻姑。題詩却憶湖濱叟，脱稿一篇傳衆口。白雪陽春要和人，亦有新吟郵來否？高卧袁安愧古賢，交游散阻耄耋先。何當奇想中宵發，一泛山陰訪戴船。

自注：丙辰夏臘（一九七六）。注：師謂是篇即雅辭也。

次韻答鄒文奎長歌見贈

鄒君厚意戒前車，憐我痼疾老烟霞。一紙忠告瀉珠玉，琳琅照眼生光華。嗟我庸駑古無羨，思古幽情在篇卷。欲從坡潁溯淵雲，文獻凋零軌轍變。掩關日日對陳編，株守何心事蹄筌。却憶師門薪火寄，白髮驚心五十年。世人論學尊口耳，聽曲識真人有幾？揚雲後世覓知音，毁譽無端心已死。憶昔策蹇望鴻儒，囊衣廿載寄西都。偶向澤宮留姓字，文章八代愧皋如。鄉先生胡忠淵字皋如。如君好學今世少，晝暮窮朝不憚老。詩名久已播人間，散綺還看餘霞好。矍鑠心期自可傳，越不須讓祖生鞭。我年望八君過二，達尊鴻業定君先。

注：癸亥（一九八三）年賦。

東山賞雪感舊作歌寄知者

漫言皋壤啓文心，佳賞須從勝處尋。廣庭積素三朝暮，却邀群彦聚山林。山林凍合車行道，祥霙瑞雪豐年兆。家家圍爐閉門居，誰肯衝寒赴襟抱？幾回擁篲出前村，四望青天霰雪雰。忽然叩門聲剥啄，朱顔皓首來逡巡。尊俎無多杯行緩，且得心情共推展。不畏郊原慘澹風，已欣坐席團圞滿。憶昨清和集衆賓，三王二趙兩劉君。一舉十觴不辭醉，郭君談健傾坐人。惟餘鄭子巴渝去，音塵曠絶知何處？花開花落過三旬，嘉辰總爲相遲誤。趙君美意賦新篇，裁箋欲報心茫然。還將近作酬先唱，何時重與共蔬盤？世人好樂盛歌舞，絲管嘈嘈長袖舉。誰識槃澗共清言？倒意傾情論今古。古人已逝翰墨留，江山無恙幾歡愁？柏梁銅雀皆黄土，吹臺金谷盡荒丘。魏文南皮思夏燕，孝王冬游美梁苑。當年勝事擅一時，往迹於今誰可辨？五十餘年舊夢新，敢將文燕一重陳。開筵共作消寒會，却憶霜甘閣上春。

自注：甲子（一九八四）冬至後一日。注：三王二趙兩劉君，師云，指王善生、王仲鏞、王文才；趙元凱、趙念君（趙熙之二子）；劉霽晴、劉君惠。此外詩中提及者尚有郭君恕、鄭驥才（容若）二位。以上合計九位鄉賢，今多謝世。

寄櫟軒詩存卷三

五言律詩

卜居東堰歲暮家集賦詩

恩養憐衰白，遷流少定居。買田供憩息，聚首即歡娱。臘雪新醅酒，春風早種蔬。萊衣吾自惜，珍重引姜魚。

清寂先生七十詩以壽之

井絡垂精氣，嘉辰紀漢正。高文尊北斗，歸老卧東城。敷衽商前藻，忘年接後生。近尋犀浦道，因識未衰情。

奉懷又陵先生新繁愛智廬

任逝千年後，重來問草堂。九關愁哮虎，大道有亡羊。歸去陶元亮，平生盛孝章。繁江秋水闊，回首怨途長。

壽張表方先生七十

饑溺憂天下，彌縫道漸周。青衿傳教澤，黄髮拜嘉猷。名世千年重，聲華四海流。便看成大耋，碩果鎮西州。

寄荆石渝州

共有新亭感，陰陽動慘舒。竹枝渝社曲，人境石橋廬。薄宦嗤囊被，懷歸畏簡書。孤吟巴字水，應念往來疏。

赴成都

春風吹夏正，客路望沙河。眷眷愁成别，凄凄水未波。愛深緣道淺，累重爲情多。欲問蒙莊子，坐忘將奈何？

挽姜讓一 並序

讓一與余同業成都大學。携家往教遵義，舟覆合川，子女併殁，骸骨不歸。《易》論人生終未濟之一卦，曹稱列士嘆孔璋之鷹揚。箜篌引古辭曰：『渡河而死，將奈公何？』不圖君之所遭，至於斯極也。

坎壈平生恨，終成未濟哀。鷹揚懷貴筑，魚腹葬湘纍。涪水悲思滿，南城舊夢回。箜篌嫠婦泣，失計舉家來。

寄懷程千帆武漢大學

浩蕩荆揚水，分流望九河。推心成氣類，行國怨風波。酒憶郫筒餞，愁賡楚調歌。武昌今日柳，相對意如何？

先慈遺像題額

鞠育親慈重，羈游旨奉稀。本圖潘令宅，能侍老萊衣。養薄衰年苦，劫餘萬事非。凄凉成罔極，何用報春暉！

静女携來念七年前侍先君一像覽之酷痛

棖觸平生夢，傳來素棘寒。皋風游子恨，萊彩舊年歡。宛宛趨庭侍，惻惻上冢難。會當銷劫燼，重與誦陔蘭。

挽王恩洋院長

内院傳衣席，西南借一枝。操戈起信論，折角大宗師。學術三家合，聲名九牧知。凄然霜露盡，不見早春時。

黽勉趨時運，蹉跎賦解嘲。世緣成泡幻，賫送亦蕭條。序齒十年長，回車一飯邀。刊碑留信史，期會倘非遥。

挽龐石帚先生

宋派同光盛，蜀閩蓋代才。蘇黄不世出，林趙幾人推？斧鑿通前徑，絃歌啓後來。龐公今更喪，薪火定誰開？

不預玄亭問，平生懶自疏。空憐棲隱處，久斷入城書。數典元明外，探華晉宋初。等身虚有作，掃地已無餘。

挽趙少咸先生

石室談經席，投閑二十年。聲名佳婿重，門第後人賢。學術高郵嗣，遺書廣韻專。不須論寵辱，即此已[①]堪傳。

挽彭芸生先生

一卷燕游草，哀時説廢興。新朝悲薤露，舊國感[②]觚稜。起病方書效，安心内學能。精廬開敬業，堂廡幾人登？

① 已：一稿作『也』。
② 感：一稿作『夢』。

挽袁焕仙参政

精舍維摩静，玄門萬類容。净心忘酒肉，笑語落機鋒。身世華嚴劫，文章棒喝宗。遺編①空在匧②坐論竟何③從？

未覺溪山遠，頻煩杖履來。執心刀斷水，不悟鏡非臺。白馬知交盡，青蠅令女哀。更憐城北去，誰與覆深杯。

哀宋生元誼

文采溯家風，明珠劫火中。衆讒污玉潔，尺組斷春紅。破鑑徐郎恨，裁篇宋子工。東山桐蔭在，忍見問琴翁！

注：師云，元誼爲宋芸子（育仁）孫女，文革初無奈自殺身亡，惜乎哉！

---

① 編：一稿作『書』。
② 匧：一稿作『匣』。
③ 何：一稿作『無』。

壽蒙文通先生六十①

經例窮先輸，溯洄及②道樞。一杯能③中聖，五論正張儒。甄史名賢貴，談諧辯口輸。快心重數甲，應畫彩衣圖。

伍非百先生枉過村居

絶代名家學，千秋是與非。達莊窮曼衍，辨墨表精微。彤管書成帙，蒼髯雪點衣。不辭郊郭遠，留賞到斜暉。

挽羅孔昭

學術殊途徑，卅年縞紵歡。重城成楚越，往事共杯盤。盧駱差肩愧，巢由闢地難。白頭思契飲，遽作死生看。

① 六十：一稿作『六十晉一』。
② 及：一稿作『接』。
③ 能：一稿作『頻』。

挽周子奇

拜母登堂日，西原避寇村。風波一失所，耆耇不成尊。象齒前朝重，黌宮遠夢温。梅花留尺楮，展對爲招魂。

注：師謂周抗戰時住成都西門。先後任教於成都市立中學、私立蜀華中學諸校。在蜀華任中國畫教員。師遺物中有國畫紅梅横一幅，具董梅氣韻，交賴季恒收藏。

佛操東山曉望得樹繞一亭孤之句久未完篇勉爲成將毋有續貂之誚乎

霧散朝暾出，憑高景自殊。麥分千畝秀，樹繞一亭孤。樓閣依霄漢，陂塘入畫圖。人生隨賞在，何必羨匡廬。

次重能見壽五律原韻

節候花朝近，年華逝水流。干戈傳浩穰，陵谷亂清幽。故舊春前約，行程戰後憂。幸逢車馬便，錦水證盟鷗。

未得瓠瓜用，思從社櫟閑。園蔬經雨種，櫺牖避人關。漸失探奇興，難回未老顔。春風榮萬類，慚愧凍梨斑。

注：戊申（一九六八）年二月賦。

重能佛操以詩見壽奉酬

浩蕩春原麗，安居歲月回。不成箕子困，终雪冶长猜。世業青箱在，賓游皓首來。多君勤慰藉，樂聖共銜杯。

注：己酉（一九六九）年二月賦。

五律二首奉壽

行年開八秩，介壽逾稀齡。虛室能生白，華顛不斷青。家山來往客，游屐短長亭。頗幸車同軌，猶堪共醉醒。

虎尾憂危盡，鳩扶歲月深。資生調鼎味，寫意寄謳吟。著述銷長日，交朋契斷金。籌添無限極，福履兆將臨。

注：己酉（一九六九）年四月賦。

次韻佛操九日過飲五律二首

雅志躭丘壑，哀時引興非。且歡逢令節，猶未著征衣。避地何山好？同心與我違。采風如有作，不用託妃豨。

重九稱名美，三人舊有期。自無千里距，終礙兩翁隨。勝賞看新歲，餘芳惜故枝。莫辭傾盞醉，此會兆將離。

注：己酉（一九六九）年重陽節賦。

次韻重能春日見懷之作

江城細雨絲，新漲緑波時。尚少初春約，難忘隔歲期。文章駢散變，學術古今歧。賞會終非遠，孤懷倘見知。

題襟循舊迹，聚首記來玆。勞燕差池度，雲龍上下隨。心閑知老健，寒重怨春遲。便欲催花發，同君把酒巵。

注：庚戌（一九七〇）年早春賦。

次韻重能見壽之作

淑氣春方旦，東風桃始華。築亭邀雨露，交友契雲霞。人語喧官道，燕歸識故家。偶然鄰叟對，班坐話桑麻。

未辨馴龍性，難遷野趣饒。小園思樹橘，貞幹已彈蕉。衆卉誰先甲，餘生樂後凋。獨慚芻豢少，齋饌會賓僚。

注：庚戌（一九七〇）年二月賦。

次韻重能東山看桃花之作

大道重重樹，芳園豔豔花。韶光如過客，勝賞得詩家。背郭煩囂遠，留春想望奢。祇餘方寸地，蒸氣晚成霞。
曉日窮陰盡，桃花得氣芳。春榮知地暖，身懶笑人忙。舊約山林契，新醅琥珀光。年年同此醉，莫道逝川長。
注：庚戌（一九七〇）年春賦。

次韻佛操見壽之作

伐輻水清漣，晨炊屋滿烟。素飡誠可刺，習苦未應然。玩世憐齊贅，釋紛愧魯連。本無經濟用，尚白不居玄。
但覺初周甲，行來杖國年。娱閑親水月，比屋愛蓀荃。竹樹疏成圃，風花不論錢。歲寒三友在，招會共賓筵。
注：庚戌（一九七〇）年二月賦。

挽碧澄

太學聲名久，遭時巧拙分。青雲託驥尾，黄髪慁雞群。北郭移家遠，東山種樹勤。凄凉成死别，道阻不相聞。
注：庚戌（一九七〇）年四月賦。

次韻重能紀夢

多情徵壽考，好夢紀嘉祥。寸草心常在，佳期夕與張。同聲歌宛轉，兩大意彷徨。莫道詩人老，君看漢相蒼。

注：辛亥（一九七一）年正月賦。

次韻重能立春

自此玄陰盡，寒威步步消。光風回岸柳，輕靄瑩塲苗。水漲溪流活，林喧鳥語嬌。定看微雨過，旭日麗春朝。

注：辛亥（一九七一）年初春賦。

次韻重能見壽之作

擁篲遲佳客，清言絶世埃。屠龍俱有技，鳴雁愧無才。流水當門曲，桃花壓嶺開。東君如錫類，須與剪蒿萊。

館宇芳菲域，郊原淡蕩風。良朋千載契，嘉會四難逢。狂狷差堪擬，齊梁未可蹤。無成搔白首，多謝賞心濃。

注：辛亥（一九七一）年二月賦。

次韻佛操見壽之作

喧闐車馬道，寂寞閉門人。不有仙源樹，焉知黍谷春。一生隨白堊，萬吹起青蘋。未息干霄志，朝來望秀筠。

歲月駸駸逝，甲周又四年。跫音空谷會，樂國醉中天。羈旅長爲客，優游欲近仙。獨慚心未逸，仰首羡飛鳶。

注：辛亥（一九七一）年二月賦。

重能佛操去之明日桃花始開走筆追送

五日探春約，寒風剪剪吹。花開人散後，夢覺酒醒時。陵谷今來變，壺觴異日期。一枝留好住，惆悵緑陰遲。

注：辛亥（一九七一）年春賦。

南郊小集次重能韻

老至親山澤，郊行道阻長。園亭花徑直，陵廟鏁塵荒。厚味趨湌肆，香醪寄錦囊。茫茫興廢感，王氣溯樓桑。

傾蓋歡新契，題襟集故知。最宜先夏令，重與訂秋期。醒醉莊同夢，蒼黄墨染絲。一杯千萬壽，留看爛柯棊。

注：辛亥（一九七一）年夏賦。

次韻重能苦熱見憶之作

聞道孤棲處，炎陽汗漬衣。空留紈扇在，不與玉人揮。午食猶親竈，鄰娃尚款扉。何如來錦里，共息漢陰機。

注：辛亥（一九七一）年炎夏賦。

秋雨次重能韻

共説秋霖久，低田積潦嗟。新苔欲上砌，遺秉盡生芽。何術收雲幕？開天見日華。豐年同一慶，穰穰頌農家。

皎日連雲蔽，難言造化均。輕寒銷夏令，疏雹落街塵。蟾月終離畢，齊詩再紀辛。陰陽何自燮，仰首問蒼旻。

注：辛亥（一九七一）年秋賦。

桂湖賞秋賦謝重能兼以爲别

八月芬馨發，相邀太史祠。前朝雙桂樹，新酒五糧巵。溉釜酥脂夥，磨刀縷膾絲。與君往來熟，何事怨將離。

久客歸懷減，緇塵染素衣。來方驚白露，去已息朝饑。每爲深情勸，真疑返轍非。便催重九近，共賞北山薇。

注：辛亥（一九七一）年仲秋賦。

奉酬重能佛操見壽之作次重能韻

但使車同軌，何妨別路長。三人齊壽考，幾度閱滄桑？每爲高文賞，渾忘旨酒量。還宜蘭蕙豔，併作馬班香。

氣類粗能數，耆英逝已多。人才歸趙代，風會遠嘉峨。美醜今非昔，成虧唯與阿。自慚衰老分，袖手看山河。

二月鶯花早，千山樹色新。遠邀塵外侶，來試甕頭春。大浸魚龍寂，高堂燕雀親。遥心開萬有，佳句已如神。

背郭依山宅，朝暉映彩霞。傾筐勞厚餽，翳地賞餘花。南國三春樹，東陵五色瓜。興衰談已倦，一唱浪淘沙。

注：壬子（一九七二）年二月賦。

同佛操壽重能新都適余女甥就醫不能久留重能有詩惜别次韻賦謝

書城探勝客，異代益情親。每憶周弘正，應慚鄭子真。三人仍小聚，八陣不重陳。修短成虧理，淹留與細論。

談諧無俗韻，高論足千秋。本自濠梁契，先同稷下游。斷金風誼古，逝水歲華流。漫説吹臺賞，如今定可儔。

紅藥翻階媚，黄精養性殊。艾求三載後，苗任一朝無。饕餮中厨饍，艱難榷酒酤。歸心還自戢，泃沫在江湖。

别去初經月，脂車已再來。共尋青草徑，佇望碧雲堆。桂苑凉颸發，琳宫茗坐開。雖爲人境宅，幽意比蒿萊。

親情牽友誼，眷眷不能留。已共三朝醉，難爲一日休。懷人今夜月，揮手大江流。後約從君踐，平湖共賞秋。

注：壬子（一九七二）年四月賦。

次韻重能門壁生槐戲賦三首

盤根庭院側，挺秀板門間。比似鄰娃幼，無心日款關。凌雲須破屋，避地不棲山。好共銷長夏，薰風一解顔。

槐是三公象，真嫌過慮凶。依人如社燕，裂壁憶飛龍。帝里鬱葱氣，高人坦蕩胸。陽春原有脚，入室肯相容。

道勝催莩甲，門牆自展舒。未須盆盎植，生意已充廬。桂殿居游近，槐宫夢影疏。還童君有分，摶緑上階除。

注：壬子（一九七二）年夏賦。

佛操示以鷓鴣天詞感而賦此

客懷車馬道，春樹豔陽天。白髮三千丈，青山二十年。才疏干世拙，志僻守文專。顔蠋平生語，不爲慕勢前。

繕性修莊墨，趨時説尚同。揚波看禹甸，驤首誦堯風。桃李滋生處，桑麻暢茂中。勞人年少夢，失笑已衰翁。

荀況蘭陵老，管寧北海居。未嫌卑自牧，猶得遂吾初。善世思鄉原，閑談即史書。東皋留勝集，人境此精廬。

不有兼旬賞，空驚物候新。飈輪通軌轍，異縣若鄉鄰。何事僑居宅，遷移故友親。料應桂湖夜，能夢洛川神。

注：癸丑（一九七三）年春賦。

次答重能佛操見壽之作

厚餽陳筐篚，霞觴燕寢開。自非横海翼，敢論濟川才？閔子懷珠去，阿衡負鼎來。殊途同一致，樂聖且銜杯。

屈子曾哀郢，賈生復過秦。應憐江海客，不及廟堂身。鷗鷺閑爲侶，峰巒近作鄰。餘生貪歲月，坐對百花新。

市虚高店子，幾度探春游。嶺上緋桃豔，人家翠竹幽。横塘依徑列，陂水過山流。俯仰看身世，真如不繫舟。

每愧孫陽嘆，青雲驥豈知？推心酬鮑子，潤色仰陳思。翰藻前朝貴，盤飡隔歲期。編珠聯趙璧，寫作紀年詩。

自注：二君各賦四篇，合茲兩美，用成聯章，略述鄙心，以酬雅意。注：癸丑（一九七三）年二月賦。

中秋後一日新都訪桂花事寂然題贈重能

凄凄零雨後，望到月華生。豈謂秋光滿，難期桂子榮。高情尊酒會，失意看花行。且作明年約，凉宵聽雁聲。

注：癸丑（一九七三）年仲秋賦。

新都壽重能次答貺原韻

上壽期頤近，餘齡歲幾何？故人情眷戀，生意樹婆娑。白髮尊前少，青山郭外多。便當同作健，毋愧馬伏波。

成都居半百，强半作春游。花市朝霞映，鈿車夕照收。運隨滄海換，年與逝波流。濟勝雖無具，登臨賞未休。

老至風情盡，談諧意亦闌。清齋留夢久，國色喚人看。豔絶紅兒想，愁傾白墮難。縱饒絲竹寫，哀樂已無端。

太學同門友，離心兩地人。論年慚作弟，高會迭爲賓。有句能驅疫，却痾妙若神。相將來異縣，南極頌千春。

悵望鍾旗叟，行程久未來。豈無頳鯉約，共此碧螺杯。北首思難盡，西陽景易頹。何當同里住，不慮役車催。

注：甲寅（一九七四）年四月賦。

新都賞桂次重能原韻兼柬佛操

勝賞追前迹，池蓮美未休。更招叢桂馥，同作探花游。主意殷勤待，賓情宛轉留。晴光應恨少，零雨漫成秋。

館舍文心映，園林霧樹香。高枝猶蔽日，新榦已成行。世換人空老，秋涼草不芳。幸餘靈桂影，舒蕊待朝陽。

太史祠中桂，城傾已見根。登高懷故迹，闢地啓新園。峻極嵩華想，敷榮雨露恩。百年幾興廢，貞佞與誰論？

去歲方亭坐，三人四面花。已知參朮效，能駐頂顛華。虛左相思切，獨行客路賒。與君徵後約，東郭賞秋霞。

注：甲寅（一九七四）年九月賦。其録奉佛操稿中『館舍』作『館宇』，『霧樹』作『霧氣』，『已見』作『早露』，『客路』作『去路』，『徵』作『爲』。另有短札云：『重能吾兄足下：新都訪桂，燕賞流連。日月不居，忽焉已遠。奉誦尊作，遐想舊游。意倦目昏，久未次答。昨者佛操來舍，乃知有九日之約。何不來成都一聚，共慰離懷？頃已定於國曆十一月一日，去漢源探視小女及諸孫輩。足下不及時來蓉，把晤之期當延至返轍以後。不過此行亦不擬久留，相見非遥矣！原詩奉酬如上。』末署『九月初五日』。

五律二首奉祉祥仁兄

卌載尋知契，如君有幾存？青氈託令女，白髮翼諸孫。舊史傳薪遠，名山寄籍尊。更餘人境宅，大隱憶金門。

符汶流東注，飈輪道北征。故人遠追送，相望不勝情。黍臛盤餐厚，柑椒禮餽輕。臨歧珍重約，一爲錦江行。

注：甲寅（一九七四）年十月自漢源返蓉後贈寄奉。

佛操生日壽詩

舊夢支機石，新鄰渡水橋。江山日已遠，文酒歲相邀。箕潁情猶在，濠梁興未遥。東西同一軌，來往不須招。

知好多耆德，相逢鬢髮蒼。風雲依世運，冰雪浣詩腸。堂構安身樂，參苓却老方。年年周季叟，相與頌無疆。

注：甲寅（一九七四）年冬月賦。

桂湖春會次重能佛操韻

錦里題襟會，年來爽約多。更煩尊俎費，相待友朋過。勝集王戎後，泠風列子和。一卮還滿注，漫説破瓶歌。

絳人談甲子，塵夢引思長。名理期莊惠，石交擬范張。春衫花市客，臘酒甕雲光。未覺從衰易，安知壽有疆？
澤國春風早，絲絲弱柳垂。出門勞騁望，杖策欲安之。重法韓公子，非儒愛智師。薪傳周季甫，愧我失前期。
今雨聞聲集，相知復幾人？園林茶坐静，燈火夜談新。衢市觀風美，閭閻識里仁。便思留久寓，寄此不羈身。
白頭誇好學，重累每相關。不貴青藜閣，還譏飯顆山。引年從樂易，佚老在休閑。飽食嬉游後，看君少壯顔。
五日晴暉少，懷歸賦别離。談心傾肺腑，鼓腹饜甘肥。道隔居人望，風吹客子衣。何言聯轡去，更作勞飛。

注：乙卯（一九七五）年春賦。

霽樓仁兄以詩藉佛操見慰叠韻奉酬

便覺天虚曠，親從罽澤回。鴻飛猶有迹，鷹眼誤相猜。楚璧藏懷去，隨珠照乘來。歡然芬齒頰，勤進掌中杯。

注：乙卯（一九七五）年賦。

次重能韻壽佛操

聞道玄冬夜，攤書意愈遒。丹鉛情未已，燈火倦宜休。每共高齋會，還如勝地游。重城成遠别，日夕怨三秋。

扶衰尋契好，相訪盡耆齡。名理莊同惠，仙人石與丁。彩衣家宴樂，參术古方靈。更作明年例，登堂頌德星。

舊夢東皋集，春風澮宕間。誰令桃剪伐，愁聽鳥綿蠻。婻極堪同壽，巢由不買山。多君惟一事，未老已投閑。

注：乙卯（一九七五）年冬賦。

憶舊游六首並序

冬至前夕，是兩吴先生生日。重能不來，酒集遂罷。追念舊游，神傷既往。述詩六篇，以示知者。

一代興衰迹，隨人作史看。柳思芳苑緑，花憶莒園寒。高殿迎師會，前驅問孔壇。蟠坳何處覓，洄溯攬悲歡。

太學青衿盛，城南雅化昌。參天紅豆美，蔭畝海棠芳。文廟街西月，尊經閣外霜。不惟人事改，勝迹亦滄桑。

異日園居記，誰知愛智廬？聲名猶磊落，門館已空虚。一旦天荒破，千秋學蔽除。青蠅徒自擾，貴賤豈闕渠？

心火西流夜，槐陰夢醒人。故家殘古木，客殯寄天津。冰玉含毫秀，門楣衍慶新。春風一杯酒，惆悵隔仙塵。

下士愚誣毀，心傷一畝宮。霜甘留閣否？緗素死年空。精理名篇遠，微言妙悟通。平生推奬分，悽斷紫蘭叢。

火盡傳薪望，何人啓後來？殺青無一卷，浮白有千杯。偶罷哺糟想，還增立雪哀。頽齡思往事，生氣感風雷。

注：丙辰（一九七六）年冬月賦。

久不得重能書題此代柬

問訊湖濱叟，興居近若何？婿鄉聊避地，海國已生波。漸喜風塵静，遥聞父老歌。梅邊消息好，相賞憶烟蘿。

注：丙辰（一九七六）年冬賦。

答重能問疾

雨雪寒威重，肥甘鬱滯多。文殊猶示疾，道力竟如何？幸保方書效，不教俗手磋。小園花事及，香徑好消磨。

注：戊午（一九七八）年花朝後四日賦。

挽羅伯安

茗坐接清音，尊前聽苦吟。達心三載契，孤賞一篇深。碧落無歸處，青楓有夢尋。凄凉身後感，親友視棺衾。

注：戊午（一九七八）年初春賦。

挽鄧克明

挽世無家別，憂生旅食春。老尋鄉里客，同是未歸人。坎壈忠言誤，艱難病榻親。不須臨殯哭，往事已傷神。

注：庚申（一九八〇）年賦。師謂，鄧係梁平人，爲民盟會員。一九四九年前後接任蜀華中學校長。

挽雷克勤

嶽廟銜杯地，寧忘少壯歡？不成州學長，空憶瓦窑灘。生死今日隔，菀枯異代看。殷勤車下別，豈謂見君難？

注：庚申（一九八〇）年賦。師謂，雷爲厦門大學畢業生，在省立成都中學與師同事，在四川大學教英語。

挽范亞人

忠信能招罪，悽然國士憂。立談移寸晷，此別遂千秋。錦里聲名遠，北川歲月悠。煩冤今已解，一瞑更何求？

注：庚申（一九八〇）年賦。師謂，范名敏，國立成都大學同學，進步組織社科研究社成員，又加入復興社。曾任高農校長。五十年代錯定爲右派，終得改正。

挽馮子嘉

一飯東山約，曾無再面緣。晨星傷舊雨，箕口話流年。耋歲難爲壽，煩冤苦問天。尚餘周季叟，相憶桂湖邊。

自注：君與重能有重來之約，故末句及之。注：辛酉（一九八一）年賦。

善生仁兄冤獄得白賦詩自慶奉賀一首

何計全身去，横流話劫灰。便同蒙叟誶，終雪冶長猜。磨玉光猶瑩，焚金利不摧。漫愁年鬢改，生氣已春回。

注：辛酉（一九八一）年賦。王善生（一九〇八—一九九一），四川自貢人。一九八二年入省文史館。清華大學研究生。嘗任四川滙通商業銀行副經理，中華全國商會聯合會籌備會及擴大籌備會議秘書長。與張杜若合編《劉光第集》在中華書局出版。

亮生尊兄貽詩獎譽次韻奉酬釋箠增慙

野性甘樗散，當途匠不珍。山中藏豹霧，喉下避龍鱗。知己濠梁賞，文章楚璧新。玄亭徵氣類，心折更何人？

注：壬戌（一九八二）年唱和之作。

文奎仁兄出示詩集題贈

少日澄清志，時平願已舒。貞心彈佞邪，老學誦含沮。珠玉光難掩，風雲氣不除。更聞忘歲月，縮食爲收書。

注：此詩約作於癸亥（一九八三）年。鄒文奎（一九〇〇—一九九三），四川高縣人。成大學生。一九三一年入共産黨。歷任文職幹部。一九五二年自東北軍區轉業，任西南民院教研室主任等職。延安整風錯案，到胡耀邦任總書記時得以解決。

五律一首奉壽佩玖四姊河南

老至貪歡慶，天涯頌無疆。回黄嘉樹緑，却黛壽眉蒼。繞膝孫枝秀，追凉夜月荒。應知猶有客，相待共傳觴。

注：此詩約作於甲子（一九八四）年五月胡先生壽誕前夕。時胡住河南一五四醫院其女工作處。

悼李仲唐

數理窮精藴，平生李仲唐。齊年悲短韻，矯翼説高驤。梁燕將雛累，林鴞食椹傷。更堪垂老别，灑淚望江陽。

不以乘車下，知君痼疾深。歡言猶仿佛，窀壙已侵尋。埋骨歸何處？哀歌衹自吟。山陽鄰笛恨，凄斷暮雲音。

注：此詩約作於七十年代。

寄櫟軒詩存卷四

七言律詩

舅氏吴雪琴先生七十三壽詩疊雪廬自壽原韻

鄉飲推尊屬上筵。曾從蓬島賦游仙。來生金粟超三界，此會瓊漿損萬錢。伯傅醉吟堪駐老，絳人數甲記齊年。芳園夜酌星河近，遥想傾罍已暢然。

疊前韻答成都故人寄詩

種樹貧居緑覆筵。黄金大藥笑神仙。猶憐魏闕公卿手，争數河間奼女錢。舊業植樊生野蔓，澤宫豬口送華年。憑君莫唱驪歌送，歸志從來已浩然。

蜀華中學夜坐有憶

無端各受塵羈去，陡覺江湖間阻多。濁世何因明澹泊，盛年今日正銷磨。商風墜露蛩階静，璧月窺窗雁影過。嘉賞倘期人倦後，不妨千里共星河。

離家赴成都蜀華校方招生也

別路經時又隔年，春來重見草芊芊。山居暗牖懸蛛網，下里鄉情泣杜鵑。苦戀高名争世累，漸從斑鬢感華顛。平生三萬六千日，似此棲皇定可憐。

雪琴舅氏既解公園館長賦落花詩見示因和一律

斜陽紫陌餞芳遲，爛熳飛紅泛酒卮。夢裏諸天春浩蕩，老尋三徑路逶迤。巢泥乳燕留香久，夜月啼鵑感舊悲。不用勞思愁代謝，從今閑院與僧宜。

聞日本戰犯受戮感賦和重能原韻

七十年間兆變因，蘆溝卷甲犯初陳。天驕忍念犁庭痛，圜土終殘禍國身。賴有降王支敗局，獨來富士感烽塵。櫻花已作曇花落，宛頸鼇纓怒目瞋。

横師四戰啓雄圖，一彈燎原局竟輸。息鼓夜趨遥泛海，懸睛遺恨早吞吴。宛禽銜石千年怨，螳臂當車兩觀誅。倭史待編亡國紀，孑黎應笑武夫愚。

遥夜

遥夜西風坐百憂，正看兵馬向石頭。枯楊槭槭真成綫，蘆荻蕭蕭已過秋。棟折榱崩天欲壓，春生寒盡歲將流。也知剥復關人力，半壁江南十數州。

注：民國三十八年元旦前夕賦。重能師和原韻廿四首，參見《水竹山莊詩文集》。

王院長化中枉過山居賦詩見贈答一首

弘宣內學無雙業，教澤真堪四海流。豈有文章能利濟？漫勞聲氣苦推求。一羹豆乳傳餐薄，六月炎天賞興幽。賃廡未妨居徑僻，最難佳客此淹留。

無題

三日淹留五月期，暫來高會即分離。勞生已近回甘茗，往事真如壞局棊。晦朔春秋年易盡，是非儒墨道多歧。何當傾海爲杯酌，一蕩茫茫萬古思。

注：此詩於癸酉（一九九三）年季冬偶見於《江西詩社宗派圖録》書內，約賦於四十年代末。無標題，姑以『無題』志之。

霽晴大兄村居看桃花有作次韻奉和

何事乘桴北海濱？桃蹊千載隔周秦。平陵美美朝霞起，官道沉沉夜月新。陌上羅敷游女面，去年崔護看花人。知君不憚紅塵拂，滿目郊原浩蕩春。

注：乙巳（一九六五）年雨水節後和作。

重能佛操以踐辰枉存清游五日樂頌連朝去後有詩次韻賦謝兩君

桃花如錦送年回，歲月六丁自此開。遠興尋春腰脚健，離憂在鬢雪霜催。桓公感舊無官柳，魏武行師望野梅。大壑茫茫青未了，逢辰須盡手中杯。

兩地招邀一紙書，縶駒永夕重吾廬。光風霽月詩情麗，流水高山氣象舒。冀北群居成老馬，濠梁新契賞游魚。明年好續花朝讌，更調羹鼎會村居。

注：丁未（一九六七）年師六旬大壽和重能師韻。

於新都寓宅壽重能七十長律二首

行止無心理聖狂，懸車人老芰荷鄉。支筇蔣徑偕羊仲，賃廡皋橋少孟光。北斗京華花事近，南風農畝稻苗香。鄰家爲報黄粱熟，睡起攤書午夢長。

近市盤飧玉食初，隔年祭竈會新居。招邀朋好三春早，位置鐺爐斗室虚。桃李穠華孫女嫁，喬松歲月舊游疏。他時倘續清和讌，須饌垂竿獨釣魚。

注：戊申（一九六八）年四月十八重能師七旬生日前夕賦。

佛操寫示近詩鬱伊多感雖本事未知而愁懷宜遣聊賦此什用廣其思

中年哀樂滯情多，坐令閑居損嘯歌。却病所須遺世累，扶衰原在養天和。一家骨肉團圓好，四野風塵坦蕩過。有酒不歡縈苦趣，婆娑晚福奈君何？

注：戊申（一九六八）年秋日賦。

奉祝霽晴兄六十覽揆之辰

落日孤村噪晚鴉，勞生斷甓紀年華。乘車鼠六纖兒妄，扣角牛闌壯志賒。南國霸才思范蠡，西州文苑老朱家。重開甲子酬青鬢，招手仙人水一涯。

注：己酉（一九六九）年正月劉先生六旬誕辰前夕賦。

同重能佛操城北花圃小坐兼有次月之約戲作

小橋溪水得情親，不復濤驚浪卷晨。久別秋風來故苑，還思屬道望車塵。季鷹鱸膾無歸夢，仲叔猪肝少供人。何問周妻俱累盡，好從佛果證前因。

注：己酉（一九六九）年重陽後賦。

七律一首奉佛操壽

老學辛勤似放翁，丹鉛束閣理詩筒。乾嘉軌轍流波在，禽向心期晚遇通。屢頌南山佳句少，漫愁北海酒樽空！祈年更祈天行健，盡攬風光杖履中。

注：己酉（一九六九）年冬賦。

次韻佛操戲簡重能之作

何緣懷寶歡欣去，忘却盟鷗鄭重來。遠逐肥甘期厭飽，可堪車馬故遲迴。萬吹狂落霜華勁，長至高寒大壑哀。累襲衣裘湖上客，倘衝風雪過銜杯。

自注：前約在冬至後一日。注：己酉（一九六九）年冬至後賦。

次韻奉酬佛操重能新都相候不至之作

海水群飛天薦瘥，扶衰猶喜故人多。閑中歲月同蕭散，世外風雲任碾磨。已費盤飡頻見餉，更勞書札召相過。寰瀛無限春榮望，豈待南薰共賞荷？

注：己酉（一九六九）年季冬賦。

新都壽重能七十三生日有作

叢桂湖邊旅雁飛，山川信美寄懷非。平生姓字標詩卷，老去生涯計帶圍。白璧塵開蠅矢凈，青雲夢斷驥心違。釣竿長伴喬松壽，分取江魚入饌肥。

注：庚戌（一九七〇）年四月賦。

次韻重能南郊紀游

荷池軒檻記前游，銷夏真宜四體休。一代漫餘名士氣，三分早協使君謀。劉宗運盡空揮日，典午功成已兆憂。畢竟千秋誰占得？是非青史話從頭。

一軌飈輪兩地傳，晨征萬竈散炊烟。江樓斫鱠空陳迹，石室横經感逝川。難訪柳家新樣拓，且傾白墮古陵邊。香山九老承平會，可有風流繼往賢？

注：庚戌（一九七〇）年十月賦。

次韻佛操元旦

薄寒易怯破窗風，爐炭頻添暖未融。偶憶故人傳近訊，定多福履慰私衷。卑棲自許窮兼達，名論誰知蔽與通。改朔便從新甲子，起看初日曉霞烘。

注：庚戌（一九七〇）年嘉平月賦。

次重能自壽詩韻奉和

尊俎操持讓少年，相逢旅寓盡華顛。不争歲月何緣老？自斷生涯豈問天？對酒共歡殘劫换，扶衰宜仗綺情憐。孤眠偶讀陳思賦，洛浦凌波夢水仙。

三間賃廡住西頭，考獻徵文老未休。著述不因風會改，參苓能挽逝波流。千秋蜀道愁猿狖，幾日華山放馬牛？留得餘生看盛世，與君觴詠樂無憂。

注：辛亥（一九七一）年夏賦。

次韻重能弔庭槐爲風雨摧倒之作

拔木風狂美蔭消，定緣根淺本先摇。飛揚久仗濃陰潤，毁折終由太盛招。好種梧桐棲老鳳，更栽黄柳待鳴蜩。戔戔叢灌滋荆艾，一任厨娘爨火燒。

注：辛亥（一九七一）年夏賦。

次重能無題韻兼和佛操詩意

河洲荇菜寐思求，漫説匡床獨睡優。血氣既衰宜老伴，非人不暖爲身謀。廿三錦瑟添絃柱，錦瑟五十絃添廿三絃。一對雲屏上鏡頭。几席羹湯移玉手，江湖放浪永無憂。

司馬瑟心感興多，莫因陽嶠誤詹何。柔情兒女春長在，豪氣風雲老易磨。難戒隔牆知佩釧，佛操以隔牆聞釵釧聲爲犯戒。未聞撫髀厭干戈。可堪天漢盈盈水，百道奔流向愛河。

燕燕鶯鶯子野思，風情猶欠十年期。温柔託老宗劉帝，佳治充陳喻李斯。素女優游開畫卷，用徐陵荅周宏讓書。樊川惆悵負花枝。渡邊桃葉横雙槳，應怪孤帆獨駛時。

雲藍小袖意相親，七十開房禮貴身。『六十閉房，七十開房。』見《白虎通》。夙世緣生巫峽夢，有情天老洛川塵。翠衾堆簟難成夕，紅藥當階解笑人。試搗玄霜尋玉杵，回黄轉緑又青春。

注：辛亥（一九七一）年夏賦。

五月十八日奉懷佩玖四姊

燕却雕梁何處春？今年燕子不來。傳真眉宇尚如神。蜜桃果熟宜稱壽，梔子花繁止贈人。今年梔子花開六七十朵，爲向來所無。庾信園居成小賦，向平心願老車塵。頻年賞宴紅榴節，記得高堂會主賓。

注：約辛亥（一九七一）年五月寄懷河南游客。

園居賞夏寄重能佛操

好景難兼四序奇，天教璧合慰支離。即今夏緑成陰處，又見春紅絢彩時。閬苑綺霞花繞樹，漢皋珠珮果垂枝。饒他鶗鴂先鳴久，此是青陽衍慶期。

故人卯月探春回，八表同昏夜雨哀。彩筆題箋留夢遠，桃花緣嶺背君開。北征塵影還車早，西笑停雲後約催。野蔌山蔬能薦俎，幾時佳賞共銜杯？

自注：小園長夏，玫瑰再花。紫薇石榴，寂寥三載，豔發一期。感芳菲之競投，嗟朋游之離阻。率賦二律，以述斯懷。

注：辛亥（一九七一）年夏賦。

長句壽佛操

鍾離仙範老萊妻，庭院添春緑樹低。不戀白蟫鑽故紙，肯歌朱鷺補新題？塞翁倚伏天能與，蒙叟成虧論已齊。遥想承歡兒女會，團圞家燕錦城西。

注：辛亥（一九七一）年冬賦。

辛亥大雪次佛操韻

四野晶瑩素練漫，祥霙釀瑞静中觀。却思霄漢銀河水，飛濺瑶林玉樹端。粉琢脂烘山更媚，春生寒盡歲將闌。勞人大道奔車急，退士槃阿獨寐歡。呵凍題成三友頌，凌風還賞桂團團。

注：辛亥（一九七一）年歲杪賦。

荷塘感舊

一頃漣漪樹裏明，濁斯濯足清濯纓。不應水珮風裳夢，都付污池敝笱行。荇藻魚窩從跳擲，荷塘花事異枯榮。便須網罟收群刺，重見田田翠葉生。

注：壬子（一九七二）年夏賦。

吴先生有人材一文載成大校刊

程材望古説西都，幾見淵雲抒頌無。龍氣癉開沉水劍，鮫人淚落感恩珠。已銷霧雨光初日，更闢荆榛就坦途。多少喬柯齊斬伐，參天黛色嶺頭株。

注：癸丑（一九七三）年冬賦。

又陵先生百歲晉一紀念次重能韻

早占千秋萬歲名，難將燕石況瓊英。目空漢宋開新派，思合周秦證古情。大道多歧亡狡兔，怯夫無勇困長鯨。百家一概何軒輊？知是當年勝義成。

舉世軒然動遠波，咸陽照膽鏡新磨。途窮不辨丘塋守，先唱誰知坎壈多？峽裏前車通軌轍，眼中後海換山河。傳薪好仗周弘正，良玉精金共砥礎。

何妥人傳住白楊，甘棠剪伐謝庭傷。聲名四海知霜鬢，魂魄重泉覓壽堂。發響黄鐘慙寸莛，增榮青眼愧文章。蕭條九畹移根盡，虛種芝蘭滿院香。

自注：山居近復樹蘭，從愛智廬移來，素心秋花，凋悴久矣。

注：癸丑（一九七三）年冬月十九賦。時兩吳先生誕日。

立春後四日草堂看梅道逢張君共游明日題寄一詩兼柬佛操重能

雪壓晴曦散作花，灞橋詩例足生涯。分蔬舊侶消寒會，邂逅高人訪勝車。列肆不酤春後釀，清歡猶有雨前茶。繁枝密萼檐邊坐，何必東鄰問酒家。

注：甲寅（一九七四）年早春賦。

草堂看梅再酬張君前韻

爭春梅雪早春花，香韻留人興未涯。令節已標工部宅，草堂不憩使君車。八叉吟手方城尉，七椀清風諫議茶。併與高懷添雅趣，六街燈火晚還家。

注：甲寅（一九七四）年早春賦。一稿題作『草堂看梅疊韻再酬張霽樓和作』。

奉酬見壽之篇即爲覽揆之頌敬次原韻

久謝調羹負鼎榮，老甘參朮美侯鯖。昔年鄉譽徵沱水，與子囊衣會錦城。枚馬篇章詞賦手，山王風度廟堂英。尊鱸自是平生願，青史何煩記姓名。

招隱劉安桂再花，資生不必故侯瓜。孤飛已避北山繳，換世猶思西路茶。平子歸田虛有賦，伏波下澤更無車。別君久曠東陵賞，辜負春山點點霞。

倒柄看人試太阿，長松幾歲被青蘿。赤鯨刺海生風浪，黃鵠銜霄笑網羅。市里難修平準術，時流誰和郢中歌？運斤臣質今猶在，感舊傾盃醉面酡。

縞紵深情五十年，雲龍上下夢諸天。師門風誼侯芭老，伯氏親仁季子賢。游侶罏邊知味久，善鄰居近得身安。河清人壽綿瓜瓞，松子彭鏗共引延。

注：甲寅（一九七四）年四月十八賦。

奉和以唐言詭異之詞爲佛操壽四首

送到摽梅季女車，謝家庭院起朝霞。山間王烈石爲髓，海外安期棗似瓜。陶令五株須柳樹，汪潭十里愛桃花。仙人白石塵中老，何必衝霄度歲華。

阮生處貴嘆途窮，寧識孫登隱士風。赤壁夢游賡賦伯，洞庭飛渡繼詩雄。雲霞爲禦虛空外，沆瀣當餐吐納中。偶然憶舊人間世，正在湖邊老桂叢。

今古貉丘孰後先？春朝積雪問堯年。難爭雁鶩能爭壽，不羨鴛鴦豈羨仙！每過酒罏哀①宿草，數從滄海見桑田。蓬山路隔歸途遠，空有虛龕待樂天。

① 哀：一稿作『傷』。

元卿二仲友羊求，世味胸懷澹若秋。名利跖夷千古計，是非堯桀幾人休？壺中白墮供賓醉，天上黄河堵水流。却笑劉郎貪歲月，軒轅燒鼎憶丹丘。

注：甲寅（一九七四）年冬賦。

兩吴先生誕日賦寄

降辰新曆際初正，身後誰尸萬代榮。漫把是非託信史，却勞毁譽任鄉評。青萍價在鋒終利，黄絹詞高世已驚。誼薄雲天周季子，好將冰雪浣詩情。

注：甲寅（一九七四）年冬月賦。

同佛操飲霽樓齋中歸後得兩君詩聯章次和

鬱葱晨霧氣佳哉，西笑人從近郭來。老境回甘宜苦茗，高齋留飲愧深杯。占星北斗看燕市，點易南窗繼蜀才。遠約從君探勝迹，卿雲宅在少城隈。

餘生屈指計年涯，遣興消寒恃酒槎。屢費中厨添美饍，從來菘味勝甘瓜。人因臘近詩情減，梅占春先暖氣賒。二主一賓同此醉，交游今日是雲霞。

大隱人高市肆居，掩關同讀綫編書。白頭尚論心猶昔，青眼相看意有餘。此日盤飧虚左席，何時郊郭駐脂車？若將楚越重城比，肯爲行艱杖屨疏？

注：甲寅（一九七四）年歲暮賦。

次重能賀霽樓病起詩韻

鵾顧熊經化入神，神方换骨百骸新。還資起廢箴肓術，來護全天養性身。七椀清茶銷永晝，六街覆軌鑒前因。定堪健步支筇杖，一望郊原浩蕩春。

注：丙辰（一九七六）年春賦。

花圃春會次韻

作健能忘鬢雪侵，春深城北共招尋。一溪淺泛桃花水，萬吹難回勁草心。圯上更無黄石略，匣中猶寶伯牙琴。相思幾許題襟會，莫訝當杯酒細斟。

注：丙辰（一九七六）年初春賦。

重能佛操以詩見壽次韻賦答二首

早輸東海酒同傾，便合南山自采榮。樂志幾人知仲子，傳經今日笑伏生。梗楠掩徑思新枘，冰雪空江訪碎瓊。却愛劉卿詩句好，閑花落地聽無聲。

掇拾叢殘慰索居，憑將篇籍壯吾廬。已招臭味同岑在，不怨嚶鳴求友虚。曉日雲霞輕畫筆，春山杖屨謝安車。曳裾何用田文客，長鋏歸來嘆無魚。

注：丙辰（一九七六）年仲春賦。

生日偶賦一首

陳力猶堪井臼勞，倦來飲酒讀離騷。道窮漫信身能達，和寡真疑曲已高。幼學性靈躭翰墨，暮年生計寶錢刀。人間清濁關何事？爽氣西山問馬曹。

注：丙辰（一九七六）年二月十三賦。

叠前韻壽重能

蘭陵祭酒衆心傾，碩果真堪擅世榮。每爲拘墟憐漢學，時從繕性識莊生。胸襟澹蕩銷荆棘，文字研華鏤玉瓊。誰禦師門身後侮？一篇紀德振金聲。

歸來中隱市廛居，人境無喧此結廬。早覺山川游賞倦，更安風月夜談虚。邦賢久重如椽筆，故里難忘下澤車。應笑渭濱垂釣叟，耆年内熱羨淵魚。

自注：佩玖日日言歸，及今仍未税駕。昨得一箋，約計數日内可以旋返。久不共談，貪作永夜清言。相見之歡，不在哺啜。蔬食飲水，自可終朝。十八日之約，便不勞久候。壽詩特先奉上，俾得從容歷覽，恣意射彈如何？四月十五日。

注：丙辰（一九七六）年重能師四月十八生辰前賦。

地震奉和

陵谷推遷事可哀，喧喧萬衆向泉臺。月擎望朔天垂象，地竭珍奇丱召灾。國有大喪連岱嶽，世方多難感風雷。傷心一卷蕪城賦，寂聽凝思淚已摧。

注：丙辰（一九七六）年初秋賦，悼唐山大地震。

中秋感舊次韻

濃雲黯黯過中秋，嘉賞應知疾漸瘳。書史南山藏霧豹，交游東郭憶盟鷗。蕭然月朗猶思許，甚矣吾衰不夢周。叢桂明年花再發，倘堪同話桂湖樓。

注：丙辰（一九七六）年中秋賦。

三叠前韻奉佛操壽

講舍相逢蓋便傾，早聞稽古似桓榮。同升已奮青雲上，告老還先白髮生。閉户芸香春撿蠹，題詩班管夜雕瓊。終須一卷名山在，異世揚雄聽頌聲。

三椽老屋少城居，半世辛勤有此廬。玉樹芝蘭閑砌美，鳳屏鴛枕夜窗虚。交游漸少同門侶，老健難逢長者車。喜動春葭延壽域，鑿冰海錯進鮮魚。

注：丙辰（一九七六）年冬月賦。

病起謝重能見壽之作

行吟負杖一身安，病起詩成萬事歡。小園春色今如許，竟月風光久未看。大壽無疆還健步，朝飢列案重琱盤。持書報與①湖濱叟，聚首前期豈應難。

注：丁巳（一九七七）年暮春賦。

次韻答佛操見壽之作

鏡裏衰容嘆老蒼，每從健步説身强。厚交朋舊今餘幾？插架縑緗喜未亡。敢擬高風同清節，不因鼎足重君房。若教身②世齊虞夏，九十榮期應可量。

花朝風日十分春，點綴園居一度新。蘭蕙初栽宜曉露，瓢簞慣食遠華茵。坐無前輩堪稱老，心有天游豈礙貧？更幸年來親井竈，不令釜甑自生塵。

老至生涯好是閑，居同謝朓近青山。久空樽俎難言壽，盡絶賓游且閉關。雨後桃花宜子結，香生桂樹待秋攀。他時約會湖濱叟，三老相看共解顔。

注：丁巳（一九七七）年暮春賦。

重能詩來招游桂湖次韻奉酬

也堪朝往暮來還，不似舂糧百里山。豈謂浮屠三宿戀，便酬清賞一春間。餽飡置壁何年事，乞食登門厚我顔。漫學陶潛冥報償，小園杯茗可消閑。

① 報與：一稿作『爲報』。

② 身：一稿作『生』。

注：丁巳（一九七七）年季春賦。

留新都三日重能有詩惜别次韻

越鳥南枝戀舊林，小園尊俎會知音。阮生避世惟宜酒，陶令無絃自有琴。百里山丘游子夢，廿年踪迹故交心。與君便可頻來往，何用傷離寄苦吟。

對床風雨記淹留，見彈求鴞費杞憂。已覺居人安枕席，諒無驚浪到山陬。雲中露爪談龍性，坐上思蘋賦鹿呦。猶有女孫扶杖履，相期嘉會錦江頭。

注：丁巳（一九七七）年四月十八日重能師生辰次韻。

同趾祥訪重能新都歸來得所寄詩次韻奉答兼柬馮君

胸懷坦蕩失陂陀，落落交游勝賞多。居羨峨山宜采藥，情同周子愛觀荷。春風桃李思前迹，秋水蒹葭感逝波。高會定堪年一度，未須禁足老烟蘿。

注：丁巳（一九七七）年九月賦。

感舊有作①

冬仲歲寒，游散市衢，自東徂西，不逢故人。感師友之凋零，追舊游而無地，愴然賦此。

---

① 一稿作『吴先生生日作有序』。

勞思尋夢繞長街，往迹低徊淚眼揩，一代風波朝市换，百年師友土苴埋。周璞鄭鼠聲容爽，漢印唐碑賞用乖。慚愧刻舟求寶劍，而今誰喻舊襟懷？

注：丁巳（一九七七）年仲冬賦。

夢佛操次重能韻

尊酒西城憶舊情，雨中揮手隔平生。運斤郢質慚爲匠，序齒袁絲長事兄。黑塞楓林驚曉夢，青山枌樹悵新塋。何當吾炙編成集，錢牧齋有《吾炙集》，録知舊詩。一卷嚶鳴紀友聲。

注：丁巳（一九七七）年仲冬賦。

戊午壽重能詩並序

歲戊午，建巳三月，吾友金堂周君重能七十有九覽揆之辰，蓋始晉於彭鏗大年十之一，而余與君相識之五十三載也。始余在縣學，有金堂刁君，來共硯席，數稱君賢，余之聞聲而相慕悦久矣。越一載，入大庠，得交於君。其時名師宿學，布在講筵。而愛智、清寂兩先生，並文采風流，照映當代。君兼事二師，尤親愛智，私門請益，北坐摳衣。再三之誼，篤老不衰。當是時，校長南充張公，方以經世致用倡。同學少年，多意氣風發，跌蕩鋒厲。君内勤篇簡，外飭躬行，守己立身，從容大雅。余於學級爲後進，君先一載成業，囊衣往教，間歲歸來。余與仁壽宋君梁材，借宅紅土地廟街，招君及蓬安蘇君眉生，爲弔屈之會，君詩猶在集中。余株守半生，不離錦里。君南船北馬，旅食三川；江陽魚笥，美味能諳；

錦闐溪山，尋幽獨遠。以至南泉字水，巴蔓子之都；果州經師，譙榮始之里。棲遲日久，賞會尤多。或復萍踪偶合，憩止西都；絲管流連，酒食徵逐。竹林精舍，奉旦夕之清言；黄瓦街居，恒十日而九面。至若春秋佳日，登山臨水，花溪泛棹，野店題詩，凡在勝游，靡不周覽。平生快心，殆未有過於此者矣。其後余主教蜀華，君解任邛都，來共講席，職司有繫，不復向日之樂。遂及鼎革，語默勢殊。雖復相邀，率多間阻。及君以耆年告退，寄寓新都。又得郫縣鍾君佛操，來稱三老。東山看桃，湖濱賞桂，尊前高詠，重續①少年之娱。方謂此歡理能②期遠，不幸鍾君以去秋物故。十餘年蹤迹相亞，詩酒相親者，餘吾二人。君襟懷曠達，神明未衰。余久病新起，自力作健，安可不及此嘉辰，共追前契乎？爰賦四詩，以侑觴酌。且爲之序，亦見兹禮之不可終損也。

少年文筆擅縱横，晚歲詩篇見性情。博士换朝秦伏勝，他鄉託老趙荀卿。賓筵首坐歸前輩，書卷蟠胸啓後生。猶有舊時孤介在，敬容殘客厭將迎。

故家漁笛譜蕢洲，叢桂香清雅韻流。文獻自應留杞宋，鼎彝今已重商周。師門念篤侯芭老，知友居貧鮑叔憂。散盡俸金酬急難，睦姻任恤誼千秋。

賃廡僑居逾紀年，黄童白首盡歡然。枌鄉老樹百圍長，瓜瓞重孫四代綿。榮啓樂生期九十，孔徒箸籍過三千。出門步履肩隨在，託契輸心仗後賢。

① 續：一稿作『尋』。
② 能：一稿作『不難』。

淮橘不遷任老蒼，東山桃換洞庭霜。酒邊已失花朝約，病起還思雪夜航。稽吕交情珍鍛石，惠莊名理寄濠梁。新詩題作松喬頌，會飲猶堪歷萬場。

自注：小滿節後三日　注：戊午（一九七八）年四月賦。

次韻重能辭絶介壽之作

由來人瑞頌高齡，介性何因愛獨醒。豈慕神仙攀上壽，不須賓客燕中庭。達尊齒德前修少，擲地文章後學聽。比似靈光東魯殿，巍然身世閲凋零。

少年詩筆擅風流，行國無心爲寫憂。摛藻六朝通正變，立身三德備剛柔。後生此日思雙到，太學當時仰二周。若使短長堪絜矩，程材方寸擬岑樓。

陶潛種菊自餐英，肯對寒花羨寵榮？本爲庭闈輕捧檄，漫緣温飽樂躬耕。薰蕕異氣終難合，涇渭分流豈混清？木秀風摧前鑒在，不夷不惠且孤行。

公羊三世廣前聞，成毁誰齊物論紛。大地回春延歲月，槃阿息影看風雲。孤燈獨照心忘老，一味能甘手自分。高會幔亭何日事？題詩先問武夷君。

注：己未（一九七九）年孟夏重能師八十大壽前賦。

得峨眉書有明春之約却寄

蔽日浮雲阻會因，大峨天半有歸人。懸車已嘆山川遠，聚首還期歲月新。往事低徊成夢寐，故交零落悵心神。何當再發南征興，苻汶江頭好問津。

注：己未（一九七九）年中秋後三日賦。

霽晴携酒見過借書歸讀戲賦

老學庵頭陸放翁，不曾篆刻悔雕蟲。一瓻酒例何人立，經月書歸腹笥通。爨下焦琴音響絶，山間鍛石賞心空。用清寂先生貽君詩意。寄言側席求珠者，細訪殘磚斷甓中。

注：庚申（一九八〇）年賦。劉霽晴，生於己酉（一九〇九）年正月。華西大學畢業生。曾任國大代表。一九四九年後亦曾勞改。八十歲以後尚時往晤賴師。

新都賞桂留别

西風叢桂説相思，信宿江城話舊①時。去日已多留感慨，餘生猶喜見清夷。論文古調千秋賞，後約春糧百里期。大道如今車馬便，與君不用惜分離。

注：庚申（一九八〇）年秋賦。

文奎仁兄八十有一枉步②村居菲食供客不申敬意别奉一詩用介眉壽

白首交親意氣傾，賓筵罷酒動詩情。生平報國輕千里，老至貪書擁百城。北極朝廷魂夢遠，西州黻佩蕙蘭清。他年數過期頤後，破戒還應舉一觥。

注：庚申（一九八〇）年賦。

---

① 話舊：一稿作『夜話』。

② 枉步：一稿作『枉過』。

清寂先生降辰霽晴攜酒過飲感舊有作

江漢何年更載英？薪傳火盡恨難平。誰知學派開三蜀，曾有文章動兩京。弟子河汾思教澤，鄉賢坡潁繼聲名。白頭重念霜甘閣，淒斷傷麟嘆鳳情。

注：辛酉（一九八一）年賦。

善生仁兄寫示近作奉題①

典籍窮搜海上身，十年浩劫付埃塵。青萍早重王城價，白髮難回蜀道春。平子四愁曾有望，孝標一序已無倫。黄鐘未信能終毁，寄語當車泣驥人。

注：辛酉（一九八一）年賦。

佩玖四姊生日奉祝

隨賞爲家到處宜，漫勞長日計歸期。安心藥裹殷勤養，放手園蔬種溉思。盛夏晴空須守静，清風月夜好吟詩。祝君上壽無多語，常保歡欣快意時。

注：壬戌（一九八二）年五月中浣胡先生生辰前夕賦。

---

① 一稿作『題王善生詩文後』。

四川省文史研究館成立三十周年紀念次善生兄原韻

卅度春秋存舊史，卿雲復旦日光華。闕文待補詩亡典，老筆猶生夢裏花。每以三長襄四化，正看一本貫千家。獨慚樗散山林客，皓首重來聽鼓衙。

注：壬戌（一九八二）年賦。

挽周重能二首

歲歲花開共錦筵，秋風叢桂後緣遷。誰知病榻存君日，便入山陽感舊年。白髮尚憐衰鬢早，黄泉難挽逝波先。履綦散落江城遠，從此相思益渺然。

太學聲名紀二周，後凋彭祖亦難留。樓臺上苑悲前迹，水竹三汊戀故丘。早擅雕龍光井絡，晚吹漁笛譜蕢洲。文章風誼誰真賞？後死猶堪爲闡幽。

注：壬戌（一九八二）年仲冬賦。二周：指周重能先生裕炰、周聞章先生少淹。參見《水竹山莊詩文集》。蕢洲：即蘋洲，周師之先人宋代周密草窗著《蘋洲漁笛譜》傳世，故第二首第六句及之。

次韻奉酬霽晴大兄枉過山居之作

豈因莀楚樂無家？寄迹皋橋興未涯。塵夢易醒桃樹盡，春風如舊柳枝斜。衰容笑我顛毛白，豪氣憐君雅望賒。市遠盤飧難取醉，高情空對小園花。

注：甲子（一九八四）年賦。

建國三十五周年紀念東省文史研究館諸同志

三十五年興國運，黄童白叟盡親仁。富民更促心靈美，實踐能探理論真。北斗京華魂夢遠，西川歌舞曲情新。名篇待讀諸君賦，料得談今筆有神。

注：甲子（一九八四）年賦。

挽鄭容若

秀句寰區早擅名，霜紅簃記酒同傾。招魂哀怨渝州曲，感舊凄凉錦里情。惜抱文編緣子重，觙公詞翰待誰賡？傷心半日西城話，白首交期斷此生。

注：乙丑（一九八五）年三月賦。鄭容若（一九一一—一九八五），名涵，字驥材，號霜紅簃。叙永人。省文史館員。川大畢業生，師事林山腴、張真如。先後任南充師院、重慶師院、成都工農師院講師、教授。

贈楊植三學兄並序

表方先生詩：『百千桃李待春妍。』往者已矣，深愧此言。爰賦一律以奉。

當年硯席同羈客，此日蒼顔白髮生。老境自堪留錦里，俊游曾記訪青城。百千桃李妍何日？八十春秋序易更。尚幸扶衰宜杖履，江頭郭外賞花行。

注：乙丑（一九八五）年三月賦。題爲編者所加。楊植三，國立成都大學畢業生，曾任教成都某中學。

書贈王德宗大弟

往迹蒼茫歲序沉，靈崖敷衽論文心。曾抒橫議箴名輩，不謂高堂會賞音。朋雀没身傷逝水，後賢踵武憶同岑。與君自合聯交誼，莫向融玄絳帳尋。

注：丙寅（一九八六）年賦。題爲編者所加。王德宗，生於甲子（一九二四），崇慶人。成都師範畢業生。李源澄靈巖書院弟子，梁漱溟勉仁文學院弟子。文采斐然，終生執教。二〇一八年去世，著作頗豐。

書贈小軍學淵

翰墨因緣魯兩生，幾回相見感親情。九原可作存師道，四海終堪有令名。蜀學已空江漢遠，孫陽難再驥騮輕。豫章七歲人初識，大器何妨竟晚成。

注：丙寅（一九八六）年仲秋，賴師爲鄧小軍與不才各書一幅見贈，並囑師生前勿與外人觀。哲人已矣。小軍遠寓京華，聲名流播異國。而不才困居他鄉，無所建樹，悵恨久之。惟校注重能、高翔兩師遺著，以期傳諸異代，利益將來，則不負兩師重託，魂靈稍得慰安矣！

老人節題句

嘉名宜久未能忘，耄耋同來會一堂。自有餘生臻上壽，重揩老眼望朝陽。清詞麗曲歌新世，飽食鮮衣進小康。但願政廉成俗尚，堯天化日共舒長。

注：丙寅（一九八六）年重陽節賦。

挽張杜若

頒白相逢未訝遲，橋邊杯酌紀相思。常因患難知肝膽，自損饔飧補孝慈。講舍薪傳凋後進，衰年膠倦痛孤嫠。高談幾日神猶健，豈謂終無再面期？

注：約丙寅（一九八六）年賦。張杜若，即霽樓先生也。生平、生卒皆不詳。

八十自壽

静志閑居意氣平，少年頭角愧峥嶸。文章任沉分優劣，身世聃周任毁成。偶向鄉邦留姓字，不曾朝市競功名。春秋八十忽忽過，社櫟山樗寄此生。

注：丁卯（一九八七）仲春師八十大壽時賦。

七律奉祝佩玖四姊八十生日

一朵紅梅兆吉祥，年年花發頌無疆。神功换骨先能健，藥裏關心近可詳。君既高堂同燕樂，我還端坐進羹湯。不妨耋歲輕離别，請爲添籌奉此觴。

注：丁卯（一九八七）仲夏胡先生誕辰前夕賦寄河南。

先慈忌辰作

四十年來失母人，皋魚風木總傷神。無兒久已疑天道，有女猶堪主澗蘋。親舍望雲成想像，衰顏食禄倍①酸辛。便過耄耋臻期頤，何處杯棬覓見因？

注：丁卯（一九八七）年夏賦。

佩玖四姊八十晉一奉祝

歲歲榴紅奉壽杯，今年祝壽又花開。一枝久占盤根秀，千里頻期遠信來。衰疾自宜醫護近，相思常望健康回。也知去日多來日，萬事關心總未灰。

注：戊辰（一九八八）年仲夏，胡先生生辰前夕賦寄河南信陽一五四醫院其長女處。

壽劉霽晴大兄八十

把臂入林更幾人？清風朗月寄閑身。故應海屋頻添歲，留看成都不盡春。直上雲霄疏羽翼，獨懷志節守埃塵。玄都觀在劉郎壽，尚憶同歌紫陌辰。

注：己巳（一九八九）年正月賦。

---

①　倍：一稿作『重』。

移居二首

又別東皋去白塘，小園花發蕙蘭芳。卅年寄籍滄桑換，一夢歸田耒耜荒。知舊幾人堪杖履？晨昏有女奉茶湯。頹齡早謝登臨賞，好理殘篇續斷章。

問舍求田計久疏，依然人境愛吾廬。東西南郭行皆遍，少壯耄期歲已徂。漫卷詩書辭里社，閑聽鐘磬過鄰閭。莫勞錯認揚雄宅，寂寂蝸居著老夫。

注：庚午（一九九〇）仲春自沙河大橋舊居遷往文殊院側白家塘街老二號居宅時賦。

次韻奉酬孔凡章先生

詩翁氣茂復神清，閱世深時意概平。每畏客嘲緘我口，難寬酒戒奉君觥。濠梁莊惠知新契，錦水卿雲溯舊盟。明朝便送征車去，惆悵相思萬里程。

注：庚午（一九九〇）年賦酬中央文史館孔凡章館員。

寄欅軒詩存卷五

七言絶句

飲君惠齋中兼題其歲寒圖

不逐東城燕飲歡，勞生一論寫憂難。居然醉墨哀絃内，銷盡西風九月寒。
花潭秋盡水空回，物色摇心坐百哀。賞到萬吹黄落後，山中華予好歸來。

迺宣來書自述廢著亡財仕宦不進詩以慰之

江上蘭橈送客船，相從環珮説高遷。誰知倦仕經常調，已是黄楊厄閏年。
貨殖仍聞不履豐，苦隨東野怨詩窮。辛文七策慚駔儈，何必黄金鑄范公！

懋光弟芳清妹年少作客有離别之感憂生之嗟賦此寄之

鳴珮辭家道路長，記臨涪水照春裝。還思雁影齊行日，又是北風雨雪凉。
關河羈旅動經年，自説悲辛絶可憐。何似潯陽陶靖節，一成三徑早歸田。

和胡佩玖同學青城紀游詩

積霧松杉望似空，游人夜宿上清宫。詩情盡夕生寒雨，坐聽重山向曉風。
蕭遠游山賦九吟，從來皋壤啓文心。却堪北雁南飛日，人在蒼厓碧樹林。

追憶董山游燕寄懷佩玖

陌上頻招訪舊車，梯田草徑入欹斜。董山不遺思歸夢，冷落春桃二月花。

誠明中學元日燕集

春風童冠賞心齊，雅化終能勝鼓鼙。聲教異時流四海，好尋精舍石橋西。

雪廬酒後感時賦四絶句

遷國西來賦論都，金閶從不勝巴渝。莫將賣餅新豐住，坐笑人間萬事殊。
祈年拄杖尊三老，過闕哀時誦五噫。海水群飛朝市换，更憐滋蔓匝清池。
溪聲山色語非工，妙悟還須意氣通。假得芳園休憒鬧，何妨世亂作瘖聾。
亭外朱榴照坐妍，眼中丱角憶童年。尊前漫説勞生論，且進鯛盤鮓脯鮮。

答重能

潘鬢閑居白㡌多，坐看竹援繞青蘿。陶陶孟夏傷心日，肯爲清吟鬥沉何？
朋舊凋零錦水濱，人生弱草尚棲塵。分明嘆鳳傷麟日，何必長沮苦問津！

夏雨紀事

洪流浩浩帶邦畿，界嶺奔泉百道飛。一陣疾霆初過雨，萬山如洗對晴暉。

蜀華中學晨起升旗寄重能邛崍高中

溥溥霜露冷儒冠，一飯辛勤苜蓿盤。粗使自甘誰料得？更訓龍性領朝寒。
獨開精舍播芳徽，九折寧知叱馭非？爲報故人周仲子，漫勞干譽典寒衣！

寄佩玖富順縣立女子中學

利器盤根一試間，不曾勞累不清閑。憐君歸去裁狂狷，絳帳森森玉笋班。

蜀華中學美術展覽

兵火難安劫後人，苦勞哀怨擬靈均。遥心幻作何年夢？物色萋萋萬里春。

秋雨夜坐有憶

淅瀝空階似冷禪，秖餘花影作新妍。遥思寒雨繁江夕，知否羇人夜不眠？
霜氣稜稜放晚晴，行人去後月華生。不知一軌成渝路，送到役車第幾程？

重憶

瀓江東去散流霞，别夢依依不向家。但覺晝長人更遠，計程今日到三巴。

初夏閑情

潘鬢閑居四十春，中年哀樂漸成塵。無端學作湘纍怨，抒寫閑情贈與人。
流涕潺湲悱惻思，深心追往動然疑。何如明鏡無留照，歷盡妍媸總未知。
六辨逍遥了萬吹，每因齊物化成虧。不妨幻蝶沉酣去，累到南華入夢時。
松林隔窗掩映深，芭蕉卷葉盡舒心。愛他良夜稀疏月，净掃炎陽散碎陰。

感事答右真兼寄荆石

棄甲江淮事可知，傷心人誦五噫詞。南都霸氣終銷歇，慚愧横刀百萬師。
荷蓧難安物外心，始知巢許負堯深。卷舒羿彀何人會？解褐歸來問展禽。

海棠冬晴重開繁華在樹

薇采還應望早梅，思歸誰信海棠開？也知華予空山否，元氣先從黍谷回。

小齋閑坐

雜樹緣坡露氣清，小山一角似青城。人生幾許閑時節，卧看南窗早月明。

題東方文教學院紀念册

忍逐高齋送别筵，夢中桃李作春妍。餘芬待撰黌宫記，精舍西原半頃田。

沙園茗話

障面飛塵鬧市東，炎天六月火雲紅。緑蕉水閣閑階坐，消受溪橋一徑風。朝夕饔飧有是非，辯離堅白論宗微。褐衫寬博披凉慣，不羨①靈王老餓衣。

自注：班生賓戲，揚子解嘲，固不如陶令閑居，猶爲微婉志晦也。

① 羨：一作『試』。

佚題

東帛丘園無盡途，此身不合老江湖。縱然藏劍豐城去，猶有龍光射斗墟。

除夕詩並序

余以潘安仁騎省寓直之除夕詩三十二首，用疏年紀。稿存東堰草堂，喪於兵火。五十逾五，慨欲繼作。尋省囊篇，什不一憶。暇日補綴，迄至於今，以存吾家故實云爾！

三變滄桑話海枯，臘殘冬盡又春敷。蘭成一賦端憂暮，歷劫紅羊話歲徂。
青史編頭顧復深，抱中學語試唐音。平生慈誨勞家國，豈謂終成識字蟫？
玉團珠合共瑚盤，稚齒能歌舉坐歡。天上石麒頭角在，夢回青眼淚闌干。
六十年間往事多，炊粱枕上換山河。緇磷磨涅今吾在，歲歷庚辛筆自摹。
漢江八槳渡次還，兩岸千人笑語間。畢竟錦標容易得，吹簫重譜念家山。
藥爐經卷伴生涯，笑領親慈饍載加。漸減孝思年漸長，世緣從此誤紛華。
蜀漢三分定草廬，稗官徵史絶虞初。興亡何預兒童事？淚眼頻揮爲此書。
斗粟資人任恤難，大宗析作小宗安。却與雁行添女弟，臘燈迎喜舉家歡。
平生難得有人師，精舍竹林上學時。大冶祥金看踴躍，春風吹老鏡中絲。
崖樹成村留佛尊，外家庭院繫勞魂。慈顔兩代三春盡，難報殷勤養教恩。
柳家新樣斂薑芽，把筆臨摹獎掖加。企羡當筵誇子弟，老親含笑看塗鴉。

嶺上桃花映紫雲，梯田日暖草初薰。當春便得春風力，説向人間口角芬。

注：辛丑（一九六一）年憶録舊作。以上二題，於燈下覓於廢稿之中。紙質深褐粗劣，印有赤色豎綫，斷爲一九六〇年前後造紙。而墨色極淡，須於强光下折射中反復辨識，終於卒讀，欣喜不已。癸未五月學淵志之。

懋光妹倩逝已經旬欲爲誄詞心煩慮亂不能成篇夜中無寐賦此四絶不自知其言之悲也壬寅小雪節後

百計難驅死喪威，分明無夢却疑非。劇憐絃上離鸞恨，痛絶平生鮑令暉。

應門五尺惠心傳，卅載親情散作烟。我與阿兄齊一慟，兩家衰運厄今年。

華年能盡數窮通，墮溷飄茵理不同。誰分枝頭花正好，翻成飛雹碎春紅。

駒隙光陰况早摧，驚心玉樹竟長埋。餘生不作溝中瘠，思舊誰堪庾信哀？

次韻答重能聞東郊消息見懷之作

玉帛當筵樹戟枝，勝殘去殺正今時。無人與乞并州剪，一任漫天舞亂絲。

雲暗風凄四序開，回春仍見夏緑來。繁華短景匆匆過，代謝空爲造物哀。

注：戊申（一九六八）年二月賦。

惆悵詞十首并序

昔屈平懷楚，寫意湘靈；曹植感甄，游思洛浦。怨深則文之綺靡，情抑而縱以芳妍。當沉困離憂之日，爲纏綿悱惻之想。要眇之惜既達，危苦之懷以紓。前塵逝水，難以刻舟；美意延年，聊方夢蝶。本成連之移我，何閑情之玷璧？况夫韶華既謝，難回擲果之車；鬚髯如斯，已無丈夫之氣。倘懷抽琴之挑，實虞投梭之悔。幸存舌齒，不廢嘯歌。託響音徽，流連思往。凡爲絶句十首，其詞云爾。

綺年玉貌想當時，問字人來忝作師。海上槎程風引去，蓬山咫尺怨分離。
冰絲縷網結珊瑚，萬點猩紅象蕊珠。留得温馨心影在，任成紫鳳壓箱圖。
一甌饋食手親將，入口酥融異味嘗。若使采蘋操井竈，定誇新婦好羹湯。
藐姑冰雪女郎身，黄裏緑衣入世新。倚席頻驚襟袖拂，天花雨落不沾塵。
翡翠橋邊玉笋班，龍驤早已步天閑。告身留與三秋後，名字親簽倩影間。
春衫去色護瓊英，玉映蘭霏絶世情。庭院深深西下日，别難愁對臉波横。
濛濛細雨濕山塘，紫燕孤飛繞畫梁。何事眼明今日會，凌波襪褪足如霜。
風漾輕裾度小橋，幾回相送過山椒。親情惹得靈修妬，打鴨驚鴛怒未消。
撤環未了北宫心，後客先親話郭林。不惜玉顔銷酒醉，爲留惆悵到而今。
雲漢先歸織女車，早無消息問芳華。萬千心緒憑誰説？情寄東方第一花。

注：己酉（一九六九）年春賦。

夢憶二首

十年幽夢斷江城，脉脉銀河隔水情。誰與架通烏鵲路？橋頭似有羽旌横。
玉床對坐數胸懷，夢裏佳期想應乖。臂飾衣衫齊整束，緣何未著縷金鞋？

注：己酉（一九六九）年春賦。

綺懷四首

滿目芳郊異草深，螢窗草色透春心。當時愛戀忘憂種，占盡韶光直到今。《螢窗異草》，書名。

玳堂海燕未應單，今日寄春梁伯鸞。不負桃花春水漲，幾年翠袖倚天寒。

誰將蜜桃寫風懷？蘭室冠纓掛玉釵。觸著含春雙蓓蕾，落英幾點上瑶階。

綺閣疏櫺晝未關，隔窗了了見雲山。仙家自有温柔窟，莫怪劉郎不念還。《游仙窟》，唐人張鷟撰。

注：約己酉（一九六九）年春賦。

鶴亭小坐感賦三絶句

曾看館榭變花林，又作陂塘剪緑陰。不待麻姑話桑海，眼中陵谷已銷沉。

慚愧江南桑苧翁，旗槍閑坐夕陽紅。而今暑月追凉處，拍遍闌干待晚風。

榱桷空存景象非，古藤枯盡海棠稀。頻來幾輩能相識，况説丁仙化鶴歸。

注：己酉（一九六九）年夏賦。

答重能六叠韻和鶴亭小坐之作

六叠難追翰墨林，便思息影就濃陰。心情却似唐賢句，舟在千帆過處沉。

日月推遷换作翁，漸看表海若華紅。後凋願保青松節，留看春城廿四風。

湖光演漾照顏非，兔窟藏山用亦稀。猶有片椽榕蔭外，求漿障日引人歸。
注：己酉（一九六九）年春賦。

題重能漫成十首後

孔雀未知身有角，杜陵佳句赤霄行。不因洗耳歌滄浪，肯信堯年是太平？
注：己酉（一九六九）年夏賦。

次韻重能夢又陵先生爲改作醒賦二絕句

一覺華胥論幻真，高談健啖定如神。玄亭任作塵沙卷，輪斲猶堪夢寐親。
橫經北坐記當時，健筆傳薪早擅詩。如舞兩驂驅文囿，夢回秋駕正安馳。
注：己酉（一九六九）年秋賦。

周鍾兩君數枉新詩適余伐竹種花久無次答更辱贈筆意似託諷奉酬三絕句

心情老逐春風顛，一角朝陽納大千。便欲盡空言語障，攢花比葉證禪天。
湧幢小築修篁裏，幾樹疏花取次紅。猶有珍叢尋未得，群才無主對東風。
故人稠疊惠佳篇，文字還牽未了緣。更乞江郎傳綵筆，才華退盡待君妍。
注：庚戌（一九七〇）年春賦。

紫薇世云紫荆香山薇省之詠即此花也小園所樹未秋先槁歷十有四月今歲中元一夕怒發榮蔚如春詩以頌之

桂樹香心漸可攀，紫薇枯槁又生還。小園更有秋花發，玉露商風亦等閑。噓枯樹比稊楊茂，起廢人誇劉更生。誰料衆芳蕪穢日，重重枝葉抗秋榮。百無聊奈感諸天，黍谷回春指顧妍。定自不關風雨事，鬱蔥佳氣藉君傳。

注：庚戌（一九七〇）年孟秋賦。

次韻佛操春節

漫言六道總虧盈，一月春元酒再傾。從此便須遵坦蕩，盡招覆轍入升平。

注：辛亥（一九七一）年賦。

九日小集四首①

宜久嘉名未忍忘，城南茗坐會重陽。池臺多少經興廢，遺廟猶堪祀武鄉。人地三分路百盤，望絃容易又秋殘。居然扶病來高會，知是相思未②厭難。

① 一稿作『辛亥九日有作』。
② 未：一稿作『不』。

紘誦追踪卌載前，更攀横序舊因緣。與君醉謝蘇司業，不用時時乞酒錢。
地老天荒識此心，傷麟泣驥慨思深。登高何惜舒長嘯，爲聽孫生鸞鳳音。
注：辛亥（一九七一）年重陽賦。

次重能東山看桃花七絶五首韻

歲歲探春燕賞同，兩年前却背東風。已看照眼花飛盡，猶幸金尊酒未空。
空山社櫟不材身，坐望栖栖一代人。十里桃花潭水在，無多舊雨往來頻。
飽食天教噩夢多，夢中毑蟹擾江河。鳴雞戒旦黄粱熟，始識薰蕕本異科。
少年豪氣不思家，白首西都戀物華。枉種桃花千萬樹，巢林初占一枝斜。
霞綺籠烟紀勝游，曆家晦朔换春秋。人間儘有棲神處，何必箕山問許由。
注：壬子（一九七二）年仲春賦。

重能寄示水龍吟疊韻二章懷舊思今循誦悱惻報以二絶

三疊凄音寫恨來，春風燕坐話追陪。玄亭負土侯芭淚，暮齒江關庾信哀。
風誼師門感舊年，東皋望祭展吟箋。相思歲暮天寒日，肯放山陰訪戴船？
注：壬子（一九七二）年冬賦。

漢源雜詩十六首

龍盤萬壑向黎州，快意車程第一游。爲汝扶將迎送累，縱無佳賞亦淹留。馮婿來迓。

從容險阻度安詳，峻阪飛馳下大荒。絶勝瞿唐操舵手，不教九折嘆王陽。車行大渡河邊贈文司機。

峥嶸亂石卧江波，五月驚灘涉險多。卅丈長隄橋十丈，送人安渡白崖河。白岩河大橋。

一家姻眷話冬心，珠電光摇語夜深。却想平生慈侍下，卅年哀淚染重襟。女家夜話。

陟岵難瞻况遠游，先人杖履記勾留。蹤迹倘入重泉夢，大渡河西第幾州？兒時聞先君話舊游過此。

總角差肩和瑟琴，衰年遺響動清吟。關人何事兒童好，一例庭階玉樹心。見諸外孫。

衣兜紅薯勸加飡，舉箸應知曝獻難。比似權家酬對處，此珍知勝水精盤。

救死扶傷惠及人，苞苴禮敬不辭貧。操心若會歸心法，何必恩仇較論真？村人餽物。

縈巒百折陟崇丘，俯視江河萬里流。置身已覺星辰近，更有人家在嶺頭。

絶頂誰知别有天？幾家溝澮列園田。羊腸一徑穿雲上，正見山顛百丈泉。

流瀑飛湍處處驚，崩崖轉石斷人行。行人陟險奔驅過，魂斷當崖斧鑿聲。近郊漫游。

富林移治清溪舊，半倚山阿半水涯。車馬往來高過屋，流泉通脉散如花。漢源舊治清溪，今移富林鎮。

行險得安易忘危，危崖深谷聚族時。可憐陵谷宵來變，夢裏埋身自不知。弔富林崩崖壓死人家。

崖處穴居太古魂，墓門坊表記兒孫。若經斂骨藏灰俗，可有苔碑薜碣存。半山多墓塋。

醫經本草日披臨，久視還堪藥餌尋。辨盡甘辛鹹苦味，就中參朮最關心。女家多醫藥載籍，涉目幾遍。

朔風一夕動歸思，夾轂當階送别離。不用臨歧揮涕淚，移家還有再來時。

注：甲寅（一九七四）年冬賦。

同重能桂湖共照一像次韻

小年鄉里俊聲存，杞梓同收大匠門。今日湖濱猶並迹，斜陽歲月念朝暾。

桂湖升庵祠留照次重能韻

滋蘭樹桂老山阿，遠迹新臨大渡河。一角觚棱傳雅怨，邇來真賞已無多。

注：上二題丁巳（一九七七）年五月賦。

題陶亮生花市十絶後

歷盡成虧世論新，不憂墮溷即飄茵。摇心物色依然在，重賞玄都觀裏春。『青羊道士如春帝，管領年年二月花。』此亡友徐荆石句也，清寂先生極賞之。今五十餘載，先生既歸道山，荆石之逝亦廿年矣。

寒星禮廢石壇閑，銷盡前塵夢寐間。還似陽安尋勝迹，少年燈火誦船山。簡陽中學舊址在清爲通材書院，有吴伯揭先生手書一碑。余肄業中學，得船山詩，竟卷熟誦，邇來都不省憶。讀君此作，猶記篝燈夜習①時也。

屈竹蟠松翠幾層？亦如檻虎臂韝鷹。張鱗露爪從人剪，龍性欲馴苦未能。

絶塵十首竹枝歌，往事蒼茫入感多。從此花林添故實，更流清響到江波。

---

① 夜習：一稿作『展卷』。

注：庚申（一九八〇）年春賦。

題唐詩人行年考後

一代才人齊俯首，風流天下孟襄陽。名傳萬歲千秋後，却笑群兒故謗傷。

注：壬戌（一九八二）年春正賦。

奉答鄧小軍張學淵兼寄胡曉明

雷鳴瓦釜廢絲桐，一蹴風騷古調空。誰使老夫青眼發，又看金菊出蒿蓬。

文籍叢殘變古今，沙中金屑共披尋。由來才士成虧夢，盡在英年鍥舍心。

注：癸亥（一九八三）年秋賦。

静蓉馮濤同賞

朝陽照處兩孫□，衍慶傳來喜可知。玉雪抱中揚手笑，倘能衰老待扶持。

淑平同學存賞

精舍竹林玉笱班，龍驤早已步天閑。春風錦水聲華茂，正在傳薪弟子間。

明禮世仁弟吟賞

種柳金城憶舊游，紀群交誼累經秋。莫嗟師友凋零盡，昔日門生也白頭。

慶賢女士囑

珠電光摇技術新，閨房静好異常倫。春來何處無芳草？古調沙河見賞人。

注：以上四題約丙寅（一九八六）年書贈而尚未送出者。

曉麗女士志成學弟結褵之喜

花月流波照錦江，珊瑚鏡上影雙雙。勤心不爲歡娱減，自有聞雞戒曉窗。

注：丁卯（一九八七）年賦。

闕題二絶句

珊瑚鏡照影雙雙，吟成花月豔春江。閨房静好琴瑟美，戒旦鳴雞到曉窗。

五十年間鬢雪侵，雙聲唱徹白頭吟。人間多少滄桑變？猶有鴛鴦識故心。

注：八十年代中期作。闕題，書於一硬紙卡片上，爲改定稿。

題離欲禪師傳

剪去繁花與縟枝，生人染著盡分離。高坐談經通世法，本來無欲亦無思。

注：約戊辰（一九八八）年賦。

胡耀邦追悼會

國瘁人亡世論紛，難將淚眼泣燕雲。舉幡闕下三千士，至竟誰空冀北群。

注：己巳（一九八九）年賦。

詩人節

詩人令節溯詩豪，和寡方知曲調高。一任時流尊李杜，瀟湘蘭芷誦離騷。

注：己巳（一九八九）年賦。

無題

聽曲誰知誤與真？每從厚誼識情親。衰年術業銷亡盡，愧爾玄亭載酒人。

注：約己巳（一九八九）年賦，無題。

朱丹學弟吟賞

門牆桃李得朱生，悃愊無華見志誠。愧我衰年精爽謝，難將絶學度聰明。

注：己巳（一九八九）年賦。

贈李德成

六十年間萬事空，當時綠鬢至成翁。何期換世重相見，又見墨花筆□工。

注：己巳（一九八九）年賦。李爲師川大附中弟子。

題端州巨硯行後

良將抽刀割紫雲，萬金求索何紛紛？却尊國手先詩伯，應爲棋壇早策勳。
鸜鵒眼多石病深，石因多病貴兼金。效顰爲問東鄰女，何似西施自捧心？
不將奇石壽詩翁，我笑麥生意未通。若比晏家傳婿硯，合教甥館世稱雄。

注：己巳（一九八九）年賦。《端州巨硯行》爲孔凡章先生賦歌行詩作名。賴師此作爲諷喻詩。

感舊絶句奉輔成老兄

三千里外音塵絶，五十年來浪捲沙。却喜故人消息至，詩成感舊寄京華。
少年豪氣意難平，交手西都結俊英。破浪追風乘勢去，沾茵墮溷各分程。
飄風白日走驚雷，息影山阿困草萊。幸保康寧全壽命，嘔心叢稿盡成灰。
民貴君輕抉故書，一篇宏論闢榛蕪。由來興廢成虧路，正在人心向背初。

注：庚午（一九九〇）年賦寄北大老教授周輔成先生。

勞動保險

少年辛苦老安閑，康樂逍遥度晚年。縱使兒孫滿堂在，兒孫無此慮周全。

注：約壬申（一九九二）年賦。師云：『奉命作詩。』

佚句

燕南趙北榴花盡，健步凌雲賞未休。

注：丁酉（一九五七）年冬，胡佩玖先生游覽北京返川後，賴師唱和詩佚句。癸酉（一九九三）年冬月初十晚，吾赴廣西大學探望胡先生期間，其子易明熾教授回憶所及。

寄櫟軒詩存卷六

詞

念奴嬌 用清寂翁和珮蘅韻

吴宫花草，抵江東、多少名家龍虎？一舸驚濤飛灩滪，不送凌波微步。拍按梁州，歌傳子夜，省識飄零苦。瑶姬淚染，陽臺無限烟雨。　爲問俊賞詞人，幽情千疊，换得靈犀否？除是桃花能遣恨，錦瑟年華空度。夢撥萍根，風回柳絮，都是愁心處。明朝歸去，杜鵑枝上凄語。

齊天樂 山居用清真韻寄成都故人

亂餘凄絶蕪城賦，哀時正逢秋晚。嶺樹晨丹，晴嵐暮紫，愁是并刀難剪。重扉静掩。又絃月窺窗，朔風寒簟。北雁南飛，一絲吟緒一舒卷。　當年郊陌共賞，土階茅茨裏，殢情何限？酒瀉瓊巵，花圍綺席，不繫蓬心日轉。離思夢遠。便梗動萍飛，肴蒸蘭薦。密意無端，醒來孤燭斂。

又 壽吴國楨六十

流年霜鬢絲絲换，换回六旬初度。壽到梅邊，陽生黍谷，多少春風儔侶？霞觴共舉。看雲去蒼梧，萬千樓櫓。刼外閑居，一聲啼鳥六街曙。　佳游蹤迹萬里。掛帆東海外，蓬萊仙路。大棗如瓜，櫻花勝雪，不負平生自苦。消閑笑語。話禮殿絃歌，惠文冠柱。日暮歸來，罷茶呼酒去。

念奴嬌 和吴君毅先生竹園聽郭敬之彈五丈原之作

錦城絃管，儘蒼凉、細寫衰朝人物。星落中營凄渭水，唱徹炎天晴月。慼國危心，琴歌引恨，淚盡三分業。勞生易逝，河山誰與珍惜？　應念白髮詞人，中年哀樂，促坐張絃急。十萬横磨銷一戰，往事新亭共泣。北闕衣冠，南都士女，蹶角歸鑾貊。梁州拍遍，啼鵑日暮成血。

祝英臺近 和吴君毅先生報國寺之作

守神皐，臨勝迹，殘峽斷碑路。翠靄榕陰，人在緑深處。幾番陌上花開，橋邊桂老，問何似、天涯芳樹。　惜春去，春到啼鳺先鳴，繁華又遲暮。采藥尋仙，夢向北山住。眼中霞綺横空，素雲如練，應難忘、舊年羈旅。

水調歌頭 答重能新都桂湖

曾記牡丹節，共賦比紅兒。幾回花落春盡，枝上柳綿吹。夢裏風裳水珮，眼底霞飛翠舞，狂態想當時。莫更摘蓮子，留與少年期。　樓臺换，人代改，歲華非。死生離合，千緒都付鬢絲垂。一晌閑庭清話，十載雲悲海怨，日晷又頻催。待得秋光滿，還看轉蓬來。癸卯白露。

注：癸卯（一九六三）年秋賦。

鷓鴣天 次重能韻奉答桂湖之約

湖占城闉寺占郊。冰澌晴月共嬌嬈。千年貞性留芳桂，盡日靈風出樹梢。　歌白雪，引芻蕘。寒梅消息有人邀。玄亭舊約從君踐，帳飲相煩命酒肴。

注：癸卯（一九六三）年秋賦。

高陽臺 端午前一日爲伍非百先生百期之奠

王先容同學邀往火葬（場）瞻伍非（百）先生骨灰。歸作百期之奠。時端午前一日也。悽然賦此。

野徑縈青，陰燐化碧，瓊宫樹老苔荒。斂骨藏灰，人生奈此凄凉。金門漢月銅山淚，送河山、一半斜陽。更能銷，幾處啼鵑，幾度滄桑？　暮年著作通人貴，有精刊墨辯，勝解蒙莊。謾戲朝纓，平生寵辱都忘。村邊舊轍高軒路，借明朝、薦屈浮觴。定難堪，鶴唳驚來，鳳侶神傷。

注：己巳（一九六五）年賦。

滿庭芳 次韻奉答重能兼柬佛操

芳樹凝烟，桃花籠霧，小山曾駐征輪。御亭稱壽，相訪記城闉。多少鷗盟舊話，良期誤、望斷湖濱。重來地，炎陽待謝，修竹迓高人。　相親，須遺盡，當年幻迹，此日經綸。試割鮮烹膾，羹菜煎蘋。終古情天不老，人間世、風月能新。留君住，婆娑安晚遇，詩酒對晴春。

注：己酉（一九六九）年賦。

解連環 次韻奉答重能

怒號全息。縱風狂舞亂，暗香猶昔。借一枝、傳與東君，有高樹深根，影疏難射。歲暮天寒，正華予、空山瓊質。早安排賞會，密萼繁花，酒懷詩筆。　梢頭霧凇乍析。恨雲低月暗，前日陳迹。漸緑回、春水池邊，儘魚躍鳶飛，動潛俱適。倚杖安歌，介眉壽、光輝南極。問蒼蒼、夜長夢在，甚時見得？

注：己酉（一九六九）年賦。

浪淘沙 次佛操重能清明韻

山氣晚生凉。天淡雲黄。看花佇立大堤旁。乍覺桃花紅易落，坐惜年芳。　别去怨春長。雨驟風狂。絲絲舞柳失安詳。曉夢易醒還易著，夢繞雕梁。

朝旭上新晴。雲淡烟輕。啼鶯别樹兩三聲。記得家家齊上冢，寒食清明。　往事正關情。卯飲初停。浣花溪近賞春行。今日獨經君去路，遠處山青。

注：辛亥（一九七一）年暮春賦。

滿江紅 壽重能七十三歲

宜隱堂空，風流謝、火傳薪在。問誰嗣？當年揚馬，後來崔蔡。城闕荷漪迎九夏，孫曾瓜瓞添三代。祇周郎、白髮理陳編，堪承戴。　金石契，詩文會。鄰里誼，兒童愛。費肴蒸蘭藉，擊鮮烹膾。春老不憂冰雹激，河清定許身名泰。待同君、樽酒話從頭，塵埃外。

注：辛亥（一九七一）年孟夏賦。

探春慢 壽重能留新都五日次前韻賦謝

大道龍游，軿車電激，滿目晴暉流媚。燕寢開尊，疏林步月，舊事分明能記。乍覺街衢净，掃空了、轗軻愁意。一生坦蕩襟期，添來多少思致。　小阮爐邊同治。又玉椀餘鮮，芼羹浮翠。芳樹陰移，南轅人遠，銷得征衣塵悴。無限篝燈話，更無限、凄馨文字。絆盡歸心，鷓鴣聲裏沉醉。

注：辛亥（一九七一）年四月賦

永遇樂 壽佛操

字界烏絲，業傳青簡，頭顱如許。一角西城，三椽老屋，極目空今古。殷勤寒暖，關心藥裹，自有舉家兒女。且安排、逍遥晚福，延年壽觴無數。　陽生一綫，律先三晝，漸覺春葭能舞。北海開尊，南泉泛棹，早歲雍容處。雪霜欺鬢，觀河皺面，不似舊年羈旅。便休説、稀齡已過，壯懷盡阻。

注：辛亥（一九七一）年冬月賦。

金菊對芙蓉 次重能用康伯可韻紀夢

玉筍班頭，銀花隊裏，槐宮梅雪交輝。乍西洲夢斷，沱水人歸。依稀記得深情處，夢緣短、思緒棲遲。橫波流媚，春蔥注倩，雙鬟青時。　單枕誰與低幃？衹夢中微笑，雲映霞飛。想華年情事，春夢萋迷。重關不阻相思恨，恨虚名、負了瓊肌。周郎頭白，蘭芝嫁遠，哀淚空垂。

注：辛亥（一九七一）年歲杪賦。

齊天樂　奉酬霽樓仁兄見壽之作

城南勝迹清游夢，高情未忘炎暑。殿角傳飡，衣囊貯酒，落日歸人何處？殷勤俊侶，話周説虞初，蔓延今古。後約蒼茫，歲華惆悵遽如許！　生天成佛望渺，儘塵間燕樂，鋤藥栽樹。竹翠干雲，桑紅换世，送到斜暉幾度？年期漫與。待瘴海波平，盡銷樓櫓。物我同春，霞觴相對舉。

注：壬子（一九七二）年仲春賦。

千秋歲　壽重能

楚騷蘭蕙，點綴江山麗。詩筆健，詞心細。客中花事晚，夢裏横波媚。閑吟望，夕陽天半朱霞綺。　燕坐鄰翁會。游賞湖波翠。桃李茂，春風美。黄精松子藥，玉膾吴庖味。南山壽，年年市酒相留醉。

注：壬子（一九七二）年四月賦。

尉遲杯　九日東山小集和重能用美成韻

南京路。記一曲、桂馥生秋樹。遥天目送霜鴻，還指行人歸處。龍舟事渺，應不念、荒汀接漁浦。又重陽、禊飲東皋，幾回魂夢飛去？　爲想落帽餘風，舒笑口當筵，盛日歡聚。千載英威隨流水，仍洗盡、妍歌妙舞。榮華逝、光沉響絶，董狐筆、青編不借語。問何如？美酒茱萸，賞心招我吟侶。

注：壬子（一九七二）年九日賦。

龍山會九日東山小集次重能用趙以夫韻

歲歲愁風雨。九日秋花，幾度開晴宇？佳辰頻指數。斜陽外、一帶縈青如縷。撿點會嘉賓，列庖具、鐺壺新楚。早安排、黄雞白酒，飯甘茶苦。園林小築東山，一軌江樓，敢説賢星聚？登高同作賦。人代换、今古一抔成土。龍準已塵埃，更何論、當塗典午！且消得、讀騷飲酒，曠年延竚。

注：壬子（一九七二）年九日賦。

千秋歲引奉佛操壽

惠戴流波，卿雲舊里。駿足奔塵去如駛。談天典尋海客記，吟風韻想驪珠美。玉繩低、月輝淡，興難已。餘慶坐看蘭桂起。家事放教妻兒理。盡把閑居付詩史。精思屬詞從選學，隨緣度日繙明紀。石交親，歲寒會，霞觴舉。

注：壬子（一九七二）年冬賦。

水龍吟又陵先生生日集會次重能韻

山丘華屋哀來，尊前頓覺風流去。岷精井絡，英靈江漢，蜀都徒賦。愛智廬摧，霜甘閣冷，鵷鷺曾翥。嘆槐陰夢醒，桑田水换，麒麟逝，駑駘騖。誰與排空依據？起西州、破天宏箸。跨凌俊杰，拓開時代，平生豪語。北斗聲高，南箕毀重，黯然朝曙。賸衰顏弟子，天涯俎豆，覓招魂處。

注：壬子（一九七二）年冬月十九賦。

東風齊著力　壽重能七十又五

安樂行窩，清凉居士，送老年涯。宫牆萬仞，著籍遍三巴。久占荷塘桂影，肯來訪、綠野人家。高軒過，村邊樹合，郭外山斜。　下里笑皇荂。吟秀句、郢中白雪妍華。極輝獻斝，鳳酒换龍茶。皓首書城碩學，調鉛墨、賞麗繩差。棲心在、花間錦繡，花外烟霞。

注：癸丑（一九七三）年四月賦。

摸魚兒　和重能城北花圃小聚用晁補之韻

悵人生、萬千離合，餘情波綠南浦。游絲漫卷繩溪外，冷落少年歡聚。縈夢處。還記否？紅兒新詠聯洲渚。霞飛柳舞。儘野店娱春，江亭願夏，浪擲隙駒去。　而今是，白髮滄桑改步。儒冠身業多誤。徐公城北衰時貌，愁對翠林花圃。君試覷，雲帳裏、魚龍幻滅歸何許？檐邊笑語。看瀉玉沾衣，洪流帶郭，冉冉碧天暮。

注：癸丑（一九七三）年夏賦。

虞美人　余先得睹張君原唱及周君和作佛操大兄復寫示李吴兩君答語旨在索句聊次此闋

雲仙舊契麻姑侶。幻作雙鸞舞。鳳衾鴛枕曉聽鶯，添得小庭花美畫屏深。　蘭苕映翠菰蒲雨。睡鴨温香吐。東頭孤館夢中情。無奈杜鵑聲裏月暉沉。

注：癸丑（一九七三）年霜降賦。

鷓鴣天 壽佛操

星漢盈盈一水餘。紅牆西望笑生疏。添籌海屋三冬雪，伴宿齋宫一卷書。將進酒，食無魚。堆盤珍錯奉賓初。便堪坊者王承福，重整囂塵晏子居。

注：癸丑（一九七三）年冬月賦。

鷓鴣天五首 奉次重能原韻

湖海豪情憶舊年。桀阿一覺雪盈顛。當時庾信哀梁運，此日靈均問楚天。纔見異，便思遷。遠離恩寵換身全。卜居尚恨穠華近，人在春桃燦熳邊。

數術髫年慕祖冲。老隨東野嘆詩窮。雞蟲得失浮雲外，蠻觸生涯幻影中。愚亦智，蔽而通。成虧已盡退爲翁。前期紀曆知多少？幸保康寧善始終。

項蹶嬴顛閱世多。八千爲歲奈愁何？黍離麥秀滋春草，檜老松堅翳女蘿。裘禦雨，坐披簑。有人舞楫玩江河。懷珠被褐生來慣，肯向荊山痛卞和？

陳迹千秋入混茫。祥金大冶亦堪傷。不工應接難酬衆，每羨支離願作尪。風會改，逝波忙。雄心表海樹紅桑。盧生未了邯鄲夢，鄰院先炊粳稻黄。

已悟張衡賦髑髏。何須宋玉苦悲秋。三春好景郊原賞，六月炎天枕簟留。探楚調，聽齊謳。東西南北任情休。若堪水擊三千里，好作雲中九萬游。

注：癸丑（一九七三）年冬賦。

賀新郎 次韻重能五日見寄之作

詞筆長虹吐。料平生、松風謖謖，早忘炎暑。卌載題襟留好句，記得蒲刀艾虎。朝市換、衝波横渡。幾輩酒邊人猶在，祓清愁、畫閣聽簫鼓。鸞鳳歇，燕鶯舞。　觀荷舊約情先許。懺煩冤、何心弔屈，漫陳椒糈。揀去肥鮮同美酒，揀去黄雞白黍。還揀去、霆驚風露。煮茗清談消永晝，把前塵、影事相勞苦。窮日夕，邈終古。

注：甲寅（一九七四）年五日賦。

揚州慢 重能用白石韻送余之漢源女家歸來次和

朝别西京，暮臨南徼，群山萬壑車程。送長風浩渺，望野闊天青。漫回首、唐關戍卒，漢庭都尉，當日鏖兵。問沙場遺迹，邊烽殘照孤城。　百年骨肉，算而今、俯仰都驚。正夢訪前徽，先君舊游過此。心傷遠嫁，無限恩情。八百里中家室，門楣好、總屬虚聲。秪瞻高游遠，行塵堪冠平生。

注：甲寅（一九七四）年冬賦。

滿江紅 次佛操見壽原韻

泮水黌宫，皋比擁、濫竽南郭。滄桑换、鏡冰寒照，鬢霜盈目。往事漫尋青眼夢，餘生且展黄庭讀。共小園，香徑賞春風，傾杯樂。　三老會，尊前足。漁樵話，新年約。望穠華桃李，遠烟迷漠。久客心情塵與土，凌雲意氣今非昨。似千年、丁令更歸來，城頭鶴。

注：乙卯（一九七五）年二月賦。

玲瓏四犯 次重能用白石韻見壽之作

省閣文章，廟堂經濟，當年心折燕許。黄金誰買賦，白璧空思古。拋殘一生畫餅，又魂銷、緑波南浦。骨肉分張，故交零落，多少別離苦？　軒車漫盈官路。有仙源萬木，疏隔蓬户。背人飛鳥倦，夜月孤鴻去。山中社櫟多時寄？應不比、天涯羈旅。堪賦與松喬，好招尋勝侶。

注：乙卯（一九七五）年二月賦。

玲瓏四犯 疊白石韻壽重能

横序浮沉，人間游戲，生平應笑巢許。達尊崇齒德，術業綜今古。除非夜深好夢，誦離騷、抉捐江浦。八代文心，四唐詩筆，誰爲珮環苦？　憂時不殊當路。嘆神州袖手，伏櫪編户。致身愁未早，解組歸難去。千年古桂園香界，風景地、湖山游旅。都付與詞仙，結吟邊壽侶。

注：乙卯（一九七五）年四月賦。

平調滿江紅 用白石韻爲重能生日奉觴

叢桂湖邊，有一代、詩筆烏瀾。鸞箋上、月波雲詭，如此江山。舊學猶堪申法治，平生先已棄儒冠。但夜殘、更盡賞心時，縈翠環。　千秋遠，青史看。六朝恨，斷江南。問盛衰成毁，底事相關？項蹶嬴顛同幻影，分香賣履笑曹瞞。怎似君、杯酒瀉閑愁，塵夢間。

注：乙卯（一九七五）年四月賦。

惜黄花慢 次重能韻

桂湖之游，初花已謝。歸來未幾，後山桃林，又摧爲薪，别樹温橘，裁高三尺。適重能寄示看花之作，因賦此闋。

雨洗清秋。正十分桂魄，炎暑全收。故情今夢，客心主誼，繁霜在鏡，暢好歡游。縱然金粟吹能盡，不吹散、芳樹陰流。聽子謳。湖亭倩影，要眇宜修。　年華逝水空留。問玄都觀裏，桃菜誰優？楚臣新頌，劉郎舊句，紅摧翠減，美興難儔。小園猶護東風種，笑籬外、花事齊休。且寓眸、待君舉酒林幽。

注：乙卯（一九七五）年秋賦。

水調歌頭 留新都三日次重能韻

往事追尋易，餘想落秋風。匆匆夏緑春茂，霜葉下孤桐。井絡當時垂象，蜀學千林争秀，四海看風同。何意金波淡，絃月又如弓。　繁華謝，人代改，兩衰翁。縱然三老歡聚，意氣已非雄。况是題襟約遠，又復陰晴難料，十會五成空。乞與天公眷，晴霽此期中。

注：丙辰（一九七六）年暮秋賦。

平調滿江紅 次重能吴先生一百四周年紀念韻

庭院春風，依稀記、卿雲舊廬。西窗外、娟娟修竹，緑蔭階除。龍骨繡靈駢儷學，牙籤錦軸善裝書。更何人、慷慨論新知，嗤衆愚。　群言亂，楊墨儒。先覺起，百家疏。是靈光東魯，碩果西都。入世聲名高盛憲，閉門尊隱過倪迂。縱饒他、時會變遷多，誰競趨？

注：丙辰（一九七六）年冬賦。

水調歌頭 愛智先生生日和重能

夢逐堯年賞，心抱杞人憂。古來奔走時譽，多少爲身謀？乍見山陵遷變，又到桑田清淺，風景不勝秋。物望幾回在？箸述一身①休。　是非紛，儒墨辯，古今愁。達尊作論，百家難並水争流。遠比鴻濛初鑿，近作新朝先導，發迹壯西州。萬里天荒破，青史姓名留。

注：丙辰（一九七六）年冬月賦。

浣溪沙 次韻重能見懷之作

記與重能陪吴先生公園小坐，先生誦『洪北江一日，能狂即少年』之句，低徊久之。重能若記②此

① 身：一稿作『生』。
② 記：一稿作『憶』。

言，當無杖履誰游之感矣。

憑藉郵筒作唱酬。登山臨水壯懷休。何時重續舊風流？　竹葉細斟簾外月，菊花斜插鬢邊秋。能狂猶似少年游。

注：丙辰（一九七六）年歲杪賦。

最高樓 重能用張翥壽仇山村詞韻見貺賦謝

如梭逝，七十一年春。顔鬢老風雲。尋芳避過花朝去，舉杯辭謝壽筵頻。倦紛華，甘淡泊，此情真。　早樹蕙、滋蘭添補畢。更竹外、籬邊收拾出。寬歲月，養閑身。黄金不賣長門賦，錦囊難貯送窮文。杜蓬門，名勢遠，舊交親。

注：丁巳（一九七七）年二月賦。

長壽樂 奉酬重能爲賤辰再賦詞次韻

花紅竹翠。十載來，喜見軒車駢至。山市夭桃，沙河林蔭，不復芳辰雅意。嘆衰年易及，稀齡散作相思地。歡宴處，夜月金尊獨醉。魚鴻便，賸有瑶箋錦字。　人漸老，漸困擾，酒會賓筵相繼。便合佳客全辭，壽觴停舉。同申高致。况皋風痛斷，此生早絶萊衣戲。但考槃，猶遂當年早計。得君祝，海算一添廿歲。

注：丁巳（一九七七）年二月賦。

西江月四首 為重能壽

風月桂湖長在，升庵南詔無還。蕢洲漁笛壯江山。穩換君家筆硯。十載皋橋賃廡，千年蓬島虛龕。天留碩果鎮人間。何用筵開壽誕？

四代孫曾瓜瓞，三川杖履喬松。粲花詞筆寫春風。瓊報荷漪夏孟。雅量山王韻度，文章徐庾高踪。衆星環斗古今同。不數祥麐威鳳。

盛會予懷渺渺，車程芳草萋萋。龍津雙劍聚何時？悵望豐城紫氣。舊恨談言未暢，新期剋日當歸。長繩誰與繫天西？絆住斜陽西墜。

宜隱堂前著籍，御碑亭外題碑。師門高誼永無虧。愧殺步舒博士。毀譽當時難定，風流異代堪思。頻年紀德數篇詩。傳誦千春萬祀。

注：丁巳（一九七七）年四月賦。宜隱堂：吴虞齋館名之一。

風入松 寄重能問湖桂消息

幾曾緑水看紅蓮。賞桂約須堅。秋聲譜就修篁韻，西流火、零落炎天。暮雨瀟瀟桃簟，湖邊渺渺魚箋。平生凫子拌鹽鮮。風味在盤餐。却堪耆舊供粗使，心中憶、步履應難。何日香圍世界，與君扶杖清歡？

注：戊午（一九七八）年處暑後五日賦。

賀新涼 用張元幹送胡邦衡韻和重能桂湖賞秋之作

叢桂蓮漪路。最關心、湖邊舊約，范張雞黍。美酒不辭深杯勸，況又高情寫注。嘆節近、中秋蟾兔。潦倒一生皋魚慟，儘淒涼、有夢無人訴。陳奠例，促歸去。　當時學舍驕寒暑。逞英奇、龍驤虎躍，少年風度。歷盡滄桑觀成敗，惟賸衰齡燕語。問熱客、尊榮何與？笑殺執鞭誇齊御，唱春風、領袖吾兼汝。思舊曲，恨千縷。成都大學校歌相傳爲駱公驌先生作。其結語曰：『領袖群英吾與汝。』

注：戊午（一九七八）年秋賦。

浣溪沙 奉題善生仁兄金縷曲後

春水微波畫舫輕。重搔白首憶閑情。今生緣斷結他生。　樓上斜暉留遠馭，枕邊殘月夢高城。人間幽恨幾時平？

注：辛酉（一九八一）年賦。

沁園春 次韻代東奉凡章先生

野性貪閑，獨寐槃阿，秋佩自紉。恨瑶箋乍讀，文旌已遠；城郊咫尺，未識斯人。上溯卿雲，近尋坡潁，鬱秀岷山筆有神。時流换、换扶桑故轍，歐陸輕塵。　交紛。古調難泯。怪積習依然雅韻親。待長留詩卷，人間共賞；追懷陳迹，舊夢同温。愛女榮名，婿鄉佳話，福慧都教萃此身。延年事，祇清吟月夜，高詠花辰。

注：戊辰（一九八八）年賦。孔凡章，中央文史館故館員，孔祥明之父，棋聖聶衛平之前岳丈也。川南人。曾來成都，欲拜賴師門下。

高陽臺 次凡章韻題桂林吟草

蘆笛看山，灕江泛棹，南州攬遍風光。事往情牽，平添無限思量。春風詞筆傳高韻，送愁心、攪亂詩腸。儘消閑、滿院蘿蘭，一樹垂楊。　年華瞬息成今故，問當年館舍，盡換樓房？陽朔星巖，悽然夢遠思長。伏波山上南疆望，戰窮邊、一樣悲涼。祇今朝、笳鼓清喧，燧火微茫。

注：己巳（一九八九）年賦。

文史雜論

文史雜論卷一　文論

學本上

《漢・藝文志》稱『道家者流，蓋出於史官』，世論史家，多原道德。夫其清虛自守，和齊萬物，固史德之所以比踪於道。而考鏡學術，衡量百家，會萬類之同歸，箴異説之偏執，要合以明統緒，離析以見變化。若莊周《天下》、馬遷《自序》之所列論，非獨理趣相近，條貫多合，且若有所憲章，以成稽撰，莊子自合以明分，故稱『後世之學者，不幸不見天地之純，古人之大體，道術將爲天下裂』。司馬自分以求合，故稱『天下同歸而殊途，一致而百慮』。注：太史公《自序》與《易經・繫辭》詞序倒置。皆據百家必歸一統立説。後之《漢・藝文志》與《淮南子》，或原之先古王官之守，或推於因俗制宜之用，要皆考其原始，其概論諸子與遷同，亦有同符。莊書《天下篇》先叙六經，後及百家，以百家承六藝起。班志亦云：『合其要歸，亦六經之支與流裔。』史遷《自序》云：『陰陽、儒墨、名法、道德，此務爲治者也。』『直所從言之異路，有省不省耳。』但其歸宗則謂道家不爲物先，不爲物後，故能爲萬物主，雖平列百家，而以道術爲長，是謂道能統百家也。故先古之概論諸子者，惟此數家之説，雖各有宗主而概述多同。或推本道家，或尊崇儒術。近世之論諸子之學，清人以治經之法治子，明其詞語文字以校勘考訂爲宗，而罕能推明其思理。並時之論，取法西方哲學之書，考其思理之是非，徵其術業之同異，以理爲宗，其流廣矣。要其稱説義藴，發理致實，文理密察，度越前人，而敷引稱説，亦不能深見本源。近世治子學者不外數端：一則先有成心，次徵材料，以自證其説；一則平列諸家，推明條貫；三則廣徵異論，求其體類。其推明統緒，皆不能外於先古之舊説，但時復出入之而已。史家校讎之業，學術流别之論，操持一道，泯然遂同。夫史籍務求會通，子學不厭分别。玄根所結，或相迴絶。比而齊一，豈曰知言。然而主於分異者，自荀卿、孟子執儒説以譏百氏，下至董仲舒、揚雄，並以儒業爲尊，百家爲異。逮宋洛、閩諸子，牆壁益峻，疆宇益狹，猥以不誦，杜絶異端。通方廣恕之材，又所不取。於是辨章諸子者，徵前修之眇論，則會歸一本；列群倫之要言，則歧以萬端。秦漢以後，諸子運銷，人心所趨，獨有儒道。秦漢以下治術，雖或本名、法風俗，亦漸出陰陽，要其根於人心之大者，獨有儒道。入世則儒言之用多，閒居則道家之義重。論者或以儒家統道，而百氏並其支裔；或以道家統儒，而諸子俱成嗣續。言道者絀儒學，則稱孔子受業老聃，道德失而後有仁義，道家削小而有儒家。近人章太炎《國故論衡·原道》即主此説。言儒者絀道家，則稱莊周爲孔子之三傳。韓愈説莊周爲田子方弟子，田子方受業子夏。道德之説原於《大易》，始於《漢志》，以爲『合於堯之克攘，易之嗛嗛』，極於程大昌之《老易通言》。儒家發舒而有道家。儒道交争，終不可並。道儒之爲大本，從而可知。道儒之難齊一於焉也，亦驗道自爲道，儒自爲儒。論思理之原始或有同歸，究立説之所由殊難共貫。二宗既異，嗣者後分。從後海以論先河，或可同條；究立心之初始，何能强附？故立身怡神之道，人心有所同趨；濟世安民之方，立心亦自各别。事關心術，理自難衷。此則誦古説以分繫諸家者，不可不察也。蓋道儒者，學説之大本也。道儒之本不同，其學有宗主，理難兼賅。百家並興，起原已辨。考其宗主，則流派自殊。但以持一宗，難御衆説。則莊、荀、孟、劉、班、司馬之言，從其本始，已自分歧。比而齊之，不爲分辨，其謂何哉？蓋此六家之言，考其所師，既非一宗；持論之端，又各有主。究其成器，則莊、馬、劉本道家，而荀、孟、班同儒術。推其詞説，則馬、班、劉立論，在於施政之取捨；劉説以時王之政爲諸子發生之因，班説以用於當時爲諸子之短長，馬説直以諸家務爲治，爲其所同也。孟、荀之立論，在於正時俗之詖邪。《孟子·好辯章》稱：『我亦欲正人心，息邪説，距詖行，放淫辭。』《荀子·非十二子》亦言：『假今之世，飾邪説，文姦言，以梟亂天下，喬宇嵬瑣，使天下混然不知是非治亂之所存者有人矣。』莊周立論在明所見之多少。六家之説獨莊周於學術本身爲近，非同他家專主效果立説者也。然莊亦未分別諸家斬然不同義。其所列諸家，一實一虛，墨翟、宋鈃、尹文，鄰於實者也；關尹、老聃及己，鄰於虛者也；慎到、田駢、彭蒙，未能備於虛静之真；惠施未能得取實之用者也。政俗不必相干，所見或非所異。其所摭論，何預本根？雖品列諸家，於其分歧，固猶未遑專辨，亦有才見牙角，明而未融，取足於斯，豈能解其紛蔽？茫茫往代，既沉予聞，抉渭分涇，理宜申説。閒常鈎稽載籍，審所立言，推於開物成務之途，驗其立心制行之要，爰知諸子之學所由別異，蓋有二端：一曰是非，一曰利害。利害是非合，則諸家之所由同也；利害是非分，則諸家之所由異也。儒家者立於是非者也，道家者立於利害者也，墨家者主是非而説之以利害者也，法家者主利害而説之以是非者也。儒墨之論以是非爲主而不言利害，道法之論以利害爲主而黜是非。墨家以天下之是非定人君之利害，法家以人君之利害立天下之是非。先秦諸子，蓋未有別於此四宗者也。明乎此者，則韓愈所謂孔子必用墨子，墨子必用孔子，不相用不爲孔墨，司馬遷所以老莊申韓同傳，從可知矣。儒家所争者在名，名者天下之論，是非所由定也。道家所貴者在生，生者利害之所由養也。趨利避害，道家之由生也；求名於善，儒家所論是非也。

道家睹於古今成敗及存亡禍福之理而制持世全生之要，故曰：『天之道，利而不害；聖人之道，爲而不争。』八十一章 夫利而不害，則在物之莫我害也；爲而不争，則天下莫能與之争也。故『以濡弱謙下爲表，以空虛不毁萬物爲實』，《莊子·天下》濡弱謙下所以遠害也，空虛不毁萬物所以避争也。『將欲歙之，必固張之；將欲弱之，必固强之；將欲廢之，必固興之；將欲奪之，必固與之。』三十六章『生而不有，爲而不恃，長而不宰。』十章 此爲而不争之道也。『知其雄，守其雌，爲天下谿』；『知其白，守其黑，爲天下式』；『知其榮，守其辱，爲天下谷』。二十八章『後其身而身先，外其身而身存。』七章 此利而不害之道也。『罪莫大於可欲，禍莫大於不知足，咎莫大於欲得。』四十六章故『人皆取先，己獨取後，曰受天下之垢。人皆取實，己獨取虛，無藏也故有餘，巋然而有餘。其行身也，徐而不費，無爲也而笑巧。人皆求福，己獨曲全，曰苟免於咎。』《莊子·天下》此其所謂『爲道日損，損之又損，以至於無爲』者也。四十八章曰『無爲』，又曰『無不爲』。同上倘所謂『有之以爲利，無之以爲用』十一章者耶。趨利避害之極，至於虛無，則物莫能利害，而操之於己，故曰『塞其兑，閉其門，挫其鋭，解其分，和其光，同其塵，是謂玄同。故不可得而親，不可得而疏，不可得而利，不可得而害，不可得而貴，不可得而賤，故爲天下貴』。五十六章自無而有，則因循之義生，故曰『以輔萬物之自然，而不敢爲』。六十四章此所爲建之以常無有者乎？莊子稱老子建之以常無有，主之以太一，説者多以有字爲衍文，由不知其以有爲用也。此所謂以虛無爲本，因循爲用者乎？司馬談《論六家要旨》五千言之所爲作者，其備於斯矣。此非以利害爲本者乎？晁公武之論老子，以爲『斂之至深，發之至猛，謙卑遜順，先自立於不敗之地，而以退爲進，反争先著』。《郡齋讀書志》斯其所謂深察名實，洞見本原者也。自古之以利害爲説，其旁皇周洽，蓋未有逾於老子者矣。老子深察利害，而命之曰『道德』。道者心之所以處利害，德者利害所以立法則也。故曰『道之爲物，惟恍惟惚。惚兮恍兮，其中有象；恍兮惚兮，其中有物』。二十一章『道者萬物之奥，善人之寶，而不善人之所保。』六十二章明心之能處利害者，不可執一而象也。老子之言道義不止此，然以之用於人事，此其要也。又曰『上德不德，是以有德。下德不失德，是以無德』，韓非釋之曰：『德者，内也；得者，外也。上德不德，言其神不淫於外也。神不淫於外則身全，身全之謂得。得者，得身也。』《解老》明利害之法則，以得身爲準。外其身而有得者，無德也。其所操者虛無，『虛者，謂其意無所制也』《解老》。無者，謂其因物以爲用也。以之入世，則權謀機詐生焉。老子雖欲已之，不可得矣。

孔子則不然，其所稱者仁義，其所持者忠恕，其所用者禮樂。『仁者天下之表也，義者天下之制也。』

《禮・表記》故曰『立人之道，曰仁與義』，《易・説卦》『仁者人也』，『義者宜也』。《中庸》『仁，人心也；義，人路也。』《孟子・告子》故知仁者心之德。朱熹解仁爲心之德，愛之理，以爲心之德者，謂心之德主乎仁，猶目之德明，耳之德聽。説見《朱子語類》六。義者禮之質。《論語・衛靈公》：『君子義以爲質，禮以行之。』仁者心中之是非，義者是非之法則也。孔子於其弟子子路、公西華、冉有，皆不以能仁相許。見《論語・公治長》。於令尹子文之忠，陳文子之請，且曰『未知，焉得仁？』同上。則視仁之爲道，至敻絶也。然且復曰『民之於仁也，甚於水火』。《衛靈公》『仁者安仁，智者利仁，畏罪者强仁。』《禮・表記》『有能一日用其力於仁矣乎？我未見力不足者。』《論語・里仁》抑何復視仁之易與也。蓋是非者人心之所同具，孟子所謂『是非之心，人皆有之』是也，以爲修身持行之要，而利害之見足以奪之，好惡之私足以汩之。故曰『惟仁者能好人，能惡人』。《論語・里仁》『志士仁人，無求生以害仁，有殺生以成仁。』《論語・衛靈公》自非聖人，其孰能安是非之正而不移情好惡利害者乎？故曰『回也，其心三月不違仁』。《論語・雍也》『君子無終食之間違仁，造次必於是，顛沛必於是。』《論語・里仁》仁者理之是也，不仁者理之非也，天下之理惟非與是。故曰『道二：仁與不仁而已矣』。《孟子・離婁》通於是非之理，斷制人事之宜，則欲仁期仁，從心而不逾距；守死善道，見利而思義。是非之爲用，極於是矣。忠者以是非自度道也，恕者以是非度人之道也。『中能應外曰忠。』《國語・周語》『以己量人曰恕。』《賈子・道術》忠則利害之見抑，恕則好惡之情遠，斯可謂守約而施博者矣。其後有宋朱熹，推明孔道，通以性命學問之旨，以爲是非所在，即萬事萬物之所以流行。其於孔道精微，探索可云深備，即所申論，以觀尼父仁義忠恕之意，則儒家之建本在是非者，亦可以明矣。《朱子語類》卷一百三十：『看來別無道理，衹有個是非。若不理會得是非分明，便不成人。若見得是非，方做得人。這個是處，便是人立脚底地盤。向前去，雖然更有裏面子細處，要知大原頭衹在這裏。且要理會這個教明白，始得。這個是處，便即是道，便是所謂天命之謂性，率性之謂道。萬物萬事之所以流行，衹是這個。做得是，便合道理；纔不是，便不合道理。所謂學問，也祇在這裏。』雖然，是非者因心而異，隨見而殊。故諸夏章甫縫掖，而越人斷髮文身，名守僈而奇辭生，辨慧興而是非淆，斯孔子所以不言是非而稱仁義者乎？仁義者内根於心而外無實象，斯孔子所以驗之於禮樂者乎？禮樂之用，或百世可知，或因時損益。於是而制之以義，義不足則取之於仁。仁義以爲體，禮樂以爲用，是非之準，俟諸後世而不惑矣。以是非爲本，則黜利害，故曰『齊景公有馬千駟，死之日，民無德而稱焉。伯夷叔齊餓於首陽之下，民到於今稱之』。《論語·季氏》以是非爲本，必較名實。故色取行違，雖聞見鄙，『克己復禮，天下歸仁』。《論語·顔淵》是其言也。雖不持是非之辨，而論是非者固無得而逾焉。斯固所謂籠罩群有，不亟以辯智爲賢者也。孔子，儒者之所宗師，以自重其言者也。《漢志》：儒家『宗師仲尼，以重其言』。

孔子之後，儒以孟、荀爲大。老子，莊周所嘆爲『博大真人』者也。《莊子·天下》老子之後，道以莊周爲大。莊周承老，以利害闢是非；孟、荀承孔，以是非闢利害。其枝葉扶疏，增華踵事，大小多少，或用不齊。要其言有宗，事有君，循本求之，斷然可識。固不當以華言巧辯，致其然疑。世多以《天下篇》叙老莊分流，論其要趣。餘杭章氏獨稱老聃據人事嬗變，議不逾方；莊周者旁羅死生之變，神明之運，是以鉅細有較。《國故論衡·原道上》若夫和是非以齊物論，明利害以審得失，莊老封域，固猶非異，斯道家之所以立本在利害不愈明乎？夫老莊之書，利害之文，固不多見。莊子且言聖人不就利，不違害，死生無變於己，而況利害之端矣，而統之以利害何也？曰利害者，謂其以私己爲心者也；是非者，謂其以濟人爲心者也。以私己爲心者，不以物害己者也。《秋水》：『知道者必明於理，明於理者必達於權，達於權者，不以物害己。』以濟人爲心者，己立立人，己達達人者也。《論語·雍也》：『夫仁者，己欲立而立人，己欲達而達人。』蓋老子之言利害也，重保身而兼得失，所計者禍福榮辱，所持者虛極静篤。以之入世，則觀萬物之作而審所趨。故曰『用其光，復歸其明，無遺身殃，是謂習常』。五十二章『致虛極，守靜篤，萬物並作，吾以觀其復。』十六章其用之也，保身爲先，得失爲後，與其有禍福榮辱之相倚，無寧無禍福榮辱而安身。故曰『甚愛必大費，多藏必厚亡。知足不辱，知止不殆，可以長久』。四十四章莊子之言利害也，重全神而外生死，所計者有累無累，所持者恬淡平易，以之居世，則察安危，寧禍福，而知所避。故曰『神全者，聖人之道也』。《天地》『聖人休休焉則平易矣，平易則恬淡矣。平易恬淡，則憂患不能入，邪氣不能襲，故其德全而神不虧。故曰聖人之生也天行，其死也物化；静而與陰同德，動而與陽同波；不爲福先，不爲禍始；感而後應，迫而後動，不得已而後起；去知與故，循天之理。故無天災，無物累，無人非，無鬼責。其生若浮，其死若休；不思慮，不豫謀；光矣而不耀，信矣而不期。其寢不夢，其覺無憂；其神純粹，其魂不罷。虛無恬淡，乃合天德。』《刻意》此其全神遠害之道也。神全而形損者不足憂，累心而殉迹者不足慕，此所謂『定乎内外之分，辨乎榮辱之境』者也。《逍遥游》故曰『德有所長，而形有所忘』。《德充符》『達生之情者，不務生之所無以爲；達命之情者，不務知之所無奈何。』《達生》此非所謂索之於形骸之外者乎？『死生、存亡、窮達、貧富、賢與不肖、毁譽、饑渴、寒暑，是事之變，命之行也。日夜相代乎前，而知不能規乎其始者也。故不足以滑和，不可以入於靈府。』《德充符》此非所謂徹志之勃，達道之塞者乎？斯其可以全神而解於心累矣。恬淡者不殉俗好，以無用爲用也。故曰『藏金於山，藏珠於淵，不利貨財，不近富貴，不樂壽，不哀夭，不榮通，不醜窮，不拘一世之利以爲己私分，不以王天下爲己處顯』。《天地》『山木自寇也，膏火自煎也。桂可食，故伐之；漆可用，故割之。人皆知有用之用，而莫知無用之用也。』《人間世》平易者不離於俗，與之無崖也。故曰『爲善無近名，爲惡無近刑，緣督以爲經』。《養生主》『體性抱神，以游於世俗之間者。』《天地》『無譽無訾，一龍一蛇，與時俱化，而無肯專爲。一上一下，以和爲量，浮游乎萬物之祖，物物而不物於物。』《山木》『上不敢爲仁義之操，下不敢爲淫僻之行也。』《駢拇》神全則所得者全，故『非其志不之，非其心不爲。雖以天下譽之，得其所謂，謷然不顧；雖以天下非之，失其所謂，儻然不受。天下之非譽，無益損焉。』《天地》外死生則物莫之傷，故以生有天刑，死爲懸解；生爲時來，死爲順去。故『安時處順，哀樂不能入也』。《養生主》此所以明其有利也。『當時命而大行乎天下，則反一無迹。不當時命而大窮乎天下，則深根寧極而待。』《繕性》故曰『至人有世，不亦大乎，而不足以爲之累；天下奮棅，而不與之偕；審乎無假，而不與利遷；極物之真，能守其本。故外天地遺萬物，而神未嘗有所困也。』《天道》此所以明其遠害也。夫全神而無累於心，恬淡平易而不殉於物，『死生無變於己，而況利害之端乎。』《齊物論》斯其所謂『獨與天地精神往來，而不敖睨萬物，不譴是非，以與世俗處』。《天下》『上與造物者游，下與外死生無終始者爲友』也。同上。莊子之言利害，其備於此矣。以利害爲本，必黜是非，利害其所立，是非其所破也。以利害爲主，則混是非，其所以混是非者，據利害以言之也。仁義禮，是非之儀則也；公論，是非之權衡也。尊道德而黜仁義，重獨見而鄙公論，老子之所以黜是非也。老子曰：『失道而後德，失德而後仁，失仁而後義，失義而後禮。夫禮者，忠信之薄，而亂之首也。』三十八章『天下皆知美之爲美，斯惡矣。皆知善之爲善，斯不善矣。』二章雖不亂仁義善惡之畔，而非其所重可見也。莊子統仁義善惡而稱是非，其於是非也，『得其環中，以應無窮』。《齊物論》『和之以天倪，因之以曼衍。』同上。於以『屬書離辭，指事類情，用剽剥儒墨，雖當世宿學，不能自解免也。』《史記·老莊申韓列傳》何謂得其環中？『萬物皆種也，以不同形相禪，始卒若環，莫得其倫』，《寓言》『類與不類，相與爲類』《齊物論》是也。何謂以應無窮？『無南無北，奭然四解，淪於不測；無東無西，始於玄冥，反於大通』《秋水》也。何謂和之以天倪？『是不是，然不然，是若果是也，則是之異乎不是也，亦無辯；然若果然也，則然之異乎不然也，亦無辯』，『忘年忘義，振於無竟，故寓諸無竟』《齊物論》也。何謂因之以曼衍？『惡乎然，然於然；惡乎不然，不然於不然；物固有所然，物固有所可，無物不然，無物不可，故爲是舉莛與楹，厲與西施，恢詭譎怪，道通爲一』《齊物論》也。莊周論齊物，而與儒墨、楊朱、惠施之流相應。故曰：『是非之不可爲分，細大之不可爲倪。』《秋水》『天下非有公是也。』《徐無鬼》『與己同則應，不與己同則反。同於己爲是之，異於己爲非之。』《寓言》『故有儒、墨之是非，以是其所非，而非其所是。』《齊物論》然而世論則俱是之者也。故曰：『民濕寢則腰疾偏死，鰍然乎哉？木處則惴慄恂懼，猿猴然乎哉？三者孰知正處？民食芻豢，麋鹿食薦，蝍蛆甘帶，鴟鴉嗜鼠，四者孰知正味？猨猵狙以爲雌，麋與鹿交，鰍與魚游。毛嬙、麗姬，人之所美也；魚見之深入，鳥見之高飛，麋鹿見之決驟，四者孰知天下之正色哉？』《齊物論》此則審利害之分異，而是非未可定也。『昔者堯、舜讓而帝，之、噲讓而絶，湯、武爭而王，白公爭而滅。』《秋水》然而世論於之有是有非也。故曰：『伯夷死名於首陽之下，盗跖死利於東陵之上。二人者所死不同，其於殘生傷性均也。奚必伯夷之是，而盗跖之非乎？』《駢拇》此則審利害之同而是非未可判也。然則是非者，將於何求之？求之於一行乎？『吾未知善之誠善耶，誠不善耶？若以爲善矣，不足活身；以爲不善矣，足以活人。』《至樂》是非果未可定也。求之於一身乎？『蘧伯玉行年六十而六十化，未嘗不始於是之而卒詘之以非也，未知今之所謂是之非五十九年非也。』《則陽》是非亦未可定也。將求之於正之者乎？『吾誰使正之？使同乎若者正之？既與若同矣，惡能正之！使同乎我者正之？既同乎我矣，惡能正之！使異乎我與若者正之？既異乎我與若矣，惡能正之！使同乎我與若者正之？既同乎我與若矣，惡能正之！然則我與若與人俱不能相知也，而待彼也邪？』《齊物論》將求之所施用乎？『善人不得聖人之道不立，跖不得聖人之道不行』；《胠篋》『竊鈎者誅，竊國者爲諸侯，諸侯之門，而仁義存焉。』同上。然則何適而可爲至正也？曰『至正者不失其性命之情』者也。至字依俞樾説改。《駢拇》。若以是非立説，則『物無非彼，物無非是；自彼則不見，自知則知之。』《齊物論》『是以聖人不由而照之於天。』同上。『故曰：蓋師是而無非，師治而無亂乎？是未明天地之理，萬物之情者也；是猶師天而無地，師陰而無陽，其不可行明矣。然且語而不捨，非愚則誣也。』《秋水》莊子之闢是非者，其備於此矣。

莊子與孟子同時，而荀卿生莊子之後，其説皆所謂『不相爲謀』者也。《史記・孟荀列傳》稱孟子曰：『余讀孟子書，至梁惠王問何以利吾國，未嘗不廢書而嘆也，曰：嗟乎！利誠亂之始也。夫子罕言利者，常防其原也。故曰放於利而行，多怨。自天子至於庶人，好利之弊，何以異哉？』於荀卿曰：『荀卿嫉濁世之政，亡國亂君相屬，不遂大道，而營於巫祝，信禨祥，鄙儒小拘，如莊周等，又滑稽亂俗，於是推儒、墨、道德之行事興壞，序列著數萬言而卒。』則孟子之書在闢利害，荀子之書在譏莊、墨，馬遷有以語我矣！夫荀卿稱『莊子蔽於天而不知人』。《解蔽》莊生《秋水篇》引魏牟之論曰：『知不知是非之竟，而猶欲觀於莊子之言，是猶使蚊負山，商蚷馳河也。』然則荀卿其可謂知是非之竟者乎？夫百家馳説，巧詞繁稱，各執一端，終不相勝。《天下篇》稱莊周『於本也，弘大而闢，深閎而肆。其於宗也，可謂稠適而上遂矣。』自儒言觀之，荀卿可謂弘大而闢，深閎而肆；孟子可謂稠適而上遂。使孟、荀以辭説相覆，豈足以闢莊生之口而折其心乎？此由立本之殊，而利害是非之不可齊一也。孟、荀之立論也，蓋皆自人之情欲始，而以理之是非終。情欲有利害之見，故孔子以道制之，使歸至善，上以發其善心，下以制其惡性。故曰『性相近也，習相遠也』。《論語・陽貨》孟子之爲説也，重在發善心，故道性善，稱仁義。荀子之爲説也，重在制惡性，故道性惡，稱禮義。義爲行事之準則而根於心，此所謂仁義也。義爲行事之準則而緣於禮，此所謂禮義也。世道交喪，靈和潛藏，是非之公，汩於利害。至孟子而仁之在心，不復爲時流之所安利，故稱性善而歸之以盡性。至荀子而盡性之況，將爲順自然者之所假借，故稱性惡而矯之以化性。孟荀之同異，直在斯也。孟子曰：『人性之善也，猶水之就下也。人無有不善，水無有不下。今夫水，搏而躍之，可使過顙；激而行之，可使在山。是豈水之性哉？其勢則然也。人之可使爲不善，其性亦猶是也。』《告子》此明善爲人性，而不善非性也。又曰：『惻隱之心，人皆有之；羞惡之心，人皆有之；恭敬之心，人皆有之；是非之心，人皆有之。惻隱之心，仁也；羞惡之心，義也；恭敬之心，禮也；是非之心，智也。仁義禮智非由外鑠我也，我固有之也，弗思耳矣。故曰求則得之，捨則失之，或相信蓰而無算者，不能盡其才者也。』同上。此明善性之本在人。善性之目有四，操存捨亡，盡其性則善在焉。人之有善不善，非天之降才爾殊也。孟子之言性善，具於是矣。仁義禮智之目，七篇之中，凡四五見，其説曰：『仁之實，事親是也；義之實，從兄是也；智之實，知斯二者弗去是也；禮之實，節文斯二者是也。』《離婁》則仁義者，禮智之體，善性之本也。『人皆有所不忍，達之於其所忍，仁也；人皆有所不爲，達之於其所爲，義也。』《盡心》體仁義之善性，成充實之大化，猶之至方不能加矩，至圓不能過規，此所謂『聖人，人倫之至也』。《離婁》故立是非之儀型者，莫尚於聖人；持是非之權衡者，莫隆於仁義。存誠於内，則養氣之德成；折衷於外，則知言之功顯。孟子之所以自樹者，直在斯也。養氣者，養浩然之氣，『必有事焉而勿正。趙讀爲止。心勿忘，勿助長。』此所以養之也。『其爲氣也，至大至剛，以直養而無害，則塞乎天地之間。其爲氣也，配義與道，無是，餒也。是集義所生者，非義襲而取之也。』《公孫丑》此所謂浩然之氣也。知言者『詖辭知其所蔽，淫辭知其所陷，邪辭知其所離，遁辭知其所窮』也。同上。養氣則利義之辨明。故曰：『生，亦我所欲也；義，亦我所欲也，二者不可得兼，捨生而取義者也。生亦我所欲，所欲有甚於生者，故不爲苟得也；死亦我所惡，所惡有甚於死者，故患有所不辟也。如使人之所欲莫甚於生，則凡可以得生者，何不用也？使人之所惡莫甚於死者，則凡可以辟患者，何不爲也？由是則生而有不用也，由是則可以辟患而有不爲也。是故所欲有甚於生者，所惡有甚於死者，非獨賢者有是心也，人皆有之，賢者能勿喪耳。』《告子》知言則詖邪之説拒，故梁惠王問：『何以利吾國？』對曰：『王何必曰利？亦有仁義而已矣。王曰「何以利吾國」，大夫曰「何以利吾家」，士庶人曰「何以利吾身」，上下交征利，而國危矣。萬乘之國弑其君者，必千乘之家；千乘之國弑其君者，必百乘之家。萬取千焉，千取百焉，不爲不多矣。苟爲後義而先利，不奪不饜。未有仁而遺其親者也，未有義而後其君者也。王亦曰仁義而已矣，何必曰利？』《梁惠王》宋牼以利説秦楚之君，則告之曰：『先生之志則大矣，先生之號則不可；先生以利説秦楚之王，秦楚之王悦於利，以罷三軍之師，是三軍之士樂罷而悦於利也。爲人臣者懷利以事其君，爲人子者懷利以事其父，爲人弟者懷利以事其兄，是君臣、父子、兄弟，終去仁義，懷利以相接，然而不亡者，未之有也。先生以仁義説秦楚之王，秦楚之王悦於仁義而罷三軍之師，是三軍之士樂罷而悦於仁義也。爲人臣者懷仁義以事其君，爲人子者懷仁義以事其父，爲人弟者懷仁義以事其兄，是君臣、父子、兄弟去利懷仁義以相接也，然而不王者，未之有也。何必曰利？』《告子》凡是皆孟子明是非以鬬利害之説也。夫其所稱仁義利害，王亡之道，未嘗非利害。然而必去利以言之，且曰：『雞鳴而起，孳孳爲善者，舜之徒也；雞鳴而起，孳孳爲利者，蹠之徒也。欲知舜與蹠之分，無他，利與善之間也。』《盡心》豈非以利害是非之相背，而立説之所主者不同乎？明乎此，則孟子之所主者是非，所鬬者利害，亦可以曉然矣。

荀卿者，非孟子者也。《非十二子》《性惡》皆有其説。其論君子之操術，以爲『推禮義之統，分是非之分，總天下之要，治海内之衆，若使一人，《故操》彌約，而事彌大。五寸之矩，盡天下之方也。』《不苟》此則荀卿之術在明是非。其於孟子之存心，未常異也。若其制割大理，疏觀萬物，以淺持博，以一持萬，則三十二篇之文，必有可以約舉者焉。蓋《性惡》《禮論》者，荀卿之所以立道本；《正名》《解蔽》者，荀卿之所以破異説也。《性惡篇》曰：『人之性惡，其善者僞也。』何則爲性？如何斯之謂僞？荀卿論之曰：『性者，天之就也。』《性惡》『不可學，不可事，而在人者，謂之性。可學而能，可事而成之在人者，謂之僞，是性僞之分也。』『人之性，生而有好利焉，順是，故争奪；生而辭讓亡焉；生而有疾惡焉，順是，故殘賊，生而忠信亡焉。生而有耳目之欲，有好聲色焉，順是，故淫亂生，而禮義文理亡焉。然則從人之性，順人之情，必出於争奪，合於犯分亂理，而歸於暴。』同上。『故聖人化性而起僞，僞起於性而生禮義。』同上。禮義者所以矯飾人之情性者也。『人之生不能無群，群而無分則争。』《富國》『人生而有欲，欲而不得則不能無求，求而無度量分界則不能不争，争則亂，亂則窮。先王惡其亂也，故制禮義以分之。』《禮論》禮義者，所以分人群而使之和一者也。故曰：『禮者，養也。』《禮論》『義者，内節於人而外節於萬物者也。』《彊國》『貴賤有等，長幼有差，貧富輕重皆有稱。』《禮論》是禮所以養而别之者也。『貴賤之等，長幼之差，知賢愚能不能之分，皆使人載其事而各得其宜，然後使穀依俞樾説改。禄多少厚薄之稱。』《榮辱》是義所以節而宜之者也。故禮義者，是非之衡，治亂之紀，内以治身，外以治人。治身則化性而起僞，治人則分群而止争。禮以化性則得其養，義以化性則得其節；禮以分群則得其别，義以分群則得其宜，是禮義之用也。荀卿之書多言禮而少言義，或禮義並舉，禮以包義，明禮而義在焉，非禮固無以見義也。故曰：『禮者，法之大分，群類之綱紀也。』《勸學》『禮之理誠深矣，堅白、同異之察入焉而溺。其理誠大矣，擅作典制、辟陋之説入焉而喪。其理誠高矣，暴慢、恣睢、輕俗以爲高之屬入焉而隊。故繩墨誠陳矣，則不可欺以曲直；衡誠縣矣，則不可欺以輕重；規矩誠設矣，則不可欺以方圓；君子審於禮，則不可欺以詐僞。故繩者，直之至；衡者，平之至；規矩者，方圓之至；禮者，人道之極也。』《禮論》此荀卿所陳是非之準的也。『天下無二道，聖人無兩心。』《解蔽》『是是非非謂之知，非是是非謂之愚。』《修身》『凡人之患，蔽於一曲而闇於大理。』《解蔽》『欲爲蔽，惡爲蔽；始爲蔽，終爲蔽；遠爲蔽，近爲蔽；博爲蔽，淺爲蔽；古爲蔽，今爲蔽。凡萬物異，則莫不相爲蔽，此心術之公患也。』同上。『聖人知心術之患，見蔽塞之禍，故無欲無惡，無始無終，無近無遠，無博無淺，無古無今，兼陳萬物而中縣衡焉。是故衆異不得相蔽以亂其倫也。』同上。此謂明是非之必先解蔽也。『後王之成名：刑名從商，爵名從周，文名從禮，散名之加於萬物者則從諸夏之成俗曲期。遠方異俗之鄉，則因之而爲通。』《正名》『聖王没，名守慢，奇辭起，名實亂，是非之形不明，則雖守法之吏、誦數之儒，亦皆亂也。若有王者起，必將有循於舊名，有作於新名。然則所爲有名，與所緣有同異，與制名之樞要，不可不察也。』同上。夫察於名實，以是非相覆，『實不喻然後命，命不喻然後期，期不喻然後說，說不喻然後辨。』同上。『辨說也者，不異實名以喻動静之道也。期命也者，辨說之用也。辨說也者，心之象道也。心也者，道之工宰也。道也者，治之經理也。心合於道，說合於心，辭合於說。正名而期，質請而喻，辨異而不過，推類而不悖。聽則合文，辨則盡故。以正道而辨姦，猶引繩以持曲直。是故邪說不能亂，百家無所竄。』同上。此謂明是非之必先正名也。此荀卿所以正是非之術也。《非十二子》《解蔽》《天論》《正論》《不苟》，及乎他篇之所以斥異說、主是非者，蓋未嘗不由是焉。其所推排者，不獨利害是非之辨，凡非是非之正者，皆在所斥矣。其於利害，雖未若孟子之深惡其名，至於義利之辨，則必先義而後利。《榮辱篇》：『先義而後利者榮，先利而後義者辱。』《修身篇》：『保利非義，謂之至賊。』堯桀之分，則在隆禮與貪利。《性惡篇》：『凡所貴堯禹君子者，能化性起僞，僞起而生禮義。』又云：『所賤於桀蹠小人者，從其性，順其情，安恣睢以出乎貪利爭奪。』故曰：『義之所在，不傾於權，不顧其利，舉國而與之，不爲改視，重死持義而不撓，是士君子之勇也。』《榮辱篇》荀卿之所以明是非而闢利害者，未常後於孟子矣。

夫孟子稱『令聞廣譽施於身，所以不願人之文繡也』，《告子》荀卿亦言『志意修，德行厚，知慮明，是榮之由中出者也夫，是之謂義榮』。《正論》孟子稱『所惡有甚於死』，同上。荀子亦言『畏患而不避義死』。《不苟》孟子之説於百家異説，皆足以相非。陳蘭甫曰：『綜孟子之言，以爲道、墨、陰陽、名、法、縱横、兵、農、雜、小説，皆可以拒之。』見《東塾讀書記》卷三。荀子之書，自《非十二子篇》所列諸家而外，它嚣、魏牟、陳仲、史鰌、墨翟、宋鈃、慎到、田駢、惠施、鄧析、子思、孟軻、子張、子夏、子游。老子、《天論》申子、莊子、《解蔽》蘇秦、張儀，《臣道》無不歷詆其失。其衛道之堅，疾惡之猛，雖年世不接，鄉里亦遠，後先之貫，儼然有同。然則荀子之所明者是非，所闢者利害，又可曉然矣。

夫以莊、楊朱異致，而莊無貶楊之文；孟、荀同術，而荀有非孟之語。何道家陳義之廣，而儒者持論之狹也？蓋利害無古今之殊，是非有人我之見。利害不容别異，是非不可苟同；非獨儒道爲然，雖百家之説，何莫非是。莊生所謂『堯桀之自然而相非』《秋水》者，誠有慨乎言之也。自春秋之末，迄於戰國，諸侯力征，生民益苦。孟子所嘆爲『五霸者，三王之罪人也；今之諸侯，五霸之罪人也』。《告子》世運之隆污既異，持論之輕重亦殊。故同一利害，老重在就利，莊重在避害，則綱禁之密，民不聊生之所致也；同一是非，孔重在明是，孟、荀重在譏非，則處士横議，人無適從之所致也。此道儒先後之變也。儒者雖言利害，終主是非，故曰『人之生也直，罔之生也，幸而免』。《論語·雍也》道家雖言是非，終主利害，故曰『曲則全，枉則直』。《老子》二十二章。淮南稱『墨子學儒者之業，受孔子之術』，《淮南子·要略》此所以直言是非，而説之以利害者乎？司馬遷稱『韓子引繩墨，切事情，明是非，其極慘礉少恩，皆原於道德之意』。《史記·老莊申韓傳贊》此所以直言利害，而説之以是非者乎？蓋《易·乾》文言有曰：『利者，義之和也。』又曰：『利物足以和義。』墨子之重趼累繭，强聒不休，一言蔽之，其在斯矣。此其『以繩墨自矯，而備世之急』，《莊子·天下》與法家之引繩墨，切事情，以糾彈於人者，諒有間焉。墨者之言曰：『必立儀。言而毋儀，譬猶運鈞之上而立朝夕者也，是非利害之辨不可得而明知也。』《非命上》又曰：『夫辯者，將以明是非之分，審治亂之紀；明同異之處，察名實之理；處利害，决嫌疑焉。』《小取》則其立言之於是非利害，玄紐交喻，從可知也。墨子自述爲説之務曰：『國家昏亂，則語之《尚賢》《尚同》；國家貧，則語之《節用》《節葬》；國家憙音湛湎，則語之《非樂》《非命》；國家淫僻無禮，則語之《尊天》《事鬼》；國家務奪侵凌，則語之《兼愛》《非攻》。』《魯問》斯十者足以兼賅墨學，世之所謂十大義者也。求之於是非利害之間，則《尚賢》《尚同》，所以定是非者也；《天志》《明鬼》，所以别利害者也；此二篇以禍福爲本，是言利害也。《兼愛》《非攻》，是非之理所陳也；《節用》《節葬》，非樂利害之見所生也；此以天下之利害爲言。《非命》者，是非利害之所並陳而交用者也。是非謂仁暴、勤惰也，利害謂賞罰、毁譽、貧富、壽夭、貴賤之在人者，謂我生不有命在天，是定命者也。執勤而去惰，興仁而去暴，是非命者也。墨子固不謂命之爲害，而執有命之説者爲害也。墨子之説書談辯，其所據如此。至於從事，則義貴焉。《耕柱篇》：『能談辯者談辯，能説書者説書，能從事者從事，然後義事成也。』《貴義篇》：弦唐子述墨子平居之語，稱『吾夫子教公尚過曰：揣曲直而已。』夫曲直之分，是非之辨也，墨子一貫之傳備此。則其體是非而説利害者可知也。《貴義篇》：『子墨子南游使衛，關中載書甚多。弦唐子見而怪之曰：「吾夫子教公尚過曰：揣曲直而已。今夫子載書甚多，何有也？」子墨子曰：「昔者周公旦朝讀百篇，夕見漆十士。故周公旦佐相天子，其脩至於今。翟上無君上之事，下無耕農之難，吾安敢廢此？翟聞之：同歸之物，信有誤者。然而民聽不均，是以書多也。今若過之心者數逆於精微，同歸之物，既已知其要矣，是以不教以書也，而子何怪焉？」』墨子之書，數稱仁義，而以義爲主；義以斷事，故以行爲主；於儒者誠意正心之道，未嘗措志焉。孔子曰『好學近乎知，力行近乎仁』，墨子可謂好學力行者矣。其尚賢也，稱『古者聖王之爲政，言曰：「不義不富，不義不貴，不義不親，不義不近。」是以國之富貴人聞之，皆退而謀曰：「始我所恃者，富貴也。今上舉義不辟貧賤，然則我不可不爲義。」親者聞之，亦退而謀曰：「始我所恃者，親也。今上舉義不避疏，然則我不可不爲義。」近者聞之，亦退而謀曰：「始我所恃者，近也。今上舉義不辟遠，然則我不可不爲義。」遠者聞之，亦退而謀曰：「始我以遠爲無恃。今上舉義不辟遠，然則我不可不爲義。」』《尚賢上》此則上賢者，標是非之準臬，而以利祿誘天下之人者也。其尚同也，稱：『古者民始生，未有刑政之時，蓋其語，人異義。是以一人則一義，二人則二義，十人則十義。其人茲衆，其所謂義者亦茲衆。是以人是其義，以非人之義，故交相非也。是以内者父子兄弟作怨惡離散，不能相和合；天下之百姓，皆以水火毒藥相虧害。至有餘力，不能以相勞；腐㱙餘財，不以相分；隱匿良道，不以相教。天下之亂，若禽獸然。夫明虖天下之所以亂者，生於無政長。是故選天下之賢可者，立以爲天子。天子立，以其力爲未足，又選擇天下之賢可者，置立之以爲三公。天子、三公既以立，以天下爲博大，遠國異土之民，是非利害之辯，不可一二而明知，故劃分萬國，立諸侯國君。諸侯國君既以立，以其力爲未足，又選擇其國之賢可者，置立之以爲正長。正長既以具，天子發政於天下之百姓，言曰：『聞善而不善，皆以告其上。上之所是，必皆是之；所非，必皆非之。上有過則規諫之，下有善則傍薦之。上同而不下比者，此上之所賞而下之所譽也。意若聞善而不善，不以告其上。上之所是弗能是，上之所非弗能非；上有過弗規諫，下有善弗傍薦。下比不能上同者，此上之所罰而百姓所毀也。』』《尚賢上》此則上同者，一天下之是非，而以賞罰隨毀譽者也。以此定是非，豈非所謂直言是非，而説之以利害者乎？其言天志曰：『天欲義而惡不義，然則率天下之百姓以從事於義，則我乃爲天之所欲也。我爲天之所欲，天亦爲我所欲。然則我何欲何惡？我欲福祿而惡禍祟。若我不爲天之所欲，而爲天之所不欲，然則我率天下之百姓以從事於禍祟中也。』《天志上》此則天志者，謂天之能福禍人，必於其義不義也。其明鬼也曰：『逮至昔三代聖王既没，天下失義，諸侯力正。是以存夫爲人君臣上下者之不惠忠也，父子兄弟之不慈孝弟長貞良也。正長之不强於聽治，賤人之不强於從事也。民之爲淫暴寇亂盜賊，以兵刃毒藥水火退無罪人乎？道路率徑，奪人車馬衣裘以自利者並作由此始，是以天下亂。此其故何以然也？則皆以疑惑鬼神之有與無之别，不明乎鬼神之能賞賢而罰暴也。』《明鬼下》是故子墨子曰：『今天下之王公大人士君子，實將欲求興天下之利，除天下之害，故當若鬼神之有與無之别，以爲將不可以明察此者也。』同上。此則明鬼者爲鬼之能福禍人於其義不義也。此以明利害，豈非直言是非而説之以利害者乎？其論兼愛也曰：『凡天下禍篡怨恨其所以起者，以不相愛生也，是以仁者非之。既以非之，何以易之？子墨子言曰：「以兼相愛、交相利之法易之。」然則兼相愛、交相利之法將奈何哉？子墨子言：「視人之國若視其國，視人之家若視其家，視人之身若視其身。」』《兼愛中》『凡天下之禍患怨恨可使毋起者，以相愛生也，是以仁者譽之。』同上。此則所貴乎兼愛者，爲其是而有利也；所惡乎不兼愛者，爲其非而有害也。其説非攻曰：『殺一人謂之不義，必有一死罪矣。若以此説往殺十人，十重不義，必有十死罪矣；殺百人，百重不義，必有百死罪矣。當此天下之君子，皆知而非之，謂之不義。今至大爲不義攻國，則弗知非，從而譽之謂之義，情不知其不義也。』《非攻上》『意將以爲利天乎？夫取天之人以攻天之邑，此刺殺天民，剥振神之位，傾覆社稷，攘殺其犧牲，則此上不中天之利矣。意將以爲利鬼乎？夫殺之人滅鬼神之主，廢滅先王，賊虐萬民，百姓離散，則此中不中鬼之利矣。意將以爲利人乎？夫殺之人爲利人也博矣，又計其費，此爲周生之本，竭天下百姓之財用，不可勝數也，則此下不中人之利矣。』《非攻下》此則所爲非攻者，爲攻之非義而無利也。故曰兼愛、非攻，是非之理所陳，然而亦以利害説之者也。其於節用曰：『古者聖王制爲節用之法。』《節用中》『諸加費不加於民利者，聖王弗爲。』同上。其於節葬曰：『衣食者，人之生利也，然且猶尚有節；葬埋者，人之死利也，夫何獨無節？於此乎子墨子制爲葬埋之法曰：「棺三寸，足以朽骨；衣三領，足以朽肉；掘地之深，下無菹漏，氣無發洩於上，壟足以期其所，則止矣。哭往哭來，反，從事乎衣食之財，佴乎祭祀，以致孝於親。」故曰子墨子之法，不失死生之利者，此也。』《節葬下》其於非樂曰：『雖身知其安也，口知其甘也，目知其美也，耳知其樂也，然上考之不中聖王之事，下度之不中萬民之利，是故子墨子曰：「爲樂非也」。』墨子於享受皆所非，特以樂爲主耳。皆以有利無利爲言，故曰：利害之見所生，而必徵之聖王之事，亦以是非爲主者也。其於非命曰：『今天下之士君子，將欲辯是非利害之故，當夫依畢校改。有命者，不可不疾非也。』《非命中》何以非之？曰：『今用執有命者之言，是覆天下之義。覆天下之義者，是立命者也。』《非命上》『執有命者之言曰：「上之所罰，命故且罰，不暴故罰也；上之所賞，命固且賞，非賢故賞也。」』同上。『昔上世之窮民，貪於飲食，惰於從事，是以衣食之財不足，而饑寒凍餒之憂至，不知曰「我罷不肖，從事不疾」，必曰「我命固且貧」。若上世暴王，不忍其耳目之淫、心涂之辟，不順其親戚，遂以亡失國家，傾覆社稷，不知曰「我罷不肖，爲政不善」，必曰「吾命固失之」。』同上。此則所爲非命者，謂有命不能正是非，而不知權利害也。此非直言是非，而説之以利害者乎？墨家之以利害説是非者，於此可以見矣。夫執是非、説利害而以自苦爲極，雖枯槁不捨。其於是非，則爲之大過，己之大順。以此教人，恐不愛人；以此自行，固不愛己。雖論利害，於何有哉？亦於兼愛交利之言，未能盡也。此墨子之所以爲顯於一時，而寂滅於異代者也。

昔者孟子稱楊朱、墨翟之言盈天下，天下之言不歸楊則歸墨。楊、墨之各趨一極，既已有當人心，後世承學，能無沾溉？夫墨子行義之極，至於摩頂放踵利天下爲之；楊朱自利之極，至於拔一毛以利天下不爲。其學俱以導天下之人赴是非利害之端際。法家於人君也，使之自養若楊朱；於臣民也，使之自厲若墨翟。既不能從容中道，亦未常求契人情，薄厚傷恩，夫何怪也！自管子始以法治列於道家。《漢志》韓非、李斯，俱爲荀卿弟子，道之利害，由術以入法；儒之是非，由名以入法。慎到、申不害俱學黃老，見《史記·老莊申韓》；孟子、荀卿，兩傳名家者流，出於禮官，本《七略》；鄧析在名家，而制竹刑，見《左氏》。法之體系，於是大成。法術兩端，譬若鳥之雙翮。故曰：『申不害言術，而公孫鞅爲法。術者，因任而授官，循名而責實，操殺生之柄，課群臣之能者也，此人主之所執也。法者，憲令著於官府，刑罰必於民心，賞存乎慎法，而罰加乎姦令者也，此臣之所師也。』《韓非·定法》此法術分用之說，亦是非利害不備於一途之驗也。故憲令者法家之所以一是非，人君者法家之所以操利害。以人君之利害，定臣民之是非，法之所以不能反於道儒者，直在斯也。夫『寄治亂於法術，託是非於賞罰』，《大體》此未可非也。其所以行術者，以利害之見，待天下之人。故曰：『君以計畜臣，臣以計事君。君臣之交，計也。害身而利國，臣弗爲也；害國而利臣，君不爲也。臣之情，害身無利；君之情，害國無親。君臣也者，以計合者也。至乎臨難必死，盡智竭力，爲法爲之。』《飾邪》又引黃帝之言曰：『上下一日百戰。』《揚權》則法家所以因道家之言而以利害爲體者可見也。其所以執法者，以是非之理寓法禁之中。故曰：『安術有七，危道有六。安術：一曰賞罰隨是非，二曰禍福隨善惡，三曰死生隨法度，四曰有賢不肖而無愛惡，五曰有愚智而無誹譽，六曰有尺寸而無意度，七曰有信而無詐。危道：一曰斲削於繩之內，二曰斲削於法之外，三曰利人之所害，四曰樂人之所禍，五曰危人之所安，六曰所愛不親，所惡不疏。』《安危》又曰：『安危在是非，不在於强弱。』同上。此法家用儒者之言，而以是非爲說者可見也。故法家者挾治道以干時君，不主利害，則君不用其謀；不說是非，則人不然其道。然而是非與法禁反者，非所取也。故曰：『畏死遠難，降北之民也，而世尊之曰「貴生之士」。學道立方，離法之民也，而世尊之曰「文學之士」。游居厚養，牟食之民也，而世尊之曰「有能之士」。語曲牟知，僞詐之民也，而世尊之曰「辯智之士」。行劍攻殺，暴憿之民也，而世尊之曰「磏勇之士」。活賊匿姦，當死之民也，而世尊之曰「任譽之士」。此六民者，世之所譽也。赴險殉誠，死節之民，而世少之曰「失計之民」也。寡聞從令，全法之民也，而世少之曰「樸陋之民」也。力作而食，生利之民也，而世少之曰『寡能之民』也。嘉厚純粹，整穀之民也，而世少之曰「愚戇之民」也。重命畏事，尊上之民也，而世少之曰「怯懾之民」也。挫賊遏姦，明上之民也，而世少之曰「諂讒之民」也。此六者，世之所毁也。姦僞無益之民六，而世譽之如彼；耕戰有益之民六，而世毁之如此，此之謂六反。』《六反》『聖人之治也，審於法禁，法禁明著則官治；依顧千里校。必於賞罰，賞罰不阿則民用。官治同上校。則國富，國富則兵强，而霸王之業成矣。』同上。此則其是非所在可知也。又曰：『爲故人行私謂之不棄，以公財分施謂之仁人，輕禄重身謂之君子，枉法曲親謂之有行，棄官寵交謂之有俠，離世遁上謂之高傲，交争逆令謂之剛材，行惠取衆謂之得民。不棄者，吏有姦也；仁人者，公財損也；君子者，民難使也；有行者，法制毁也；有俠者，官職曠也；高傲者，民不事也；剛材者，令不行也；得民者，君上孤也。此八者，匹夫之私譽，人主之大敗也。』《八説》此則是非必一於國家之法令，而無背於人君之利害可知也。韓非之爲説也，其始蓋亦先權於世俗。《説難篇》所載説之難，説之務，皆揣度於世俗利害、人情是非之間。而終之曰曠日彌久，而周澤既渥，深計而不疑，引争而不罪，則明割利害以致其功，直指是非以飾其身。以此相持，此説之成也。此則其所自計爲是非利害者，固與世論差殊。然且曰：『聖人者，審於是非之實，察於治亂之情也。故其治國也，正明法，陳嚴刑，將以救群生之亂，去天下之禍，使强不凌弱，衆不暴寡，耆老得遂，幼孤得長，邊境不侵，君臣相親，父子相保，而無死亡繫虜之患，此亦功之至厚者也。愚人不知，顧以爲暴。』《姦劫弑臣》此非獨韓非一人之情，固亦法家之所同稱。所謂聖王治國之功，固實亦百家之大願。然而愚人以爲暴者，必其用法之酷也，必其以君人之利害爲主，而驅民以從之也。然則法家者，始以世主之利害權天下之是非，終以天下之是非隨人主之利害。其宅心在利害，而陳義在是非。以此論人情，以此爲治法，無往而不本於利害之見。故曰：法家者以利害爲主，而説之以是非者也。此其異於儒墨而近於道家者也。

舉周秦以來子家之論，道、儒、墨、法四家，可以盡之矣。名家用於法者也，陰陽本於儒者也。縱横、農、雜，最爲後起，立義所本，要皆雜采諸子，隨所施用，遂有三家。析之以利害是非之分，未嘗異也。以宗尚言，道家法太古，爲其素樸自化，固將謂人有利害之情；儒家法周制，爲其鬱鬱多文，固將謂人有是非之化；墨家背周而用夏，夏人尚忠，忠之實，雖是非而説之以利害爲用實也；法家以今而非古，時君尚智，智之用，雖利害必説之以是非，爲名美也。道、儒俱以講通人情爲主，而儒家有節制之禮樂；墨、法俱以禁制人情爲主，而法家廢革心之教化。道家言人事，以天道爲準則；儒家言天道，以人事爲準則；墨家言人亦言天，以事人之道事天；法家言人不言天，析天之理以歸人。道、儒兼重内養，所謂動而王，静而聖，内聖外王之道也；墨、法單言行事，所以枯槁不休，死亡不悔，竭其身以爲世，而無以自貴焉。若此之流，端緒繁博，更僕數之，殆難終既。昔者劉彦和之論諸子，以爲『六國以前，去聖未遠，故能越世高談，自開户牖；兩漢以後，體勢浸弱，雖明乎坦途，而類多依采。』《文心雕龍·諸子》夫天地一指，萬物一馬，理趣所主，今古無殊。由人事以論爲學之本，則利害是非，無往不貫。百家準此以離合，豈獨漢人之依采？至於因時立制，因俗制宜，來者難誣，後生可畏，豈必拘於後先、《荀子·天論》：『慎子有見於後，無見於先。』多少同上：『宋子有見於少，無見於多。』詘信同上：『老子有見於詘，無見於信。』之辨；齊畸、同上：『墨子有見於齊，無見於畸。』用文勢之殊，辭實天人之别。《荀子·解蔽》：『墨子蔽於用而不知文。』『申子蔽於勢而不知知，惠子蔽於辭而不知實，莊子蔽於天而不知人。』乃可以抽心繹論，成一家言。若夫捨人事而逐空辭，論名相而非致用，徵諸先哲，蓋罕措心。此所以莊子嘆息於名家，以爲『惠施之才，駘蕩而不得，逐萬物而不反，是窮響以聲，形與影競走也。』《天下》

民國三十三年十月三日初稿寫竟

跋

戊辰新秋，高翔師尚居住在成都東郊沙河寓宅。一日，出示其手稿《學本上》《詞賦流別論》《國風流別論》諸文，並告曰：『此數稿日後輯集，傳予幾人則可矣。』《學本》原有上下兩篇，下篇已付劫火，殘存上篇。其前三紙，殘損較多。又一日，高翔師已將殘損部分以打字紙補貼，並補足原文，囑複印三件，因携歸雒城。以先生補貼紙甚皺而易以宣紙，然後迻録先生補文，複印裝訂三册，並原件一道奉還高翔師。師又補上他紙損闕文字，分送小軍與余等。余携歸後，雨濤先生索之，又以複印件複印一册相送。高翔師棄世後，惟《學本上》原件墨本已不知去向。或先生早已送人，亦未可知也。不然，則殊爲可惜。余過録之，其間不能確認者暫付闕如，倏又經年。

師嘗告以四十年代撰稿時，引文多憑記憶。今春，小軍弟云，師之遺著欲刊行，當先校核引文。余既離崗，即先校讎其引文。同時，重温先秦諸子，受益良多。其中筆誤，徑予改正；若有疑難，校以他書。儻一字未明，即以不同版本核對。參校書有：上海古籍出版社影印光緒初浙江書局輯刊本《二十二子》，北京中國書店據世界書局影印本影印《四書五經》，中華書局排印本梁啓雄著《韓子淺解》《四書章句集注》，成都古籍書店影印王先謙著《莊子集解》；湘綺老人輯評本《道德經》《莊子》《南華經》，清同治刻大字本《漢書》，中華書局聚珍本《孟子集注》，光緒刊本《韓非子》，思賢書局本《莊子集釋》，掃葉山房石印本《淮南子》，上海千頃堂本《莊子集注》稿本，上海涵芬樓影印明嘉靖本《文心雕龍》，王雲五主編萬有文庫本《史記》及鄭天挺主編本《漢書選》等。近月方校畢是稿。學本者，學爲中國文化之本源也。道儒墨法，四家而已。四家之精義與異同，盡在其中矣。四家之外，皆爲餘脉。非知此四家，不能知中華文化之本源，其學無根。先生斯著，乃入中華文化殿堂之正道也。

歲次丁丑四月十八重能師九十有八冥壽日新都張學淵謹跋於蜀國雒城無爲書屋

國風流別論

昔班固之論域分風俗，以爲『民函五常之性，而其剛柔緩急音聲不同，繫水土之風氣，故謂之風。好惡取捨，動静無常，隨君上之情欲，故謂之俗。』《漢書·地理志》其叙殊方異俗，多取驗於《詩》之《國風》，證以《詩大序》之述風爲上之所以『化下』，與其所稱變風『發乎情，止乎禮義』，爲『先王之澤』者，則人民之好惡，已見之行事，或託之詠歌。察其詠歌，而政教之不同者，有可識别也。合以沈約之論文詞始興，爲民秉天地之靈，含五常之德，剛柔叠用，喜愠分情，志動於中，則歌詠外發者，《宋書·謝靈運傳論》則民之情性，既表諸聲音，必形諸文字。察其文字，而居處之不同者，有可識别也。此前修之立義，未盡暢發者也。班氏之説水土風氣，本於《管子》。《管子·水地篇》言：『齊之水道躁而復，故其民貪麤而好勇。楚之水淖弱而清，故其民輕果而賊。越之水濁重而洎，故其民愚疾而垢。秦之水泔最而稽，淤滯而雜，故其民貪戾，罔而好事。齊晉之水枯旱而運，淤滯而雜，故其民諂諛而葆詐，巧佞而好利。燕之水萃下而弱，沉滯而雜，故其民愚戇而好貞，輕疾而易死。宋之水輕勁而清，故其民簡易而好正。』此其用水土以斷民性，固不盡可徵，而殊國習性，各因其方域者可知也。班氏之説剛柔緩急，闡於劉勰《文心·體性篇》，即藉文詞以覘人之體性，又云：『辭理庸儁，莫能翻其才；風趣剛柔，寧或改其氣；事義淺深，未聞乖其學；體式雅鄭，鮮有反其習。各師成心，其異如面。』此其以文之異貌，判人之殊性者，雖難以盡辨，而文章體度，各隨其民性者，從可知也。夫言者心聲，詩者心樂。生民之習尚既别，詞氣之表著宜殊。故本其稟賦之所齊，則普天一軌，此古今詩人所以心心相紹，旁迕交通者也。論其漸染之所異，則囿別區分，此同時作者之所以體類繁興，支派各別者也。粵稽上古，分土列邦，關市有譏，澤梁有禁。其興居動止之節，哀樂緩急之應，由乎方俗，理難貫通。自漢以還，九州一統。欲步者擬足而投迹，欲談者卷舌而同聲。方國之迹既泯，文章之變宜疏。是以文論之家，惟標時代。時代之下，次以家數。洎乎魏晉而後，諸夏又分。戎馬生郊，天限南北。文章之以地域而別者，又顯著焉。若江淹《雜擬詩序》之所稱『關西鄴下，既已罕同；河外江南，頗爲異法』。與夫李延壽《北史·文苑傳序》所稱『江左宮商發越，貴於清綺；河朔辭義貞剛，重乎氣質。氣質則理勝其詞，清綺則文過其意』者，蓋乃當時之公言，非一家之眇論。斯則文學之由乎土斷，三代而下，且見其必然。況乃春秋之前，裂土分民之世，風以國別，國以方殊。豈混東西，獨分南北。江淹所舉四地，亦頗見東西南北之殊風也。然則先民之説，有以四方判文詞之流別者，未可以事涉虛擬，議其不經。而文詞之區分，亦不徒事義詞采之可辨也。近人論文詞異同者，多舉文中事義詞例爲辨，而不舉其體度。往者常覽周秦傳紀百家之書，其提舉於負輿之内，以東西南北論風俗言文之不同者，蓋亦有焉。《左傳》載季札聘魯，請觀周樂，『爲之歌《齊》，曰：「泱泱乎！大風也哉！表東海者，其太公乎？國未可量也。」』此明齊音爲東方之所擅也。『爲之歌《秦》，曰：「此之謂夏聲。夫能夏則大，大之至也，其周之舊乎？」』

夫故書之所稱夏者，其義一爲中原之區，二爲文化之域。謂秦爲夏，則其風之別於他國，而自表區域者可知。明爲周之舊，則其爲岐西之俗也可知。此則齊秦之分，亦即東西之別也。周以岐興，化於中土，故周之舊文化，即中原當時文化也。荀卿《儒效篇》曰：『居楚而楚，居越而越，居夏而夏。』明夏與南方楚越之異。孟荀之時代相近，孟子答齊宣王稱王之大欲，爲『朝秦楚，莅中國，而撫四夷』。中國即荀之所謂夏也。以與秦楚齊對舉，則夏與東西南三方殊也。其對陳相之辭，稱陳良楚産，北學於中國。北方學者，未能或之先。

以北方與中國同詞異稱，則中國者北方之總名。對楚則爲北方，合之韓非所稱『趙氏中央之國』。《初見秦篇》則荀卿之所稱夏者，宜是此方，非復季札之所謂夏者可知。其於今之中國，實河朔北方之地。此則楚夏之別，亦即南北之分也。太師木鐸之所徇，殊方國別之舞詠，分列則各系地名，合之則總歸四類。以東西南北爲名者，因其方域，通於今古者也。以齊秦楚夏爲名者，紀其國號，專論周詩者也。用四方分論民俗謳謡是不可誣矣。且合而言之者，又於《吕氏春秋》見焉。《吕氏春秋·音初篇》曰：『夏后氏孔甲田於東陽萯山，天大風，晦盲，孔甲迷惑，入於民室。主人方乳，或曰：「后來，是良日也，之子是必大吉。」或曰：「不勝也，之子是必有殃。」后乃取其子以歸，曰：「以爲余子，誰敢殃之？」子長成人，幕動坼橑，斧斫斬其足，遂爲守門者。孔甲曰：「嗚呼！有疾命矣乎！」乃作爲《破斧》之歌，實始爲東音。禹行功見塗山之女，禹未之遇而巡省南土。塗山氏之女乃令其妾候禹於塗山之陽。女乃作歌，歌曰：「候人兮猗。」實始作爲南音。周公及召公取風焉，以爲《周南》《召南》。周昭王親將征荆，辛餘靡長且多力，爲王右。還反涉漢，梁敗，王及蔡公抎於漢中。辛餘靡振王北濟，又反振蔡公。周公乃侯之於西翟，實爲長公。殷整甲徙宅西河，猶思故處，實始作爲西音。長公繼是音以處西山，秦繆公取風焉，實始作爲秦音。有娀氏有二佚女，爲之九成之臺，飲食必以鼓。帝令燕往視之，鳴若謚隘。二女愛而争搏之，覆以玉筐。少選，發而視之，燕遺二卵，北飛遂不反。二女作歌，一終曰：「燕燕往飛。」實始作爲北音。』夫其探究音初，列之事證，非特於理未盡，抑且於事難詳。然而東西南北之分，故先秦之緒論，以雜家之説，集周秦子論之終。而其言如此，固知詩樂之四體，在當時必已昭然如日月之行。而其敘秦爲西音，《周南》《召南》爲南音，必亦時俗流傳之舊文，非一人之臆説。合以孟、荀、左、史之説，則其言之不可廢也審矣。雖然四方之合於齊秦楚夏，以爲名者，復有徵乎？曰秦爲西方，自穆公以來，關中之俗，即與山東有殊，且承周之舊化，人民之謡詠，其風格自不能同符三方，不必季札之詞，吕氏之書，已可定爲西音之表的矣。《周南》《召南》爲南音，鄭君《詩譜》已明其爲南國之化。近人章太炎《檢論·詩終始論》，更説爲荆楚之風，以爲《詩》傳稱周有房中之樂，而譜以爲《周南》《召南》。《漢書·禮樂志》云：『房中樂，楚聲也。』故十五國風，不見荆楚。楚者《周南》《召南》之聲，此則徵於詩篇，明二南之不同於他國者，可以驗也。此二南之可以爲南音表的者也。東方之國，惟燕、齊、魯，夷狄則吴、越。魯列於頌，吴、越無風。齊爲大國，濱海。《樂記》有：『齊者，三代之遺聲也。』齊人之所志，則齊風之有異諸國，殆已至明。而季札之稱表東海者，捨是亦何適焉？此齊宜爲東音之表的也。北方諸國於春秋則晉（唐）爲盛，其地又唐堯之故都也。於周之始封，則衛爲盛，其封址兼邶、鄘、衛三國，又商之故墟也。晉毗於北，衛居於中。二國之風，相近而相異。其人民澤於禮樂教化，皆視諸國爲高。晉（唐）國土風樸茂而篤實，衛國土風文秀而雍雅，其詩風皆自相類。所謂夏音，中原迻北諸國，固可置此二國以爲像焉。《吕覽》於北音曰『燕燕往飛』，《衛風》有『燕燕于飛』，説者以爲相承之聲，殆不無可信者，此則晉（唐）衛之風。所謂夏音，北音之表的也。下至漢世，武帝立樂府，采『代趙之謳，秦楚之風』。《漢·藝文志》詩賦略叙。則北代趙西秦南楚三方之民詠謳謡，亦自繁多。《漢志》列『吴、楚、汝南歌詩十五篇』，即楚風也。『燕、代謳，雁門、雲中、隴西歌詩九篇』，即秦晉之風也。『齊、鄭歌詩四篇』，即齊風也。齊、鄭詩風相近説見後。『河南、周歌詩七篇』，即衛風也。衛風與雅詩相近。此四方殊風之遺迹，迄漢而可見者也。詩風之什十五，以二南屬楚，陳於楚近，有同風焉。《左氏》載周樂之次第，太師之爲季札歌者，二南相次，邶鄘衛王相次，鄭齊相次，豳秦相次，魏唐相次。魏源説以爲民風相近，非有大義存其間，《詩古微·王風義例篇》殆爲最近。自檜以下，吴札之所不譏，篇幅雖少，大體可見，亦晉衛之比焉。故《詩》之《國風》，其體度風格，實有可以東西南北四方，齊秦楚唐衛五國，爲之分逮者。此其剛柔緩急，好惡取捨，章條支蔓之近遠，聲情曲調之離合，必熟讀深思，而後心識其微焉。雖然文章之辨，至難言也。有身接其人，與之進退，於其造述，猶不能無失於抉擇。矧於論上古之遺文，審前人之情志，固難以虛辭剿說，判其異同，匪本匪實，將焉取信。前之所陳，固未盡也。此則必於詩風之所述者徵之。而四方五體之分殊始有可見焉。蓋班固之論齊風引《齊詩》「子之還兮，遭我乎猺之間兮」。《還》之詩。及「竢我于著乎而」，《著》之詩。以爲其舒緩之體其論他國之風，皆以意言，此獨以詞調言。則齊風之大别於他方，而班氏之獨有見於此也。案服虔之注《左氏》，季札所以美齊「泱泱乎大風」之句，以爲泱泱舒緩深遠，有太和之意。其詩風刺詞約而義微，體疏而不切，故曰「大風」。比之班説，又爲精密，而以齊音爲舒緩之體，則兩家之所同也。昔者湘潭王壬甫論五言詩，以寬和清勁分類。詩家之體度，大體可見者，惟此二端。二端之别，亦惟於詩最易見也。舒者其體度寬，緩者其聲容和。舒緩者寬和之體也。齊俗舒緩，史傳之所例舉者，多不勝言。至魏晉之間，曹子桓之論徐幹，亦以齊氣相目。斯則舒緩之體，齊俗之不易變者。齊音舒緩之體，凡有數端，以語詞多表其舒緩之度者，以班氏之所稱舉，求齊風，其類滋繁。「東方之日兮」「東方之月兮」《詩·齊風·東方之日》「蓺麻如之何」「析薪如之何」《詩·齊風·南山》「猗嗟昌兮」「猗嗟名兮」《詩·齊風·猗嗟》之類是也。以不整齊之句調，狀詞之重疊間列，表其舒緩者，《盧令》之篇：「盧令令，其人美且仁。盧重環，其人美且鬈。盧重鋂，其人美且偲」是也。初唐詞調最多此類。以詞意之轉折，表其寬緩者：「雞既鳴矣，朝既盈矣。匪雞則鳴，蒼蠅之聲。東方明矣，朝既昌矣。匪東方則明，月出之光」《齊風·雞鳴》「既曰告止，曷又鞠止」「既曰得止，曷又極止」《齊風·南山》之類是也。之三類求之《鄭風》亦有焉：「緇衣之宜兮」《鄭風·緇衣》「知子之來之」「知子之好之」《鄭風·女曰雞鳴》「且往觀乎，洧之外」《鄭風·溱洧》「狂童之狂也且」《鄭風·褰裳》，是以語詞表其寬和者也。『敝予又改造兮』『敝予又改爲兮』《緇衣》『洵美且都』《鄭風·有女同車》『維子之故，使我不能餐兮』《鄭風·狡童》，是以不整齊之句調，狀詞之重疊間列，表其舒緩者也。『縱我不往，子寧不嗣音』《鄭風·子衿》『豈敢愛之，畏我父母』《鄭風·將仲子》，是以詞意之轉折，表其寬和者也。雖然此舒緩同也，復有其異者焉。《齊風》闊略，服虔所謂『辭約而義微，體疏而不切』者也。其弊也誇而無實。《樂記》子夏所譏爲『敖辟喬志』是也。《鄭風》微弱，季札所謂『其細已甚』是也。其弊也輕佻而不切，《樂記》子夏所譏爲『好濫淫志』是也。《齊風》之闊略也，每篇成章不過四，而三章者爲多。每章制句不過六，而四句者多。辭約體疏之謂也。以申情達志之文，而闊略至是，又非有所含意未申，此其所以爲『泱泱大風』也。《鄭風》之微弱也，每篇成章不過四，而二章者爲多。每章制句多者十二，而四句爲多。其文詞簡略，而情思游移。故《齊風》以舒緩成其闊大，《鄭風》以舒緩成其佻達。佻達之詞緩，而其成音煩。此聲情之同符，而聲詞之異狀者也。此齊、鄭之所異也。中原之國惟《鄭風》與齊近，而其異如此，蓋民俗之殊異者，固不能同之一體也。故審其詞意，綜其情事，合之律度，比之管弦，則鄭、衛相契，古書所以鄭、衛並稱者也。語其文勢，論其氣調，則齊、鄭爲近，《左傳》所以鄭、齊相次者也。是東方之詩體所以成別調，而大別於南北西三方者也。故語其大體則齊、鄭近，核其事義則齊、鄭殊。斯論齊、鄭之風，所當辨識者也。南方爲楚者，蓋乃春秋時之恒言。《左傳》晉平公見楚囚曰：『南冠而縶者誰歟？』與之琴，操南音。師曠曰：『吾驟歌南風，又歌北風，南風不競。』南音屬楚，又前師之舊説，鄭玄《詩譜》以南爲雍、梁、荆、豫、徐、揚六州之詩。至或問變風，則專以徐及吴、楚與江黄六蓼當南國之域，則楚聲之爲南音，固以不俟再辨。昔者荀卿稱《詩》爲『中聲之所止』。《勸學篇》孔子獨舉《關雎》，以爲『樂而不淫，哀而不傷』。《論語》《説苑》又云：『子路鼓瑟，有北鄙之聲。』孔子聞之，曰：『夫先王之制音也，奏中聲，爲中節，流入於南，不歸於北。南者生育之鄉，北者殺伐之域。』《修文篇》則南音者中聲之流化。其優游婉順，其庳者清激哀吟，雜以怨慕，自《楚詞》而後，《樂府詩集》所録，清商諸曲，皆其流波。所謂激楚之音是也。《上林賦》『激楚結風』，文穎注：『結風亦急風也。楚地風氣，既自漂疾，歌樂者猶復依激急之急風爲節，其樂迅促而哀急也。』自來論江右文學者，目爲清綺；論宋詞南派，謂之婉約。清綺婉約，實南方文學之定評，亦即詩風南音之特徵，二南之作是也。二南諸篇，在十五國風中，其風格實爲尤異。舉其所以大別者，凡有數端。《周南》之篇十有一，言男女室家之情者凡十篇。惟《兔罝》詠賢人。《召南》之篇十有四，言男女室家之情者凡十一篇。惟《羔羊》詠在位、《甘棠》思召伯、《騶虞》頌仁化。室家之道，男女之正，其詞温淳，以視子夜吴歌之屬，殆亦以男女之情起者也。屈原之賦，辭稱美人，情託男女，亦此之屬。以男女之情起者，蓋亦南音之特徵。此其一也。清綺者有見之於辭韻，《關雎》之稱『參差荇菜』『窈窕淑女』；《野有死麕》之稱『白茅純束，有女如玉』；《何彼襛矣》之稱『何彼襛矣，唐棣之華』是也。此類詞語在後世則爲典重，在《國風》已爲清綺。此其二也。有見之於章調者，《葛覃》之卒章，《汝墳》之卒章，《卷耳》之詩，《殷其雷》之詩，《江有汜》之詩是也。此其三也。婉約者有見之於詞韻者，『漢有游女，不可求思』《詩·周南·漢廣》『豈不夙夜，謂行多露』《召南·行露》是也。此其四也。有見之於章調者，《芣苢》之詩，《草蟲》之詩是也。此其五也。故以二南全詩而論，惟《采蘋》之筐筥錡釜，連舉名物，其餘皆分明一句之中，選詞倩秀，成句明朗，辭意相稱，而無重板沉篤之言。譬之《卿雲》，似烟非烟，亦不流放。此其所以爲婉約也。全類各詩，惟《行露》之末二章，『雖速我訟，亦不汝從』；『雖速我獄，室家不足』，詞爲決絶，亦以其事過可怒也。然輔以『誰謂雀無角』『誰謂汝無家』『誰謂鼠無牙』之句，則憤怨之情，爲之減而和怡，詞嚴而不暴，義正而能寬。此其所以爲婉約也。由此以求南音，由此以論二南，則後世南方之作，亦大可辨識矣。秦爲西音者，關中之俗，於山東殊也。李斯《諫逐客書》稱『擊甕叩缶，彈箏搏髀，而歌呼嗚嗚快耳目者，真秦之聲也』。則簡約亢厲，是秦音之特點。班固所謂其『民俗質木』，『高上氣力』者也。（《漢書·地理志》）近人章太炎《國故論衡·辨詩》以爲『由其發揚意氣，故感慨之士擅焉。聰明思慧，去之則彌遠。由商周以迄六代，其民自貴，感物以形於聲，餘怒未渫，雖文儒弱婦，皆能自致。至於哀窈窕，思賢才，言詞温厚，而蹈厲之氣存焉』。此則可以論西音，而非三百篇之流盡如此也。秦音質木而亢厲，故《秦風》無燕婉狹邪之情。質木者，《豳風》之所以相近；亢厲者，晉國之詩有似者焉。其樂善好賢則國俗之使然也。質木則與人誠樸而深厚，《黄鳥》之詩百身以贖賢士；《蒹葭》之詩遡迴以從伊人，是質木之化也。《車鄰》之稱『今者不樂，逝者其亡』；《終南》之稱『顔如渥丹，其君也哉』；《晨風》之稱『如何如何，忘我實多』，此質木樸鄙之見於詞語者也。亢厲則於事奮往而剛健，《駟驖》《小戎》之盛陳車馬器械；《無衣》之亟言『修我戈矛』，是亢厲之情也。《權輿》之稱『于嗟乎，不承權輿』；《小戎》之稱『游環脅驅，陰靷鋈續，文茵暢轂』，是亢厲之情見於詞語者也。《豳風》《七月》之篇，言農桑、衣食之本，歷舉節候農事，不遺不淫，是質木之俗也。《九罭》《狼跋》，於《車鄰》爲近；《破斧》《東山》，於《小戎》、《駟驖》爲近。然《豳》實近雅，非純然民俗謡歌者也。雖同秦爲西音，固不能悉以《秦風》比節而觀焉。自三代而還，《樂府》所録西北隴右之俗，無不與《秦風》相依。約而論之，古直則悲凉之情多，氣過則雕潤之詞少。此論西音所當辨識者也。華夏之域，北方之音，凡有三系：一則《唐風》，班固論之以爲『君子深思，小人儉陋』。此其與秦非無近似之處，而《秦風》之弊流於褊刻僻亢，温柔之旨，幾欲盡焉。夷猶婉娩之餘思，求之《秦風》，亦不可得矣。此秦晉之相同而相異者也。《魏風》《曹風》，與此相近。二則《衛風》，其民化俗教深，而憂思情緒，皆宛折有小雅之風。邶、鄘、衛之詩，及鄶、王之風，與此相近。三則《鄭風》，佻達而游移，《陳風》與之相近。《唐風》凡有二類：一則奮發憂勤，樂生興事之俗；一則雄厲歡忭，建國成霸之基。《蟋蟀》《山樞》之詩，是前一類；《無衣》之詩，是後一類也。《唐風》之大體典實，《杕杜》《采苓》，並《唐風》。《伐檀》《碩鼠》，並《魏風》。是典實之篇也。『我聞有命，不敢以告人』，《唐風·揚之水》『夏之日，冬之夜。百歲之後，歸于其居』；《唐風·葛生》『維是褊心，是以爲刺』；《魏風·葛屨》『上慎旃哉，猶來無止』，《魏風·陟岵》是典實之見於句者也。《園有桃》之詩，《魏風》《鴇羽》之詩，《唐風》情深而語摯，然而語其哀未至南音之激切也，語其文未若《衛風》之繁複也。劉勰《體性》之篇，有典雅一體，而爲之釋曰：『鎔式經誥，方軌儒門者也。』知此者可與論晉唐之遺風也。《衛風》詞調近於小雅，才密而思靡，康叔、武公之德，亦有殷商六七賢聖之君之化也。劉勰《體性篇》有繁縟一類，爲之釋曰：『博喻釀采，煒燁枝派。』近人黃季剛《文心雕龍札記》釋之曰：『辭采紛披，意義稠複，皆入此類。』蓋《衛風》之類也。邶、鄘、衛之詩，其大異於諸國者，凡有數端：一所叙人事廣也。蓋邶、鄘、衛三國之詩，三十九篇，言男女之情者十一。此外有刺無禮者，如《相鼠》；有篤貞信者，如《柏舟》；有自傷者，如《綠衣》《日月》《終風》《凱風》《泉水》《載馳》《竹竿》《河廣》；有譏時政者，如《柏舟》《擊鼓》《北風》《北門》《式微》《雄雉》《鶉之奔奔》；有送行者，如《燕燕》；有求人者，如《旄丘》；有報謝者，如《木瓜》；有紀遷居者，如《定之方中》；有叙人者，如《簡兮》《干旄》《淇奧》《考槃》《碩人》《芄蘭》。此非禮俗之繁，孰則如此？非其人之智慮高、憂深遠、感觸多，亦豈能如是？後世杜工部者，亦承《衛風》之化者也。二則篇幅長也。五章者有三篇，六章者二篇。每章八句者三，九句者二，七句者六，六句者十。此非其『博喻釀采，煒燁枝派』，能如是乎？三則其體物精也。如叙燕飛則有差池、頡頏、下音、上音之動態。《氓》詩叙桑則由『未落』至黃殞之變化。《碩人》詩則叙一人全部之形態。《君子偕老》則叙一人全部之首飾。叙一人則寢寐歌嘆之動止，叙一物則雌雄牝牡之辨别，皆見狀物之精細。此非繁複稠迭者能如是乎？四則其情事切也。《谷風》之言『誰謂荼苦，其甘如薺』。《邶風》《雄雉》之言『不忮不求，何用不臧』《邶風》之類。其於人事之見理實深。此皆足以表見文化之高而其於文詞運用之熟，此類惟於小雅中多有之，則中夏之隆可見也。《王風》亦有二類：《黍離》之屬，是《衛風》之類也。《君子于役》之屬，是《晉風》之類也。即此以求《衛風》之流派可以見者也。鄭、陳二國之風爲近。《文心・體性篇》有輕靡一體，爲之釋曰：『浮文弱植，縹渺附俗者也。』黄季剛《文心雕龍札記》釋此曰：『辭須蒨秀，意取柔靡，皆入此類。』此真鄭、陳二國風之定評也。《鄭風》余之所舉已大見於前。《陳風》則《宛丘》《東門之池》《墓門有棘》《月出》，是輕靡之見於篇章者也。『豈其食魚，必河之魴。豈其娶妻，必齊之姜。』《陳風・衡門》『彼美淑姬，可與晤言。』《陳風・東門之池》『胡爲乎株林，從夏南。』《陳風・株林》是輕靡之見於句者也。此與舒緩近而其不同者輕也。故夏爲北方、中原三系之詩。《唐風》時近於秦，《鄭風》時近於齊，其不同者殆惟《衛風》乎！檜、曹二國，檜近於鄭，鄭爲檜併故也。鄭多遷國以後之詩。曹近於衛，中原之國，多自相近故也。故由此推例以審諸國之篇章，察其民性之同異，則後世國土代遷，流離播越。詩家由其學問環境之遠近，而體度各别，分明可見。是亦可馭文采而瞻流變。不復徵其師友，觀其講習。而故楮不污李華之精思，雞林能識白傅之雁鼎。不特風雅，政俗之隆污斷可識矣。

民國三十二年十月寫竟初稿

跋

皋翔先師於四十年代次第撰爲《國風流别論》《詞賦流别論》《駢文流别論》《詩歌流别論》《唐

宋詞流别論》《元曲流别論》諸篇初稿，合之則爲一部《中國韻文史稿》，分之則獨立成篇。《國風》《詞賦》之外多付劫火。今自先師毛筆書原件迻録。其中不易辨識者詢之故舊。斷句或尚有舛謬。然此等文章，大陸學界已難尋覓，且俟諸海外與將來爾。丙子陬月新都張學淵敬跋於雒城。丁丑榴月中浣校畢。

詞賦流别論

古之韻文，其容至博，非獨九德之歌，六詩之教也。〔一〕施於器物則有銘，〔二〕立石紀功則有碑，〔三〕御過則有箴，〔四〕飾終則有誄，〔五〕禋祀鬼神則有祝，〔六〕成室頌禱則有發。〔七〕洎於貞卜占繇之流，射覆讖緯之書，先民之遺諺，滑稽之諧隱，莫不比輯音詞，資於吟諷，總其篇什，宜在一科。而劉、班類録，但標詩賦，〔八〕豈非以詩賦之成篇獨衆？而其爲文，抒寫懷抱，發皇耳目，感物造耑，連詞結采，泄詠嘆之情易，而資生人之用廣乎？

以上論詩賦同爲韻文之大宗而其體相近。

〔一〕九德謂九功之德也，《左傳・文七年》：『九功之德，皆可歌也，謂之九歌。六府三事，謂之九功；水火金木土穀，謂之六府。正德、利用、厚生，謂之三事。』六詩謂風、賦、比、興、雅、頌，見《周禮・大師》《詩大序》。

〔二〕《考工記》有栗氏量銘，《大學》有湯之盤銘。

〔三〕古人紀功之碑與麗牲之碑不同，見江都凌小樓《讀書答問》：『管子泰山刻石，七十二代不能盡識；李斯爲秦刻石諸文，皆韻語也。』

〔四〕《左傳·襄四年》引《虞箴》。

〔五〕《左傳·哀十六年》載哀公誄孔子之詞。

〔六〕《周官·太祝》：『掌六祝之詞，以事鬼神祇。』《禮記·郊特牲》載伊耆氏蜡詞，即禱祀之祝也。

〔七〕《檀弓》載晉獻文子成室張老之詞。

〔八〕《漢·藝文志》，班固删劉向《七略》而成，有『詩賦略』，載《三百篇》以後詩賦。

夫體物寫志，〔一〕達於事變。〔二〕此古來賦家之所以同於詩，〔三〕而後來詩賦之所異也。〔四〕鋪采摛文，〔五〕不歌而誦。〔六〕此古來賦家之所以異於詩，〔七〕而後來詩賦之所同也。〔八〕語其區别則萬殊，合其要歸則一致。情志既動而詩賦之體繁，風騷代興而詩賦之流異。世歷千百，其變可知。

以上論詩賦同異。

〔一〕《文心雕龍·詮賦》：『賦者鋪也，鋪采摛文，體物寫志也。』

〔二〕《詩大序》論變風變雅，以爲『吟詠情性，以諷其上；達於事變，而懷其舊俗者也』。

〔三〕《論語·陽貨篇》，孔子稱：『詩可以興，可以觀，可以群，可以怨。邇之事父，遠之事君，多識於鳥獸草木之名。』《漢書·王褒傳》宣帝曰：『辭賦大者與古詩同義，小者辯麗可喜。譬如女工之有綺縠，音樂之有鄭衛。今世俗猶皆以此虞説耳目。辭賦比之，尚有仁義諷諭，鳥獸草木多聞之觀，賢於倡優博弈遠矣。』此論詩賦之用大體相同，惟其同屬體物寫志，達於事變之文，故同此功用。此評詩賦之最早者。

〔四〕左思《三都賦序》：『發言爲詩者，詠其所志也。升高能賦者，頌其所見也。』此論詩賦之别，一在述志，一在寫物，後來之見解如此，故摯虞《文章流别》云：『古之賦以情理爲主，事類爲佐；今之賦以事類爲本，義正爲助。』其論古今賦之異同至爲明晰，主情理故與詩同，主事類故與詩異，左思『頌其所見』之説是此類也。

〔五〕見注一。

〔六〕《漢・藝文志》詩賦類叙：『傳曰：「不歌而誦謂之賦。」』

〔七〕《史記・孔子世家》：『詩三百篇，孔子皆絃歌之，以合於韶武雅頌之音。』章太炎《國故論衡・辨詩要》之七，略分詩賦者本孔子删詩意，『不歌而誦，故謂之賦；協於簫管，故謂之詩。』此論古來詩賦之别至詳。

〔八〕《周禮・大司樂》『以樂語教國子：興、道、諷、誦』注：『倍文曰諷，以聲節之曰誦，則不歌而誦之賦，非無音節，但不被管絃耳。』漢後作詩，亦多張侈浮詞，不被管絃，寖至樂府之詞，亦多不可歌。唐人乃以絶句入樂。然則詩賦之立名，其大别就音節言，詩協簫管，賦但有音節而已。就屬文言，詩言志，賦體物。一主含蓄，一主鋪張。

至若融匠性靈，彪炳辭義，華端既興，淳風遂絶。雖班固陳諷諭之義，〔一〕揚雄有麗淫之嘆，〔二〕卒不能剪棄浮言，歸之正則。此由賦之定體，本在鋪陳，〔三〕直書其事，寓言寫物。〔四〕是非得失，覽者自見。孔穎達所云通正變、兼美刺者也。其始巧言切狀，務在纖密；終則觸情引物，鈎深致遠。煒曄譎誑，擬諸詞説，故謂之辭。屈宋之《楚辭》，漢武之《秋風辭》是也。〔五〕語其形容，優游彬蔚，故謂之頌。王褒之《洞簫頌》，馬融之《廣成頌》是也。〔六〕詞、賦與頌，三名會通，校以賓實，必歸翰藻。而其窮情寫物，篇辭曼衍，聲調闡緩，不協金石，不歌而誦，蓋乃勢所必然。至於踵事增華，變本加厲，匪惟六義之作所不苞，抑亦九能之才所未具。〔七〕比於行人執詞，諷誦舊章，酬酢以文身，微言於異國者，事既不同，用亦非一。〔八〕世之論文，釋名章義，則膚引故書；原始表末，則惡華崇質。遂使造篇誦古，混爲一途。〔九〕楚豔漢侈，見譏詭濫。〔十〕充其持論，必使靡麗之文，盡從删汰。將謂六經具在，百家之籍可焚；《漢紀》成書，班馬之作可廢。斯亦通人之蔽乎？

以上論賦不嫌華靡。

〔一〕《漢書·藝文志》詩賦類叙：「大儒孫卿及楚臣屈原離讒憂國，皆作賦以風，咸有惻隱古詩之義。其後宋玉、唐勒，漢興枚乘、司馬相如，下及揚子雲，競爲侈麗閎衍之詞，没其風諭之義。」

〔二〕《法言·吾子》：「詩人之賦麗以則，辭人之賦麗以淫。」自來論賦，皆以煩濫爲戒，然亦當分别言之，如使有害於行文，如陸機《文賦》所謂「傷廉愆義」，彦和《文心·詮賦》所謂「繁華損枝，膏腴害骨」，捐之可也。若但以義正爲言，崇質屏華，何必作賦？

〔三〕孔穎達《詩正義·關雎序》：「二曰賦。」正義：「賦者，鋪陳今之政教善惡，其言通正變，兼美刺。」《文心·詮賦》：「賦者鋪也。」

〔四〕鍾嶸《詩品·上品序》：「直書其事，寓言寫物，賦也。」

〔五〕賦以鋪陳形容，由直叙而至窮極聲貌，連類並及，亦猶説本直陳。而陸士衡復有「煒曄」「譎誑」之嘆也。《説文》辛部：「辭，訟也。」司部：「詞，意内而言外。」段玉裁校訟爲説，注云：「謂篇章也。」「意内言外」下注云「謂摹繪物狀及發聲助語」之文，此説最分明。然「故書」二字，實多通用，不必强爲分别，轉爲轇轕。屈宋諸賦，《漢書·王褒傳》《地理志》已目爲楚辭，王叔師但據舊名題之耳。《漢志》録《大風》《鴻鵠》之篇而無《秋風辭》，或云在上所自造賦内。漢代不歌之詩與賦，本無嚴格之分畫也。

〔六〕《詩大序》：「頌者，美盛德之形容。」容頌二者，古多通用。昭明《文選序》：「頌者，所以游揚德業，褒贊成功。』陸士衡《文賦》云：『頌優游以彬蔚。』司馬、揚、王之賦，實多此類。《洞簫賦》見《文選》，《漢書・王褒傳》作『洞簫頌』。《廣成頌》見《後書・馬融傳》，實賦體也。

〔七〕詩有六義，風、雅、頌爲體，賦、比、興爲用，舊説皆同。章太炎《檢論・六詩説》以爲『皆體以解六詩之體，則可以説其義，猶多捍格。』今不用其説。六義之賦但主鋪陳，後世之賦用兼比興，故不能包九能，見《毛詩・定之方中》傳：『建邦能命龜，田能施命，作器能銘，使能造命，升高能賦，師旅能誓，山川能説，喪紀能誄，祭祀能語。君子能此九者，可謂有德音，可以爲大夫。』故書賦字有虛實二義，就其體言是實，就其用言是虛。賦者古詩之流是實義。六義、九能皆是虛義，謂所爲作能作也。自來引用故書爲文體之證者，多以虛爲實，不能別白，不獨一賦字也。九能升高能賦，但是賦詩感興緣情體物而已。故不能具後世賦家之才。

〔八〕自《詩賦略》以後，論賦皆以行人之詞爲言。班固所云『交接鄰國，以微言相感』，劉勰所云『酬酢以爲實榮，吐納而成身文』者也。然《左傳》所載《行人賦》，皆是誦古義取不歌，與六詩之賦既不相涉，與後世之賦尤爲不類，不可以論賦之源流。

〔九〕《詩・棠棣》疏引鄭志『賦詩者，或造篇，或誦古』。造篇誦古之賦，皆以虛用立義，世俗又不別白之。如以行人賦詩爲作賦，是以誦古爲造篇也。

〔十〕《文心雕龍・宗經》：『楚豔漢侈，流弊不還；正末歸本，不其懿歟。』《誇飾》：『自宋玉景差，誇飾始盛；相如憑風，詭濫愈甚。』凡文體之始變，皆重意而忽詞，其後日趨華靡，乃勢所必至。況賦之本義，即在鋪陳，何當以華麗爲怪乎？然六朝論文之作，有欲去泰去甚者，初不言盡屏華豔也。故余以爲當以文勢爲斷。

自春秋之末，迄於東漢，詩道寢聲，將數百載。〔一〕其間嗣起，惟有詞賦。《漢志》以歌詩與賦，比蹤四始。歌詩録趙、代、齊、楚之謡，固《國風》之體；辭賦著孫卿、屈原之作，實《雅》《頌》之遺。〔二〕

王者迹熄，風流未沫。情志之用不墜，長言之變日多。文章升降之原，性僞繁簡之故，於是可以覘焉。〔三〕世儒多疑兩漢無詩，惟有詞賦。或以經術爲仕禄之階梯，〔四〕詞賦合人君之嗜好。〔五〕公卿大夫，委質事主，捨彼趣此，理有宜然。不知人心感物，無時或殊。雖在士流，寧忘歌詠？〔六〕四言既已不競，五言之起，始在歌謡。《鴻鵠》《大風》，朔音變楚。〔七〕頌善醜之德，洩哀樂之情者，不於詞賦，其何述焉？此則『抒下情而通諷諭』，『宣上德而盡忠孝』。兩漢之賦，所以雍容揄揚，爲雅頌之亞也。〔八〕

以上論漢人以賦代詩。

〔一〕《三百篇》以後，雖時有歌詠同體謳謡，四言如韋、孟二篇，諷諫在鄒，已不能與《三百篇》競。其他作者，多是賦體。雖不必以四言、五言爲詩之定式，然以歌與不歌爲詩之分，未爲謬也。至西漢，先秦足以後世詩體爲衡者亦不多。《漢志》所録歌詩，自郊廟王者之作外，士大夫不厠其間，且多繫地域，明是謳謡之體。以詩爲寢聲，殆未過也。

〔二〕四始，今古文有二説，今從毛傳，即風、大小雅、頌之始也，詞賦爲《雅》《頌》之遺，説詳後。

〔三〕孟子稱『王者之迹熄而詩亡』，以義言，今以體言。人事由簡趨繁，詞語亦由簡趨繁。詩之變爲賦，勢也。賦體過大，不適於造次賞味之用。而詩體又起由古風，而變爲律、絶。略示規律，成之未易。倉卒喜怒，有會即書。其用所以日廣，而不經意之作多，便於淺學自文。此揚、馬之作，無人復會之故也。顧炎武《日知録》二十一：『《三百篇》之不能不降而《楚辭》，《楚辭》之不能不降而漢魏，漢魏之不能不降而六朝，六朝之不能不降而唐，勢也。』又曰：『詩文之所以代變，有不能不變者。一代之文，沿襲既久，不容人人皆道此語也。』此論最爲分明。

〔四〕漢以經術取士，而研經者多，《史記·儒林列傳序》甚詳。詩則無所復用，聘問歌詠，不行於列國。

雖誦古以達志者，亦無復用。以此爲詩道不盛之故者甚多。

〔五〕《史》《漢》所載，武、宣之世，以獻賦得官者多，《兩都賦序》亦言：『孝成之世，論而録之，蓋奏御者千有餘篇，而後大漢之文章，炳焉與三代同風。』此與周代之獻詩，同爲人君所好美爲諷諭而已。

〔六〕《樂記》：『人生而静，天之性也；感於物而動，性之欲也。』沈休文《宋書・謝靈運傳論》：『志動於中，則歌詠外發，六義所因，四始攸繫，升降謳謡，紛披風什。雖虞夏以前，遺文不睹；稟氣懷靈，理或無異。然則歌詠所興，宜自生民始也。』

〔七〕史孝山《出師頌》：『蒼生更始，朔風變楚。』高祖楚人，樂不忘本，故房中之樂亦楚聲。《鴻鵠》《大風》之歌，即楚人之韻調也。五言既不興起，歌詩又變楚風。戰國之文，楚人獨工爲詞。詞賦本承楚人之化，賦之所由盛也。

〔八〕經生之論詩賦，皆以諷諭、美刺爲言。詩賦本來通於治化之用途，亦實如此。《潛夫論・務本》云：『詩賦者，所以頌善醜之德，洩哀樂之情也，故温雅以廣文，興喻以盡意。今賦頌之徒，苟爲饒辯屈蹇之詞，競陳誣罔無然之事，以索見怪於世。愚夫戇士，從而奇之。此悖孩童之思而長不誠之言者也。』班固《兩都賦序》：『或以抒下情而通諷諭，或以宣上德而盡忠孝。雍容揄揚，著於後嗣，抑亦雅頌之亞也。』此二人之論詩賦，其所褒貶與《大序》同爲儒生一家之言也。

古者周官六詩之體，孔子删之以爲三類。〔一〕風與雅、頌，復有二端，風者采詩入樂之文；雅、頌者依永和聲之體。〔二〕徵其文則風與雅、頌並編，校其音則風非雅、頌之比。是以夫子正樂，惟稱雅、頌。雅、頌之名，連類韶、武。聲以節文，則詞不失序；律有定制，則語多泛設。此雅、頌之所以異於國風，而音律之所以資於藻飾者也。〔三〕雅者正也。『言天下之事，形四方之風，謂之雅。』頌者容也。『美盛德之形容，以其成功，告於神明，』謂之頌。〔四〕詩體解散，賦體聿興。抗墜之節既紓，藻飾之文彌侈。言王政之廢興，宣國家之威德。雅、頌之所爲作者，自聲律而外，皆被於賦。《離騷·九辨》《撰征》諸篇，悲小己，念窮通，而旁皇九垓，諷諭得失，此雅之流也。《三都》《兩京》之誇張宫室，《長楊》《羽獵》之侈陳車服，而嗟嘆玄德，潤色鴻蒙，此頌之流也。西漢賦家，自枚乘而外，不見五言。〔五〕蓋五言風謡之屬，體小而俗；詞賦賢士之遺，宏達大雅。朝野追慕，豈不宜然。與詩代興，寧適無故？此則前修之列賦與雅、頌爲類者，誠不可易也。〔六〕

以上論賦爲雅、頌之流，與詩異類。

〔一〕《周官·太師》：『教六詩，曰風，曰賦，曰比，曰興，曰雅，曰頌。』《鄭志·答張逸問賦比興》：『吴札觀詩，已不歌也。』孔子删詩，已合風、雅、頌，中難復摘，别鄭君之説至明。蓋六詩以作法言，故有六體之教：風諧民俗，雅是雅文，頌者舞容，比者比方，興者託事，賦者敷陳。各因其作法爲教，故有六義。以政治言，則有四體：合爲風、雅、頌，而賦、比、興即在其中，不容孔子獨删此三詩而廢棄之也。以音律言，則雅是歌詩，頌是舞容也。

〔二〕古之士大夫皆明禮樂作爲歌詞，自然與聲律相近，猶宋人之爲詞也，故曰雅詩。荀卿所謂『君子安雅』之雅也。頌則專爲合樂而已。風則民俗之謡，先采而後使之合律，雖有删節，不違其本。

〔三〕《論語》：『子自衛反魯，然後樂正，雅、頌各得其所。』《史記·孔子世家》：『詩三百五篇，孔子皆絃歌之，以求合韶、武、雅、頌之音。』故書多以雅、頌並舉，罕有以風、雅並舉者。蓋以音詞言之，雅、頌自異於風也。夫依聲爲詞者，自不能無泛設之語，聲容博而詞亦激宕，此聲音之限制，所以反助於行文之藻飾也。

〔四〕本《詩大序》。雅、頌變爲不歌之賦，自不襲其音節文體，但襲其詞義而已。

〔五〕《古詩十九首》有枚乘之作，以《玉臺新詠》爲本，真僞不必深求。就令有之，一家而已。

〔六〕傅休奕論張衡《四愁》，猶以爲『體小而俗』，則漢人於五言之見解可知。此所以多趨於賦也。五言至東漢尚惟多女子之詞，不盡被於士大夫也。魏晉始滔滔矣。賦爲雅、頌之流，前修多有言之者。章學誠《校讎通義·詩賦》云：『六藝流别，賦爲最廣，比興之義，皆冒賦名，風詩無徵，存於謡諺，則雅、頌之體，實與賦類同源異流者也。』章太炎《國故論衡·辨詩》云：『風與雅、頌、賦所以異者三義，皆因緣經術，旁涉典記。』二章君之舉類，同足以證吾言之不誣也。

夫賦在《七略》，次爲四家，俱宗雅、頌，何以有異。《輯略》既缺，義例不昭，岐出之由，莫省所自。近世儀徵劉君、餘杭章君，於其分簿，并有疏證。雖得大齊，要非至論。〔一〕古人運往，不睹遺文；舉隅反三，并由推類。若許商榷，請更詳言。觀四家之分隸，固由類附；類附之外，又各依類爲鄰，使陸賦與屈原次編，雜賦與孫卿接武。苟無深意，何爲顛倒時序，越次相從？蓋屈賦寫懷，陸賦騁辭，雖情事各有偏重，〔二〕必以立意爲宗。此則屈原、陸賈之賦，情理之文也。雜賦之屬，有隱書《成相》。《成相》即孫卿之所同，《蠶賦》亦隱書之類。〔三〕而六畜昆蟲、器械草木、山陵雲雨之屬，鼓琴劍戲之篇，疑亦與禮智雲箴爲近。其比於歌括，同風謎語，與後世《鸚鵡》《鷦鷯》之託物攄志者，未必相類。此則荀賦之與雜賦，名物之紀也。《客主賦》以下五家，雖不盡説名物，而篇辭凌夷，主名失載，碎文瑣事，或亦與效物之體同風。無類可歸，總入雜賦。劉君總集之説，倘可謂深察名號，得其統紀者乎。〔四〕

以上論《七略》次賦爲四家之意。

〔一〕劉申叔《論文雜記》：『《客主賦》以下十二家，皆漢代之總集類也，餘則皆爲分集。而分集之賦，復有三類：有寫懷之賦，有騁辭之賦，有闡理之賦。寫懷之賦，屈原以下二十家是也。騁辭之賦，陸賈以下二十一家是也。闡理之賦，荀卿以下二十五家是也。寫懷之賦，其源出於《詩經》。騁辭之賦，其源出於縱横。闡理之賦，其源出於儒道兩家。』章太炎《國故論衡·辨詩》：『屈原言情，荀卿效物，陸賈賦不可見，其屬有朱建、嚴助、朱買臣諸家，蓋縱横之變也。』又曰：『雜賦有隱書者，傳曰「談言微中，亦可以解紛」，與縱横少出入。』二家之論，屈賦、陸賦相同，蓋言情寫懷，其義一也。論荀賦，以章君之義爲長；論雜賦，以劉君之義爲長。

〔二〕寫懷者重情，聘辭者重事。《文心雕龍·才略篇》稱：『漢室陸賈，首發奇采，賦孟春而選典誥，其辨之富矣。』以辨富稱陸賈，則爲縱横何疑，然亦以立意爲宗。

〔三〕《藝文類聚》八十九引《成相篇》：『其詞與孫卿《成相》相類。』注云：『出《淮南子》。』則『成相』蓋文體之達名，其體即孫卿《成相》，可以推之。《文心·諧隱》云：『漢世《隱書》，十有八篇，歆、固編文，録之歌末。昔楚莊、齊威，性好隱語。至東方曼倩，尤巧辭述。但謬辭詆戲，無益規補。自魏代以來，頗非俳優，而君子嘲隱，化爲謎語。謎也者，回互其辭，使昏迷也。或體目文字，或圖象品物，纖巧以弄思，淺察以衒辭。義欲婉而正，辭欲隱而顯。荀卿《蠶賦》，已兆其體。』斯並明荀賦與雜賦之相類者也。

〔四〕《七略·諸子略》以雜家次諸家之後，在農、小説之前，亦與次賦同。蓋雜則總括之，其瑣細不足道者，又列於後，農家、小説家及此《隱書》《成相》之屬是也。凡類録之簿，在得大齊，不能纖悉分别。故取劉君總集之説，又明荀賦之有類，非自語相違也。

夫文惟情性，通於哀樂。效物之作，感人不深。自班孟堅自序《兩都》，所舉賦家，已無荀賦之屬。〔一〕荀卿之體，更世益微。世多知賦體出於縱横。〔二〕縱横者，援譬引類，屬辨無方，語其麗辭，斯爲近矣。彼其建言所樹，諷勸所歸，舉事則縱横與陰陽相依，執心則儒言與道德通貫。〔三〕長卿《上林》之篇，張皇帝功，比物連類，侈言宫室、山川、物産、游樂之盛，歸於興道遷義，三皇五帝之治。此儒言之潤色於縱横者也。平子《思玄》之作，逍遥遠引，寄情要眇，極命神仙譎怪乘風御氣之觀，歸於修初服之婆娑，不出户以知天下。此道家之託象於陰陽者也。賈生《鵩鳥》，純用道家之言；宋玉《好色》，純乎儒家之義。屈原《漁父》，則儒道之論難也；班固《幽通》，則儒道之折衷也。宏斯六體，以類相從，則知蘇、張談説，理難賅賦。而百家之學，所由變爲賦者，從可知也。〔四〕

以上論賦本諸子。

〔一〕班孟堅《兩都賦序》：『故言语侍从之臣，若司馬相如、虞丘壽王、東方朔、枚皋、王褒、劉向之屬，朝夕論思，日月獻納。而公卿大臣御史大夫倪寬、太常孔臧、太中大夫董仲舒、宗正劉德、太子太傅蕭望之等，時時間作。』此所舉十一人，屈賦之屬七家：司馬相如、虞丘壽王、王褒、劉向、倪寬、孔臧、劉德；陸賦之屬二家：枚皋、蕭望之；餘二家無考。雜賦之無主名固矣。荀卿賦二十五家，不見徵引。又所舉屈賦之屬爲多，足知當時所重者，在此不在彼也。

〔二〕章學誠《文史通義·詩教下》：『賦家者流，縱横之派别，而兼諸子之餘風，此其所以異於後世辭章之士也。』劉申叔《論文雜記》更引申其説：『然縱横者特賦家辭命之方式，而非執心之大端，章氏特舉其大體而已，未及深辨也。』

〔三〕以詞命言賦之出於縱横者，連譬舉人事物象之繁耳。至於神化鬼怪，則燕齊怪迂，方士之談，陰陽家之所徵引辨説者也。縱横不能賅也。以用心立義，言中國人之思想，常爲儒道二家所統。儒道二家，爲其人生自處之衡石。入世則用儒家，辟世則用道家；濟人利物則用儒家，持盈保泰則用道家。古今一貫，未或有殊，不獨表見於詞賦者爲然。縱横、陰陽，能統其用語，而不能統其存心；能類其命詞之方，不能綰其玄宰之首。

此所以必兼四家論之，而後能備。

〔四〕井研廖先生平《駢文讀本序》：『屈、宋變子家爲辭賦，作者嗣音，莫不鋪張皇猷，刻鏤帝係，上征下降，逍遥四荒，雖典雅遲速，工拙不同，然皆發源《詩》《易》，模範《莊》《列》，學有淵源，語非詭寓。故湘潭王氏論文，以爲儒術不及道家，非如後人流連光景，求工章句，不關學術，徒矜文藻者也。』此論櫽括賦家情詞，最爲明晰。詩賦以逍遥爲義，故王湘綺以爲『儒術不及道家』。然哀樂深摯，則道又不及儒也，是在作者善消息之而已。

雖然此特論臨文之用心也，若夫屬詞比事，居方辨物，推迹於章句之間，辨驗於聲色之内，則齊楚流風，勢成兩派：長卿、屈子，復有二途。〔一〕魏文云：『優游案衍，屈原之尚也；窮侈極妙，相如之長也。』〔二〕戰國之末，七雄紛争，山東諸國，齊楚爲大。齊開康莊之第，楚廣蘭臺之宫。衍、奭以文辯飛聲，屈、宋以詞章垂範。〔三〕雖北士遺翰，不聞賦篇，而談天雕龍，怪迂不經，泛濫於瀛洲窈冥之原，歸本於仁義節儉之用。與揚、馬之瓌聲詭勢，勸百諷一者何殊。〔四〕故知屈平之詞，獨張楚風；而長卿之作，遠承齊化者也。夫優游案衍者，其詞婉順；窮侈極妙者，其詞揚厲。揚厲之詞，以氣勢爲宗；婉順之言，用情韻居首。宗氣勢者以複體行其疏宕，首情韻者以單句取其回轉。〔五〕壯采不呈，則長卿之勢盡；情詞跼蹐，則屈子之韻衰。賦之末流，又折爲二：齊俗之所化者，以物産居游，誇張聲色，司馬、王、揚之作，翫華於實，侈極聲貌。及爲他文，亦敷盛藻，沿及東漢，麗文所由啓也。〔六〕楚風之所張者，以言情述志，羽儀清麗，《九歌》《九辯》，五、七、雜言，參差疊用，寫懷之賦，靡不依方。下至齊梁，歌行之所由啓也。〔七〕夫體物者必宗司馬，叙情者並祖屈平。絜矩大端，理存出入。論其乖互，篇篇有殊，豈獨《長門》《上林》，非一家之賦；《洛神》《池雁》，成二體之作者乎？〔八〕斯又析論二宗，所宜懸上者也。

以上論賦二體之流變。

〔一〕李延壽《北史·文苑傳序》云：『江左宮商發越，貴於清綺；河朔詞義貞剛，重乎氣質。氣質則理勝其詞，清綺則文過其意。理深者便於時用，文華者宜於詠歌。此其南北詞人得失之大較也。』舊説論南北詞人之不同者，以此爲詳，亦以其時南北區分不相往來，故易辨耳。當時北方初無詩賦，名家賦尤稀有。魏收、邢邵之矜論可見。故延壽此文，亦以實用與詠歌比較，殊爲不倫。而清綺、氣質之分，千古不易，不獨南北爲然，乃古今所共。但混一之世，不爲大顯耳。推而至於戰國，則齊楚文學之分，即南北詞人之別也。蜀之文學，毗於南方，而與北同化，氣質與清綺相協，故一有名家，即爲風尚之首。司馬、揚、王、李白、東坡，皆是此流。《文心雕龍》所謂『慷慨以任氣，磊落以使才。造懷指事，不求纖密之巧；驅辭逐貌，唯取昭晰之能』者也。司馬長卿之賦，本有二體：《子虛》《上林》，縱橫之詞，《大人》，神仙之詞，此齊俗之所化也；《美人》《長門》，言情之詞，《哀二世》，哀傷之詞，此楚風之所啓也。世稱相如，多就其《上林》《子虛》爲言，又其運詞實近縱橫，故宜與屈原各成一派。《藝文志》，相如賦本屈原之屬。然揚雄賦擬相如而在陸賦之則，以揚雄所擬本長卿前一類故也。縱橫蘇、張之屬，雖出河南，然縱橫之詞，運於文學，則入齊始盛，淳于髡、二鄒子之屬皆是也。後來賦家，所以縱橫、陰陽爲其運詞之術，亦承此化者也。故斷長卿、屈原爲兩派，而以齊楚流風統之也。南北民性本自有殊，文章之體標舉性靈，與治學不同，故可以南北區分。其有所生之地，與所習誦撰述之文不一致者，當徵之文詞，不可漫然以土斷限之也。

〔二〕《北堂書鈔》一百引《典論·論文》：『或問屈原、相如之賦孰愈？曰：「優游案衍，屈原之尚也；窮侈極妙，相如之長也。」』然原據託譬喻其意，周旋綽有餘度矣。長卿、子雲，意未能及也。魏晉之文，趨尚清麗，文帝之論，所以如此。亦以見當時揚、馬之賦，漸不爲世所能研覽矣。此所以數窮而變，駢儷遂起而代之也。

〔三〕《文心雕龍・時序篇》：『齊楚兩國，頗有文學。齊開莊衢之第，楚廣蘭臺之宮，孟軻賓館，荀卿宰邑。故稷下扇其清風，蘭陵鬱其茂俗；鄒子以談天飛譽，騶奭以雕龍馳響，屈平聯藻於日月，宋玉交彩於風雲。觀其豔説，則籠罩雅頌。故知曄燁之奇意，出乎縱横之詭俗也。』賦出縱横，又承齊楚之化，彦和已先言之矣。夫情韻爲楚人之長，夸侈爲燕齊之風。夸侈之詞，必因情韻而後衍成賦。此所以戰國之文，獨楚人工爲詞。漢之陸賈，始創縱横之賦，陸賈亦楚人也。賈誼諸篇，理實勝詞，雖擬屈原，未爲相類，怨深意密，嗣起爲難，直至相如，漢賦之體勢始成也。

〔四〕《史記・孟荀列傳》集解引《七略》曰：『鄒衍之所言五德終始，天地廣大，盡言天事，故曰談天。鄒奭修衍之文，飾若雕鏤龍文，故曰雕龍。』據此則衍、奭相因，而文辯益麗。《孟荀列傳》引鄒衍之説云：『鄒衍睹有國者益淫侈，不能尚德，若《大雅》整之於身，施及黎庶矣。乃深觀陰陽消息而作怪迂之變，《終始》《大聖》之篇，十餘萬言。其語閎大不經，必先驗小物，推而大之，至於無垠。先序今以上至黄帝，學者所共術，大並世盛衰，因載其禨祥度制，推而遠之，至天地未生，窈冥不可考而原也。先列中國名山大川，通谷禽獸，水土所殖，物類所珍，因而推之，及海外人之所不能睹。稱引天地剖判以來，五德轉移，治各有宜，而符應若茲。以爲儒者所謂中國者，於天下乃八十一分居其一分耳。中國名曰赤縣神州。赤縣神州内自有九州，禹之序九州是也，不得爲州數。中國外如赤縣神州者九，乃所謂九州也。於是有裨海環之，人民禽獸莫能相通者，如一區中者，乃爲一州。如此者九，乃有大瀛海環其外，天地之際焉。其術皆此類也。然要其歸，必止乎仁義節儉，君臣上下六親之施始也濫耳。』此叙鄒衍之學術大要，實無異於賦之撮辭舉要也。又言：『鄒衍之術迂大而閎辯，奭也文具難施。』用之譯賦，最爲洽宜。然則謂二鄒子之文爲無韻之賦，已具賦之形式，未變成體者，殆不爲過也。《文心·物色篇》言：『長卿之徒，詭勢瓌聲。』揚雄亦言，長卿『文麗用寡』（《法言·君子》）『靡麗之賦，勸百而諷一』。（《漢書·司馬相如傳贊》引）又足與《孟荀傳》之論鄒子者相應也。案：《漢書·相如傳贊》：『相如雖多虚辭濫説，然要其歸引之節儉。』

〔五〕 姚姬傳論文有『陽剛陰柔』之説，曾文正擴而申之，更爲四象，所謂『氣勢、識度、趣味、情韻』是也。復有古文四象之目，以揚、馬之賦録入氣勢之屬，以屈、宋之賦録入情韻之屬，分辨至精。王逸《楚辭章句序》亦言：『屈原之詞，優游婉順。』則與揚、馬不同調也。王壬秋《王志論文·答陳深之》：『文家則單複二法，單者頓挫以取回轉，複者疏宕以行氣勢。』婉順之文，自以頓挫回轉爲多；揚厲之詞，自以氣勢疏宕爲主，故屈賦句調與揚、馬不能一律。王壬秋此説，雖論散文賦家，亦有此二派。後世惟以語調論，不復以運詞論。此以運詞論，不單以語調論。無壯采之詞，則不足以疏宕其氣勢；無從容曼衍之韻，則不足以回環其音節。後人之所以不如古，大要在此，非獨天分使然，亦時代風氣爲之也。

〔六〕 詞賦家之爲文，亦詞采複隱，與賈、董、匡、劉之體異趣。司馬長卿之《難蜀父老》，揚雄之《諫不受單于朝書》，王褒之《四子講德論》，皆與辭賦同風。《解嘲》《客難》《賓戲》之屬，更無論矣。東漢以來，此風更甚，遂啓六朝駢儷之習。然以清辭麗句，發於篇中，此又時代之使然。而揚、馬之賦，亦不能踵繼。要其騁詞張勢，雖尋常書牘，亦莫不然，則西漢所不同也。辭雖清麗，以偶對爲尚，故不爲南方屈、宋之體。獨有左思，尚能比蹤揚、班。然《三都》一賦，號爲十年而成，方其始作，陸機猶以爲笑。則當時之視揚、馬，若在天上可知，蓋賦之變久矣。

〔七〕 魏晉六朝之賦，皆以偶對爲體。四六言差池疊用，此又文之折回，受當時儷文之化者也。《顔氏家訓·文章篇》引沈休文謂：『文章當從三易：易見事一也，易識字二也，易誦讀三也。』此時漢賦之奇辭奧旨，已不復承用，賦與文合而爲一。屈、宋之體，以叙情爲主，故遂折而爲長篇之詩歌。《宋書·樂志》鈔《楚詞》以爲七言，與當時七言，其消息可知。并世黄節《詩學·詩學之起源》曰：『詩學之興也，其後期則成於賦乎？』此可謂能得七言始起之端，不足以論五言也。顧亭林謂：『《楚詞·招魂》《大招》，去其些字，即是七言。』劉彦和謂：『七言亦出詩騷。』皆以句度爲言，不知六朝、初唐歌行之宛轉纏綿，實承、屈宋之化；而李、杜之豪宕感激，又兼揚、馬之風。但時有古今語，有厚薄、疏密，其體度相襲，不容昧然也。

〔八〕論文學之祖述因仍不能過於膠執，亦不可撮舉一端以概全體。提封大凡，取其足以説明而已，不可以爲有一不合，便爲非是也。《南史·陸厥傳》，厥與約書稱：『一家之文，工拙壤絶，以爲《長門》《上林》，殆非一家之賦；《洛神》《池雁》，便成二體之作。』彼論宫商，此言情物，義亦可通。《池雁賦》無考。

蓋陸士衡之言曰：『彼瓊敷與玉藻，若中原之有菽。』《文賦》『是蓋輪扁所不得言，故亦非華説之所能精。』賦之叠嬗，既啓二宗，開塞所因，理難共曉。不窺其成器所至，豈識其取材所由？詳夫二體之隆，實始魏晉。聲律比興，言隱榮華。以事類爲詞采，則多識博物之用疏。以窮通寄得失，而惻隱諷諭之義絶。〔一〕賦道既夷，文風亦變。徐、庾之屬文造賦，直以有韻無韻爲殊。〔二〕若夫張衡《四愁》，魏文《燕歌》，以及六朝宛轉聽蟬之篇，雜曲路難之體，比於屈原《思美》，宋玉《九辯》，體格雖異，而布詞遺意，屬文之術，往往可通。〔三〕下至唐人，以騷爲雅，直指時事，多在歌行。雖覽之無餘，文猶足豔。〔四〕而其紀一事，詠一物，歸於篇末，始陳本意，則曲終奏雅之流。韓愈、孟郊之詰屈，又《成相》雜辭之別體。〔五〕文變俳偶，既非直言論難之風；詩至七言，又失比興温柔之義。自非用賦，孰能統是宗流？議者不察，以儷體託於文言，以七言獨本《大招》，亦可謂遠視千里，而近失眉睫者也。

以上論駢文與歌行承賦而來之變化。

〔一〕《文賦》云：『是蓋輪扁所不得言，故亦非華説之所能精。』又云：『彼瓊敷與玉藻，若中原之有菽。』余之此論，但究其粗迹。若夫精詳，當俟他日，亦不能以華説運之也。近來論學問文章原始，因仍者多喜博徵遠引而不舉其近，余專就其近者而言。且此體既興，彼體遂廢，名目雖存，風格氣韻已變。若審其興廢之由，必知其承變之勢也。以長卿與屈平統二派亦辜榷之言。若復析論，則《子虛》《上林》與《長門》《哀二世賦》，《九章》《九辯》與《招魂》《天問》，各是一體。《招魂》《天問》，則《子虛》《上林》之流近於齊化；《長門》《哀二世》，則《九章》《九辨》之流同符楚風。班固之《兩都》是前一類，《幽通》是後一類。張衡之《兩京》是前一類，《思玄》是後一類。前一類近頌，而後一類近雅。前一類流爲駢文，後一類流爲歌行。然魏晉以來，後盛而前一體衰，又漸趨混合矣。以其運詞之術雖有不同，而叙情則一也。

〔二〕東京賦家爲文漸趨華侈，然屬文造賦尚自不同。魏晉爲賦，尚多屈平之體，不以隸事爲主。文乃多隸事，徐、庾則詞多輕險，又好隸事，賦變而近於文，文變而同於賦。兩體會通而古人之道盡失矣。李兆洛《駢體文鈔·曲水詩序》評語云：『隸事之富，始於士衡；織詞之縟，始於延之；詞事並繁，極於徐、庾。』此雖論文，而賦體之變於文，及文體之復流於賦，亦同此例。揚、馬、班、張之賦，屈、宋、枚、賈之作，皆以名物爲其詞采。故讀賦可以多識博物，雖晉初猶然。言情者則以情語爲主，而爲文則多隸事織詞。文乃同於類書，無復方志物象之觀，但有情韻周洽之美。至徐、庾而文賦初無別白矣。華陽林先生《文學概要》論徐、庾云：『子山流落關隴，凄怨自深；孝穆新意已多，更傷巧密。』一以論其情，一以論其詞。然六朝之文與賦，詞雖不復類古，其佳者情猶足尚後來。吳梅村之歌行，即承此情詞而運也。

〔三〕張衡《四愁詩序》云：『屈原以美人爲君子，以珍寶爲仁義，以水深雪雰爲小人，思以道術相報，貽於時君，而懼讒邪不得以通。』雖但言襲其詞意，而淵源已可概見。魏文《燕歌行》在當時爲七言長篇，雜曲如徐陵雜詩及傅縡、江總之作，閨情之體，罕有長篇。江總有《宛轉歌》，盧思道有《聽鳴蟬篇》，此皆屈原《九歌》《思美人》之體也。《行路難》古辭已亡，今所傳以鮑照十八篇爲最古，即《九辯》之體也。體度風格，時代足以限之；屬文之術，非時代之所能限也。

〔四〕《王志論·詩文體式》：「詩緣情而綺靡。」下注有此數語：「古之詩主含蓄，至歌行則以詞賦鋪陳之體爲之，又運以六朝駢體，故曰『覽之無餘，文猶足豔』。」顔之推《家訓·文章篇》云：「古人之文，宏材逸氣，體度風格，去今實遠，但緝綴疏樸，未爲密緻爾。今世音律諧靡，章句偶對，諱避精詳，賢於往昔多矣。」此論可以窺見當時人文與古來之異同。今人所謂後不如前，亦在於此。詩與賦之源流變化，亦可即此以徵之。歌行之比詞賦，亦在『音律諧靡，章句偶對，諱避精詳』耳。凡一代常用之體，一人常作之體，往往自變。其各體詞賦之變爲駢文，此別啓一體也。駢文之影響於歌行，此通同改易也。六朝之儷文，唐宋之古文，元曲，明清八股，皆足以轉變其爲文之命詞造句。今時之語體文亦然，此可以備徵而詳舉之者也，但未成一體，不爲衆所悟，但以不師古責之耳。

〔五〕《王志論·七言歌行》：「流品初唐，尚緣六朝。多宮觀閨情之作未久，而用以贈答送別分題，或招一事一物，以爲興篇，未始致其意，高、岑、王維諸篇其式也。李白始爲叙情長篇，杜甫亟稱之而更擴之。」案六朝初唐歌行，但承屈、宋之遺。李白、杜甫，既用既廣，其體亦擴，兼有揚、馬之氣勢詞命，而賦之二體又漸混合。韓愈、孟郊，但運詞更變耳。《國故論衡·辨詩》云：「七言在陳、隋，氣亦宣朗，不雜傳記名物之言。唐世浸變舊貫，其勢則不可久。哀思主文者，獨杜甫爲可與。韓愈、孟郊，蓋《急就章》之變也。」此亦以陳、隋之七言與唐七言異同，在雜傳記名物之言與不雜也。蓋不雜者，純承屈、宋之體；雜者，兼有揚、馬之化也。七言在韓、孟，其句度多與成相詞相類。《文選》注引劉向七言如：『時將昏暮白日午』（《雪賦》注）『朅來歸耕永自疏』（《思玄賦》注）之屬，添一些字分爲兩句，即《招魂》《大招》之流，與魏文《燕歌行》相較，彼尚爲未成體之七言句也。然其由賦流變之原，亦可見焉。大抵五、七言之體，用於文中，偶作變調，以示參差。常用之不便暢誦，以其五言之五字，與七言之七字，自成抗墜之節，爲音節之一段落，同於用兮字於句末之體，中無舒緩間字以調節其氣。此五、七言句調，後世所以專爲詩用者乎？故賦之變爲詩，不可以句度徵之。然賦雖不常用五、七言，而《楚詞》則頗有用之者，或兩句而助語間於句末，或一句而助語間於句中，皆所以節宣其氣，使不迫促。後世五、七言之詩，則運以實字，而句中自相諧節，亦有兩句爲一節，音義皆通，其變當別論也。

夫奇偶相生，本之自然。體物緣情，用兼詩賦。〔一〕漢後之賦，一變於儷文，再變於歌行。道窮而遷，積重難反。賦之失響，鬱鬱千年。雖極言哀樂，人心所共，屈、宋逸步，尚曰莫追。〔二〕張皋文獨以範水模山，遠宗揚、馬，假令度越先代，亦復誰令聽之。〔三〕此則古人之賦，未易復也。雖然賦之爲體，合纂組以成文，列錦繡以爲質。一經一緯，一宮一商，控引天地，總覽人物，錯綜古今。〔四〕流連萬象，極宇合之情狀，寫生民之耳目。顧盼可以趨詞力，咳唾可以窮文致。用之狀事，體無不利。並世方慕史詩，内省自疚。史詩之作，比節文句，則諧於彈詞；整齊故事，則方之野史。韻遷其旨，調移其意。事多而體茶，理勝而詞躓。五、七言之屬，舉不當於用。〔五〕使夫博雅君子，革新賦體，于以鋪寫事紀，發揚情性，惆悵以入感，鏗鏘而載韻。分命群篇，總成一部。〔六〕賦道大光，詩體亦變。何必乞靈於長卿，假寵於子淵，而後爲雅頌之正聲，騷辯之遺製哉！

以上結論。

〔一〕奇偶相生，爲賦變於儷文之體。論者以爲，天道自然有奇偶，爲儷文之由起。然古文奇多於偶，儷文偶多於奇，自非變於賦體，何由獨擅一時？體物緣情，歌行之變於賦體者也。《文賦》曰：『詩緣情而綺靡，賦體物而瀏亮。』歌行則緣情而兼體物，既不妨於綺靡，亦貴能造清明也。

〔二〕凡文以情爲主者，其傳誦必廣。人之賞鑑，各師成心。蒯生見魯連書而太息，以蒯生獨有此感也。

哀樂隨心有變，則通屈、宋之詞，非獨文美，亦其所感能遍於人心耳。後世以風雲月露，生離死別，離合盛衰爲感，其義已狹矣，不能追屈、宋之故步，非獨辭調也。

〔三〕張皋文《黄山賦》《游黄山賦》，欲以揚、馬之辭運之，而傳誦者不多，比之漢賦之諧於士流，其相去遠矣。此以後世小學不修，多聞博識之用少故也。

〔四〕見《西京雜記》引司馬相如語，雖未必相如之説，自可用也。又王壬秋《湘綺樓日記·辛未日記》：『觀夫《京》《都》諸賦，該習朝章；枚、傅之篇，隱維民俗。今館閣作賦，賦豈易言？誠能因流討原，舉隅知反，則山川形勢，國家盛衰，政俗污隆，物産豐富，如指諸掌，各究其由。』論研究漢賦之要，最爲詳備。司馬、王、揚之作，不外此流也。

〔五〕《荷馬史詩》即多神話。總叙史事，必與楊升庵《廿一史彈詞》同流，亦復無人誦習。今世作史詩，但當以時事爲準，比於史籍，如《湘軍志》之作，必可用也。

〔六〕五、七言之體，一篇不足該衆事。賦有以數篇相連者，《高唐》與《神女》，《子虛》與《上林》，以及《兩都》《兩京》《三都》之屬，首尾相合，最足資用。孰是開此體者乎？

中華民國三十三年五月八日寫竟

天大風雲沉沉欲雨

歲次强圉赤奮若蒲月廿五日新都張學淵録畢於雒城

跋

丁丑初夏，余迻録皋翔師遺著《詞賦流别論》，訖香港回歸日前夕。其間，新選宋詞三百首供配畫刊行，延宕數日外，仍歷時月餘。除標點句讀，並校讎引文。幸《四書五經》《二十二子》《史記》《漢書》

《文心雕龍》《昭明文選》《文史通義》諸主要典籍尚備，而闕書如三禮無《周禮》，即託人備於蜀都者，爲三禮白文合訂本，亦甚及時。而仍有引文闕校本者，則爲點定句讀，姑俟諸將來云耳。先師是著，於詞賦之源流、體類，及與雅、頌、諸子、詩文之承續、異同、流變等，提綱挈領，條分縷析，别開生面，多所發明。文間注釋，博引旁徵，或引申發揮，或補充説明，與論文合爲一體，未可或闕。其見解精闢，結構謹嚴，語詞精練，音韻鏗鏘，駢散兼行，渾然天成，增人識見。如斯精美文章，古即無多，何况於今。世有真賞，必謂吾言之可信也。

丁丑蒲月廿八日張學淵敬跋於蜀之雒城

毛詩美刺論

……紛紛，愈益争援。《詩序》作者之争論，宋人最烈。其本在於説一詩美刺之見不同，欲求不謬於聖人之是非，故以論《詩序》之真僞，而定其爲美爲刺。邇來文事，專主言志。吟詠情性之説盛，風格訓世之教衰。美刺之義，既緣漢師。文論之家，引爲詬病。余謂詩歌傳世，本有移情之功。風俗隆污，具於一代之篇什。苟驗其時之好惡，必求當世之詠歌。孟子所以稱《春秋》而繼《詩》，《樂記》所以驗哀思於亡國，《孟子》：『《詩》亡然後《春秋》作。』《樂記》：『治世之音安以樂，其政和；亂世之音怨以怒，其政乖；亡國之音哀以思，其民困。』皆明《詩》之可以同符史籍，而情言形，理發文見。善惡具而美刺彰，詠嘆發而是非具。作者無心而見意，説者因文而驗情，豈能以解説之正訛，議作意之無有。故美刺之心，人所共具。膠執《毛傳》者，固已同高叟之説《詩》；一切掃除者，亦何殊王柏之疑古。此論《詩》之美刺，所當先辨者也。

蓋論《詩》之美刺，其類有三：一曰作者之本心，二曰説者之揣度，三曰後世之模效。民性有方俗之殊，時代有古今之別。一詩之爲美爲刺，於是三者固各殊焉。故就詩而徵之，《烝民》之末章曰：『吉甫作誦，同頌。穆如清風。』《葛屨》之末章曰：『維是褊心，是以爲刺。』此作者明言其爲美爲刺者也。《甘棠》之詩曰：『勿剪勿伐，召伯所茇』；『勿剪勿敗，召伯所憩』；『勿剪勿拜，召伯所說。』《相鼠》之詩曰：『人而無儀，不死何爲？』『人而無止，不死何俟？』『人而無禮，胡不遄死？』此作者雖不自言其爲美爲刺，而確可知其爲美爲刺者也。於此而求作者之用心，昭如日月，不可曲說也。《關雎》之詩，毛公之序，以爲樂得淑女，以配君子；爰在進賢，不淫其色，哀窈窕，思賢才，而無傷善之心焉。故書雅記之所載，魯、韓兩家之遺言，則以爲刺詩也。《兔罝》之詩，毛序以爲后妃之化。桓寬《鹽鐵論·備胡篇》載賢良之言曰，匈奴『如中國之麋鹿耳。好事之臣求其義，責之禮，使中國干戈至今未息，萬里設備。此《兔罝》之所刺，故小人非公侯腹心干城也。』則以爲刺詩也。故尋其詞意，本直爲頌美之文；究其用途，亦美此刺彼之例。若此之流，非審知其詩之應用，固未易定其爲美爲刺者也。《車鄰》之詩曰：『今者不樂，逝者其耋』；『今者不樂，逝者其亡。』其與《蟋蟀》之『今我不樂，日月其除』；『今我不樂，日月其邁』何殊？而一以爲美詩，一以爲刺詩。《殷其雷》之『歸哉歸哉』，《揚之水》王風之『懷哉懷哉』，其怨同，而一以爲美詩，一以爲刺詩。《四牡》之『王事靡盬，不遑將父』；『王事靡盬，不遑將母』。《鴇羽》之『王事靡盬，不能蓺黍稷，父母何食？』；『王事靡盬，不能蓺稻粱，父母何嘗？』其怨同，而一以爲美詩，一以爲刺詩。《出車》之『旂旐央央』，《清人》之『駟介旁旁』，其事同，二詩俱述城戍之軍。而一以爲美詩，一以爲刺詩。若此之流，非明其本事，固未易定其爲美爲刺也。人情變遷，古今異俗。《漢廣》知游女之『不可求』，《蝃蝀》斥『懷昏姻』之『大無信』。此固明著其美刺矣。《邶風》之《静女》，《鄘風》之《桑中》，《衛風》之《有狐》，《鄭風》之《東門之墠》《野有蔓草》《溱洧》，

《陳風》之《月出》《澤陂》，守禮者固信其爲刺，主情者必指其爲美也。若此之流，非明其風俗好尚，固未易定其爲美爲刺也。今時論學，其弊有二：一以今度古，二以野蠻之俗上方三代之民。故其所論，以爲能明古代之風俗好尚者。所明或有當，或則大謬也，此余別有論。《考槃》《蒹葭》之敘隱士，怨失賢則爲刺，尊逸民則爲美也。若此之流，非明作者之所感，固未易定其爲美爲刺也。《還》《盧令》之敘田獵，豪健之少年必以爲美，謹重之長老必以爲刺也。若此之流，非明其作者之情性，固未易定其爲美爲刺也。故不能得作者本心之美刺，而據後人之推度爲言，則齊、魯、韓、毛四家之所以紛歧，而近時說《詩》者之所以日盛也。近時說《詩》者但於男女之情爲變古之論，猶不如魏源《詩古微》、龔橙《詩本誼》，所推度之廣。夫不思多聞闕疑之道，專爲望文生義之言，以此而求作者之心，則得固二三，失或七八，美刺之論，所以世不謂信也。雖然美刺之在《詩》者，雖不可詳考；美刺之在詩人者，固或有之。蓋人心感物，是以賦詩；擇事造篇，必有專主。美刺者所主以擇別事物者也。人心之成於文者有二焉：曰情曰理。在己則爲情，情發而哀樂陳焉。樂之則所美也，哀之必所刺也。在人則用理，理立而好惡見焉。好之則爲同情，美是也。惡之則爲譏議，刺是也。心有美刺，乃爲詩歌；非爲詩歌，以申美刺。雅、頌中始多爲詩以陳其美刺者。同一事，作者異而美刺之情不同；同一詩，說者殊而美刺之義迥別。若使美刺不根於心，則詩歌之作，不見於文。所謂其心既無所感，其志有何可言者也？故美刺者，憂愉之情見於好惡是非之理者也。在於旁觀，故曰美刺。此所以說《詩》者始有美刺之義乎？執於美刺以作詩，則因義以立情，非復因情以成義，此作詩者所以惡言美刺乎？明此則美刺之難廢，從可知矣。美刺之說，所由歧異，與其所以見憎於人者，亦從可知矣。

故美刺之說，未爲過也。美刺之過，在於失真。居今論古，世逾數千，古人不生，孰探其本？且吾人之所爲析論美刺，上以求詩人勸戒之用，下以明後世因襲之端。此則推說者之揣度，亦可以綜其條貫，自三代以下儒生之説盛行。《詩》有四家，齊、魯、韓、毛。今惟《毛傳》完具。毛公之論，固自異於三家；三家之義，亦復自相違牾。但俱爲儒説，其本相通；並言美刺，其例相近。獨論《毛詩》之美刺，雖未必上契詩人之本心。而太師陳風，過庭聞訓，以及王式之所諷諫，《王式傳》『臣以三百五篇爲諫。』王吉之所稱舉，吉諫昌邑王疏亦引《詩》爲説。王式之説，大略如之矣。與夫漢代規世之文，後人祖尚之例，庶可見焉。漢人文章多引《詩》，魏晉以後多引《論語》，蓋亦視《詩》爲説理之文，不以爲言情之具。儒者之教，其行世遠矣。故采詩、編詩、説詩、引詩、後世之作詩，誠有如魏源之所論，以作者之詞而諭乎聞者之志，以即事之詠而推其致此之由，以諷此人之詩存爲諷人之詩，又存爲處此境而詠己、詠人之法者焉。略見《詩古微·齊魯韓毛異同論》中。若此而徵其美刺，使好惡之情，不甚相遠，所以推致者，必亦不甚相違。至其義例，周漢之相去，於世非遼。漢代之經師，特重口授。今古文之争論，不盛於《詩》。以此而論毛公之篇義美刺，固或自表心裁。要其大端，於三家之條例，孔門之詩教，謂之相近，理或可通。自齊魯之《詩》，亡於永嘉；江左中興，惟立《毛傳》，六朝以下，歷祀相傳。韓詩亡於趙宋，外傳僅存。至於清季，今文之學，始倡三家。凡在達識，疾其虛妄。此則專宗《毛傳》，固治《詩》之成法，原其美刺，亦先師之舊例。今日之論，所以尚兹，非敢蔽於一家，故爲專陋者也。

雖然《毛詩》之以美刺論，何自倣乎？蓋孔子之論詩，雖有興觀群怨之義，而蔽三百以一言曰『思無邪』。孟子之論詩，雖貴以意逆志，而其論《凱風》《小弁》之意，亦欲以情性之作，偶善惡之端。斯則美刺之説，所由興焉。《禮記經解》一篇，雖漢師之所録，實儒家之遺緒。其論詩教曰温柔敦厚，孔穎達《正義》解之曰：『温謂色頗温潤，柔謂性情和柔。詩依違諷諫，不指切事情，故云温柔敦厚。然則温柔敦厚之詩，又美刺之所託也。』章太炎《國故論衡·辨詩》曰：『記稱「詩之失愚」，以爲不愚固不能爲詩。夫致命遂志，與金鼓之節相依。是故史傳所記，文辭陵厲，精爽不沫者，若荆軻、項羽、李陵、魏武、劉琨之倫，非奇材劍客，則命世之將帥也。由商周以迄六代，其民自貴，感物以形於聲，餘怒未渫，雖文儒弱婦，皆能自致。至於哀窈窕，思賢材，言辭温厚，而蹈厲之氣存焉。』此其論詩，誠足以補經解之不備。要之，美刺之詩固不存於蹈厲，而存於温柔。中國之詩歌，亦實以温柔敦厚爲至廣。所以表吾民節制之性、委婉之情者，捨温柔既無依，非美刺固莫尚。此又毛公美刺之例，所由可論吾國之詩歌者也。雖然，《毛詩》之論美刺所最貽人之口實者，殆惟拘正變以分美刺乎？其於諸詩篇什之時代，已不易考實，遂欲以正詩爲皆美，變詩爲皆刺。《大序》曰：『正得失，動天地，感鬼神，莫近於詩。先王以是經夫婦，成孝敬，厚人倫，美教化，移風俗。故詩有六義焉，一曰風，二曰賦，三曰比，四曰興，五曰雅，六曰頌。上以風化下，下以風刺上。主文而譎諫，言之者無罪，聞之者足以戒，故曰風。至於王道衰，禮義廢，政教失，國異政，家殊俗，而變風變雅作矣。國史明乎得失之迹，傷人倫之廢，哀刑政之苛，吟詠情性，以風其上，達於事變，而懷其舊俗者也。』此説正變之意也。頌詩不言正變，美盛德之形容，無相對之是非也。此固體例之宜然。未有頌美之詞而雜以是非之論者。故揚雄之劇秦美新，論者猶謂託諷。則頌詩不以美刺論，實文家之通例。毛公於此固不昧也。諸侯之國無正風。説者謂以治平之化，歸之天子，非惟於詩人之本心，所失獨多於説詩之揣度，所合亦當無幾。故有正變以例美刺。美刺之説，所以不可通也。捨正變而推其美刺之例，固知人有此心，斯爲此説。託興比物，規律實多。今就《毛詩序》，序之作者，聚訟紛紜，今姑以爲儒者一家之説，而統之於毛。明著美刺者徵之善惡之理。稱其行之善，雖憂勞而所以爲美也，破斧之詩是也。告之以正道，雖無毁而有所刺也，《匏有苦葉》之詩是也。民能辨善惡之理，則爲美也，《干旄》之詩是也。民不能辨善惡之理，而以非爲是，則爲刺也，《綢繆》《桑中》之詩是也。此一類也。哀樂之情，歡愉之則爲美也，《車鄰》之詩是也。憂苦之則爲刺也，《葛生》之詩是也。用之宜則爲美也，《鴻雁》《雲漢》之詩是也。

用之不宜則爲刺也，《隰有萇楚》之詩是也。此二類也。鋪陳之事。於是則爲美也，《小戎》之詩是也。於非則爲刺也，《清人》之詩是也。當不善而陳之善則非美也。陳古刺今，如《大車》之詩；美此以刺彼，如《猗嗟》之詩是也。叙其善而居不當，則爲刺也。以高同卑，如《考槃》之詩；以賢同鄙，如《簡兮》之詩是也，此三類也，代言之體。有喜而爲美者，《江有汜》之詩是也。有叙憂而爲美者，《凱風》之詩是也。有叙感激而以爲美者，《木瓜》之詩是也。有叙悔而以爲刺者，《氓》之詩是也。有叙無望之望而以爲刺者，《籜兮》之詩是也。有於詞爲美而於事爲刺者，《將仲子》之詩是也。此四類也。凡兹四類，皆不著美刺於篇中，殊異賦詩之常例。歷祀文家，每有取焉，以申其微婉，如使《詩序》之説可信，自非好學深思，心知其意者，亦難以寡聞淺見，道兹難見之情，使《詩序》之説爲不然。通兹美刺爲詩之例，亦裨沉思翰藻之用。劉勰之《正緯》所謂『無益經典，而有助文章』者，殆可以論焉。説《毛詩》之美刺，而遂詞至是，亦可以邀信於天下矣。

雖然若此之所謂美刺者，其例可謂簡易矣。後世之模效，亦不盡其途軌焉。自秦漢以來，論詩賦者，莫不曰祖尚詩騷。騷人之優游，詩人之温厚，孰是當之而無愧者乎？蓋吾國詩歌之所賦詠者，其類大率有二焉：曰物色，今時所謂自然之題材是也。曰事理。山林皋壤，雖文鬼之奥府，《三百篇》之專爲物色，發爲吟賞者，殆未嘗有之。或采詩編詩之有所去取，或詠詩者之本無所作。事去千年，要難强斷。然觀《漢·藝文志·詩賦略》，稱孝武立樂府，而采歌謡。於是有趙代之謳，秦楚之風，皆感於哀樂，緣事而發。則三代詩歌之不涉物色，於情勢，蓋有或然。蓋感物而動，則緣所感而賦詩。是以物色雖繁，以書事理。方文學未爲專門，惟哀樂可以動其吟詠。事理之篇，所以日盛。下迄魏晉，猶未革焉。魏晉以老莊玄理，發美刺之情。《詩經》以人心是非，立美刺之義。要皆事理之篇，王静安《人間詞話》所云，『有我之境』者也。至晉宋之際，陶潛謝靈運代興，莊老告退。山水方滋，述事者衰，田園始尚。下至唐之王、孟、褚、柳，其所申詠，多非風雅所至，既不涉於事理，焉寄美刺之情。此則於古爲衰，於今爲烈者也。《毛詩》之有美刺，本謂其譏切時事，明得失之迹，哀刑政之苛，達於事變，而懷舊俗。後世之文士，大率悲小己，念窮通，其於詩騷，殆難髣髴。唐世白居易、元稹之徒，取事里閭，哀時多難，以爲『文章合爲時而著，詩歌合爲事而作』，白居易《與元九書》。故謂《三百篇》中，『北方其涼』，假風以刺威虐；『雨雪霏霏』，因雪以愍征役；『棠棣之華』，感華以諷兄弟；『采采芣苢』，美草以樂有子也。皆興發於此，而義歸於彼。中略『「餘霞散成綺，澄江静如練」；「歸花先委露，別葉乍辭風」之什，麗則麗矣，吾不知其所諷焉。故僕所謂嘲風月、弄花草而已。』《與元九書》此其輕視吟賞物色之篇，專主發揮事理之作，亦自有毛公美刺説詩之旨。所與元稹聯鑣并起，自成一宗。或『寓意古題，刺美見事』。元稹《樂府古題序》或因事立題，題爲新樂府。亦梁鴻五噫、應璩百一之流。庶幾風雅之遺文，毛公之舊義。然觀白氏與元稹論二人所自作之詩，以爲『患其意太切而理太周，理太周則詞繁，意太切則言激。』白居易《和答詩十首序》蓋於小雅之怨誹爲近，初未能同符風人之温厚也。猶復自謂『其詞直而徑，欲見者之易喻；其言直而切，欲聞者之深戒』。白居易《新樂府自序》亦豈足以當『言之者無罪，聞之者足以戒』之詩乎？故三代以下如元、白之極言諷諭，自附美刺者，猶未足以方美刺之例焉。時論且復以爲毛公美刺之説，有以釣來詩家，爲之厲階者，不亦近於誣乎？故美刺之情，根於人心；事理之作，未或無有。若以後人之模效爲病者，必先横美刺不足取之見於中，而謬謂詩歌之作，同於學校之賞罰條規者，乃爲美刺也，此則求美刺於後人之模效，所當博論者也。

綜上之所論，毛公美刺之義，後世寫倣之文，其爲利弊，已概見矣。抑余更有論者，美刺之説，非獨可以立文詞之綱領，亦可以觀一人之情性焉。作詩者之情性異，而其所以爲美刺者殊。説詩者之情性異，而其所以指爲美刺者又殊。尋《毛詩》之所謂美刺者，聯類疏舉之，則毛公立身行己之旨趣可見也。尋詩人之自爲美刺者，屬詞比事而觀之，周民族之是非好惡可得而證也。此本篇之所不能備者也。世之恒言，歡愉之詞難工，愁苦之言易好。《毛詩》之論美少而刺多，怨怒之情難渫也。古今人情，亦復何所異焉？司馬遷言：『詩三百篇，大抵聖賢發憤之所爲作也。』夫貧賤則懾於饑寒，富貴則流於逸樂，斯所以不能發憤者，久處觀戚，無復動心；救死不暇，奚言怨悱？惟習於安靜平實之興居，忽有無端緣事之哀樂，在心爲志，由是成詩。固非所謂典型未滅，覬可追改，則箴規之意切，淫風大行，莫之能革，則匡諫之義微也。此論詩之所以刺多於美者也。三百篇中自著其爲美爲刺者，初不數見，惟例舉諸事，而美刺自陳。後人作詩，一懷美刺之心，多爲是非之論。嚴羽之所議，宋人以議論爲詩者，論旨乃自見於篇中。此後人不知詩教微婉之旨，詩之美刺，不能任其咎也。故如漢代《孔雀東南飛》之詩，其指事類情，亦有惻隱古詩之義，而終篇曰：『多謝後世人，戒之慎勿忘！』有同續貂，直方畫蛇。此於詩人美刺之通例，猶不用焉。然則美刺之例，所以肸蠁後學，啓誘方今。抽之難窮，繹之不盡，寧可斥廢之哉？余今所論，但欲觕陳端緒，以待補苴，觸類旁通，以期暇日。且若此流，誠有覽詩者熟讀深思，探其本源，核其名實，會群類之大通，循詩人之興詠。要終原始，究萬窮冥，於以達今古之異情，解衆家之疑蔽。則行潦之游，非神龍之津；芻狗之陳，無巾箱之貴矣。

民國三十年八月六日初稿寫竟

歲次丁丑且月初八日張學淵校録

二南之作者與時代

自孔子論詩，有『無邪』之説，漢儒標之以爲義，始陳美刺，極論貞淫。由是而風化正變之説，爲一詩時代作者聚訟之端。而孔子刪詩不刪詩之辨，由是生焉。自歐西文詞流入中國，極逞奔放之情致，纏綿悱惻姚冶佚蕩之音，時人承之以論古。見述男女，必曰愛戀。至或擬國風於夷歌，方治世以戎狄。由是時代之文野，作者之人品，爲一詩聚訟之端。而三百篇之纂集，爲文學、爲教化之辨，由是生焉。斯非所謂各持一隅之解，欲擬萬端之變，東向而望，不見西牆者乎？夫詩有作者之心，有説者節取之義。作者有風尚好惡之殊，有地域文野之異。近學者已明三古詞氣語例之不同，獨於民性習尚，猶不能無以今度古，此由自古以來誦數者知推本三代治化，而不能詳其土風。三百篇之所陳，求之經傳諸子，取證既難，臆説之生，於焉益廣。以《關雎》一篇而論，毛傳以爲后妃悦樂君子之德，無不和諧。又云后妃有《關雎》之德，是幽閑貞專之善女，宜爲君子之好匹。此與《大序》后妃之德同。是則詩之作者，在文王之初，其臣民歌頌之詞。周家世有賢妃，載諸簡册。以此爲詠歌文王后妃之詩，雖羌無他據，猶爲不失其正。寖假而説爲后妃不妬忌爲文王求賢女之詞矣，鄭箋異毛義即在此。寖假而説爲宮人美太姒者矣。朱子《詩集傳》此並以爲美者也。《史記·十二諸侯年表》稱周道缺，詩人本之衽席，《關雎》作。劉向、《列女傳·仁智篇》揚雄、《法言·孝至篇》杜欽《漢書》本傳。治魯詩之家，以及韓詩、薛君章句，《後漢書·馮衍傳》引。並以爲刺。而張超直言周德將衰，康王宴起，畢公穆然，深思古道，感彼《關雎》，德不雙侶，但願周公，妃以窈窕，防微杜漸，諷諭君父，《初學記》引。以爲畢公之作，所以刺康王者矣。此自來相傳四家之説，所以不同。要其本猶不違乎樂淑女以配君子，爲陰陽夫婦之正也。寖假而有以寤寐之求爲邪思，欲刪之者矣。此皆不明其時代作者，不求其風格意趣，所以致此失也。匡衡之疏曰：『詩曰：「窈窕淑女，君子好仇」，言能致其貞淑，不貳其操，情欲之感，無介乎容儀；宴私之意，不形乎動静。』斯其所以探《關雎》作者之德性，可謂能盡者矣。孔子之論《關雎》曰：『樂而不淫，哀而不傷。』夫能樂而不至淫，哀而不至傷，固先民節制之性，亦非漸教化、服禮義者不至是焉。故以二南與各國民風之詠男女者相較，則作者之人品可知矣。以二南之所歌詠者與地域時風相徵覈，則作者之時代可知矣。余今所以爲此，先即地域以徵民風，更由民風以判作者，作者定而時代明。古今之爲異説者，其亦得所折衷焉。夫詞不追古，義必循今，率意以言，違經益遠。非優柔博辨，綜百家而延群言，亦安敢謂必無所紕繆，但以不敢放言高論之心，爲探索幽隱之事，其於高叟之固，庶可免乎？

二南者，《周南》之詩十一篇，《召南》之詩十四篇。《序》云：『《關雎》《麟趾》之化，王者之風，故繫之周公。南，言化自北而南也。《鵲巢》《騶虞》之德，諸侯之風也，先王之所以教，故繫之召公。』鄭譜序云：『周召者，《禹貢》雍州岐山之陽，地名，今屬右扶風美陽縣，地形險阻而原田多美。周之先公曰太王者，避狄難自豳始遷焉，而修德建王業，商王帝乙之初，命其子王季爲西伯。至紂，又命文王典治南國，江、漢、汝旁之諸侯，於時三分天下有其二，以服事殷，故雍、梁、荆、豫、徐、揚之人，咸被其德而從之。文王受命，作邑於豐，乃分岐邦周召之地爲周公旦、召公奭之采地，施先公之教於己所職之國。武王伐紂定天下，巡狩述職，陳誦諸國之詩，以觀民風俗。六州者得二公之德教尤純，故獨録之，屬之太師，分而國之。其得聖人之化者謂之《周南》，得賢人之化者謂之《召南》，言二公之德教自岐而行於南國也。乃棄其餘，謂此爲風之正經。』鄭説申序，雖詳略不同，其論二南之風爲自北而南之化，周公、召公之所治，則同。又序説以王者諸侯爲二南之分，譜説以聖人、賢人爲二南之分，殆皆推於雅有大小、爲政有大小之義，是其所以分者不以地望也。今案二南之詩，序言后妃夫人之德化，其詞涉男女室家者，《周南》凡十篇，《關雎》《漢廣》《汝墳》《卷耳》《樛木》《桃夭》《螽斯》《芣苢》《麟之趾》《葛覃》；《召南》凡十一篇，《鵲巢》《行露》《摽有梅》《野有死麕》《草蟲》《殷其雷》《何彼襛矣》《小星》《江有汜》《采蘩》《采蘋》，惟《兔罝》《羔羊》《甘棠》《騶虞》四篇爲異。則述男女室家，蓋爲其民性習俗之使然，非必選詩者但取夫婦之義，爲大道之造端；人倫正始，爲王化之初基也。以爲自北而南之化，猶有岐周之舊俗耶。周之東遷，秦實有岐西之地。《秦風》十篇，詩之所陳，初無男女夫婦之詞也。然則南者南國，化行之國。鄭譜所别六州之地，爲近其實焉。吾國之文教判别朔南，自六朝分争而益顯。南方之文字，不特音詞之柔婉，異於北方，其詞意之所張者，亦有殊絶。盛言男女之情，是其特徵也。方之風，隆於荆楚。戰國之文，《楚詞》已擅。屈原《離騷》，升是求宓妃，鴆鳥媒娀女，與夫美人香草，離憂遠徙之情，蓋亦《關雎》《鵲巢》《卷耳》《摽有梅》之遺意，下至宋玉之賦，十九首之詩意，以及六朝清商諸曲，亦大略相同，皆所謂尚音者也。故鼓鐘之篇，稱以雅以南。雅者，諸夏之正聲；南者，南方之麗曲。猶荀卿所云楚人安楚，君子安雅。程大昌以南爲樂名，但取其風之和，非以其地之限，是知二五而不知其爲十也。章太炎《檢論·詩終始論》以十五國風不見荆楚，楚者《周南》《召南》之聲。其通篇所引事證，可謂備矣。顧不以民性詩風爲徵，人或猶以爲其詞之張楚也。故《周南》《召南》本南方之音，《楚詞》與之同流。詞稱男女，習俗之使然，捨此若無以起喻。然猶以爲文王之化，后妃之德者，男女之愛，室家之好，情欲之感，宴私之意，生民之所恒有。惟漸禮義之化，服聖賢之教者，樂生興事，發乎情而止乎禮義，序所謂『發乎情，民之性；止乎禮義，先王之澤』是也，孔子所謂『樂而不淫，哀而不傷』是也。是其優游中和，無過不及之義，序之所謂『哀窈窕，思賢才，而無傷善之心』者，固非孔子之義也。故《關雎》有淑女之思，《桃夭》有宜家之詠，《漢廣》之女則不可求思，《行露》之女則訟之不從。乃至《摽有梅》之求庶士，《死麕》之思吉士，與《桑中》《株林》之詠，《狡童》《贈芍》之思，其相去也，固非特天壤也。《詩》之陳、鄭、衛三國，其風獨爲淫靡，亦以地近南國之無聖賢之餘化邦。春秋之楚，所以不與中原文物爭衡者，楚之始封，望不過江漢，南國之故地。《水經注》引《韓詩·周南序》，謂在南郡南陽之間。《詩》稱汝墳江沱，則東北至汝南，西北至蜀。楚蜀之詩風相同，歷祀文士之所丕基，何怪乎二南之篇，爲國風之始也。故《詩》之叙男女者，聖人明人情之不可禁，示之正，則人思放則；表之以淫，則人情共耻。美刺之説，所由出此。不必先有美刺，亦不必有所去取也。非明審二南之所詠，知乎男女之情，自有正邪，則《詩》之所陳，宜不得概例之於近世之浮薄少年矣。由是二南之作，必當在治平安樂之世。舊説以爲文王三分有二，以服事殷之時，殆不無可信也。

雖然二南之篇什，固未必有所去取；二南之編次，殆必有深意於其間。此自來經生之家辨之詳矣。抑更有足以證二南之時代者，則其詞語命意之所可見者焉。世之言國風曰：民謠之所采録也。夫其文詞多複調，屬詞而不比事，引喻而不絢彩，此與一切文學始基之作，殆若相類。蓋吾國文學進化之途軌，約有三焉。其始也注重情事，其繼也注重藻采，其終也注重格調。至重格調而一體之文變至極矣。此徵之各體，無不皆然。《周南》《召南》之篇，其詞之於情事可謂能狀矣。故如《卷耳》之詩曰：『采采卷耳，不盈頃筐。嗟我懷人，寘彼周行。』荀卿《解蔽篇》説之曰：『頃筐易滿也，卷耳易得也，然而不可以貳周行，故曰心枝則無知。』此周末人之解詩者，所以與詩人之心心相紹必非甚遠，以不盈頃筐喻其懷遠之情，所以自道者，不可謂不工；所以喻情者，不可謂不至。然而以文詞而論，固未必豐蔚；以格調而論，亦未必變化。以此爲國風之初祖，徵其時代，固有以焉。此真吾先民所以始作者之可見，曾無修飾潤色者也。

然則二南亦有同異乎？考二南之所引喻，草木之屬則葛、樛木、灌木、喬木、桃、芣苢、薺菜、卷耳，《周南》甘棠、梅、唐棣、李、樸、樕、蘩、蕨、薇、蘋、藻、白茅、葭、蓬，《召南》亦言桃。禽獸蟲魚之屬，則雎、黄鳥、馬駒、螽斯、魴、麟，《周南》鵲、鳩、草蟲、阜螽、雀、鼠、羔羊、麇、鹿、騶虞、豝豵，《召南》器物則鐘、鼓、琴、瑟、頃筐、金罍、兕觥、兔罝、筐、筥、錡、釜、衾、裯、悦、車、絲、緡、釣。《召南》亦言頃筐。此則其作雖未必不同區域，其人之生活起居，必不盡同。然而有同者焉，篇中無農村生活之紀載，惟有田獵之事，《兔罝》《騶虞》之作是也。篇中無純紀天象氣候之事，惟《召南·殷其雷》與《小星》。則此其人者，殆不屬於平民，不係於貧賤勞役之人。先儒所傳，《周南》以文王后妃爲説，《召南》以諸侯大夫夫人爲説，斯則可證者也。若夫二南相較，固有異焉。以言作者，殆有貴賤之殊；以言時代，殆有治亂之異，二南相較不同耳。叙婚嫁則《周南·桃夭》但稱容色之美，宜家之德；《召南·何彼襛矣》則陳其家世，道其資妝，而有所歌羨矣，此其一也。言女子則《周南·關雎》求淑女，而樂以鐘鼓、琴瑟，《召南·鵲巢》，則歸之子而思百兩之將，此其二也。《周南·兔罝》思得賢以自佐；《召南·羔羊》羨賢人之輔時，此其三也。《周南》之婦女以絺綌澣衣爲有德難能，《召南》婦女以采蘩、采蘋爲當然之事。此其四也。《周南》所望者子孫之衆多，《螽斯》《麟趾》之篇是也；《召南》所望者在婚姻之得時，《摽有梅》《野有死麇》之屬是也，此其五也。凡人情有所不足則思，有所不能則貴。循兹五例，貴賤之情，昭然辨矣。治亂之分，審可知矣。然雖有怨思，而不至於傷，則聖賢之化，固有在焉。循是以觀，漢師之所傳，子夏、毛公之遺言，蓋皆能見微而知著者也。嗚呼！群惑者不亦可以少息矣。綜上所論，《周南》《召南》之宜在十五國風前，既已明矣。抑余更有論者，二南之比諸國風，非獨其情意正而詞稱異也，其文勢又有殊絶者焉。例以後代之作，猶唐宋之比乎？夫詩之始作，其語樸而簡，其情意温淳而不肆，是非之念銜於中，哀樂之情藴於内，所謂温柔敦厚之教也。知言情而不知叙情，有短韻而無長篇。寫狀飄忽，叙致不窮，其美殆猶魏晉清言與戰國辯士之口説。惟其於此，是以動人尋味。自邶、鄘、衛以下，其詞皆不然。蓋文體之變，亦時俗之華，而風氣之薄也。持此之論，以觀歷代之文體，則吾國文士之所重，可以瞭然矣。二南之爲國風始，亦可以瞭然矣。

民國三十一年國曆十月四日寫竟
歲次丁丑荷月上浣張學淵録畢

國故論衡原儒志疑　上

餘杭章太炎《原儒》，稱『儒有三科，關達類私之名』。其序次三科，先達名以眩諸有術，次類名以命諸『六藝之人』，次私名則《七略》所列『儒家者流』也。故曰：『是三科者，皆不見五經家。』至漢則五經家復以其術取寵，本末兼隕。然古文家獨異是。古文家務求是，儒家務致用。儒之成名，亶其然乎？古之制名，名無固宜。約之以命，約定俗成謂之宜。故三科之儒，類名宜先。踵事增華，乃有達名，荀卿所謂遠方異俗之鄉，則因之而爲通，與比方之疑似而通者也。從而殺之，乃有私名，荀卿所謂狀變而實無别者也。鄭注《周官·太宰》，師『以賢得名』，儒『以道得名』，曰：『師，諸侯師氏，有德行以教民者』；『儒，諸侯保氏，有六藝以教民者。』注司徒聯師儒曰：『師儒，鄉里教以道藝者。』此則師教以德行，儒教以材藝，雖傅國子，誨州黨，貴賤或殊，爲教一也。』《説文》之訓儒也，有二義：曰柔，曰術士。記言道而弗牽，語稱循循善誘。養國子者號曰柔，所以象其德也。鄭注《王制》樂正崇四術，順先王詩書禮樂以造士，曰術猶藝也，則術士即藝士。教六藝者號曰儒，所以徵其能也。漢人以六經爲六藝，與《周官》以禮樂射御書數爲六藝不同。然《大戴禮》八歲出就外舍學小藝，束髮學大藝。鄭注《王制》以詩書禮樂爲藝。《史記》載孔子言六藝於治一也，亦指六經。則藝蓋類名，兼六經與禮樂射御書數而言。周室既衰，百家並起，孔氏之徒，妙擅儒名。若夫多材多藝，明辯博學，自《周官》宗伯卜史之所掌，獨能綜覈。《周官》大宗伯『掌建邦之天神、人鬼、地祇之禮，以佐王建保邦國』。太卜『掌三易之法』。大師『教六詩：曰風，曰賦，曰比，曰興，曰雅，曰頌』。太史『掌建邦之六典』。小史『掌邦國之志』。内史『掌王之八柄之法』。外史『掌書外令』。自夫子刪述，即爲六經，而儒者傳之。而修文學，服禮義，以訓俗導民，則師保之職，義兼之矣。故劉氏稱儒家者流，出於司徒之官。助人君順陰陽，明教化，游文六經之中，留意仁義之際。制儒之名，此爲周洽，旁有道、墨、名、法、陰陽、神仙之流。先民未喻所命，比況其行，有一於儒，又從而號之。於是九能之士，遍得儒名。達名之儒，自兹益廣。孔子言今世命儒亡常，以儒相詬病，蓋傷之也。然周之末世，治方術者多務爲世用。《莊子·天下篇》：『天下之治方術者多矣，皆以其有爲不可加矣，皆欲以其道易天下。』其因世制宜者，或託之先王以入説。七十子之徒，乃『祖述堯舜，憲章文武』，《藝文志》儒家者流叙録。修成周之篇籍，《淮南·要略》散游諸侯，大者卿相，小者友教士大夫，如子張居陳，澹臺子羽居楚，子夏居西河，子貢終於齊，則兼明德行政教之趣，而不聞廢棄六經。洎夫戰國，天下並争；孟子之説，見謂迂遠。而荀卿最爲老師，承子夏之科，述諸經以教。蓋儒者推本六藝，六藝傳至儒者。達則修政事，窮則爲明師，蔽者或拘一隅。而傳經之儒，與游説之儒，并世異流，爲儒家之别子。私名之儒，自兹起矣。太炎獨以傳經之士，别於儒家，不亦異乎！

國故論衡原儒志疑　下

古之明儒學與論儒行别。《史記自序》言儒者以六藝爲法，《七略》言儒家者流游文於六經之中，此明儒學者也。《禮記》孔子稱十五儒行，孫卿書言大儒之效，此論儒行者也。昔達巷黨人稱孔子博學而無所成名。稍後學者，標號儒家，宗師其言，若曾參、馯臂、商瞿之屬，政事不著；顔淵、冉有、季路之屬，述業無聞，惟子夏惟能通之。此則所得有異，而學行分途。儒家舊矣，趙岐稱孟子尤長於詩書，而萬章、公孫丑不傳其學。汪中考六經先師，歸本荀子，而李斯、韓非，獨流入法家，爲世主用。《七略》以九流遍賅戰國學術，別叙六藝，部次經傳，公羊、穀梁、伏生、包丘、高堂諸老，皆以類相從。晏子以下諸家，言政教者獨多，不相附麗，別爲一略。而子思、曾子、公孫尼子、荀卿之書，皆見采戴君，疏於六藝。此則《六藝略》所列與儒家者流，義本相通。故究辟儒之抑揚，傷五經之乖析，而有『儒學寖衰』之嘆矣。《藝文志》儒家者流叙録。昔之非儒者，墨翟、韓非，其所詆訶，多緣行。惟莊周稱儒以詩禮發冢，太史談稱六藝經傳以千萬數，累世不能通其學，當年不能究其禮，特咎其爲學之流失，明六經古之典籍，述自孔氏，不可毁也。自周末儒術益不見用。漢興，史公獨以儒林題齊魯諸生。蓋其道既絀，德行政事，益用不彰，惟學者猶世守六經，以相傳教，非徒習於禮樂絃歌、鄉飲大射之事也。故西漢今文家韓嬰、董仲舒、公孫弘，皆務以六經潤色政教。古文家賈誼、張蒼、劉歆，亦有政教顯聞朝廷。由是知儒者傳經，非若史官，藏之於不墜而已。是以傳説之繁，仍世彌重，儒者之術，獨是爲專業焉。太炎《原儒》，牽於字訓，又以私意推尊古文，多所拘覈。既不能分別學行，則執服儒行者爲儒。於是五經先師，並見擯斥，而於李克、虞卿、孫卿之流，獨無所處置，反覆申説，適用自陷。余服膺《國故论衡》，於其未喻，不敢苟同，爰著所疑如此。

蘭苑筆叢

《墨經》辨名有達、類、私三科。《經上》文學之名，要約而言，亦有三焉，《説文》：『文，錯畫也，象交文。』《易・繫辭》辭下：『物相雜，故曰文。』此達名也。《論語》：『行有餘力，則以學文。』馬融注：

『古之遺文。』邢疏：『《詩》《書》《禮》《樂》《易》《春秋》是也。』此類名也。《玉篇》：『文，文章也。』梁元帝《金樓子·立言篇》：『吟詠風謡，流連哀思，謂之文。』此私名也。劉熙《釋名》：「文者，會集衆彩，以成錦繡；會集衆字，以成辭義，如文繡然。』此則以達名釋私名者也。章太炎《國故論衡·文學總略》：『以有文字著於竹帛，故謂之文，論其法式，謂之文學。』於是有有句讀文，無句讀文。此以類名釋私名者也。並世言文，遠法泰西，偏舉私名，爲之義界。持以論古，遂多乖剌，故驗三科廣狹之殊，知古今體用之辨，則循名較實，思過半矣。

文學之源於何？託始韻散之體，何者爲先？論者紛紜，莫衷一是。鄭玄《詩譜序》曰：『詩之興也，諒不於上皇之世。大庭、軒轅，逮於高辛，其時有亡，載籍亦蔑云焉。《虞書》曰：「詩言志，歌永言，聲依永，律和聲。」然則詩之道放於此乎？』此謂文學興於書契以後也。沈約《謝靈運傳論》曰：『民稟天地之靈，含五常之德，剛柔迭用，喜愠分情。夫志動於中，則歌詠外發。六義所因，四始攸繫，升降謳謡，紛披風什。雖虞夏以前，遺文不睹，稟氣懷靈，理或無異。然則歌詠所興，宜自生民始也。』此謂文學興於生民之初也，然二家溯源，文始皆以《詩》爲説，則是謂韻文先於散文也。夫穴居野處之世，茹毛飲血之時，或聲出而事盡，或一言而意足。雖不同篇翰，已著文章。後世比詞協音，以期行遠，於是韻文流傳者多，固不足據爲文學之始。此則詩者文之一體，亦如賦自詩分，蔚成大國，不得以散文之興後於詩也。

道術之方有盡，人事之變日繁。是以四部之書，經子則先盛後衰，史集則古約而今泰。儒者尊經，惟傳傳説，而今古先師，異家别説，至孔穎達《正義》而定於一尊。於是功令所存，衆説俱廢。晚周之後，雖八墨三儒，已難越世高談，自開户牖。而彼此相攻，又復兼融他説，以應敵讎。故道德之廣，已統楊朱；儒術之通，遂兼墨翟。折衷之論既起，專家之學遂衰。此經子之所以不振於後世也。《七略》無史學，故

《太史公書》附於《春秋》、班、老以後。六家二體，燦然備文獻之傳。又後有《通典》《通考》，專紀典制之書，紀事本末，以補二體之闕。兩京無文苑，漢人無專集。後世文苑有傳，文家有集，其始專集銘誄詩賦之流，後乃綜録論議雜文之類。於是經子之支裔，史傳之雜作，並以入集，而文集實兼四部之傳。是以阮元《揅經室集》，遂以四部分目，知此類也。章學誠慨然思返四部於《七略》，欲以義類推尋，使唐宋文家附於先秦諸子之後。劉申叔《論文雜記》，又復爲之推波助瀾。不知諸子之學，一傳以後，已多依宋，非復一宗所能範圍。後世誦説百家，旁搜博采，乍出乍入，或儒或墨，安能以一言之合，指爲某家。此必不可通之論，亦文集之所以日多於古者也。

《荀子·正名》：『萬物雖衆，有時而欲遍舉之，故謂之物。物也者，大共名也。推而共之，共則有共，至於無共然後止。有時而欲遍（依俞樾説改。）舉之，故謂之鳥獸。鳥獸也者，大別名也。推而別之，別則有別，至於無別然後止。』依此以論，無韻而成篇，不歌而諷誦爲長言。詠嘆爲詩，詩文者，大別名也。賦者，古詩之流，而大異於詩體。蓋南方文學之變，《文心雕龍》所謂『受命於詩人，拓（疑作括。）宇於楚詞（辭）也。』《詮賦》駢儷之興，本於漢賦，賦體既變，遂無嗣音。詩則四言勢盡，五言代興。先驅者以首創易奇，踵武者以循聲難巧。於是益重詞華，務尋聲律，而歌行近體，爲有唐之大宗。若夫詞號詩餘，曲號詞餘，雖實作者自謙之言，亦見聲律相承之序。大抵一體之文，其始則致羨於情詞，其後則務聘於聲律。於是文多拘忌，傷其真美。駢儷之嚴對仗，古文之論義法，莫不皆然。至專以律法求工，而體勢盡矣。

小説本諸子恢詭譎誑之談，用史家述事紀言之體，本以嘩衆取寵，故不辭乖理背情。偶有箴規之言，亦揚雄所謂『靡麗之賦，勸百而諷一』者也。戲劇之家，采小説之述事，被詞曲之聲律，載歌載舞，以娱衆情。此體既興，更世益茂。詞則以詩合律，曲則以歌配舞。故劇曲之身，容與樂音，歌詞與管絃，皆自相應，乃所以爲美也。曲高和寡，真賞者希。不特昆腔，已稱古調不諧里耳；即川劇高腔，其按節合拍，聲情並美者，亦不能饜觀者之耳目。而諸色演者，往往於道白中，雜入孩提嘲笑之言行，以博哄堂之賞。劇曲如此，更何論於文章。物極則思反，倦故必喜新，吾不當嘅思於一丘，亦不能厚誣乎來者。人遐室邇，企予望之。

古無私家之學，前人論之詳矣。自春秋之末，王官失守，散爲百家，家有門徒，各宗所尚。引一端以窮其致，歷天下以干世主。故必以時君之好尚，爲聚集之淵藪。此即其時文化教育中心之所在。戰國之際，齊楚最盛。劉彦和《時序篇》所云：『齊開莊衢之第，楚廣蘭臺之宫』，『故稷下扇其清風，蘭陵鬱其茂俗』者也。然學術文化之集，必資人君之禄養，雖曰私人之講，實亦國家之力。至秦禁私學，以吏爲師，漢氏承之，復博士之官，開獻書之路。雖東京之末，漸有私人授徒，固不若太學聲華之盛。故秦漢學術文化之中心在學校，在政府。自三國鼎立，五胡雲擾；南北分疆，日尋兵戈，人惟救死不贍，奚暇論教？而世家大族，父子相傳，兄弟講習，不特吐納風流，才藻横溢；抑亦衣冠文物，講求獨精。故魏晉南北朝學術文化之中心在宗族世家。隋唐以後，私人頗重藏書，而私家講學之風，由是益盛。自河汾王通，以至孫明復、胡安定、周、程、張、朱、陸、王，皆以私人講學，樹爲風氣。故隋唐以後，學術文化之中心在私人講學之宗派。此徵之史籍，歷歷可驗者也。亦可以見學術盛衰之由，官學、私學優劣之辨矣。

陳寅恪論魏晉自然名教同異合離之辨，見所著《書〈世説新語〉文學類鍾會撰〈四本論〉始畢條後》及《陶淵明之思想與清談之關係》。其説甚新，以之解三語掾一條，深得在位者之隱衷。其謂同之一字，即以當在位者之心，亦未盡然。蓋阮氏此三語，實代表當時所重之一種詞氣，將毋者然疑之詞，不逕言之，使人生超逸之感，無拙滯之懷，此正當時清談家之態度。至謂主自然者皆忠於曹魏之黨，主名教者皆忠於司馬氏之黨，亦不可執。夫尚自然而不遺情外物，超然去就；重名教而躬行姦佞，輔逆叛君，其於自然名教，將何居焉？蓋自東漢黨錮以迄西晉，士之廉隅自愛者，既不能如申屠、徐穉遠迹全身，又不甘如荀勗、何曾諂諛親貴，憤而玩世，初不以自然爲立身之基，但時俗方競於官榮，鄉里猶存乎清議。頽然自放，萬事無關。其主名教自然同者，固所以自解其趨利之污；其主名教自然離者，亦非盡忠魏反晉之流。如此主實庶於事無礙，於理有徵矣。

魏晉之際，更代相尋，居上者以儒法爲治，言學者以莊老爲宗，此即名教、自然二派之所由分，亦朝野、官士之所以異也。始倡莊老者王弼、何晏。其時司馬氏之權未盛，而自然之説已風行一時，固不得以爲宗自然者爲忠魏抗晉也。其後放達爲通，演成風氣，是非所在，時尚所趨，非名教所能持干令升。所謂學者以莊老爲宗而黜六經，談者以虛薄爲辯而賤名檢。《晉記總論》世之毀譽，已非爵賞所能争，此韓非《五蠹》《六反》之所以致譏於戰國之俗者也。《世説·排調篇》：『嵇、阮、山、劉在竹林酣飲，王戎後往。步兵曰：「俗物已復來敗人意！」王笑曰：「卿輩意，亦復可敗邪？」』夫不以萬物累心，不爲俗物敗意，豈復當預人家國！而彼預人家國，又不甘棄此世榮，於是倡爲自然、名教相同之論。《世説》論之云：『王輔嗣弱冠詣裴徽，徽問曰：「夫無者，誠萬物之所資，聖人莫肯致言，而老子申之無已，何邪？」弼曰：「聖人體無，無又不可以訓，故言必及有；老、莊未免於有，恒訓其所不足。」』《世説·文學篇》陳蘭甫論之云：『輔嗣談老、莊，而以聖人加於老、莊之上。然其所談言聖人體無，則仍是老、莊之學也。』《東塾讀書記》卷十六。蓋當時儒家名教之理，已在老、莊體無之下。故祖尚虛浮，望空爲高，『目三公以蕭杌之稱，標上議以虛談之名』。《晉記總論》在時人心目中，自然、名教之同符固已久矣，豈待王、阮之問對而後爲衆信乎！然則以自然、名教二端爲朝野立身立學相爲對抗者，毋亦因近世政治上意識思想之不同，而有彼此敵對之形勢，而以今方古之誤乎？

嵇康爲曹操曾孫女婿，見《三國志》卷二十裴注引《嵇氏譜》。而非湯武、薄周孔以反對晉。嵇説見《與山巨源絶交書》。杜預爲司馬昭妹婿，而論《春秋》射王中肩爲志在苟免，以孔父仇牧爲無善可褒，爲成濟抽戈犯蹕死高貴鄉公之事回護。説詳焦循《左傳補注疏·自序》。阮籍居母喪，在晉文王坐飲酒食肉，司隸何曾亦在坐，曰：『明公方以孝治天下，而阮籍以重喪，顯於公坐飲酒食肉，宜流之海外，以正風教。』文王曰：『嗣宗毁頓如此，君不能共憂之，何謂？且有疾而飲酒食肉，固喪禮也！』嵇康之詫是老氏絶仁棄義，莊子絶聖棄智之理。所謂批其本柢而枝葉無所附麗者也。吴又陵先生之非儒，亦是此義。杜預之注《左傳》，司馬昭之論居喪飲酒食肉，則王莽之飾六藝以文姦言之流也。然司馬昭之言，亦引名教之理論，以護自然之行爲。由是言自然者，以真顯論名教者，以僞彰其是非，曉然可見矣。

論子家之學者，莫不徵引莊子、《天下篇》淮南子、《要略篇》司馬談、《論六家要旨》班固。《藝文志·諸子略》然四家之論，亦各有所主。大抵莊論其體，馬論其用，班固溯其源，淮南述其流。從班説可以見此學之所自出，從劉説可以見此學之所由盛。二者相輔相成，非有異轍。是以近人論諸子者，自章太炎以下皆主班固諸子出於王官之説；胡適皮相西學，淺嘗故書，據《淮南·要略》之言，著諸子不出於王官論，可謂體用不辨、本末不分者矣。並世學者，動稱革古，好異争新，既惡帝王之名，遂嫌王官之號。胡適之後，論子家者，又有出於職業之説，如馮友蘭《原儒墨》。不知職掌亦官守之流裔，世業即王官之所守。以此立説，謂不師古，韓非所謂陰用其言而顯棄其身，《説難》《史通》所謂『貌異而心同』者也。《摸擬》如必信其言，亦可謂知二五而不知其爲十者矣。

左思《蜀都賦》：『蔚若相如，皭若君平。王褒韡韡而秀發，揚雄含章而挺生。』四語可謂能得蜀學之大齊。後世論蜀才者，必以司馬、揚、王爲首，於此四子亦第以詞賦爲稱。班固《漢志》云：『司馬相如游宦京師』，『以文辭顯於世。』『後有王褒、嚴遵、揚雄之徒，以文章冠天下。』班立此論，其後唐之李白，宋之蘇軾，其衣被一代，沾溉後人者，亦唯以詞章著焉。若夫楊慎之淹洽冠代，而求全之毀，紛至沓來；費密之遺書無稱，而孤挺大江，新城獨賞。推此以往，似若蜀之人士，自文章而外，初無學術可言。至於李雨村之《函海》群篇，吴伯竭之《壽櫟叢著》，東南人士，至有不能舉其名氏者。蓋蜀地僻遠，無聲氣之通；蜀士介立，無標榜之習。雖超群拔萃，或見嫉於庸流；雖逐響尋聲，猶見輕於當世。余謂蜀才自堪獨往，何必取價中原；蜀學自有千秋，何用風同齊魯。往者已矣，來者難誣。班孟堅譏蜀人『輕易淫泆，柔弱褊阨』，而謂『文翁爲蜀守，教民讀書法令，未能篤信道德，反以好文刺譏，貴慕權勢。』《漢書·地理志》後來君子，請雪此言。《漢書·揚雄傳》稱：『雄少而好學，不爲章句，訓詁通而已，博覽無所不見。』又稱雄『默而好深湛之思』。余謂此數語可以備論蜀才，亦可申述蜀學。竊謂蜀學之精神，凡有二端：一深思獨見，不徇於陳言；二疏發綱維，遺其支碎。魏晉之玄風獨暢，始於王弼何晏。王、何之疏發老、莊，則嚴君平《道德指歸》、揚雄《太玄》倡其先，王弼之説出於《太玄》，近人湯用彤《魏晉玄學論稿》言之甚詳。此義理之學也，而陰之來氏《易》，來知德《周易集注》。亦以空山獨悟，自成絶學。《提要》云，當時推爲絶學。此深湛之思也。史家之學，自承祚國志，上躋馬班；道將成書，遠同《國語》，至宋而此學愈盛。撰著批評，蜀人之所作，蔚然爲今古之宗。而吴縝糾謬，《新唐書糾謬》《五代史記纂誤》。直詆通儒而少寬假。後世謂其疏通剖析，有裨史學。本提要語。史家之圓神獨斷，疏通知遠，亦通博之識也。至於經緯民生，辨章禮俗，施之當世而可行百世以俟聖人而不惑，則唐趙蕤《長短經》，以至唐甄《潛書》，皆自成一子之學。此蜀學之三宗，皆以通博爲主，不以考據爲工者。《世説》支道林謂：『南人學問如牖中窺日。』《世説·文學》所謂南人簡要，得其精華。蜀學之長似此，蜀學之所以務識綱領，不窮枝葉亦在此。非遇識真者，難以取貴矣。

今古學之章，自井研廖氏《今古學考》，以禮制爲本，立《王制》爲今學之主，《周禮》爲古學之主，一洗前人以文字分別之陋。其説也，如日月經天，不可移易，故吴伯朅稱其『鋭思深入，輒撤藩籬』。《寄廖平詩序》劉申叔稱爲『洞明漢師經例，魏晉以下未之有也』。《非古虛上》世有但攻文史，不明經術，掇拾舊説，以相詆譏者，固不足以知廖氏矣。余獨怪南海康有爲，以彼其才，服膺廖氏，拾其緒餘，用《史》《漢》對勘，著爲《新學僞經考》《孔子改制考》二書，風行朝野。其與廖書，至嘆寡得大作，無自發明。而其弟子梁啓超撰《清代學術概論》《近三百年學術史》，於廖氏之學，不能稱述一字；轉而掇拾讕言，肆爲譏貶。而於末師俗士，恕詞轉多。又高自稱許，不慚厚顔，甚至因廖氏而詆及湘綺，以爲壬秋『頗有小慧，學本無原』。誠不知是何居心？昔章實齋著《史德》之篇，以爲：『穢史者所以自穢，謗書者所以自謗。』《文史通義・内篇三》故失是非之公者，宜招過情之毁。往時在太學，讀合州張式卿先生論梁氏，以爲『識草學疏，心粗口滑』。《舊史學研究法》及成都龔相農先生《經學通論》，以爲梁『剽竊膚末，隨時抑揚；小人之學，以爲禽犢。而亦自名今文，斯則六經荒蕪，學絶道喪之所由者。』《經學通論・沿革略説》詞雖少激，固由梁氏不公之論，有以啓之，不得以阿附鄉里，爲廖氏禦侮目之矣。

廖井研之逝，其家人請餘杭章君爲之志墓。章君之文，深慨世人於廖氏不能知賞，自謂所學不同廖氏，然則識鑒雖高，真知宜少，不足以盡廖氏固矣。巴縣向先喬先生著《廖平》一文，載《四川大學文學季刊》，於廖學六變，申述頗詳，但持貶損之心，爲是非之論，亦未可謂盡得其宜。唯鹽亭蒙文通先生所著《井研廖師與漢代今古文學》，載《新中華》，以升堂入室之弟子，述親炙口授之言，庶幾於廖氏之學，不誣不叛者矣。余以爲廖氏之言學，蓋亦蜀學疏發綱維，不窮枝葉之風。其鋭思深湛，精微廣大，使不依附經學，直謂之廖氏哲學，必當雄視一世，何致鋒起是非。廖氏著書甚審，初名四益館，取義《易》之一謙而四益。其後學凡六變，改爲六譯，用賢爲聖譯之義也。廖氏既没，成都公祭，門人華陽林山腴先生書廖氏自贊於像末曰：『推倒一時，開拓萬古；光被四表，同游六虚。』詳玩斯言，可以論廖氏學矣。

廖氏深詆兩經解及高郵王氏之學，以爲『支離破碎』。此亦重根株而遺枝葉之故。此蓋蜀學之精神所在，不可移也。故老相傳，尊經書院之求師，總督丁寶楨初擬俞蔭甫，以俞不能就，乃改聘王翁。而蜀士雲興，宣名四海。然與高郵風派，又自不同。余謂蜀學自有本根，必因其基而成之，乃能獨樹一幟，取高當代。曲園至，其所淬厲成材，未必如當日之盛也。世有知者，倘不河漢斯言。

蜀中近世學人，余得從捧手受業者，惟合州張式卿先生，專史部校讎之學，有《史記新校注》，以所見古本不多，其書不行於世。後於張者如劉健鑑泉先生之史學，以章學誠爲宗，亦訓詁舉大義也。蒙文通先生之學，直承廖井研，泛及史、子，其校勘考訂，亦以義例爲先。伍非百先生著《墨辯解詁》《墨經校勘記》，梁任公以爲從科學哲學上樹一新觀察點，將全部《墨經》爲系統的組織。《近三百年學術史》蓋亦以義例推類，而不循章句舊法者也。伍先生書始出，諸老先生頗呰其不依文字、音韻以行校勘之向例，蓋所重者在彼不在此也。

鄭玄《詩譜序》云：『舉一綱而萬目張，解一卷而衆篇明，於力則鮮，於思則寡，其諸君子亦有樂於是歟！』王念孫《述學叙》云：『容甫討論經史，榷然疏發，挈其綱維。』黄侃《國故論衡贊》云：『兹可謂制割大理，疏觀萬物，以淺持博，以一持萬者也。』斯數家之言，《今古學考》誠可以當之而無愧。余謂研尋故籍，自必洪細兼賅，無幽不照。若作爲文章，啓導來學，正當通達今古，務洽衆情。若必穿鑿以爲奇，瑣屑以爲博，則有乖通識，非蜀學之所以異於東南者矣。

凡言文化，約有數端：一曰制度，二曰禮俗，三曰時風，四曰學術。制度、禮俗，《通典》《通考》之所述也，人民之生計、憂樂在焉；時風、學術，編年、紀傳之所述也，人心之趣捨、向背在焉。論制度者或忽於禮俗，於是九通不足專恃，而雜書、小説乃或見其大凡。撰史者或昧於觀風，於是兩漢以後，紀傳、編年、紀事本末不足專恃，而詩歌、專集乃或見其大凡。孟子稱『《詩》亡然後《春秋》作』，非獨美刺褒貶，足表同符；抑世風俗是非，有足通貫。希羅多德以文詞之美，爲西方史家之權輿；司馬子長以文學宗師，爲吾國史家之鼻祖。六經皆史，則載籍全入史區；文本六經，則哲史悉歸文囿。近世論史者，或以爲治史必先通文學、哲學，非獨三長首識，有圓神獨斷之功；抑亦撰述重才，有興觀群怨之美。故言學者，或較其成器所至，或窺其取材所由。史之資於文哲二學者，從可知矣。

劉光第詩略論

清末從事政治革新運動遭受到封建腐敗勢力殘酷鎮壓的犧牲者戊戌六君子，多少年來都引起國人無限的追思悼念。六君子中却有兩個四川人，一個是富順劉光第，一個是綿竹楊鋭。楊鋭是尊經書院學生，劉光第是錦江書院學生。尊經書院和錦江書院同在一條街，一個時代，兩院的學風却迥然不同。

尊經因張之洞的提倡，王壬秋的主講，出了不少人材。在經史詞章方面顯示了四川文化的特點，抗衡中原，了無遜色。錦江因爲守舊，僅僅以八股試帖詩引導後進，在清末四川文化便很少有人提到。就中像合州張森楷先生以史學名家，但亦歸在尊經王壬秋弟子之列。然而錦江書院却出了一個劉光第，其治學方法、詩文門徑絶，不循尊經軌轍，而成爲當時有數名家，這却爲錦江書院生色不少。錦江書院若没有劉光第，可以説無人支撑門面。所以劉光第不僅是四川歷史的光芒，也是錦江書院的一枝獨秀。

一般談四川學術的，無有不豔羨尊經，光第獨謂：『尊經高材生明敏好學者不乏，惰弛者不足責，因而驕蹇且傾軋者，是自棄自賊材。惟心知向學，不求乎實用，拘文牽義，摘句而尋章，按格而就局，唾拾乾嘉以來餘習，侈然方謂所據乃千秋之業。噫！學僅如是已哉？』《武昌書贈陳黻臣》其言實亦中尊經之病，亦見光第之欲自樹一幟而不屑逐尊經之後塵者也。所以我説光第是錦江的一枝獨秀。錦江書院有了光第，也纔能『考全蜀而爲雋』，《武昌書贈陳黻臣》：『尊經錦江，又考全蜀而爲雋。』可惜這樣的人材在錦江書院却不多見，無怪一般人衹有歌頌尊經了。

劉光第的《介白堂詩集》，近代人稱道的很多。汪國垣的《光宣詩壇點將録》，劉光第名下注云：『裴村比部，詩多奇氣，縋幽鑿險，開徑獨行，各體皆高。讀《介白堂詩》，恍若游名山大川矣！』陳衍《石遺室詩話》云：『裴村筆力雅健，思路迴不猶人。』胡先驌《讀介白堂詩》云：『劉裴村《介白堂詩》爲戊戌六君子之冠，近世亦鮮有能過之者。以局度論，《介白堂詩》不得稱爲廣大，晚清末季大家勝之者甚夥；以精嚴粹美論，則遠可追蹤柳柳州、阮石巢。』數家之論，稱頌劉詩，皆能得其精詣之處。所謂『縋幽鑿險，開徑獨行』，所謂『雅健』，所謂『精嚴粹美』，皆能指出光第用力深邃，刻意不苟之處。其所以得此境者，蓋在其根柢與習染不同於尋常，尤其與同光體諸家所從入者不同。所以自闢蹊徑，超然獨出。兹論之如下：

光第詩於杜工部用力甚深。高楷《劉光第傳》稱光第『詩學少陵，時輩罕與抗手』。趙熙《劉大夫傳》稱光第『於詩深造杜甫所爲』。此自與同光以後諸家專向黃庭堅、陳師道、梅堯臣、王安石諸人入手者不同。其集中又有《讀杜工部入蜀五言古詩擬作十首》，則其於杜詩致力之深自可想見。特其學杜不在形貌而在神理氣格，尤以五言古詩澤於杜者至深，故出語即超凡俗。抑余更覺其造句遣詞頗近李長吉，又時流入鮑、謝，其集中有《擬鮑明遠樂府》。又當時尊經書院以八代三唐相號召，光第言學雖與尊經異趣，而與尊經高材生宋育仁、顧印愚交往頗密，其《離騷擬議》六《九章》第四條稱：『吾友成都顧印伯謂吾詩能運化古人。此語竊謂頗能搔著癢處。』則尊經風氣不能不影響及光第，從可知也。此自其詩之技巧功力而論也。汪國垣謂其『各體皆高』，吾則謂其五言古當爲第一，次則七言歌行，次則五言律，次則七言律，最後則絶句。蓋以文詞風格品其高下。論私意謂當如此次第之也。然今日論劉光第詩，不當單重其風格詞調，尤當熟考其思想内容，即分其義類，乃可見劉光第歷史之價值。

以詩之義類而論，則劉光第詩自以山水詩爲最多亦最工。評論家所謂『縋幽鑿險』，大都指此類詩而言。次則家庭親故骨肉朋友之流連想望，次則國計民生之哀憫憤慨，次則詠物。今欲研討其義類，自不能不涉及光第之學術思想。光第學以宋儒爲宗，而推重宋五子之學，尤重朱子。所以他主張：『四子，六經之權衡也。此外當先讀者，則莫如宋五子書，而朱子又集大成者。以朱子爲入道之基，猶以四子爲入德之門。由四子入，而群經有所折衷；由朱子入，不惟可款周、程、張、邵之關，其後之有見於四子也，亦倍親切。』《書贈唐晉淵》這可以看出其思想所以對於親族友朋都情意殷殷之故。同時，他又性好山水，留意文學，喜游山玩水。所以，於名山勝景有特殊愛好，集中有《富順趙化鎮山水志》。在趙化鎮一小地方，猶能寫出許多山水勝迹，對於峨眉、青城這樣的地方，自然有許多感受，也就更能使他感蕩於心發爲歌詠。所以，一般評論者都特别稱《峨眉紀游詩》，而這類紀游詩能在《介白堂詩集》佔最多的數量。其次，親屬師友的亦不少，而且情真語摯，足表其真經態至之心，這類在集中佔次多數。此外，指斥朝政，哀悼生民的詩，在封建統治時代，是許多人不能言不敢言的，《介白堂詩集》中這類詩亦隨處可見。憂時憫亂纔是杜詩的要點，纔無愧詩史這名稱。若果僅有山水詩和家族友朋的詩，光第也不過一普通詩人，不能顯出歷史價值，亦不能説與杜甫有深切的感受。這可分幾方面來談：

一、指斥滿洲貴族的如《城南行》，所謂：『路有歐死人，可抵螻蟻命。將相勒馬過，臺諫盡阿順。』寫滿洲貴族任意殺戮，官吏不敢過問的情形。

二、指斥修復頤和園，如《萬壽山》：『宏規豈虛構，頤和祈天福。……每蒙王母笑，更携上元祝。……維昔經營日，淫潦迷川陸。海雨吸垂龍，村氓亂浮鶩。黿頭大如人，出水聽衆哭。偉哉烏府彦，涕泣陳忠牘。膏血爲塗丹，皮骨爲板築。請分將作金，用振灾黎穀。』直寫那拉氏修建頤和園之不顧人民痛苦，祇圖己身歡愉，當灾難深重之日，爲嬉游宴樂之建築，不顧直臣之忠諫，降調那拉氏全無心肝之行爲也表白出來。這自然不是臣罪當誅，天王望明一統的語氣。

三、指斥海軍將領之貪污剥削，軍備不振，驅軍士於致死之一途。所謂『朘削雖已多，室家且逍遥。……火炮止虛烟，揚旗憚回飈。一旦飛羽檄，驅之度韓遼。我友充海軍，鐵艦嬉且遨。獨我迫東行，萬慘聚府焦。況忍訣妻子，中道相牽號。哭聲上干雲，下壓大海潮。入舟屢回盼，不戰心先逃。運船猝被擊，潰亦無由跳。可憐羅練軀，掛罥鯨齒高。空令嫠婦來，想魂祭波濤。』譏海軍無充分準備而漫以資□。所謂驅人於死地也。海軍之所以無備，實由軍備之費已移用頤和園之建築。有事而驅之於必死不顧。那拉氏的荒亂、大臣的論談不顧國家如此，大臣如此，把可能導致亡國的戰争視爲兒戲，豈不深可嘆息痛哭！

故光第於此數事特著爲專篇以申其憤慨。至於『大臣之偷安旦夕，持禄養交；小臣鬥巧鑽營，便私阿上。辦事認真者，以爲固執而不圓通；上書直言者，以爲浮躁而不鎮静。甚有因認真而撤去差使者，因直言而革去官職者。』《與慶堂第十函》以及那拉氏之干預朝政，不肯放權；閹臣安德海、李蓮英之倚仗那拉氏弄權干政。貪污受賄之積弊，民生之苦酷，則《雜詩》二十首隨處可見，雖言皆隱喻，而事至明晰。此爲大類，在詩中隨時觸發。雖明知無可如何，而僥倖一挽迴瀾。所以屢次欲歸未歸，而終致没身爲後人哀悼。此其憂民愛國之心，固不可與效忠一姓、致身一朝者同日而語也。故論光第詩之義類，不當但於清室之安危顧慮求之，當於其革命精神、窮則必變求之。此事可取證於《重葺張忠烈公墓詩並序》詩所云：『此骨南撑半壁天，前身北射中原月。……形骸久已外天地，留此大明土一丘。』《白雲山弔賴義士崧》：『武平賴生冠儒冠，誓將戴髮黄泉没。白雲峰頭竟長往，孤竹魯連比高潔。……河山百代逗興亡，風雨萬靈趨恍惚。心孤曾怨鬼神迷，項拗竟隨天地折。匹夫殉國古亦有，殺人不死三章缺。監司徒與賻金錢，里老至今祠石碣。我過家山弔崖谷，恨少神弦奏金鐵。但聞風籟響陰林，似悲故國還凄咽。殺身成仁心所安，析義要如筋入骨。蘇卿嚼毛不忘漢，大禹文身爲游越。黄冠歸里儻得成，文山高操猶冰雪。』以一個爲清代敵人不屈而死的張忠烈公墳被盗修復而引起極大的敬仰，説他『此骨南撑半壁天』，説他『留此大明土一丘』；以一個不肯去髮而被人殺害的前朝遺民，而怪當時官吏没有殺兇手來償義士的命，稱他爲殺身成仁，恨里閭没有爲他辦樂曲祭祀，這豈是忠於清代的臣僚所能説的話？這簡直是反清復明的主導思想，也正是清末革命所倡導的一種思想。所以光第屢次想辭官歸里，不應當但看作是潔身自好，不肯身仕亂朝，而實在有『逝將去汝』的意向。假如他不死於戊戌政變，我想亦必定同情贊成推翻滿清封建統治的行列。這雖是一種揣想，但從光第的性情看，以及他每次提到避地防大亂的想法，而没有説到清室對大亂必然可以恢復，祇爲藏身待時之計。那麽，這種想法也不是無的放矢了。

林山腴先生論詩

我開始聽林山腴先生的課，是在一九二五年秋，我考入成都大學的時候，在至公堂西側茝園南方的一間教室内。頭一年還不是講詩，講詩是兩三年以後的事。我上課第一堂就是先生主講。那時成都大學、高等師範，還没正式分開。雖然皇城洞口已掛上國立成都大學的招牌，而且我們這班已是大學第二班了，但究竟是繼續辦高師，抑或是改大，還在争議之中。所以我們取録放榜就分系，而且祇有文科。我進的中國文學系，無所謂預科。後來吴君毅先生回川任教務長，纔正式定本科四年、預科二年，又從中國文學系和文科的其他系分設法科，添了一些預科的課程。原有的課程並未改削。所以我讀了六年的中國文學系。

六年之中，教的時間最久的，是吴又陵、林山腴兩位先生。吴又陵先生祇教文學史和《韓非子》。林先生教的科目最多，幾乎把文學方面重要的古籍全部包了下來。因此我們從林先生所受的益處也最多。

林先生講詩，先講《八代詩選》，用的是吕雪堂送他的王壬秋的評點本。王壬秋論八代詩，分寬和、清勁兩派。林先生也完全按照這説法來教學。王在批語自負地説：『二千年來，惟我有是矣。』林也照様寫出，圈點也一律照寫。從無名氏的詩講起，一直講到三謝（謝靈運、謝惠連、謝朓），從徐幹、劉禎兩家分寬和、清勁，以及阮、陶與陸、謝的異同，謝靈運詩的好處在什麽地方，六朝新體詩不同於以前的古體又在什麼地方，都一一説出。最初我們不了解寬和、清勁應該怎樣去識別，林先生舉了許多例證來説明。對已舉的例證，自然知道，但沒有講過的，要自己去識別，也還有困難。衹是先生談了某句圈，某句點，把批語符號，完全記下。後來久了，纔有了一些體會。但這體會，却是從誦讀中細審音節、氣勢得來的。

林先生對於八代詩研究得很深，自己作來也不同凡響。他在北京的時間和同光派諸人唱和，也多用五言。他的五言詩，很有謝靈運的風味。其他人的和作都不用五言，也就知道作五言古林先生和同光派的詩人比較，實是一時高手。雖然林先生的詩集中五言不是都學八代，但他對八代詩却是用力甚深的。吴又陵先生也引過吴伯揭的話説：『詩有清剛、寬和兩派。』也説過亂世作詩宜學陶、阮，太平時作詩宜學潘、陸。但談到謝靈運的詩，他却引汪師韓的《詩學纂聞》詆謝詩許多地方不通。吴先生是以絶句擅長，五言詩却不算名家。這是不能和林先生相比的。

林先生講了《八代詩選》之後，又繼續講《唐詩選》。《唐詩選》中，他沒有講五言古，但却把他圈點過的五言古一卷給我移寫一遍。可惜這書損失已久，無從回憶了。《唐詩選》也是王壬秋選的。林先生認爲王壬秋《唐詩選》之所以好，因爲他把初、盛、中、晚四時期，每個時期的特點都能表現出來。林先生把《唐詩選》的七言歌行，幾乎全部講過。他最贊賞的是王維的《同崔傅答賢弟》一首。好多句子，他都每字打雙圈，並在上面加批説：『良玉精金，無以喻其美。』認爲王壬秋的《北固阻風待渡者》一首，就是學的這詩。講到李白的《梁甫吟》，他説王壬秋的《重過邯鄲作詩寄六雲》，就是學的這首。講到杜甫的《洗兵馬》，他特別標出其平仄不同律詩不拗句。他説這就是趙秋谷《聲調譜》之所由出。同時也十分稱道李東川。講韓愈，林先生補了許多王壬秋沒有選的題目。林先生對於自己所作歌行，亦頗爲自負，所以他有『湘綺長歌擅一時，後來我作前賢殿』的詩句。這説明他對七言古研究也是很深的。

林先生對五律最稱道的是王維、孟浩然。王、孟兩家有許多詩，都教每句打雙圈。林先生講王維的詩，還引了宋芸子的《望廬山》一首，原詩是：『此日潯陽水，相傳異禹年。九流歸一壑，極目見廬山。陽鳥隨春盡，彭蠡入夜寒。荊揚歸浩蕩，樓櫓幾時安。』講孟浩然的詩，引的是趙堯生《仙女池》的詩。原詩是：『天晴樹滿陂，雲此浴化姬。窈窕池光活，翠軿何處期。彩雲風颺處，仙靄月明時。水色如紅玉，桃花似雪肌。』認爲近人的這兩詩，可以和王、孟比美。我曾因在林先生處閑談，説先生某幾首像王、孟，某些像杜甫，先生微笑説：『你想的。』看來他也頗以我的話爲然，不過表示謙讓而已。這説明先生對於五律，也是用力很深的。

林先生認爲《唐詩選》的七言律詩選得不好，但他説他自己的七律也没有作好。不過他對七言律詩也贊美過一些。如像劉禹錫的『沉舟側畔千帆過，病樹前頭萬木春』，以及李群玉的《黄陵廟》詩，劉長卿的《餘干古城》，都教每句打雙圈。他最稱道宋芸子的七言律詩，舉了兩首，一首是《過衛輝府》，原詩是：『太行叠嶂拱成京，行向朝歌過衛城。日暮登山愁北望，古來憑軾送西征。承明未許歸嚴助，宣室何年召賈生。聞道東甌烽火急，自堪投筆請纓行。』一首是《經華陰縣望西嶽》，原詩是：『華陰道上馬蹄重，太華三峰在眼中。仙掌露華留曉月，禪亭雲氣起初虹。殘星望火秦郊時，古樹平雲漢舊官。聞道希夷高卧去，勞薪自嘆轉如蓬。』先生還加按語注：『邈然唐賢，境不易到。』

林先生講絶句，先寫了兩首他自己作的五絶。這是没有刻在《清寂堂詩集》以内的。一首是《京城聞落葉》。原詩是：『雨夜聞淅瀝，竟夕空階上。來及緑陰時，流連一惘悵。』一首是《題畫馬》。原詩是：『剪竟不蹄齧，竟日空階下。君看賀六渾，禦人如此馬。』他認爲五絶最難作好。講七絶，林先生説絶句大約有數種：第一種標目的，我不記得了。衹記得舉的例是：『爲政心閑物自閑，朝看飛鳥暮飛還。寄書河上神明宰，羨爾城頭姑射仙。』第二種是『高華名貴』。舉的例是：『白馬金鞍從武皇，旌旗十萬宿長揚。樓頭小婦鳴筝坐，遥見飛塵入建章。』第三種是『清馨新脆』。舉的例是：『破額山前碧玉流，騷人遥駐木蘭舟。春風無限瀟湘意，欲采蘋花不自由。』第四種是『神閑意遠』。舉的例是：『觥船一棹百分空，十歲青春不負公。今日鬢絲禪榻畔，茶烟輕颺落花風。』第五種是『頹唐自放』。没有舉全首的例，衹説如『楊柳江頭弱嫋嫋』之類，舉例以杜爲多。自來論絶句的人，都少有談到杜甫，這種提法，是林先生不同别人的地方。而且從詩的境界神味來論詩，若没有很高的造詣，不但説不出來，就看到别人説的也未必瞭解。我也不能談得過於詳細，佔據更多的篇幅。如有願意作這方面研究的人，有疑問的，盡可以來函詢問。我能答復的，决不吝於解答。

近來有些朋友在爲林先生搜集遺著，準備印行。這是好事。我覺得能够把從林先生那裏聽來的精義微言，記録下來，使後人知道前輩是怎樣用功的，怎樣瞭解文化遺産的，這纔是目前的要務。否則幾個老年的陸續死去，要待後來的人冥目去發掘，不知要多費好多力氣啊！

原載《文史雜志》一九八五年第二期

吴芳吉先生談詩

吴芳吉（一八九六—一九三二），字碧柳，號白屋，四川江津縣人。有《白屋吴生詩稿》，代表作《婉容詞》曾蜚聲於我國現代詩壇。吴先生曾想改變舊詩，創造新詩體，但因爲他沉浸於舊詩很深，故所寫新詩仍多用舊詩詞彙。他寫詩不避俗字俗諺，但亦不像現代的新詩，有些摹仿翻譯文學，體裁總不和現代詩歌相合，反近於古樂府一類。他所寫的詩，氣勢磅礴，情感奔放。一般人多稱道他的《婉容詞》。婉容也確有其人，但不是吴先生詩中所寫的人，據叙永的友人説，叙永確有一座墳，碑上刻的『婉容之墓』。或者吴借作詩題，張冠李戴，也不必去考證它了。

吴先生嘗慨嘆中國没有史詩，他曾計劃作一首二萬六千字的長詩，計分三部：第一部以昆侖爲背景，寫軒轅黄帝，叙述中國民族文化的起源；第二部以泰山爲背景，寫孔子；第三部以廣東爲背景，寫孫中山。可惜他三十六歲就死了，未能完成這偉大計劃。

他對中國的詩人最推崇屈原、陶潛、杜甫、丘逢甲四位。他説，許多人可能不贊成丘逢甲和屈原、陶潛、杜甫相提並論，但我取的是他的愛國精神。

吴先生授課時，也同他所作詩一樣，洋溢着無限的感情，常聯繫他走過的地方風土人情融合在詩裏來講，很受同學歡迎。但常不爲老一輩教師所認可，他説，向仙喬先生説他『勇於爲詩，是武秀才』。因爲他不循舊的形式，既不爲舊詩家所取，又不與新詩人同流，其實也正是自創一家的風格。他對於舊詩家的批評見解，也還是擇善而從。他贊美金和的長詩、王壬秋的《獨行謡》、樊樊山的《彩雲曲》，這些都是於時事有關的名篇，可見先生的好尚和志趣。

吴先生説，古今詠海詩以曹孟德的『水何澹澹，山島竦峙』寫得最好。古人的詩有名篇而無名句，後世的詩衹講某句好，或某字用得好，所以詩就愈趨愈下了。這些話雖然前人也説過，但先生説來倍覺親切。先生的《白屋吴生詩稿》，長篇大都泥沙並下，短篇却有好些工整的。至於性情深厚，才氣横溢，近代人却少有能與之匹敵的。這樣的人竟未活到四十，真是十分可惜。

原載四川省文史研究館編《巴蜀述聞》，上海書店，一九九二年三月版

談詩述聞

一次，在吴君毅處談到杜甫《詠懷古迹》『支離東北風塵際』一首，吴先生最贊賞『三峽樓臺淹日月，五溪衣服共雲山』二句。後來見到徐仕鈞，徐曾就學於趙堯生。他説趙先生也講過這首詩，所取的却是後一聯『羯胡事主終無奈，詞客哀時且未還』，囑把『且未還』三字密圈。同一首詩鑒賞上有兩種不同的側重。我以爲這代表了清末蜀中詩人兩派的傳承和主張。吴先生代表尊經派，崇尚王壬秋八代三唐的風格。趙先生代表同光派，崇尚宋詩，以摇曳流宕爲主，注意虚字便轉。

向仙喬論詩最注重『秀』。他説：『趙堯生先生有信給我，説「作詩須字字妍秀」。』所以向先生的詩和字都十分秀。鄭異材就承繼了這一點，確實是向先生的嫡傳弟子。向先生論詩也最重音節，他常引姚姬傳的話『詩文須從聲音證入』，並舉歐陽修《豐樂亭記》『百年之間漠然徒見山高而水清』一段，説『這是古文中音節最好的一篇』。其實《豐樂亭記》意思也很好，近來選文的人大都選《醉翁亭記》，而未選這篇。對於這種選文的標準，實在不大理解。

吴又陵、林山腴都不甚推崇李、杜，大概名家的作品，總不免泥沙並下，不盡可學。像李白的『我也爲君槌碎黄鶴樓，君亦爲吾倒却鸚鵡洲』，兩先生都認爲是惡道。吴先生却稱道李白的『清風朗月不用一錢

買，玉山自倒非人推』，認爲是神來之筆。對於尊經前輩，林先生最推崇宋芸子的七律，吴先生最推崇吴伯朅的七古，尤其是吴伯朅的《桂湖》一篇，開篇兩句『江山啓神才人秀，才人無福江山壽』，已能概括一切。篇中的『功名翻爲氣節苦，精神僅借文章補。春水盈塘魂未歸，秋香滿地花無主』四句更是吟誦不置。吴先生的詩是學晚唐的，對於晚唐人的絶句，在講文學史時引證很多，都風華掩映之作，所以他作的絶句爲當時人稱道。清末民初的作者受龔定庵影響很深。吴先生也是其一，《辛亥雜詩》正是從龔定庵《己亥雜詩》來。

原載四川省文史研究館編《益州集粹》，上海書店，一九九四年十月版

文史雜論卷二　史論

方志論・叙

昔《虞書》《禹貢》《周禮・職方》，原本山川，兼説風物。蓋史家之别子，而方志之權輿。降及後來，兹途益啓。至若管疏水地，《管子》有《水地篇》，因水性以及民性。郭注《山經》，郭璞《山海經注》，多所徵覈，又復爲之圖贊。班固之記域分，班固《漢書・地理志》，兼論域分風俗。袁康之書越絶。《越絶書》，隋唐志題子貢，提要據傳末隱語定爲袁康。《楊升庵詩集》十《跋越絶》即舉出，提要據之而不言出處。或散爲專籍，或旁及子史，並已衣被作者，裁成義類，豈獨《元和郡縣》唐李吉甫《元和郡縣圖志》《太平寰宇》宋樂史《太平寰宇記》《洛陽伽藍》之録，後魏楊衒之《洛陽伽藍記》。《荆楚歲時》之編，梁宗懍《荆楚歲時記》。乃足爲輿地之著述，志乘之濫觴。此則條舉方俗之書，發端已久。自秦廢封建，始爲郡縣。炎漢承之，郡國並建。然而圖籍畢上太史，政事列之計簿。既改國史之例，曾無郡縣之書。閭里之風，於焉不顯。其有通國大都，人文所萃，才士涉筆，類舉爲編。宋世王十朋之會稽三賦，即此類也。若左思之賦，《西京賦》、左思《三都賦》。道將、善長之作，常璩《華陽國志》，兼紀士女，爲志乘家最古之型範。酈道元注《水經》，間及地方人文。風物之外，嬗及列士。上方前修，益隆規橅。若夫具體之志，蓋自趙宋始盛。逮於朱明，遂著令甲。家有其書，人思載筆。采掇不越百里，甄才止於一方。叢雜並興，不可殫論。

若范氏之《吴郡志》，宋范成大。羅氏之《新安志》，宋羅願。康氏之《武功志》，明康海。韓氏之《朝邑志》，明韓邦靖。陸氏之《靈壽志》，清陸隴其。矯然特異，爲世所稱。而通人考覈，尚猶咎其疏失。及至近代，章實齋之《和州志》《亳州志》，鄭子尹之《遵義志》，王壬甫之《湘潭志》《衡陽志》《桂陽志》，吴摯甫之《深州志》，張式翁之《合川志》，合川張式卿先生。趙堯生之《榮縣志》，雖體制不一，並張新例，高視往代，啓誘方來，諒足爲後賢之所矜式者焉。古者誦訓之官，掌道方志，山川能説，可爲大夫；行人則奏其五書，太師則陳諸謡詠。見《秋官·小行人》。所以辨章風俗而區分，曲通萬殊而不雜。上承教令，下察衆心，不降階序，而民風國事，如示諸掌。雖鄉邑之載録，未有成書，而州郡之情實，資於政理。後世輶軒之使，不采風詩；專城之司，端拱堂宇。遠方異物，則通以成俗曲期；州縣利病，則稽之故事圖版。方輿之紀，不資時治。雖有其書，均之餼羊。由是私家撰述，徒炫文華；官士設局，動張新例。流别莫識，義類何知？猥濫召譏，有宜然矣。夫方志之體，備於州黨；曲折委瑣，洪細必該。方之作史，其難有四。後世修志，興於功令。供財設局，領以官紳。簪筆采撰，廣羅縣士。其人或了無史才，或粗知文翰。含毫弄墨，則妄摇筆端；退身知止，則速簡避事。至乃强相飭勒，謬爲妍蚩，章條滋蔓，勞逸不辨，其難一也。一縣之牒，旨在彰善。有褒則采，召毁宜疏。亦有誼篤婚姻，恩榮父祖，虚構善行，侈陳品藻。順事題叙，則陳壽有求米之誣；覈實爲書，則魏收罹穢史之謗。筆削所及，致疑恩怨，其難二也。史之所撰，厥類實繁。上采官書，下逮筆録。其事周知於閭里，其人名彰於通國。以類取予，無假冥搜。方志之作，事終一邑。彼夫鄉鄙耆德，孝子貞婦，一至之行，片言之美，幽光潛德，隱閟不彰。總録爲書，全恃甄訪。屬采摭於鄉里，何由備此通材？非失闕佚，必疏體要，其難三也。史陳事實，紀傳爲先。志博異聞，方物居首。自班馬二家，創爲書志。後之作者，未或越前。良以天文星野，樂律五行，事涉專門，罕能兼善。《隋志》聚彼名家，分編采撰。

《史》《漢》而後，號爲最精。縣志以一隅之人才，綜百家之典要。抄撮則前無所因，獨創則道有未諳。千里一賢，况在郡邑，其難四也。夫以令長所治，十室之鄉，兼是四難，勒爲一部。雖使南董載筆，遷固復生，諒不能扶彼庸音，獨昭瑰寶。矧以迂生帖括，閭巷凡材，啁啾班馬之堂，攘臂汗青之業，其爲不稱，夫復奚言！余弱冠志學，留思篇籍。惝涉史志，未及淹貫。十年率教，倦歸山野。會成都市有修志之議，主者欲以一席相假。逡巡辭謝，得遂閑居，而縣志重修，適當起議。有感其事，述爲是篇。博稽舊籍，例以時制。審前①

方志論·編撰

尼父有言：『言之無文，行而不遠。』又曰：『文勝質則史。』夫所謂文者，非惟辭采紛披，蓋謂倫脊有序。編次比牒，先後之序明，則全書之倫脊具也；整齊貫穿，錯綜之事明，則一篇之倫脊具也。史才必兼文事，事非文用不彰。文體施用，各有所宜。叙事達情，資於才美。『然朴散淳銷，時移世異，文之與史，較然異轍。故以張衡之文，而不閑於史；以陳壽之史，而不習於文。其有賦述《兩都》，詩裁《八詠》，而能編次漢册，勒成宋典。』《史通·覈才》若斯人者，命世實生，志乘之作，豈曰易致！故語於編撰，整齊已難。况其述事如見，述人如繪，聲情俱茂，毫髮靡遺，使千里百年，尋案可識者哉！此則編次之術，不可不論也。按志之成體，其類有五：一曰圖，二曰譜表，三曰考略，四曰紀傳，五曰雜録。凡斯五科，文各有當。雖事

① 以下散佚，殊爲可惜也。

之實迹，自有成規。而潤色之功，惟在詮配。其論序之屬，進退在人。非比圖譜事紀，文有定式，事有定例，華實損益，百世可知。故獨取五科，分述如下：

一、圖

圖有二種：一曰輿地，二曰形象。形象之圖，本諸實物，曲折該備。依方取類，自當紀其色彩大小，質地粗細，而作圖之術已備。其待於講論惟輿地乎！晉裴秀《禹貢九州地域圖序》云：『製圖之體有六焉：一曰分率，所以辨廣輪之度也；二曰準望，所以正彼此之體也；三曰道里，所以定所由之數也；四曰高下，五曰方邪，六曰迂直，此三者各因地而制宜，所以校夷險之異也。有圖象而無分率，則無以審遠近之差；有分率而無準望，雖得之於一隅，必失之於他方；有準望而無道里，則施於山海隔絶之地，不能以相通；有道里而無高下、方邪、迂直之較，則徑路之數必與遠近之實相違，失準望之正也。』此其所論地圖之製作，雖去今千載，大體已成。後來有作，雖頗益期精，未爲相遠。分率準望，近世表以經度，道里著於縮尺，如云若干萬分之一。高下定之海拔；若云某地爲海拔若干尺，言超出海平面也。方邪迂直，則表以山脉水系，與道路之經行，驛鎮之散布。其鄉鎮之併省無恒，州郡之廢置代有，沿革之象，又當以今時地域爲本，用往代形象作附，殊以異色，分以絲闌。至若宮室制度，物産分布，測量繪製，其事繁多。論厥大端，要不外此。州郡之製圖，自不與五洲全象。一國境域，同其繁紛，界域所經，必當與志文相應。然後虛實相資，詳略互見。建章門户，張華歷舉其名；隴右山川，馬援詳説其勢，斯非圖像之利哉！

二、譜表

《史通·表歷》有言：『譜之建名，起於周代；表之所作，因譜象形。故桓君山有云：「太史公《三代世表》，旁行斜上，并效周譜。」』則譜表之用同，血脉所因，實始周代。因簡馭繁，條碎爲整。使燕越萬里，徑寸之內，犬牙可接；動植諸品，數行之中，高下並敘。章實齋所謂『爽豁眉目，省約篇章，義至善也』。《報廣濟黃大尹論修志書》 自非嘉言懿行，邦之大事。風俗之所廣被，珍錯之所叢出；士女之流播芳徽，山川之縱橫縣境。其方以類聚，物以群分，何能動憑辭説，益增煩費？此則譜表之所以省約篇章也。記事旁出，年月綺錯，事有資於比論，文不表其異同。或時與時相續，或事與事相接。裁篇別見，非譜表無以觀其會通；綱目叢列，非譜表無以審其流別。此則譜表之所以『爽豁眉目』也。譜有敘説，廣之則成志；志有排列，摘之則爲譜。要當以年經事緯之法，寓於馳簡馭繁之內。而後譜之爲用，條貫分明，秩然有當。譜表之用，方志最多。體式無常，觀物施制。約論其制，蓋有二端：一則縱橫經緯，旁行斜上，舊來多用於載名物制度之區；一則枝幹分合，首尾通貫，舊來多用於列世次統宗之系。其品彙繁滋，異端錯出，事非一族，情不相通，則旁行斜上之表足以著之；異出同歸，百慮一致，交流孳乳，綜會八方，則枝幹分合之表足以著之。茲可謂綱紀分，群類別，制割大理，疏觀萬物，以淺持博，以一持萬者乎？宜爲治學者之所相承而益廣者也。

三、考略

鄭樵《通志》紀典章法制，群物品彙，全用略之名。馬端臨《文獻通考》，異名稱考。略者本之劉《略》。《淮南子·要略訓》論諸子學術之大概。劉向《七略》，書目之外，撮群書而著其旨要。考者承於周考，《藝文志·周考》，班固之考周事。 徵其文體，即馬書、班志之流也。杜預序《春秋左氏傳》云：『身爲國史，躬覽載籍，必廣記而備言之。其文緩，其旨遠，將令學者，原始要終，尋其枝葉，究其所窮。』斯雖論左史之傳經，要當於志家之作考。蓋傳之成體，雖視經之廣遠，終比書志爲疏。所謂先經、後經、依經、錯經，亦不必能盡原始要終。尋枝葉究所窮之道，惟考略之作。明沿革，察蓄變，綜合今古，徹眇旁通，整葉尋根，觀瀾索源，庶幾廣記備言之稱，文緩旨遠之義。故考略之造述，每事爲篇，自具首尾；先獵群材，以備采甄；辨同考異，慎其審擇。使每類相從之事，不奪不遺。然後取捨詳略，歸之條理；陶冶群言，會通一貫。使先後之序，分合之由，脉絡事叙，昭如指掌。又當明得失之故，知盛衰之理。往事密則推以鑒今，前人疏則綜之於後。精意深旨，言外有明；大節細枝，無微不貫。或網羅今古，掎摭利病；或辨章清濁，考鏡源流；或元元本本，殫見洽聞；或左引右延，旁推曲暢。雖綜群言之條貫，實成一家之絶學，斯所謂史有子意者也。如其比次纂録，徒成會典；分類抄撮，有若類書。上無當於才識，下乃同於小説。此在述禮俗技藝，尤易犯之病。或複采擇不精，編次無當，庸雜猥濫，有累全書。與夫多載議論，少陳事例，空言無補，徵實爲難。此皆習俗之恒情，而爲高明所宜痌。知言君子，幸其慎旃。

四、紀傳

志中紀傳，分爲二體：紀以年經事緯，昭郡録之大綱；傳以一人行誼，列全州之士女。紀體同於編年，傳體同於紀傳。紀以郡邑之事爲主，而附一人之時會；傳以一人之事爲主，而詳郡邑之政教。用各有當，俱以事叙爲宗。紀用編年，但書大事；事有宜詳，自當附見傳中。其叙事裁篇，或有倣《春秋》編年之文，則胡纘宗《安慶府志》之所以見笑於人也。顧炎武《日知録》：『胡纘宗作《安慶府志》，書正德中劉七事，大書曰：「七年閏五月，賊七來寇江境。」而分注於賊七之下曰：「姓劉氏。」舉以示人，無不笑之。』斯又求簡之病也。雖然列傳宜詳，事紀宜簡，斯蓋通例，無可疵非；事例之摘記，但取大綱，無多可論。温公《通鑑》，一覽能詳。取事之方，又歸采擇。若夫列傳之作，全係史才。自非考論精詳，焉能喻於列士？蓋發傳之體有四，而作傳之法二十。馳二十操觚叙事之例，總四類分合别裁之體，雖未必上方諸史，亦庶幾略近雅言。故不揣駑下之材，輒張馭文之術。雖刻舟求劍，或見誚於高明；而冥行擿途，亦有待於燈燭。若使耆儒碩學諷高歷賞，固將陋其以學僮侶畢之道，告秉筆操簡之人。然芹曝之獻，非無下忱；芻蕘之言，采於聖哲。何必士衡撫掌於《三都》，劉歆覆瓿於《太玄》也！

夫所謂四體者，一曰獨傳。睿智挺生，英才俊發。事功昭於耳目，言行覆於人間。罄竹可書，抽毫難盡。自非別立一傳，不足具彼生平。此以事煩而特編，不以行高而始著。此獨傳之體也。

二曰合傳。士有百行，殊途同致。或立義足以相貫，或遭際本有同符；或行事之首尾相隨，或語默之後先同貫。三五併編，資於捻理。若老莊申韓，殊術而相通；屈原賈誼，異代而同例。此合傳之體也。

三曰總傳。依方取類，一事通功。或卷舌而同聲，或擬足而投迹。雖歷祀百代，而行義無殊；別裁一篇，則事類無幾。傳之表譜，不足彰其行能；覈之古今，實多同聲之侶。若文苑儒林，獨行方技之流。史有其編，立目愈廣。此總傳之體也。

四曰附傳。其有事迹雖寡，名行可崇。或運其奇謀，或樹一奇節。雖足傳之不朽，難以藻飾成篇。寄之他傳，爲其標附。若商山四皓，事列王陽之首；召平紀信，編在蕭項之末。此附傳之體也。

自文士紀人，不諳史法；史家作傳，或取志銘。於是有條理踳駁，虛實參錯；詞不傳事，事不傳人；藻急於情，韻牽其旨。名家之累，既已如兹。又有俗儒鄙夫，妄稱法古。或則私心自用，或則摸擬拙劣。若不標示宜忌，何以貽厥將來！所謂二十之法，實依於此。

二十者，一曰立傳當明義例。人心不同，各如其面；體性所樹，終身由之。雖有立行多方，實則標稱無幾。夫曾點浴沂之詠，不入道家；墨子儒書之學，無關孔徒。蓋其行有獨著，旨要當標；立人之道，亦因於此。叙一人之事，當審其不朽所在，綜其至要之行。餘事附出，譬之枝葉。此則百節成體，俱會於身。十五儒行，各爭一節。非惟一人之面目易識，亦使一事之叙述有條。此命篇之宗旨也。

二曰成篇當有輕重。夫日中則昃，月盈則虧。人之一生，理無終美。雖或哀樂有定，而盛衰無恒；行義多端，而一節稱最。良史之叙述，審其輕重，知其所窮。暢達於一端，而從容於末節。譬之霍光輔漢，功以廢置爲高；周瑜佐吴，顯於赤壁之戰。此全篇精要，所宜慎書。若並此不識，則文乏異彩。雖累萬言，徒益昏睡。且一節既得，則綱領分明。曾文正所云『萬山磅礴，必有主峰；龍衮九音，但挈一領』者也。《復陳右銘太守書》此命篇之統系也。

三曰時地之界畫宜明。人非一事，事非一族。長幼異時，燕越異境。地同則以時分，時同則以地别。時地俱同，理無殊事；時地俱異，分述必明。蓋事之紀録，不同空論。雖以虚詞助語，綜貫後先。時地之分書，即事迹之條貫。百年萬里，推校可知；一則二則，脉絡彰著。用使平生諸事，次序昭然。此成文之經絡也。

四曰居游之境地宜審。夫孟母三遷，乃成子輿之聖；莊嶽一徙，無復南楚之聲。固知人之平生，實有資於教化。居移氣而養移體，染於蒼而染於黄。非獨互鄉難言，里仁爲美。堯舜有比屋之封，桀紂納同誅之士也。此則生平居里，教化所資。如有關於性行，理宜備於甄録。此成文之因籍也。

五曰父祖之叙述。因門第以品士，假遺傳而論人。古有世族之尊，今有優生之論。以先代而分貴賤，固末俗之妄談；因父祖而致賢愚，亦古來之恒例。故前世列傳，間書祖先。或互見旁出，略施品藻；或因其類我，述彼嘉言。要當以本傳爲主，不宜溷客主之勢。又褒述宜有分寸，評語不宜妄加。溢量之言，徒疵美筆。此傳首領起之文也。

六曰鄉貫之紀載。地名沿革，判代有殊；鄉鎮分合，一世數見。《史通》稱夏侯玄撰《東方朔傳》，身没之後，地名改異，猶復追書其事，以示後來。則知身生之前，故宜詳録。故先望所標，不宜下書今世，若隴西李氏、清河張氏之流，是所禁也。疆域改易，不宜妄攀鄉賢，若犍爲、成郡，舊居南蜀之半；華陽一國，衺及益部之中。資中王褒，資陽列三賢之里；成都揚雄，郫縣有子雲之迹，是所禁也。地名從今，不宜輒書舊號。若北京、燕京、金陵、白下，於文爲古，紀事爲俗，是所禁也。居游無定，自當繫其本生，若李白之稱山東，涪翁之樂巴郡，是所禁也。此地望著籍之文也。

七曰幼時志行之叙述。夫人非舜禹，心異朱均；才絓中庸，在於所習。故小時稱了，大未必佳；幼或童騃，長而殊異。近世之叙人，言幼必聰明特達，過目能誦；論德必端莊淑閎，仁孝天成。既不能使終身相應，標其進趣之行；又不能舉琦行瑋節，證品目之實。千篇雷同，轉若庸下。此少年事迹之撰述當忌者也。

八曰名字稱謂之叙述。名先字後，領首之通例；叙事稱名，列傳之定制。至若黥布、尉佗，四皓、萬石，或取新名，運入諸傳，紀事傳真，間有其例。要當使篇無歧出，文不互見。然後尋源竟委，一覽可知。此全傳名字之叙述當忌者也。

九曰生卒年月，親屬子姓。夫表其壽算，書其卒時，則生年可知。叙其妻室，兼其子姓，而兄弟之名字並附。此志銘之通例，亦作傳所遵采。然兄弟多叙於先，妻子多列於後。或表其懿行，或但書名字。自非超群特出之行，生爲時仰，足慰死者之靈；没著徽烈，將傳里俗之耳，則但紀名字，不必妄爲稱揚。此傳末結束之例也。

十曰葬地之紀録，身後之榮哀。夫原氏表阡，不重於鄉黨；桓魋石槨，見鄙於聖人。自東漢以來，士矜氣類，葬崇侈靡。會喪動列千人，表墓必樹豐碑。豈有馬駿必拜之誠，徒存杜預山頂之念。若斯之流，所宜慎録。若復信子孫之誇詞，不足彰一時之好惡。則豪宗巨族，千傳同風，何由論其殊迹，彰其高下？

此傳未結束之當忌者也。

十一曰文章事業之流傳。諸葛盛德，思之至今；子雲著書，見知後世。有鄉曲之陋儒，邑里之鄙生，美前人之嘉詞，襲古來之盛譽。邱封才翳，便云遺愛無窮；著書不行，乃云藏家未出。與夫負販鄉鎮，輒比陶、猗；殖産無多，便呼卓、鄭。既不稱於當代，又假譽於後來。此附叙之當忌者也。

十二曰傳中小事見大之例。腰中著箭，表鄂公之英姿；頰上加毛，昭裴令之神朗。雖增益者小，而精意所傳，不恃紛煩，曲寫毫芥。畫既如此，文亦有之。在於史遷，最多此例。魏公子之下士，見於自迎侯生；周亞夫之倨貴，見於不拜文帝。世之學此，多叙瑣事。或有無關大節，不驗性情，侏儒妄行，輒見甄録。遂使正史方於小説，官書同之里言。欲以方古，反而刻鵠。此傳中引事之例也。

十三曰傳中藉詞設論之例。叔孫通詘身以干世，弟子謂之知務；公孫弘飾僞而要君，汲黯譏其巧佞。或有本無事迹，徒多品藻。雖人有足傳，而行無可稽。然遺烈芳徽，昭於當世，如夷齊首陽之餓死，顔淵陋巷之饑乏，假譽夫子，其名遂彰。《後漢書》之載黄憲，實本斯例。故曰言論風采，無所傳聞，士君子靡不服其高致。自非聲聞久著，采譽高明，不能徒尚空言，張成傳體。此傳中引言之例也。

十四曰紀録口語之例。古今世異，視聽壤分。質文有殊，雅俗斯判。雖采言入文，宜有删潤。而所撰今語，自不宜悉依舊詞。但文取行遠，宜取共知。方言猥多，喻人則礙。夫益都至夔巫，百舍而同於蜀語；宜章陷樂昌，一領而動資譯象。載言之道若不審其可通，恐百世以還，便須重譯。此則俗語雖所不避，過用亦恐非宜。此文中載言之例也。

十五曰載録文字之例。傳叙諸事，取能傳人。文字之載録，亦以傳人居首。故詩有韋孟《諷諫》，賦有趙壹《嫉邪》，論有賈誼《過秦》，表有諸葛《出師》，皆足以彰其爲人，同之叙事。或有事迹無多，一篇獨顯，如文苑之辭賦，名臣之議對，平生所傳，惟在於斯，録出之豈獨表彰德性！至於不實之雜文，無益之筆録，並宜删除，多亦奚爲？此傳中載文之例也。

十六曰傳文之修詞。劉知幾有言：『國史稱美，以叙事爲工；叙事之工，以簡要爲主。然所謂簡者，詞不妄飾，語無虚出；順事直書，微婉盡體。無假於事外之言，不爭於偶對之例。所謂事無重出，文省可知，斯簡之義也。若必節字省句以爲簡，言删意闕以爲簡，則蘇轍《古史》，見《日知録》所稱引。必謂勝於史遷；宋祁著書，或遂益於永叔。千百年後人，將識其所述爲何哉？』此傳文美惡之例也。

十七曰傳後之論贊。夫傳中叙事，不能見作者之用心；傳後論贊，有同於全篇之提要。或者假叙他事，以補全篇之不及，如《項羽傳》之紀重瞳，《張良傳》之叙美貌是也。或者别出異聞，作全篇之考證，《英布傳》叙英爲皋陶之後，《平原傳》叙趙敗上黨之貪是也。至若虚衍浮詞，於義無徵，雖前哲有之，何足多慕？此傳後附論之例也。

十八曰襲人原文之例。傳傳事實，事難率改。或有他人原作，足與吾文相稱。襲用全篇，但加首尾。如前漢《揚雄傳》，用雄自叙之文；范書《班固傳》，録班叙傳之作是也。亦有裁剪諸家，集體成傳，尺絲寸錦，譬道士之百衲，若詩人之集句，分標出處，示無攘美之嫌，若全謝山集中明末諸人之傳是也。此因襲人文之例也。

十九曰除煩濫。夫志有煩傳，由於作者之徇情遠謗；傳有煩文，由於作者之好奇務飾。此著述之通病也。亦有一事分見數篇，一人重出數傳。或平生行義，巨細必書；或因人成事，冒功引德。若此之流，蓋不勝書。此劉知幾所以有《點煩》之篇，《煩省》之論。而陸士衡亦深致意於傷廉愆義，雖愛必捐者也。此爲文宜省煩濫之義也。

二十曰愼品藻。自東漢以來，官由鄉品；士矜氣節，俗尚名譽。六朝以後，虛贊尤繁；史家載筆，已多不實。志乘之作，多承碑志。其爲品藻，自宜妄褒。蓋蔡邕之碑銘，惟郭、陳始云無愧；孔子之撰史，於定、哀尚多微詞。固有紀一邑之事，叙一人之行，稱述者已覺過情，子孫猶嫌未盡。若求傳信用，是多乖必也。取之於一鄉，列之於一國。方之今士傳人之例，若孟堅人表之書；覈之同時並興之士，若汝南月旦之議。先合諸傳，後定品目，不得以虛詞空論，標目傳中。則事取足徵，名因事立，不爲溢美，足昭大公。斯則百代傳聞，足稱精審矣。此傳中列人，叙事狀詞，標榜稱述，宜有分量者也。

凡斯四傳，二十法例，雖事異時移，並堪襲用。蓋人事雖衆，形範無多；依事制宜，道存通變。如或執一而不化，固蹈陸、沈之譏；若其師心而自用，將有妄、庸之誚。近世之士不求審古，但取徇今；率意以言，動稱創始。不知因時制宜，本有前例可規。過意翻新，未必環中能出。不述先哲之語，無益後生之慮。雖有螢燭之明，終成覆瓿之資。方其俯仰瞪眄，謂足誇世。笑前人之未工，忘己事之已拙。忽焉身銷名滅，曾不足爲貽笑之資；骨毁文殘，更無假於彈射之力。形翳泉石之下，名與草木同朽。何況且徵舊例，以廣新知，猶爲篤慎明辨哉！

五、雜録

紀録雜事，苞舉遺佚。或類輯舊記，涂兼衆軌；或旁究物理，臚陳纖瑣。事非一族，理出多端。既難别立一篇，自不徵尋義例。隨筆成體，總著群言。文體組織，均無可論。但古來雜記之體，皆才士餘事。雖尺幅數語，體度風格，自有依存。或辨證俗誣，或兼録岐事。此體興於上古，韓非《儲説》，劉向《説苑》，皆可據依。宋世作者最多，每條成文，不宜逾量。紀事須求簡要，考證貴乎精明。其有一産三男，人壽百歲，科第故實，邑里雜聞，隨筆載録，類之雜傳。自復博物小篇，無勞别張首尾。然在於方志之中，亦宜自尊其體。若使荒陋龐猥，一事數見；羌無故實，議論多方。既無當於志録，抑有愧於裨官。施之筆削，終成廢稿，抑何貴於故弦此例，爲全書之贅疣哉！

昔《四庫提要》評述諸家方志，或稱其簡潔有法，或謂其詳博該備。要必文章爾雅，叙次分明，始足當於傳世不朽之作。此則論編撰之所宜經意者也。凡諸所論體例法度，於文章之規矩，且未能詳。至於妙思深微，窮源通變，因事命筆，委折入情，係於作者之才能，非復法度所能範。所謂伊摯不能説鼎，輪扁不能語斤。此作志之所以貴於名家執筆也。

甲戌陽月受業張學淵敬録，己卯四月初八點校重録

跋

四川省文史館故館員賴高翔先生著《方志論》於四十年代。原爲五篇：一爲叙目，二爲體制，三爲采擇，四爲編撰，五爲餘論。惜未刊行。除弁言殘留千餘字外，惟《編撰》全篇尚存。劫火遺篇，尤爲可貴。該篇爲編撰方志之綱要。其叙史志之體類，辨古今之得失，論編撰之宜忌，言簡意賅，文彩斑斕。後來治史志者，必將視之如圭臬無疑。今特刊出，欲公諸同好，以俟乎識遺珠者也。

注：本文曾刊於《巴蜀史志》一九九九年第四期。跋即刊出所撰案語。

馬端臨文獻通考序箋釋

馬端臨字貴與，江西樂平人，宋宰相廷鸞之子，咸淳中漕試第一，會廷鸞忤賈似道去官，端臨因留侍，不與計偕。元初，起爲柯山書院院長，後終台州學教授。博極群書，鄉里遠近師之。所著除本書外，有《大學集傳》《多識録》，學宗朱熹。《文獻通考》承杜佑《通典》而作，自上古迄於宋寧宗。明王圻爲

之續，後人病其踳駁。清乾隆時，詔廷臣別續之，成書二百五十二卷。旋又撰《皇朝文獻通考》二百六十六卷，合稱三通。此序詳述體例及其作意，提舉綱要，亦通四闢述作之業，非妄摇筆端者所得著詞也。

昔荀卿子曰：欲觀聖王之迹，則於其粲然者矣，後王是也。

此《非相篇》文。荀卿名況，一稱孫卿。荀、孫音近，卿者長老之稱。《説文》段玉裁注：『粲，米最白，故爲鮮好之稱。《穀梁》：粲然皆笑，謂見齒也。』此用粲然則明白之貌。後王：楊倞注：『近時之王也。』又《不苟篇》注：『後王，當今之王。』此馬氏引用之意也。劉台拱、汪中、王念孫以爲指文、武。俞樾據下文『彼後王者，天下之君也。捨後王而道上古，譬之猶捨己之君而事人之君也』，駁正其説。

君子審後王之道，而論於百王之前，若端拜而議。

此《不苟篇》文。楊倞注：『端拜猶言端拱。言君子審後王所宜施行之道，而以百王之前比之，若服玄端，拜揖而議。言其從容不勞也。』荀卿文云：『天地始者，今日是也。百王之道，後王是也。君子審後王之道而論於百王之前，若端拜而議。』王念孫《讀書雜志》八：『古無拜而議事之禮，且端拜二字義不相屬。拜當爲拜，拜，今拱字也，形與拜相似，因訛爲拜。端拱而議，即楊注所云「從容不勞也」。』

然則考制度，審憲章，博聞而强識之，固通儒事也。

制度猶言規程，憲章猶言法令。

以上典章經制之要。學淵案：上句眉批。

《詩》《書》《春秋》之後，惟太史公號稱良史。

此尊經之言也。太史公司馬遷字子長，生於龍門。《漢・藝文志・春秋類》：『《太史公》百三十篇，十篇有録無書。』《隋志》改題『史記』。太史公本太史令之通稱，後世專以稱子長，亦猶史記，本史籍之通稱，後世專以稱《太史公書》也。《史記・自序》謂：『厥協六經異傳，整齊百家雜語。』《報任少卿書》稱：『網羅天下放失舊聞，略考其行事，綜其終始，稽其成敗興壞之紀。』『亦欲以究天人之際，通古今之變，成一家之言。』《漢書》卷六十二《遷傳》：『劉向、揚雄，博極群書，皆稱遷有良史之材。』

眉批：王應麟《漢書藝文志考證》載，吕祖謙説以張晏所列亡篇之目校之：一《景紀篇》在。二《武紀》亡。三《漢興以來將相年表》書在，闕序。四《禮書》，自『禮由人起』以下，草具未成。五《樂書》，自『凡音之成』（案：『成』當作『起』。）而下，草具未成。六《律書》，自『書曰：七正二十八舍』以下，草具未成。七《三王世家》所載，惟奏議及策書，或如五宗世家。略叙自出，亦未可知。八《傅靳蒯成傳篇》在，非褚先生補。九《日者傳》，自『余志而著之』以下，皆史公本書。十《龜策傳》，自『褚先生曰』以下乃所補也。由此觀之，則班言無書，特就中秘所藏言之耳。

作爲紀、傳、書、表，紀、傳以述理亂興衰，八書以述典章經制，後之執筆操簡牘者，卒不易其體。

《史記》百三十卷，起黄帝，迄漢武，爲十二本紀，以述帝王，十表以貫歲月，八書以紀政事，三十世家以叙公侯，七十列傳以志士庶，後世皆循其例。八書：《禮》《樂》《律》《曆》《天官》《封禪》《河渠》《平準》也。史公此作所謂繼往開來者矣。

然自班孟堅而後，斷代爲史，無會通因仍之道，讀者病之。

班固，字孟堅，東漢安陵人。父彪，字叔皮，繼《史記》作《史記後傳》，書未成，固續成之。自班史而後，皆斷代爲書。然李延壽《南北史》，歐陽修《五代史》，亦有通史之意。通史、斷代史，劉知幾《史通》所謂二體也。後世史論之家，劉知幾主斷代，鄭樵、章學誠主通史。

曾云：以上言《史記》於治亂興衰、典章二者並詳，他史則不能觀其通。

至司馬温公作《通鑑》，取千三百餘年之事迹，十七史之紀述，萃爲一書，然後學者開卷之餘，古今咸在。然公之書詳於理亂興衰，而略於典章經制，非公之智有所不逮也，編簡浩如烟埃，著述自有體要，其勢不能以兩得也。

眉批：以上古今史籍得失。

宋司馬光，字君實，陝州夏縣涑水鄉人，學者稱涑水先生。爲相八月而卒，贈太師、温國公，謚文正。於英宗治平二年，受詔撰《通鑑》；神宗元豐七年十二月書成，奏上，凡越十九年而後畢。其采用史籍，正史而外，雜史至三百三十二種之多。助其事者，《史記》《前、後漢書》以屬劉攽；三國、南北朝屬劉恕；唐、五代屬范祖禹。故其書網羅宏富，體大思精，爲前古所未有。上起戰國，下終五代，計一千三百六十二年，爲書二百九十四卷，神宗賜名《資治通鑑》，言可資於政治也。《通鑑》爲編年史之巨著。王鳴盛曰：『專取關國家盛衰，繫生民休戚，善可爲法，惡可爲戒者。』又王鳴盛《十七史商榷序》：『十七史者，上起《史記》，下迄《五代史》，宋時嘗彙而刻之者也。』又同書《綴言》云：『孫愐《唐韻序》稱史、漢、三國志、晉、宋、後魏、周、隋、陳、宋、兩齊書，（下宋當作梁。）其所舉凡十三，不數南北史故也。兼數則十五，再加唐及五代，則十七矣。』案：宋改劉昫《舊唐書》爲《新唐書》，薛居正《五代史》爲《新五代史》，合《史記》以下十五史爲十七史，故劉、薛書不在所稱十七史之中。

竊嘗以爲理亂興衰，不相因者也。晉之得國異乎漢，隋之喪邦殊乎唐。代各有史，自足以該一代之始終，無以參稽互察爲也。典章經制，實相因者也。殷因夏，周因殷，繼周者之損益，百世可知，聖人蓋已預言之矣。

《論語・爲政》：『殷因於夏禮，所損益可知也；周因於殷禮，所損益可知也；其或繼周者，雖百世可知也。』

爰自秦漢以至唐宋，禮樂兵刑之制，賦斂選舉之規，以至官名之更張，地理之沿革，雖其終不能以盡同，而其初亦不能以遽異。如漢之朝儀、官制，本秦規也；唐之府衛、租庸，本周制也。其變通張弛之故，非融會錯綜，原始要終而推尋之，固未易言也。其不相因者，猶有温公之成書，而其本相因者，顧無其書，獨非後學之所宜究心乎？

眉批：以上典章經制重於理亂興衰。

《漢書》卷四十三《叔孫通傳》稱：『徵魯諸生與臣弟子共起朝儀』，『頗采古禮與秦儀雜就之』。又《百官公卿表》所列官名多云『本秦官也』，此漢之承秦者也。唐初兵制，天下十道，置府六百三十四，而關内二百六十有一，皆以隸諸衛，謂之府衛，計户充兵。凡民年二十一入募，六十一出軍。兵列府以居外，將列衛以居内，有事則將以征伐，事已則各解而去。其賦役則緣田制而附見焉。唐行均田之法，（隋制十六爲中，二十一爲丁見役。）丁中之民，給田百畝，以二十畝爲永業。餘爲口分。視田之多寡，爲寛鄉、狹鄉之别。凡徙鄉及貧無以葬者，得賣永業田。自狹鄉徙寛鄉者，得並賣口分田。已賣者不復授。死者收之以授無田者。既授者，丁歲輸粟二石，謂之租。用民之力，歲二十日，閏加二日，不役者日爲絹三尺，謂之庸。其始行之皆善，後乃大壞。案：府兵之制，仿於後周，而後周則仿周典。而建置均田租庸之法，原於後魏，亦仿成周。

曾云：以上言治亂興衰，有《通鑑》可稽，而典章經制，則無書可以會通。唐杜岐公始作《通典》，肇自上古，以至唐之天寶，凡歷代因革之故，粲然可考。其後，宋白嘗續其書，至周顯德，近代魏了翁又作《國朝通典》。然宋之書成而傳習者少，魏嘗屬稿而未成書，今行於世者獨杜公之書耳。

杜佑字君卿，唐京兆萬年人，憲宗時拜司徒，封岐國公。性嗜學，雖貴讀書，每至夜分。因劉秩《政典》，廣其所闕，參益新禮，成《通典》二百卷。凡分九門，曰食貨，曰選舉，曰職官，曰禮，曰樂，曰兵，曰刑，曰州郡，曰邊防。每門又各分子目。佑傳見《唐書》卷百六十六、《舊唐書》百四十七。天寶，唐玄宗年號，凡十四年，起西元七四二至七五五。宋白字太素，大名人，太宗雍熙中，召與李昉等同纂《文苑英華》一千卷。《宋史》卷四百三十九《文苑傳》有白傳。《宋·藝文志》《續通典》二百卷，今亡。陳振孫《書録解題》稱：『是書起唐至德初，迄周顯德。』魏了翁，字華父，宋邛州蒲江人，學者稱鶴山先生。《國朝通典》二百卷，今亡。陳振孫《書録解題》云，不著名氏，或言魏鶴山所爲，似方草創，未成書也。

天寶以後蓋闕焉。有如杜書綱領宏大，考訂該洽，固無以議爲也。然時有古今，述有詳略，則夫節目之間，未爲明備；而去取之際，頗欠精審，不無遺憾焉。蓋古者因田制賦，賦乃米粟之屬，非可析之於田制之外也。古者任土作貢，貢乃包篚之屬，非可雜之於稅法之中也。

《通典·食貨門》别田制與賦稅爲二類，分述之，《通考》列賦稅於田制之中，爲《田賦考》。《説文》『勹，裹也，象人曲行，有所包裹。包，妊也。』段注引申之爲凡外裹之稱。亦作苞，皆假借字。篚，竹器，方曰筐，圓曰篚。《孟子疏》：『篚，以竹爲之，長三尺，廣一尺，深六寸，足高三寸，上有蓋也。』《尚書·禹貢》：『厥篚織文』，『厥包橘柚。』蓋盛裹而貢之也。』《書・禹貢序》：『禹别九州，隨山濬川，任土作貢。』左思《三都賦序》：『任土作貢，虞書所著。』任土，謂隨土地之宜，使出貢物也。

乃若叙選舉則秀、孝與銓選不分，叙典禮則經文與傳注相汩，叙兵則盡遺賦調之規而姑及成敗之迹。諸如此類，寧免小疵？

秀，秀才，漢代始爲科目之稱，隋世天下舉秀才不十人，視秀才極重。唐與明經進士並設科目，宋時凡應舉者無不稱秀才。明、清入縣學者乃稱秀才。孝，孝廉，漢武時科舉之名，歷代因之。州舉秀才，郡舉孝廉。隋、唐廢孝廉之舉。清康熙間舉孝廉方正以爲一科。明清稱舉人爲孝廉，乃尊稱也。銓，衡也，量也。古者舉士與官合爲一，士獲選即入官。唐以試士屬禮部，試吏屬吏部。於是以科目取士，以銓選取官。秀、孝者，取士之途；銓選者，取官之途。唐代已分，故用譏杜佑也。本書《郊祀考》小序云：『鄭康成深於禮學，作爲傳注，頗能補經之所未備，然以讖緯之言而釋經，以秦漢之事而擬三代，此其所以舛也。』杜氏《通典》之書有祭禮，則考用經注之文。（案：蓋杜氏之書有未分别者也。）汩，亂也，《書・洪範》：『汩，陳其五行。』租庸調，唐制賦之名。租庸已見前。歲輸絹二匹，綿三兩，輸布者加五之一，麻三斤，或輸銀十四兩，謂之調。《通典》於賦調之規均不叙，而捃摭孫武書之義，相協並相類者纂之，以爲披卷，足見成敗在斯。

至於天文、五行、藝文，歷代史各有志，而《通典》無述焉。馬、班二史各有諸侯王、列侯表，范曄《東漢書》以後無之，然歷代封建王侯未嘗廢也。王溥作唐及五代《會要》，首立帝系一門，以叙各帝歷年之久近，傳授之始末，次及后妃、王子、公主之名氏封爵，後之編會要者仿之，而唐以前則無其書。凡是二者，蓋歷代之統紀，典章係焉，而杜書亦復不及，則亦未爲集著述之大成也。

眉批：以上古來專門典志之書得失詳略。

《史記》有《十二諸侯年表》《漢興以來諸侯年表》等。《漢書》有《異姓諸侯王表》《諸侯王表》等。范曄字蔚宗，宋順陽山陰人，左遷宣城太守，不得志，乃删定《後漢書》。凡十紀、十志、八十列傳，合爲百篇，以罪見收，十志未成而死。梁劉昭取司馬彪《續漢書》之文以成之。初單行，宋乾興初始併入今本，共一百二十卷，以十志析爲三十卷也。曄傳見《宋書》卷六十九。清萬斯同以十七史自《後漢書》以下惟《新唐書》有表，《新五代史》有十國世家、年譜，餘皆闕如，乃各爲補撰，成《歷代史表》五十三卷。王溥，字齊物，并州祁人，仕漢迄宋，封祁國公，傳見《宋史》二百四十九。因唐蘇冕、楊紹復二家先後所撰會要原本，補輯宣宗至唐末之事，成《唐會要》一百卷，又檢尋舊籍，條分縷析，成《五代會要》三十卷。

曾云：以上言杜氏《通典》尚有未備未審之處。

愚自蚤歲，蓋嘗有志於綴輯，顧百憂薰心，三餘少暇，吹竽已澀，汲綆不修，豈復敢以斯文自詭？

《詩》『逢此百憂』，百者數之極多。《三國志·王肅傳》裴注引《魏略》：董遇告人爲學當以三餘。或問三餘之意，遇言：『冬者歲之餘，夜者日之餘，陰雨者時之餘也。』吹竽見《韓非子·内儲説上》：『齊宣王使人吹竽，必三百人。南郭處士請爲王吹竽，宣王悦之，廩食以數百人。宣王死，緡王立，好一一聽之，處士逃。』《荀子·榮辱篇》：『短綆不可以汲深井之泉。』白居易《琵琶行》：『水泉冷澀。』詭，異也。自標異。

昔夫子言夏殷之禮，而深慨『文獻之不足徵』，釋之者曰：『文，典籍也；獻，賢者也。』生乎千百載之後，而欲尚論千百載之前，非史傳之實録具存，何以稽考？儒先之緒言未遠，足資討論，雖聖人亦不能臆爲之説也。

《論語・八佾》：『子曰：「夏禮吾能言之，杞不足徵也；殷禮吾能言之，宋不足徵也。文獻不足故也，足則吾能徵之矣。」』此用朱注。《論語古注》：文謂六經，獻謂故老。漢儒稱先生，或單稱先，或單稱生，鄧先、董生、伏生是。

竊伏自念：業紹箕裘，家藏墳索，插架之收儲，趨庭之問答，其於文獻蓋庶幾焉。嘗恐一旦散軼失墜，無以屬來哲，是以忘其固陋，輒加考評，旁搜遠紹，門分彙別：曰田賦、曰錢幣、曰户口、曰職役、曰征榷、曰市糴、曰土貢、曰國用、曰選舉、曰學校、曰職官、曰郊社、曰宗廟、曰王禮、曰樂、曰兵、曰刑、曰輿地、曰四裔，俱效《通典》之成規。自天寶以前，則增益其事迹之所未備，離析其門類之所未詳；自天寶以後至宋嘉定之末，則續而成之。曰經籍、曰帝系、曰封建、曰象緯、曰物異，則《通典》元未有論述，而采摭案：《説文》：『拓，拾也，或作摭。』手部。諸書以成之者也。

《禮・學記》：『良弓之子，必學爲箕』，『良冶之子，必學爲裘。』《左・昭十二年傳》：『是能讀三墳五典，八索九丘。』僞孔安國《尚書序》：『伏羲、神農、黄帝之書，謂之三墳』；『少昊、顓頊、高辛、唐、虞之書，謂之五典』；八索，『八卦之説』；九丘，『九州之志』。田賦、錢幣、户口、職役、征榷、市糴、土貢、國用八門，自食貨析出；學校，自選舉析出；郊社、宗廟、王禮，自禮析出；輿地即州郡；四裔即邊防也；插架謂圖書，趨庭謂父訓，《論語・季氏》：『嘗獨立，鯉趨而過庭。曰：「學詩乎？」對曰：「未也。」「不學詩，無以言。」鯉退而學詩。他日又獨立，鯉趨而過庭。曰：「學禮乎？」對曰：「未也。」「不學禮，無以立。」鯉退而學禮。』鯉，字伯魚，年五十，先孔子卒。

曾云：以上自叙己之著作較《通典》有同有異。

案：以上叙所爲作書之意。

凡叙事則本之經史，而參之以歷代會要，以及百家傳記之書，信而有證者從之，乖異傳疑者不録，所謂『文』也。凡論事則先取當時臣僚之奏疏，次及近代諸儒之評論，以至名流之燕談，稗官之紀録，凡一話一言可以訂典故之得失，證史傳之是非者，則采而録之，所謂『獻』也。其載諸史傳之紀録而可疑，稽諸先儒之論辨而未當者，研精覃思，悠然有得，則竊著己意，附其後焉。命其書曰《文獻通考》，爲門二十有四，卷三百四十有八。而其每門著述之成規，考訂之新意，各以小序詳之。

眉批：以上凡例作意。

《漢志》『小説家者流』，有百家，百三十九卷，亡。《史記·甘茂傳》：『事下蔡史舉先生，學百家之術。』蓋諸子統稱百家，而雜説總括以此名歟！小説家序云：『小説家者流，蓋出於稗官。』師古注：『稗，小官。』

曾云：以上言采摭舊説，間附己意。

昔江淹有言：『修史之難，無出於志。』誠以志者，憲章之所繫，非老於典故者不能爲也。陳壽號善叙述，李延壽亦稱究悉舊事，然所著二史，俱有紀傳而獨不克作志，重其事也。況上下數千年，貫串二十五代，而欲以末學陋識，操觚賴注：木簡。竄定其間，雖復窮老盡氣，劌目鉥心，亦何所發明？聊輯見聞，以備遺忘耳！後之君子儻能芟削繁蕪，增廣闕略，矜其仰屋之勤，而俾免於覆車之愧，庶有志於經邦稽古者或可考焉。

眉批：以上自謙作結。

江淹説見鄭樵《通志》序引。淹字文通，濟陽考城人，所著述百餘篇，並《齊史》十志。《梁書》卷十

四、《南史》卷五十九並有傳。《晉書·陳壽傳》：『陳壽字承祚，巴西安漢人，撰《三國志》六十五篇，時人稱其善序事。』《新唐書·李延壽傳》：『延壽世居相州。父大師，多識前世舊事，擬《春秋編年》，刊究南北事，未成而歿。延壽既數與論撰，所見益廣，乃追終先志。本魏登國元年，盡隋義寧二年，作本紀十二、列傳八十八，謂之《北史》；本宋永初元年，盡陳禎明三年，作本紀十、列傳七十，謂之《南史》。凡八代，合二書百八十篇。』《四庫書目提要》：『南北史雖曰二書，實通爲一家之著述，故延壽於《裴藴傳》云：「祖之平父忌，《南史》有傳。」《王頒傳》云：「父僧辨，《南史》有傳。」即互相貫通之者。』提要此説最明。故馬氏以陳、李之作爲二書者，合南北史言之也。陳壽《三國志》於魏有紀，吳、蜀君臣俱稱傳。延壽於貞觀初曾佐修《隋書》十志，見《唐書》本傳及南北史《自序》。十志通記宋、齊、梁、陳、隋五代，故稱『五代史志』。曾單行，見《史通·正史》。

曾云：以上謙言，恐有繁蕪闕略。

案：此節結束，又合上節，並論作法。

以上總序。

古之帝王，未嘗以天下自私也，故天子之地千里，公、侯皆方百里，伯七十里，子、男五十里，而王畿之内復有公卿大夫采地禄邑，各私其土，子其人，而子孫世守之。其土壤之肥磽，生齒之登耗，視之如其家，不煩考覈而姦僞無所容，故其時天下之田悉屬於官。民仰給於官者也，故授田於官，食其力而輸其賦，仰事俯育，一視同仁，而無甚貧甚富之民，此三代之制也。

眉批：以上三代與諸侯分治而行井田。

天子地方千里以下制度，今文説《孟子》《王制》皆同。《説文·田部》：『畿，天子千里地，以遠近言之，則言畿也。』段注：『《商頌》：「邦畿千里。」傳曰：「畿，疆也。」《大司馬·九畿》注曰：「畿，猶限也。」』《漢書注》：『采，官也。』官因地而食，故曰采地。卿大夫有封地，收其租入以爲俸禄者，故曰禄邑。生齒，人民也。古以男八月生齒，女七月生齒，官皆登記其數。《周禮》：『民數自生齒以上，登於天府。』登生耗死也。《孟子·梁惠王》：『仰足以事父母，俯足以畜妻子。』此謂贍家。

秦始以宇内自私，一人獨運於其上，而守宰之任驟更數易，視其地如傳舍，而閭里之情僞，雖賢且智者不能周知也。守宰之遷除，其歲月有限，而田土之還授，其姦敝無窮，故秦漢以來，官不復可授田，遂爲庶人之私有，亦其勢然也。雖其間如元魏之泰和、李唐之貞觀，稍欲復三代之規，然不久而其制遂隳者，蓋以不封建而井田不可復行故也。

眉批：以上秦廢封建而壞井田。

《漢書·蓋寬饒傳》：『此如傳舍，所閲多矣。』徙官曰遷，拜官曰除。《夢溪筆談》：『除，猶易也，以新易舊曰除。』後魏亦稱北魏，姓拓拔氏，孝文帝時改姓元，故又稱元魏。孝文太和元年行均田制。唐貞觀，太宗年號。貞觀七年始定均田賦税法。

曾云：以上言不封建則井田不可行。

三代而上，天下非天子所得私也，秦廢封建，而始以天下奉一人矣。三代以上，田産非庶人所得私也。秦廢井田，而始捐田産以予百姓矣。秦於其當與者取之，所當取者與之，然所襲既久，反古實難。欲復封建，是自割裂其土宇以啓紛争；欲復井田，是强奪民之田畝以召怨讟。書生之論，所以不可行也。

眉批：以上論封建、井田相輔，時勢既變，終不可復。

井田之制，説者頗多。《漢書·食貨志上》云：『六尺爲步，步百爲畝，畝百爲夫，夫三爲屋，屋三爲井，井方一里，是爲九夫。八家共之，各受私田百畝，公田十畝，是爲八百八十畝，餘二十畝以爲廬舍。』『民受田，上田夫百畝，中田夫二百畝，下田夫三百畝。歲耕種者爲不易上田，休一歲者爲一易中田，休二歲者爲再易下田，三歲更耕之，自爰其處。農民户人已受田，其家衆男爲餘夫，亦以口受田如比。士工商家受田，五口乃當農夫一人。此謂平土可以爲法者也。若山林藪澤原陵淳鹵之地，（晉灼曰：『淳，盡也。』）各以肥磽（師古曰：『磽，磽确也，謂瘠薄之田。』）多少爲差。有賦有税。税謂公田什一及工商衡虞之入也。』（師古曰：『賦謂計口發財，税謂收其田入也。』『衡虞取山澤之材産也。』）後世紛紛言復封建、復井田者甚多，馬氏皆斥爲書生之論。

隨田之在民者税之，而不復問其多寡，始於商鞅。隨民之有田者税之，而不復視其丁中，始於楊炎。三代井田之良法壞於鞅，唐租庸調之良法壞於炎。二人之事，君子所羞稱，而後之爲國者莫不一遵其法，一或變之，則反至於煩擾無稽，而國與民俱受其病，則以古今易宜故也。作《田賦考》第一，叙歷代因田制賦之規，而以水利、屯田、官田附焉，凡七卷。

眉批：以上論後世田賦之制，爲因時之宜，不可復古。

秦孝公十二年，初爲賦即納商鞅説開阡陌，制貢賦之法。唐德宗時，楊炎爲相，始作兩税法：『夏輸無過六月，秋輸無過十一月。』『凡百役之費，一錢之斂，先度其數而賦於人，量出制入。户無主客，以見居爲簿；人無丁、中，以貧富爲差。爲行商者，在所州縣税三十之一，使與居者均無僥利。居人之税，秋夏兩徵之。其租、庸、調、雜徭悉省，而丁額不廢。其田畝之税，以代宗大曆十四年墾田之數爲定而均收之，於是租庸調之制爲之全變，天下便之。』案：隋制，男女年十六爲中，二十一爲丁。唐初因之。天寶三年，更民十八以上爲中男，二十三以上成丁，租庸已詳前。其丁隨鄉所出，歲輸絹、綾、絁各二疋，布加五之一，綿二兩，輸布者麻三斤，謂之調。

屯田，以戍卒從事耕植所墾之田也。唐有屯田郎中員外掌屯田政令。

曾云：以上言秦與商鞅、楊炎之事，君子所羞稱，而不能不遵其法。

以上《田賦考序》。

生民所資，曰衣與食；物之無關於衣食，而實適於用者，曰珠玉、五金。先王以爲衣食之具未足以周民用也，於是以適用之物作爲貨幣以權之。故上古之世，以珠玉爲上幣，黄金爲中幣，刀、布爲下幣。然珠玉、黄金爲世難得之貨，至若權輕重、通貧富，而可以通行者，惟銅而已，故九府圜法自周以來未之有改也。

眉批：以錢幣之由來，錢之爲用。

《管子·國蓄》：『玉起於禺氏，金起於汝漢，珠起於赤野。東西南北，距周七千八百里，水絶壤斷，舟車不能通。先王爲其途之遠，其至之難，故託用於其重，以珠玉爲上幣，以黄金爲中幣，以刀布爲下幣。』《漢書·食貨志》：『太公爲周立九府圜法：（師古曰：『《周官》有太府、玉府、内府、外府、泉府、天府、職内、職金、職幣，皆掌財幣之官，故云九府。圜謂均而通也。』）黄金方寸，而重一斤；錢圜函方，（孟康曰：『外圜而内孔方也。』）輕重以銖；（師古曰：『言黄金以斤爲名，錢則以銖爲重也。』）布泉廣二尺二寸爲幅，長四丈爲匹。故貨寶於金，利於刀，流於泉，（如淳曰：『名錢爲刀者，以其利於民也；流於泉，流行如泉也。』）布於布，束於帛。（如淳曰：『布於民間。』李奇曰：『束，聚也。』）自王莽變錢之制，更鑄錢幣刀布。自宋以來，皆緣新莽之稱，謂刀形者爲刀，有首、肩、足者爲布。王先謙《漢書補注》引蔡雲《癖談》云：『圜法二字，統金錢、布帛言之。世謂周家錢法，皆如孟康所云外圜内方者，其誤殊甚。上圜字主義，下圜字主形，泉爲圜法之一，函方之泉，又爲泉法之一。班氏以是爲周家創制，故特言之。』又《食貨志》：『管仲相桓公，通輕重之權』，『民有餘則輕之，故人君斂之以輕；民不足則重之，故人君散之以重。凡輕重斂散之以時，則準平。』

曾云：以上錢。

然古者俗朴而用簡，故錢有餘；後世俗侈而用糜，故錢不足。於是錢之直日輕，錢之數日多。數多而直輕，則其致遠也難。自唐以來始制爲飛券、鈔引之屬，以通商賈之厚齎貿易者，其法蓋執券、引以取錢，而非以券、引爲錢也。

唐憲宗時，商賈至京師，委錢諸路奏進院掌文書迎送之事。及諸軍諸使富家，以輕裝趨四方，合券乃取之，號爲飛錢，即此所云飛券。宋興，取其故事，許民入錢京師，以諸州錢給之。鈔引即鈔票，引爲鹽引，即鹽業執照，茶引即茶業執照之類。

宋慶曆以來，蜀始有交子；建炎以來，東南始有會子。自交、會既行，而始直以楮爲錢矣。

眉批：以上券引之由來。

慶曆，仁宗年號。建炎，高宗年號。蜀富人以錢重，私爲券，謂之交子，以便貿易。其後，富人貲稍衰，不能償，數争訟，乃禁民私造，置交子務於益州。徽宗時，陝西、河東、京東、京西、淮南亦皆行交子。交子又名錢引。北宋之末，交子之法大壞。南渡以後，造現錢關子，募商人納錢以給軍，執關於榷貨務請錢，願得茶鹽香貨鈔引者聽。已而出納留難，人皆嗟怨，乃又改其名爲會子，通行於淮、浙、京、湖諸路。上供及民間典賣皆用之。凡錢引皆以三年爲界，會子亦然。然届時不遇，造新换舊，仍不見錢，故曰以楮。

夫珠玉、黄金，可貴之物也。銅雖無足貴，而適用之物也。以其可貴且適用者制幣而通行，古人之意也。至於以楮爲幣，則始以無用爲用矣。舉方尺腐敗之券，而足以奔走一世，寒藉以衣，饑藉以食，貧藉以富，蓋未之有。然銅重而楮輕，鼓鑄繁難而印造簡易，今捨其重且難者，而用其輕且易者，而又下免犯銅之禁，上無搜銅之苛，亦一便也。

《説文·木部》：『楮，穀也。從木，者聲』；『穀，楮也。從木，㱿聲』。段注引《小雅傳》曰：『穀，惡木也。』陸機疏曰：『江南以其皮擣爲紙，謂之穀皮紙，潔白光輝。』銅禁，禁民銷錢鑄造銅器雜物也。銅少時除鑄銅鏡外，一切禁斷，盜鑄者死。

曾云：以上言以楮券爲錢。

作《錢幣考》第二，凡二卷。

眉批：以上比較作結。

以上《錢幣考序》。

古者户口少而皆才智之人，後世生齒繁而多窳惰之輩。鈞是人也，古之人，方其爲士，則道問學；及其爲農，則力稼穡；及其爲兵，則善戰陣。投之所向，無不如意。是以千里之邦，萬家之聚，皆足以世守其國而扞城其民，民衆則其國强，民寡則其國弱，蓋當時國之與立者，民也。

眉批：以上古户口少而人材多，故民爲國重。

《説文·穴部》：『窳，汙窬也。』段注：『《釋詁》曰：「窳，勞也。」郭云：「勞苦者多惰窳之民。」《史記》：「呰窳偷生。」晉灼曰：「呰，病也；窳，惰也。」釋元應屢引楊承慶字統説：「懶者不能自起，如瓜瓠在地不能自立，故字從㼌，又懶人恒在室中，故從穴。夫穴訓土室，不必從宀而後爲室也。」』朱陸異同，陸尊德性而朱道問學。種曰稼，斂曰穡。《説文·禾部》：『在野曰稼』，『穀可收曰穡。』城，守也。

光嶽既分，風氣日漓，民生其間，才益乏而智益劣。士拘於文墨，而授之介冑則慚；農安於犁鋤，而問之刀筆則廢。以至九流、百工、釋老之徒，食土之毛者，日以繁夥，其肩摩袂接，三孱不足以滿隅者，總總也。於是民之多寡，不足爲國之盛衰。官既無藉於民之材，而徒欲多爲之法，以征其身，户調、口賦日增月益，上之人厭棄賤薄，不倚民爲重，而民益窮苦憔悴，衹以身爲累矣。作《户口考》第三，叙歷代户口之數與其賦役，而以奴婢、占役附焉，凡二卷。

眉批：以上後世户口多而人材乏，故國以役累民。

光嶽：三光五嶽，猶言天地也。九流：《漢・藝文志・諸子略》：儒、道、陰陽、法、名、墨、縱横、農、雜、小説十家，『其可觀者九家』，故稱九流。食毛踐土，植物曰毛，草類也。《史記・陳餘列傳》集解：『冀州人謂懦弱爲孱。』黄庭堅詩：『三孱不滿隅。』語本《晏子春秋》：『五子不滿隅，一子可滿朝』，言懦弱者雖多無用也。林林總總，多也。《楚詞・大司命》：『紛總總兮九州。』王逸云：『衆貌。』占役：指東晉品官占户所服之役。

以上《户口考》。

役民者官也，役於官者民也。郡有守，縣有令，鄉有長，里有正，其位不同而皆役民者也。在軍旅則執干戈，興土木則親畚鍤，調征行則負羈紲，以至追胥、力作之任。

眉批：《周禮・小司徒》『以比追胥』注：『追謂逐寇，胥謂伺捕盗賊。』

其事不同，而皆役於官者也。役民者逸，役於官者勞，其理則然。然則鄉長、里正非役也，後世乃虐用其民，爲鄉長、里正者，不勝誅求之苛，各萌避免之意，而始命之曰户役矣。唐宋而後，下之任户役者，其費日重；上之議户役者，其制日詳，於是曰差、曰雇、曰義，紛紜雜襲，而法出姦生，莫能禁止。噫！成周之里宰、黨長，皆有禄秩之命官；兩漢之三老、嗇夫，皆有譽望之名士。蓋後世之任户役者也，曷嘗凌暴之至此極乎！作《職役考》第四，叙歷代役法之詳，而以復除附焉，凡二卷。

《漢書·食貨志》：『五家爲鄰，五鄰爲里，四里爲族，五族爲黨，五黨爲州，五州爲鄉。鄉，萬二千五百户也。鄰長位下士，自此以上，稍登一級，至鄉而爲卿也。』《周禮·地官》：『里宰，每里下士一人。』又：『黨正，每黨下大夫一人。』（案：下士一命，下大夫四命。里宰，掌二十五家。黨正，掌二百五十家。《漢書·高帝紀》：『二年，舉民年五十以上，有脩行，能帥衆爲善，置以爲三老，鄉一人。擇鄉三老一人爲縣三老，與縣令丞尉以事相教，復勿繇戍。』《百官公卿表》：『三老掌教化，嗇夫職聽訟，收賦税。』復除：免其徭役也。）

以上《職役考》。

征榷之途有二：一曰山澤，茶、鹽、坑冶是也；二曰關市，酒酤、征商是也。羞言利者，則曰縣官當食租衣税而已，而欲與民庶争貨殖之利，非王者之事也。善言利者，則曰山海天地之藏，而豪强擅之，關市貨物之聚，而商賈擅之，取之於豪强、商賈，以助國家之經費，而毋專仰給於百姓之賦税，是崇本抑末之意，乃經國之遠圖也。自是説立，而後之加詳於征榷者，莫不以藉口征之不已，則併其利源奪之，官自煮鹽、酤酒、采茶、鑄鐵，以至市易之屬。利源日廣，利額日重，官既不能自辦，而豪强、商賈之徒又不可復擅。

《漢書》武帝天漢三年紀顔師古注：『榷者，步渡橋』也，謂『禁閉其事，總利入官，而下無由以得，有若渡水之榷，因立名焉。』坑，掘礦也。縣官，謂天子。漢人稱天子不敢指，反多云縣官，見《東平思王傳》注。

本謂農，末謂工商，見《韓非子》。

曾云：以上言征額日重，則官與商賈豪强皆無利可圖。

然既以立爲課額，則有司者不任其虧減，於是又爲均派之法。或計口而課鹽錢，或望户而榷酒酤，或於民之有田者計其頃畝，令於賦税之時帶納，以求及額，而征榷遍於天下矣。蓋昔之榷利，曰取之於豪强、商賈之徒以優農民，及其久也，則農民不獲豪强、商賈之利，而代受豪强、商賈之榷。有識者知其苛横，而國計所需不可止也。

曾云：以上言農民代商受困，如鹽課歸地乙之類。

作《征榷考》第五，首叙歷代征商之法，鹽鐵始於齊，則次之；榷酤始於漢，榷茶始於唐，則又次之；雜征斂者，若津渡、間架之屬，以至漢之告緡，唐之率貸，宋之經總制錢，皆衰世一切之法也，又次之，凡六卷。

齊負山海之利。管仲相齊，始有鹽鐵之征。漢武帝天漢三年，初榷酒酤。唐德宗建中元年，始税茶。間架，視屋之間架大小以課税也。唐德宗建中四年，以軍用不給，乃税間架，上屋税錢二千，中千，下五百。津渡義同。孟子稱：王者之政，『關市譏而不征，澤梁無禁。』蓋當時即有此征也。告緡，始於漢武帝元狩四年，緡謂錢貫也。算有二千算一、四千算一諸法。告緡者，商賈有匿緡不報，則縱令他人揭告，揭告後則罪隱匿者，而没入其緡錢，以半畀告者。唐肅宗即位時，兩京陷没，民物耗弊，乃遣御史鄭叔清等，籍江淮富商右族貲富什收其二，謂之率貸。宋徽宗宣和中，陳遘以發運使經制東南七路財賦，因建議：如賣酒、鬻漕、商税、牙税，與夫頭子錢、樓店錢，皆少增其數，謂之經制錢。至翁彦國爲總制，度仿其法，又收贏焉，謂之總制錢。見《鶴林玉露》，然《宋史·食貨志》《通考·征榷考》，並謂始於紹興初參政孟庾提領財用時。

以上《征榷考》。

市者，商賈之事也。古之帝王，其物貨取之任土所貢而有餘，未有國家而市物者也。而市之説則昉於《周官》之泉府，後世因之，曰均輸，曰市易，曰和買，皆以泉府爲藉口者也。糴者，庶民之事。古之帝王，其米粟取之什一所賦而有餘，未有國家而糴粟者也。而糴之説則昉於齊桓公、魏文侯之平糴，後世因之，曰常平，曰義倉，曰和糴，皆以平糴藉口者也。

《周禮·地官·泉府》：『掌以市之征布斂市之不售貨之滯於民用者，以其賈買之，物楬而書之，以待不時而買者。買者各從其抵，都鄙從其主，國人、郊人從其有司，然後予之。凡賒者，祭祀無過旬日，喪紀無過三月。凡民之貸者，與其有司辨而授之，以國服爲之息。』康成云：『抵，本也。謂所屬吏各有司是也。』先鄭云：『貸，謂從官借本賈也。』康成云：『以國服爲之息，以其於國服事之税爲息也。於國事受園廛之田而貸萬泉者，則期出息五百。』均輸官，漢武元封元年置，令遠方各以其物貴時商賈所轉販者爲賦而相灌輸。《鹽鐵論·本議》曰：『往者郡國諸侯各以其物貢輸，往來煩雜，物多苦惡，或不償其費，故郡置輸官，以相轉（一作給。）運而便遠方之貢，故曰均輸。』又宋神宗熙寧二年，令發運使，凡糴買税斂上供之物，皆得徙貴就賤，用近易遠，所當貢辦者，得以從便變易蓄買，稍收輕重散斂之權，制其有無，以便轉輸，謂之均輸法。市易：王安石新法置市易省（應爲務，後改爲司。）於市，使購市所不賣之物於官，或與官物交換。又以資貸商人，使遵律納息金。和買：宋制，方春乏絶時預貸庫錢於民，至夏秋令輸絹於官，謂之和買。《玉壺野史》及《澠水燕談録》皆謂始於真宗祥符初，《東齋紀事》則謂始於太宗時，其後官不給錢，向民白取絹帛。又其後反令以每疋之價折納現錢，謂之折帛。管仲相桓公，通輕重之權，謂守國在於守穀，先貯幣於縣邑，當秋時一其穀價而收糴之，國穀三分則二分在上。春時穀貴則與穀，秋時穀賤則收穀，因時之輕重，無不以術權之，則彼諸侯之穀十，吾國穀二十，則諸侯之穀歸吾國矣。魏文侯相李悝，行平糴之法。上熟悉糴三捨一，中熟糴二捨一，下熟中分之。小饑則發小熟之所斂，中饑則發中熟之所斂，大饑則發大熟之所斂而糴之。雖遇饑饉水旱，糴不貴。取有餘以補不足也。行之魏國，國以富强。管法兼主富國，李法兼主濟民。並見《漢書·食貨志》。張晏注云：『平歲，百畝收百五十石，今大熟四倍，收六百石，計民食終歲長四百石，官糴三百石，此爲糴三捨一。中熟，收四百五十石。終歲長三百石，官糴二百石，此爲糴二捨一。下熟，收三百石，終歲長百石，官糴五十石。云下熟糴一，謂中分百石之一也。』宣帝五鳳中，以大司農耿壽昌奏，令邊郡皆築倉，以穀賤時增其賈而糴，以利農。穀貴時減賈而糶，謂之常平倉，民便之。隋文帝開皇五年，以工部尚書長孫平奏，令諸州百姓及軍人共立義倉，其制：收獲之日隨其所得，勸課出粟及麥，於當社造倉窖貯之，即委社司執掌檢校。每年收積勿損敗，若時或不熟，當社有饑饉者，即以此穀賑給。唐貞觀、開元之後，西北緣邊數十州皆戍重兵營，田及地租不足供軍，於是有和糴。和糴者，官出錢，人出穀，兩相和商，然後交易也。然憲宗時，配户督限蹙迫鞭撻。

然泉府與平糴之立法也，皆所以便民。方其滯於民用也，則官買之、糴之；及其適於民用也，則官賣之、糶之。蓋懋遷有無，曲爲貧民之地，初未嘗有一毫征利富國之意。然沿襲既久，古意寖失。其市物也，亦諉曰榷蓄賈居貨待賈之謀，及其久也，則官自效商賈之爲，而指爲富國之術矣。其糴粟也，亦諉曰救貧民穀賤錢荒之弊，及其久也，則官未嘗有及民之惠，而徒利積粟之入矣。至其積弊，則名曰和買、和糴，而强配數目，不給價值，鞭笞取足，視同常賦。蓋古人恤民之事，後世反藉以厲民，不可不究其顛末也。作《市糴考》第六，凡二卷。

以上《市糴考序》。

《禹貢》，八州皆有貢物，而冀州獨無之；甸服有米粟之輸，而餘四服俱無之。説者以爲王畿之外，八州俱以田賦所當供者市易所貢之物，故不輸粟，然則土貢即租税也。漢唐以來，任土所貢，無代無之，著之令甲，（眉批：令有先後，故有令甲、令乙、令丙。）猶曰當其租入。然叔季之世，務爲苛横，往往租自租而貢自貢矣。至於珍禽、奇獸，衮服、異味，或荒淫之君降旨取索，或姦諂之臣希意創貢，往往有出於經常之外者。甚至揹留官賦，陰增民輸，而命之曰羨餘，以供貢奉。上下相蒙，苟悦其民，而於百姓則重困矣。作《土貢考》第七，凡一卷。

《禹貢》：兖州『厥貢漆絲，厥篚織文』，（篚謂盛於筐篚。）青州『厥貢鹽絺，海物惟錯，岱畎（谷也。）絲、枲、鉛、松、怪石』，『厥篚檿絲』（蠶食檿桑所得絲）。徐州『厥貢惟土五色，羽畎夏翟（雉名），嶧陽孤桐，泗濱浮磬，（水中見石，可以爲磬。）淮夷玭（蚌也。）珠暨魚，厥篚玄纖縞。』（纖，細黑。）揚州『厥貢惟金三品，（金、銀、銅也。）瑶、琨、篠、簜，（美石，竹箭、大竹。）齒、革、羽、毛，惟木。島夷卉服，厥篚織貝，（飾物。）厥包橘、柚，錫貢』。（錫命乃貢，不常也。）荆州『厥貢羽、毛、齒、革，惟金三品，杶、榦、栝、柏，礪、砥、砮、丹，（砮，矢鏃之石；丹，朱砂。）惟箘、簵、（竹）楛、（矢榦）三邦底貢厥名，（三物出雲夢近澤，三國常致貢之，天下稱其名。）包匭菁茅，（以茅之有茅刺者纏包之。）厥篚玄纁、璣、（珠不圓者。）組，九江納錫、（錫命乃納，不常貢也。）大龜』。豫州『厥貢漆、枲、絺、紵，厥篚纖纊，錫貢磬錯。』（治磬之錯。）梁州『厥貢璆、鐵、銀、鏤、砮、磬，熊、羆、狐、狸織皮。』（四獸皮毛所織之罽也。）雍州『厥貢惟球、琳、琅玕』。（五服：甸、侯、綏、要、荒謂之。服者，服事天子也。羨供：謂賦税節省之盈餘。唐德宗屬意聚斂藩鎮，常賦之外，進奉不息，劍南韋皋有日進，江西李兼有月進，杜亞、劉贊、王緯、李錡等，皆以常賦入貢，名爲羨餘，實則增削所致。）

以上《土貢考序》。

賈山《至言》曰：『昔者，周蓋千八百國，以九州之民養千八百國之君，君有餘財，民有餘力，而頌聲作。秦皇帝以千八百國之民自養，力罷不能勝其役，財盡不能勝其求。一君之身耳，所自養者馳騁弋獵之娯，天下弗能供也。』然則國之廢興，非財也，財少而國延，財多而國促，其效可睹矣。

《漢書·賈山傳》：『潁川人，孝文時言治亂之道，借秦爲喻，名曰《至言》。』

然自《周官·六典》有太府，又有玉府、内府，且有惟王不會之説，後之爲國者因之。兩漢財賦曰大農者，國家之帑藏也，曰少府，曰水衡者，人主之私蓄也。唐既有轉運、度支，而復有瓊林、大盈。宋既有户部、三司，而復有封樁、内藏。於是天下之財，其歸於上者，復有公私。恭儉賢主，常捐内帑以濟軍國之用，故民裕而其祚昌；淫侈僻王，至糜外府以供耳目之娯，故財匱而其民怨。此又歷代制國用者龜鑑也。作《國用考》第八，叙歷代財計首末，而以漕運、賑恤、蠲貸附焉，凡五卷。

《六典》：見《周禮·天官》，太宰所『掌建邦之《六典》』：治典、教典、禮典、政典、刑典、事典，蓋即太宰、司徒、宗伯、司馬、司寇、司空所以爲治者也。王：當作玉，玉府、太府、内府皆屬天官，掌財賦、金玉、貨賄、甲兵。會：會計也。《天官·膳夫》：『歲終則會，惟王及后、世子之膳不會。』又庖人鄭注，不會計多少。《漢書·百官公卿表》：『治粟内史』，『掌穀貨』，『景帝後元元年更名大農令，武帝太初元年更名大司農。』少府：『掌山海池澤之税，以給供養。』又水衡都尉：『武帝元鼎二年初置，掌上林苑。』應劭曰：『少者，小也。』又曰：『古者山林之官曰衡，掌諸池苑，故曰水衡。』顔師古曰：『大司農供軍國之用，少府以養天子也。』轉運、度支二使，屢見新、舊《唐書·食貨志》，爲財賦重任。《新唐書·食貨志》曰：『初，轉運使掌外，度支使掌内。永泰二年，分天下財賦、鑄錢、常平、轉運、鹽鐵，置二使。』瓊林、大盈二庫名，所以收四方之貢獻，歸天子之私用，陸贄有請罷瓊林、大盈二庫狀。三司使沿五代之制，通管鹽鐵、度支、户部，下分三使。鹽鐵掌天下山澤之貨，關市、河渠、軍器之事，以資邦國之用。度支掌天下財賦，每歲均其有無，制其出入，以計邦國之用。户部掌天下户口税賦之籍，榷酒、工作、衣儲之事，以供邦國之用。宋初有封樁錢物庫，雜儲諸司羨餘錢，以備非常之用。王圻《續文獻通考》云：『宋有封樁，猶今之存倉也。』内藏庫，天子之別藏也。凡貨財之不領於有司者則歸之。其始宋太祖即置内庫，其後三司用度不足，常貸於内藏，候課賦有餘即償之。淳化以後，累歲不能償，即除其籍。

以上《國用考序》。

古之用人，德行爲首，才能次之。虞朝載采，亦有九德，周家賓興，考其德行，於才不屑屑也。兩漢以來，刺史、守、相得以專辟召之權；魏晉而後，九品中正得以司人物之柄。皆考之以里閈之毁譽，而試之以曹椽之職業，然後俾之入備王官，以階清顯。蓋其爲法，雖有愧於古人德行之舉，而猶可以得才能之士也。

《尚書·皋陶謨》：『皋陶曰：「都，亦行有九德。亦言其人有德，（不但言才，亦當言其有德行。）乃言曰，載采采。」（載，行也；采，事也，乃言其所行某事某事，以爲有德之驗。）禹曰：「何？」皋陶曰：「寬而栗，柔而立，願而恭，亂（治也。）而敬，擾（馴順也。）而毅，直而温，簡而廉，剛而塞，（内充實也。）彊而義。彰厥有常，吉哉。」』《周禮·地官·大司徒》：『以鄉三物教萬民而賓興之：一曰六德，知、仁、聖、義、忠、和；二曰六行，孝、友、睦、婣、任、恤；三曰六藝，禮、樂、射、御、書、數。』鄭注：『物，猶事也；興，猶舉也。民三事教成，鄉大夫舉其賢者、能者，以飲酒之禮賓客之。』睦，親於九族；婣，親於外親；任，信於友道；恤，振憂貧者。刺史：漢武帝時始置，辟召官屬，並見兩《漢書》。魏文帝時立九品中正之官，州、郡、縣皆置大小中正，各取本處人在諸府公卿及臺省郎吏有德充才盛者爲之，區別定爲九等。吏部據以授受，其制至隋開皇中方罷。

曾云：以上言唐虞三代取德，兩漢魏晉取才。

至於隋，而州郡僚屬皆命於銓曹，搢紳發軔悉由於科目。自以銓曹署官，而所按者資格而已，於是勘籍小吏得以司升沉之權；自以科目取士，而所試者詞章而已，於是操觚末技得以階榮進之路。夫其始進也，試之以操觚末技，而專校於詞章；其既仕也，付之於勘籍小吏，而專核其資格，於是選賢與能之意無復存者矣。然此二法者，歷數百年而不可以復更，一或更之，則蕩無法度，而僥濫者愈不可澄汰，亦獨何哉？

隋文帝時，牛宏爲吏部尚書，高構爲侍郎，選舉先德行而後文材，最爲稱職。當時之制，尚書舉其大者，侍郎銓其小者。則六品以下官，咸吏部所掌。自是海内一命以上之官，州郡無復辟署者矣。縉紳，搢紳也。搢，插也。古之仕者，垂紳而插笏其間，故稱仕宦者爲搢紳。《史記·五帝本紀》：『搢紳先生難言之。』《離騷》：『朝發軔於蒼梧兮。』洪興祖注：『軔，止車木，將行則發之。』此以喻初仕也。隋文帝始舉秀才，煬帝始建進士科，於人皆由是進。

曾云：以上言隋唐以後，官人皆由銓曹科目。

又古人之取士，蓋將以官之。三代之時，法制雖簡，而考核本明，毁譽既公，而賢愚自判。往往當時士之被舉者，未有不入官，初非有二途也。降及後世，巧僞日甚，而法令亦滋多，遂以科目爲取士之途，銓選爲舉官之途，二者各自爲防閑檢柅之法。至唐則以試士屬之禮部，試吏屬之吏部，於是科目之法，銓選之法，日新月異，不相爲謀。蓋有舉於禮部而不得官者，不舉於禮部而得官者，而士之所以進身之塗轍亦復不一，不可比而同之也。於是立舉士、舉官兩門以該之。作《選舉考》第九，凡十二卷。

柅音尼，察也。唐開元三年，始以試士屬禮部。唐制，凡選有文、武：文，吏部主之；武，兵部主之。五品以上不試，上其名中書門下。六品以下始試之。

曾云：以上言舉士舉官，分爲兩門。

以上《選舉考序》。

古之教者，家有塾，黨有庠，術有序，國有學。所謂學校，至不一也。然惟國學有司樂、司成，專主教事，而州、閭、鄉、黨之學，則未聞有司職教之任者。及考《周禮・地官》：黨正：各掌其黨之政令教治，孟月屬民而讀法，祭祀則以禮屬民；州長掌其州之教治政令，考其德行道藝，糾其過惡而勸戒之。然後知黨正即一黨之師也，州長即一州之師也，以至下之爲比長、閭胥，上之爲鄉、遂大夫，莫不皆然。蓋古之爲吏者，其德行、道藝俱足以爲人之師表，故發政施令無非教也。以至使民興賢，出使長之；使民興能，入使治之。蓋役之則爲民，教之則爲士，官之則爲吏，尊之則爲師，鈞是人也。

「古之教者」至「國有學」，《禮記・學記》文。鄭注：「術當爲遂，韓之誤也。」《周禮》：五百家爲黨，萬二千五百家爲遂。黨屬於鄉，遂在遠郊之外。天子立四代學，（虞、夏、商、周。）尊魯亦立四代學，諸侯但立時王之學。《周禮・春官・大司樂》：「掌成均之法，以治建國之學政，而合國之子弟焉。」《禮記・文王世子》：「大司成論説在東序。」鄭注：「序官大司樂，樂官之長。」注《禮記・大司成》：「司徒之屬，師氏也。」孟月令民讀一年之政令及十二教之法。十二教者，以祀禮教敬，以陽禮教讓，（陽禮：鄉射飲酒之禮。）以陰禮教親，（陰禮：男女之禮。）以樂禮教和，以儀辨等，以俗教安，以刑教中，以誓教恤，以度教節，以世事（士、農、工、商之事。）教能，以賢制爵，以庸制禄也。《地官》：「國索鬼神而祭祀，則以禮屬民。」鄭注：「謂十二月大蜡之時建寅之月。』比長：下士爲之，各長其比之治。閭胥：中士爲之，各掌其閭之徵令。鄉大夫：以卿爲之。遂大夫：以中大夫爲之。鄭司農曰：『百里内爲六鄉，外爲六遂。』案：鄉、遂一長於司徒，一長於遂人也。

曾云：以上言三代以前，吏與師合而爲一。

秦漢以來，儒與吏始異趨，政與教始殊途。於是曰郡守、曰縣令，則吏所以治其民；曰博士官，曰文學掾，則師所以教其弟子。二者漠然不相爲謀，所用非所教，所教非所用。士方其從學也，曰習讀；及進而登仕版，則棄其詩書禮樂之舊習，而從事簿書期會之新規。古人有言曰：『吾聞學而後入政，未聞以政學者也。』後之爲吏者，皆以政學者也。自其以政學，則儒者之學術皆筌蹄也，國家之學官皆芻狗也，民何由而見先王之治哉？又況榮途捷徑，旁午雜出。蓋未嘗由學而升者滔滔也。

《漢書·百官公卿表》：『博士，秦官，掌通古今。』《史記·儒林傳》：『置弟子五十人。』文學椽即卒史。元帝時，郡國置五經百石卒史。沈欽韓曰：『此郡國教官之始。』馬氏引其父説，曰：『西漢博士隸太常，有周成均隸宗伯之意。州有博士，郡有文學椽，五經之師，儒宫之官，長吏辟置，布列郡國，亦有黨庠遂序之意。』《莊子·外物》：『荃者所以在魚，得魚而忘荃；蹄者所以在兔，得兔而忘蹄。』《釋文》：『荃，魚笱也。蹄，兔罝也。』荃或作筌。芻狗以供祭時之用，祭終則棄之。《老子》：『天地不仁，以萬物爲芻狗。』一縱一横曰旁午。《漢書·霍光傳》：『使者旁午。』謂縱横交錯也。後世以爲煩雜之稱。

曾云：以上言政與教分而學日衰。

於是所謂學者，姑視爲粉飾太平之一事，而庸人俗士直以爲無益於興衰理亂之故矣。作《學校考》第十，敘歷代學校之制，及祠祭褒贈先聖先師之首末，幸學養老之儀，而郡國鄉黨之學附見焉，凡七卷。

以孔子爲先聖，顔回爲先師，唐始行之。

以上《學校考序》。

古者因事設官，量能授職，無清濁之殊，無内外之别，無文武之異，何也？唐虞之時，禹宅揆、契掌教、皋陶明刑、伯夷典禮、羲和掌曆、夔典樂、益作虞、垂共工。蓋精而論道經邦，粗而飾材辨器，其位皆公卿也，其人皆賢聖也。後之居位臨民者，則自詭以清高，而下視曲藝多能之流；其執技事上者，則自安於鄙俗，而難語以輔世長民之事。於是審音、制曆、醫祝之流，特設其官以處之，謂之雜流，擯不得與搢紳伍，而官之清濁始分矣。

禹宅揆以下八句，據《尚書·舜典》。宅，居也；揆，度也。羲和二氏，禹居百揆爲天官也。

曾云：以上分清濁。

昔在成周，設官分職，綴衣、趣馬，俱籲俊之流；宫伯、内宰，盡興賢之侣。逮夫漢代，此意猶存，故以儒者爲侍中，以賢士備郎署。如周昌、袁盎、汲黯、孔安國之徒，得以出入宫禁，陪侍宴私，陳誼格非，拾遺補過。其才能卓異者，至爲公卿將相，爲國家任大事，霍光、張安世是也。中漢以來，此意不存，於是非閹豎嬖倖，不得以日侍宫庭，而賢能搢紳，特以之備員表著。漢有宫中、府中之分，唐有南司、北司之黨。職掌不相爲謀，品流亦復殊異，而宫之内外始分矣。

綴衣、趣馬：見《尚書・立政》，掌衣與掌馬之官。籲俊：亦見《立政》，謂求賢也。《周禮・天官》宮伯『掌王宮之士庶子』，中士爲之。内宰『掌……治王内之政令』。又教后以下婦德之事，下大夫爲之。興賢：實興起之賢能也。《百官公卿表》：『入侍天子，故稱侍中。』《續志》曰：『掌侍左右，顧問應對。』法駕出則多識者，一人參乘。錢大昕曰：『班史稱郎者，皆指宿衛之郎，非尚書郎也。以其分隸五官左右中郎將，故又稱三署郎。三署者，五官中郎一署，左中郎一署，右中郎一署，而統屬於光禄勳焉。』周昌，沛人，傳見《漢書》卷四十二。袁盎，字絲，其父楚人，徙安陵，傳見《漢書》卷四十九。汲黯，字長孺，濮陽人，傳見《漢書》卷五十。孔安國，字子國，魯人，傳見《漢書》卷五十八《儒林傳》。霍光，字子孟，傳見《漢書》卷六十八。張安世，字子孺，傳見《漢書》卷五十九。前漢自元帝起至於哀、平，外戚宦官漸次擅權。後漢之世，其勢並未少減。自和帝以後，遂成衝突之局。宮中府中，見諸葛亮《出師表》。府謂大將軍幕府。唐以宰相爲南司，宦官爲北司。

曾云：以上分内外。

古者文以經邦，武以撥亂，其在大臣，則出可以將，入可以相；其在小臣，則簪筆可以侍問，荷戈可以前驅。後世人才日衰，不借器使，司文墨者不能知戰陣，被介冑者不復識簡編，於是官人者制爲左右兩選，而官之文武始分矣。

秦始皇制大尉，總五兵；丞相，總百揆，爲文武分職之始。叔孫通定朝儀，武官西方東鄉，文官東方西鄉。

曾云：以上分文武。

至於有侍中、給事中之官，而未嘗司宮禁之事，是名内而實外也。原注：唐以來，以侍中爲三公官，以處勳臣。又以給事中爲封駁之官，皆以外庭之臣爲之，並不預宮中之事。有太尉、司馬之官，而未嘗司兵戎之事，是名武而實文也。原注：太尉，漢承秦，以爲三公，然猶掌武事也。唐以後亦爲三公。宋時，呂夷簡、王旦、韓琦官皆至太尉，非武臣也。大司馬，周官掌兵，至漢元、成以後爲三公，亞於司徒，乃後來執政之任，亦非武臣也。太常有卿佐，而未嘗審音樂；將作有監貳，而未嘗諳營繕，不過爲儒臣養望之官，是名濁而實清也。尚書令在漢爲司牘小吏，而後世則爲大臣所不敢當之穹官；校尉在漢爲兵師要職，而後世則爲武弁所不齒之冗秩。

太常，周曰宗伯，秦曰奉常，即唐虞秩宗，兼典樂之任，至後魏始兼置少卿。將作者，唐虞之共工，周官有考工，秦有將作少府，漢景帝更名將作大匠。隋開皇二十年改爲將作監大監，初置副監。原注，尚書令，漢初其秩至卑，銅章青綬，主宮禁文書而已。至唐則爲三省長官，高祖入長安時，太宗以秦王爲之後，郭子儀以勳位元當拜，以太宗曾爲之，辭不敢受。自後至宋，無敢拜此官者。漢八校尉，領禁衛諸軍，皆尊顯之官。宰相之罷政者，至爲城門校尉。又司隸校尉，督察三輔，彈劾公卿，其權至卻尊。護羌校尉、護烏桓校尉，皆領重兵鎮方面，乃大帥之職。至宋時校尉、副尉，爲武職初階，不入品從，至爲冗賤。案：漢初，尚書令本少府屬官，武帝後已爲樞機要地矣。

蓋官之名同而古今之崇卑懸絶如此。曾云：以上名實不符，古今互異。參稽互考，曲暢旁通，而因革之故可以類推。作《職官考》第十一，首叙官制次序、官數，内官則自公師宰相而下，外官則自州牧郡守而下，以至散官、禄秩、品從之詳，凡二十一卷。

以上《職官考序》。

《郊特牲》曰：『禮之所尊，尊其義也。失其義，陳其數，祝、史之事也。故其數可陳也，其義難知也。』荀卿子曰：『不知其義，謹守其數，慎不敢損益。父子相傳，以持王公。是故三代雖亡，治法猶存，是官人百吏之所以取禄秩也。』然則義者，祭之理也；數者，祭之儀也。古者人習於禮，故家國之祭祀，其品節儀文，祝、史、有司皆能知之，然其義則非儒宗講師不能明也。周衰禮廢，而其儀亡矣。秦漢以來，諸儒口耳所授，簡册所載，特能言其義理而已，《戴記》是也。《儀禮》所言，止於卿士大夫之禮；《六典》所載，特以其有關於職掌者則言之，而國之大祀，蓋未有能知其品節儀文者。

《郊特牲》，《禮記》篇名，記郊天用騂、犢之義。荀卿語至於『取禄秩也』句，《榮辱篇》文。『以持王公』，王念孫曰：『持，猶奉也。』數謂儀節，馬氏用之，與義相對。官人，守職事之官也。《載記》謂《禮記》，戴聖所訂，亦稱《小戴記》。《六典》即《周官》。

漢鄭康成深於禮學，作爲傳注，頗能補經之未備，然以讖緯之言而釋經，以秦漢之事而擬三代，此其所以舛也。蓋古者郊與明堂之祀，祭天而已，秦漢始有五帝、泰一之祠，而以古者郊祀、明堂之禮禮之，蓋出於方士不經之説。而鄭注《禮經》二祭，曰天曰帝，或以爲靈威仰，或以爲耀魄寶，襲方士緯書之荒誕，而不知其非。夫禮莫先於祭，祭莫重於天，而天之名義且乖異如此，則其他節目注釋雖復博贍，不知其果得《禮經》之意否乎？王肅諸儒，雖引正論以力排之，然魏晉以來，祀天之禮，嘗參酌王、鄭二説而迭用之，竟不能偏廢也。

鄭玄，字康成，傳見《漢書》卷六十五。鄭氏好引緯書。凡二禮所引易説、書説、樂説、春秋説、禮家説、孝經説，皆緯候也。郊祭與明堂祭稱爲二祭。郊者所以祀天。明堂，王者朝諸侯教令之堂，亦以事天地交神明，此馬氏主王肅説。郊即圜丘，圜丘即郊，故云一祭。秦自襄公始祀少皞曰帝，其後世復祀青帝、黄帝、赤帝，及漢高立黑帝，祀始備五帝之祀。孝武時，方士謬言，復有泰一貴於五帝，遂建泰一壇。並詳《史記・封禪書》。《春秋緯》，紫微宮爲大帝，又云北極耀魄寶，又云太微宮有五帝座。青帝曰威靈仰，赤帝曰赤熛怒，白帝曰白招拒，黑帝曰汁光紀，黄帝曰含樞紐，是五帝與大帝六也。（《郊特牲》孔疏所載鄭義如此。）王肅，字子雍，傳附《三國志》卷十三《王朗傳》後。朗，肅父也，作《聖證論》以短鄭玄。以上鄭氏之説不足據。

至於禘、祫之節，宗祧之數，《禮經》之明文無所稽據，而注家之聚訟莫適折衷，其叢雜牴牾，與郊祀之説無以異也。近世三山信齋楊氏得考亭、勉齋之遺文奥義，著爲《祭禮》一書，詞義正大，考訂精核，足爲千載不刊之典。然其所述一本經文，不復以注疏之説攙補，故經之所不及者，則闕略不接續。杜氏《通典》之書，有祭禮則參用經注之文，兩存王、鄭之説，雖通暢易曉，而不如楊氏之純正。今並録其説，次及歷代祭祀禮儀本末，而唐開元、宋政和二禮書中所載諸祀儀注併詳著焉。

禘者大祭，祫者合祭。禘有大祭、時祭，祫亦然。其説不一，爲言禮者所聚訟。宗祧，宗廟也，《左・襄二十二年傳》注：『遠祖廟爲祧。』楊復，字志仁，號信齋，受業朱熹之門，福州人。福州有九仙閩山、越王三山，故有三山之稱。朱熹晚年卜築於建陽之考亭，故稱考亭勉齋。熹婿黄榦字直卿，學者稱勉齋先生。熹著《禮書》，既修《家鄉邦國王朝禮》，以喪祭二禮未及編，以屬榦，榦取《喪禮》稿本修改成書，凡十五卷，附《喪服圖式》一卷。其《祭禮》用力甚久，未及訂定而卒。初，榦嘗以《祭禮》稿本示楊復，復時在其左右，隨事咨問，鈔識於册。榦没，復遂振稿本參以所聞，稍加更定，以續成其書，凡十四卷。《大唐開元禮》，唐蕭嵩等奉敕撰。《政和五禮新儀》，宋鄭居中等奉敕撰。以上《祭禮》，並録杜、楊之説。

作《郊祀考》第十二，目皆作《郊社考》。以叙古今天神地祇之祀。首郊，次明堂，次后土，次雩，次五帝，次日月、星辰、寒暑，次六宗、四方，次社稷、山川，次封禪，次高禖，次八蜡，次五祀，次耤田祭先農，次親蠶祭先蠶，次祈禳，次告祭，而後以雜祠、淫祠終焉。凡二十三卷。作《宗廟考》第十三，以叙古今人鬼之祀，首國家宗廟，次時享，次祫、禘，次功臣配享，次祠先代君臣，次諸侯宗廟，而以大夫、士庶宗廟時享終焉，凡十五卷。

后土，地祇之祭，以夏日雩請雨之祭，以每歲孟夏行之。《祭法》：『雩，宗祭水旱也。』馬氏祇載因旱之祭。星辰：南北斗、熒惑（火星）、太白（金星）、歲星（木星）、鎮星（土星）、辰星（水星）之類。寒暑，不時之祭。六宗四方：馬氏於本門序曰：『按《舜典》言「類於上帝」之下，繼以「禋於六宗」。《曲禮》言「天子祭天地」之下，繼以「祭四方」。然則古帝王祭六宗四方之禮，亞於天地，蓋非小祀也。但經傳俱不明言其神之名目，而先儒訓釋互有異同。如六宗則或以爲天神，或以爲地祇，或以爲祖宗；四方則或以爲五官，或以爲四望，或以爲蜡之百物。而歷代舉此二祀者各主一説。今除五帝、日月、星辰、水旱、寒暑、山川、八蜡等項各自該載入本門外，專立「六宗四方」一門，以考歷代所著二祀之説，而先儒訓釋之同異，考訂之去取，並詳著焉。』封禪：馬氏叙自始皇起，不從《封禪書》。《禮記·月令》：『仲春之月，玄鳥至。至之日，以太牢祠於高禖。』鄭注：『玄鳥，燕也。燕以施生時，來巢人堂宇而孚乳，嫁娶之象也。媒氏之官以爲候……變媒言禖，神之也。』孔疏引蔡邕説謂『尊高之禖，不由高辛氏始』。（鄭以爲高辛氏簡狄吞玄鳥之卵而生契，故立其祠。）《禮記·郊特牲》：『天子大蜡八，伊耆氏始爲蜡。蜡也者，索也。歲十二月，合聚萬物而索饗之也。』鄭注：『八神先嗇、（若神農。）司嗇、（若后稷。）農、（田畯也。）郵表畷、（郵舍田畔相連綴者。）貓虎、（食田鼠、田豚，助田事。）坊、（築堤。）水庸、（爲溝洫者。）昆蟲（除昆蟲者。）八種，皆祭先事者。』《禮記·月令》：『四時祀竈、户、門、行中霤。』漢立五祀，《白虎通》謂門、户、井、竈、中霤也。《祭法》：『七祀有泰厲。』鄭注以七祀爲周制，五祀爲商制，耤田祭先農，見《月令》及《祭法》。孟春之月，天子「躬耕帝籍」以勸農。先農，神農也。先蠶，當爲嫘祖，或曰爲天駟。（房宿之別名。）舊説謂其主車馬，故以爲蠶神。漢世則祀苑窳婦人、寓氏公主，凡二神。北齊則祀軒轅，後周祀嫘祖，唐祀天駟，宋神宗時始改祀先蠶之人。告祭：《説文》作「祰」。古者國有大事，必祰祭於天地祖宗，故有告祭之禮。淫祠：濫設之祀也。物過曰淫。

以上《郊祀考》並《宗廟考》序。

古者《禮經》《禮儀》皆曰三百，蓋無有能知其節目之詳者矣。然總其凡有五，曰吉、凶、軍、賓、嘉；舉其大有六，曰冠、昏、喪、祭、鄉、相見，此先王制禮之略也。

禮記、禮器、禮經三百，又《中庸》禮儀三百，孔疏以爲即《周禮》，其官三百六十，言三百者舉其成數。吉、凶、軍、賓、嘉，見《周禮·大宗伯》：一曰「以吉禮事邦國之鬼神祇」，二曰「以凶禮哀邦國之憂」，三曰「以賓禮親邦國」，四曰「以軍禮同邦國」，五曰「以嘉禮親萬民」。此叙賓在軍前，與後不同。冠、昏、喪、祭、鄉、相見六禮，見《禮記·王制》。

秦漢而後，因革不同：有古有而今無者，如大射、聘禮、士相見、鄉飲酒、投壺之類是也；有古無而今有者，如聖節、上壽、上尊號、拜表之類是也；有其事通乎古今，而後世未嘗制爲一定之禮者，若臣庶以下冠、昏、喪、祭是也。凡若是者，皆本無沿革，不煩紀録。

儀禮有大射，鄭玄目録曰：「諸侯將有祭祀之事，與群臣射以觀其禮，數中者得與於祭，不數中者不得與於祭。射屬嘉禮。」儀禮有聘禮，鄭目録云：「大問曰聘」，「於五禮屬賓禮」，（小聘曰問。）《儀禮·士相見禮》：「鄭目録云：『士以職位相親，始承摯相見之禮。』」《儀禮·鄉飲酒禮》：「鄭目録云：『諸侯之鄉大夫三年大比，獻賢者能者於其君，以禮賓之，與之飲酒。」』士相見屬賓禮，鄉飲酒屬嘉禮。《禮記》有投壺，鄭目録云：『投壺者，主人與客燕飲講禮才藝之禮。』此於《別録》屬吉禮。

曾云：以上三宗無沿革者不云及。

而通乎古今而代有因革者，惟國家祭祀、學校、選舉，以至朝儀、巡狩、田獵、冠冕、服章、圭璧、符璽、車旗、鹵簿及凶禮之國恤耳。今除國祀、學校、選舉已有專門外，朝儀已下則總謂之王禮，而備著歷代之事迹焉。蓋本晦庵《儀禮經傳通解》，所謂王朝之禮也。

《孟子・梁惠王下》：『天子適諸侯曰巡狩。巡狩者，巡所守也。』《説文・冖部》，冠『所以絭髮，弁冕之總名也。』曰部，冕『大夫以上冠也。』《書》：『五服五章。』章，采也。《詩》：『圭璧既卒』，朝會諸侯所用符信之物也。鹵簿，謂儀仗也。天子有法駕鹵簿，説者曰：『鹵，大盾也。』兵衛以甲盾居外爲前導，俱著之簿，故以爲名。國恤，國家喪禮。朱熹在建陽雲谷建草堂名晦庵。《古禮經傳通解》二十三卷。

其本無沿革者，若古禮則經傳所載，先儒所述，自有專書可以尋求，無庸贅叙。若今禮則雖不能無失，而議禮制度又非書生所得而預聞也，是以亦不復措詞焉。作《王禮考》第十四，凡二十二卷。

朱熹書有《王朝禮》十四卷。

以上《王禮考序》。

記曰：『聲音之道，與政通矣。故審樂以知政。』蓋言樂之正哇，有關於時之理亂也。然自三代以後，號爲歷年多，施澤久，而民安樂之者，漢唐與宋。漢莫盛於文景之時，然至孝武時河間獻王始獻雅樂，天子下太樂官，常存肄之，歲時以備數，然不常御，常御及郊廟皆非雅聲，至哀帝時始罷鄭聲，用雅樂，而漢之運祚且移於王莽矣。

起首數語見《樂記·法言·吾子》：『中正則雅，多哇則鄭。』《説文》：『哇，諂聲也。』哇，或作鼃。河間獻王，漢景帝子，傳見《漢書》卷五十三《景十三王合傳》。自天子至雅聲，皆用《漢書·禮樂志》原文。肄，原誤作隸，當改。漢成帝時，鄭聲甚盛，黄門名倡，富顯於時，貴戚淫侈過度，至與人主争女樂。哀帝自爲定陶王時，疾之。又性不好音，及即位，下詔罷鄭衛之聲，令條奏雅樂，見《漢書·禮樂志》。

唐莫盛於貞觀、開元之時，然所用者多教坊俗樂，太常閲工人常肄習之，其不可教者乃習雅樂，然則其所謂樂者可知矣。宋莫盛於天聖、景祐之時，然當時胡瑗、李照、阮逸、范鎮之徒，拳拳以律吕未諧，聲音未正爲憂，而卒不克更置。至政和時，始製《大晟樂》，自謂古雅，而宋之土宇且陷入女真矣。

《唐書·禮樂志》：『凡所謂俗樂者，有二十八調。』又云：『唐自太宗、高宗作三大舞，雜用於燕樂，其他諸曲出於一時之作，雖非純雅，尚不至於淫放。玄宗爲平王，有散樂一部，及即位，命寧王主藩邸樂，以亢太常，分兩朋以角優劣。置内教坊於蓬萊宫側，居新聲、散樂倡优之伎。』又云：『分樂爲二部：堂下立奏，謂之立部伎；堂上坐奏，謂之坐部伎。太常閲坐部，不可教者隸立部，又不可教者，乃習雅樂。』宋樂自太祖建隆迄徽宗崇寧，凡六改作。始，太祖以雅樂聲高，詔和峴，以後周王朴律準較洛陽銅望臬石尺爲新度，以定律吕，謂之和峴樂。仁宗時，李照以朴準高五律，與古制殊，請依神瞽（古樂正）法鑄編鐘。既成，請改定雅樂，乃下三律，故景祐中有李照樂。未幾，諫官、御史交論其非，竟復舊制。其後，阮逸、胡瑗以通知古樂被召，參定聲律，更造鐘磬，止下一律，然不和滋甚，遂獨用之常祀、朝會焉，故皇祐中有阮逸樂。神宗時，知禮院楊傑條上舊樂之失，詔范鎮、劉几參議，几、傑請下王朴樂二律，用仁宗時所製編鐘，追考成周分樂之序，辨正二舞（文武）容節；而鎮欲求一稃二米真黍，以律生尺，改修鐘量，廢四清聲。詔悉從几、傑議。故元豐中有楊傑、劉几樂。范鎮言其聲雜鄭衛，請大府銅制律造樂。哲宗即位，按試於庭，比李照樂下一律，故元祐中有范鎮樂。楊傑復議其失，謂出鎮一家之學，卒置不用。徽宗鋭意制作，蔡京主方士魏漢津之説，用夏禹以身爲度之文，以帝指爲律度，鑄帝鼒、景鐘。（垂則爲鐘，仰則爲鼒。）樂成，以爲堯有《大章》，舜有《大韶》，遂賜名《大晟》，謂之雅樂，頒行天下，播之教坊，故崇寧以來有魏漢津樂。此樂在崇寧四年初用，帝御大慶殿受賀。馬氏以爲政和，蓋誤記。政和在此後第六年改元也。女真，金之先，《遼史》作女直，避遼興宗諱。

蓋古者因樂以觀政，而後世則方其發政施仁之時未暇制樂，及其承平之後，綱紀法度，皆已具舉；敵國外患，皆已銷亡，君相他無所施爲，學士大夫他無所論説，然後始及制樂，樂既成而政已秕，國已衰矣。

曾云：以上言漢、唐、宋盛時無樂，樂成而政已衰。

昔隋開皇中制樂，用何妥之説而擯萬寶常之議。及樂成，寶常聽之，泫然曰：『樂聲淫厲而哀，不久天下將盡。』噫！使當時一用寶常之議，能救隋之亡乎？然寶常雖不能制樂以保隋之長存，而猶能聽樂而知隋之必亡，其宿悟神解，亦有過人者。竊嘗以爲，世之興衰理亂固未必由樂，然若欲議樂，必如師曠、州鳩、萬寶常、王令言之徒。其自得之妙，豈有法之可傳者？而後之君子，乃欲强爲議論，究律吕於黍之縱横，求正哇於聲之清濁；或證之以殘缺斷爛之簡編，埋没銷蝕之尺量，而自謂得之，何異刻舟、覆蕉、叩槃、捫燭之爲？愚固不知其説也。

《隋書・音樂志》：『開皇二年，詔令樂官牛弘、辛彦之、何妥等正樂，積年議不定。又詔求知音之士鄭譯因蘇祇婆胡琵琶推演其聲，更立七均，合成十二，以應十二律，律有七音，音立一調，故成七調十二律，和八十四調，旋轉相交，盡皆和合。何妥忌之，甚相非議，因復自作一樂，先説高祖曰：「黄鐘者，以象人君之德。」及奏，高祖曰：「滔滔和雅，甚與我心會。」妥因陳用黄鐘一宫，不假他調。由是班賜妥等修樂者，譯之議遂寢。』太常善聲萬寶常者，父因事被誅，配爲樂户，妙達鐘律，奉詔造諸樂器，其聲率下鄭譯二律，淡雅不爲人所知。太常善聲者多排毁之，遂寢不用。及何妥樂成，寶常聽之，泫然而泣曰：『樂聲淫厲而哀，天下不久，相殺將盡。』時四海全盛，聞者皆以爲不然，及大業末而驗。師曠，晉平公樂官，能審音以知人事。州鳩，亦稱伶州鳩，周景王時樂官。《隋書・藝術傳・萬寶常傳》：『時有王令言者，亦妙達音律，大業末，煬帝將幸江都，令言時卧室中，聞彈胡琵琶，作翻調《安公子曲》，蹶然驚起曰：「變，變！」遂歔欷流涕，謂其子曰：「汝慎無從行，帝必不反。」子問其故，令言曰：「此曲宫聲往而不反，宫者君也，吾所以知之。」帝竟被弑於江都。』古以黑黍起度，一黍爲一分。究縱横者，究樂器之長與廣也。然黍有大小之差，年有豐耗之異，故歷代量校，每致異同。尺所以度長短，量所以計多少。由律生尺，由尺生量，然後世所得古尺量，大抵歲久欲腐，形制所失真。刻舟求劍，見《吕氏春秋・察今》『人有涉江者』。覆蕉，見《列子》『鄭人有薪於野者』。扣槃捫燭，見蘇軾《日喻・贈吴彦律》。

曾云：以上言樂有神解，不在簡編尺量之末。

作《樂考》第十五，首叙歷代樂制，次律吕制度，次八音之屬，各分雅部、胡部、俗部，以盡古今樂器之本末，次樂縣，次樂歌，次樂舞，次散樂、鼓吹，而以徹樂終焉，凡十五卷。

八音，金、石、絲、竹、匏、土、革、木也，見《周禮·春官·大師》注。樂縣，《春官·小胥》注，謂鐘磬之屬，懸於筍簴者。徹，去也，國有灾異大憂則去樂。

以上《樂考序》。

按《周官·小司徒》：「五人爲伍，五伍爲兩，四兩爲卒，五卒爲旅，五旅爲師，五師爲軍。上地家七人，可任也者家三人；中地家六人，可任也者二家五人；下地家五人，可任也者家二人。」此教練之數也。《司馬法》：「地方一里爲井，四井爲邑，四邑爲邱，四邱爲甸，甸六十四井，有戎馬四匹，兵車一乘，牛十二頭，甲士三人，卒七十二人。」此調發之數也。教練則不厭其多，故凡食土之毛者，除老弱不任事之外，家家使之爲兵，人人使之知兵，故雖至小之國，勝兵萬數可指顧而集也。調發則不厭其簡，甸六十四井，爲五百一十二家。案：以八家一井計。而所調者止七十五人，是六家調發共出一人也。每甸姑通以中地二家五人計之，五百一十二家可任者一千二百八十人，而所調者止七十五人，是十六次調發方及一人也。教練必多，則人皆習於兵革；調發必簡，則人不疲於征戰。此古者用兵制勝之道也。

五人爲伍以下見《周禮·小司徒》，此古代兵役配置之道也。小司徒又佐大司徒，掌土地、人民，制上下地以平均土地。一夫一婦，然後爲家，男女人多，則授上地，所養者衆也。五人以下，則授下地，所養者寡也。《司馬法》至七十二人，本《漢書·刑法志》文。《漢志》禮類有軍禮，《司馬法》百五十五篇。《史記·司馬穰苴傳》稱，齊威王使大臣追論古者司馬兵法而附司馬穰苴於其中，因號司馬穰苴兵法。

曾云：以上古者教練多而調發少。

後世士自爲士，農自爲農，工商末技自爲工商末技。凡此四民者，平時不識甲兵爲何物，而所謂兵者，乃出於四民之外。故爲兵者甚寡，知兵者甚少，一有征戰，則盡數驅之以當鋒刃，無有休息之期，甚則以未嘗訓練之民而使之戰，是棄民也。唐宋以來，始專用募兵，於是兵與民判然爲二途，諉曰教養於平時而驅用於一旦。然其季世，則兵數愈多而驕悍而劣弱，爲害不淺，不惟足以疲國力，而反足以促國祚矣。

曾云：以上言後世兵民判然爲二。

作《兵考》第十六，首叙歷代兵制，次禁衛及郡國之兵，次校閲之制，次車戰、舟師、馬政、軍器，凡十三卷。

以上《兵考序》。

昔陳咸有言：『爲人議法，當依於輕，雖有百金之利，慎無與人重比。』蓋漢承秦法，過於嚴酷，重以武、宣之君，張、趙之臣，淫刑喜殺，習以爲常，咸之言蓋有激也。竊嘗以爲劓、刵、椓、黥，蚩尤之刑也，而唐虞遵之；收孥、赤族，亡秦之法也，而漢魏以來遵之。以賢聖之君而不免襲亂虐之制，由是觀之，咸言尤爲可味也。

陳咸言見《後漢書·陳寵傳》。咸，寵之曾祖也。《史記》，張湯、趙禹俱入《酷吏列傳》。蚩尤之刑，見《尚書·呂刑》。五刑見《舜典》。馬融及僞孔傳並云：『墨、劓、剕、宮、大辟也。』收孥謂没妻子入官爲奴婢。《秦本紀》：『秦文公二十年，初有三族之罪。』

漢文除肉刑，善矣，而以髡笞代之。髡法過輕，而略無懲創；笞法過重，而至於死亡。其後乃去笞而獨用髡，減死罪一等即止於髡鉗，進髡鉗一等即入於死，而深文酷吏務從重比，故死刑不勝其衆。魏晉以來病之，然不知減笞數而使之不死，乃徒欲復肉刑以全其生，肉刑卒不可復，遂獨以髡鉗爲生刑。所欲活者傅生議，於是傷人者或折腰體而纔剪其毛髮；所欲陷者與死比，於是犯罪者既已刑殺，而復誅其宗親。輕重失宜，莫此爲甚。及隋唐以來，始制五刑，曰笞、杖、徒、流、死。此五者即有虞所謂鞭、朴、流宅，雖聖人復起，不可偏廢也。

文帝十三年，以齊太倉令淳于公女緹縈上書救父，爲除肉刑，見《刑法志》。文帝既下詔除肉刑，丞相張蒼、御史大夫馮敬遂更定條法：『當黥者，髡鉗爲城旦舂；（剃髮束頭，使之晝伺寇、夜築城也。）當劓者，笞三百；當斬左趾者，笞五百。至於當斬右趾，及殺人先自告，及吏坐受賕枉法，主守自盜財物，已論罪名復有笞罪者，皆棄市。』師古注：『斬右趾者入於死，笞數既多，亦不活也。』《刑法志》云，死者歲以萬數。建安中，崔實、鄭玄、陳紀之徒，已有復肉刑之議。其後歷魏、晉，議者至多，皆以群議不從而止，見《晉書·刑法志》。後世如晉懷帝、梁武帝，間有廢族誅之刑而不能久。隋開皇元年，詔高熲制新律，始定五刑。唐因之。《舜典》曰：『鞭作官刑，扑作教刑。』又曰：『五流有宅，五宅三居。』（大罪四裔，次九州，次千里之外。）

曾云：以上言漢魏六朝輕重失宜，唐以後五刑乃爲不易之典。

若夫苟慕輕刑之名，而不恤惠姦之患，殺人者不死，傷人者不刑，俾無辜罹毒虐者，抱沉冤而莫伸，而舞文利賕賄者，無後患之可惕，則亦非聖人明刑弼教之本意也。

曾云：以上言輕刑惠姦。

作《刑考》第十七，首刑制，次徒流，次詳讞，次贖刑、赦宥，凡十二卷。

以上《刑考序》。

昔秦燔經籍而獨存醫藥、卜筮、種樹之書，學者抱恨終古。然以今考之，《易》與《春秋》二經首末具存。《詩》亡其六篇，或以爲《笙詩》元無其辭，是《詩》亦未嘗亡也。《禮》本無成書，《戴記》雜出漢儒所編，《儀禮》十七篇及《六典》最晚出，《六典》僅亡《冬官》，然其書純駁相半，其存亡未足爲經之疵也。獨虞夏商周之《書》，亡其四十六篇耳。然則秦所燔，除《書》之外，俱未嘗亡也。若醫藥、卜筮、種樹之書，當時雖未嘗廢錮，而並無一卷流傳至今者，以此見聖經賢傳終古不朽，而小道異端雖存必亡，初不以世主之好惡爲之興廢也。

秦始皇三十四年，丞相李斯上書，請史官非秦記皆燒之，非博士官所職，天下敢有藏詩書百家語者，悉詣守尉雜燒之。見《始皇本紀》。《詩・小雅》，《南陔》《白華》《華黍》《由庚》《崇丘》《由儀》，序曰：『有其義而亡其辭。』鄭玄箋詩，據《儀禮》以此六篇爲笙詩，謂遭戰國及秦遺失。朱熹從鄭樵之説，攻《小序》，讀亡爲無，謂《儀禮》『曰笙曰樂曰奏而不言歌，則本無其辭也。』《儀禮》十七篇，《士冠禮》《士昏禮》《士相見禮》《鄉飲酒禮》《鄉射禮》《燕禮》《大射儀》《聘禮》《公食大夫禮》《覲禮》《喪服傳》《士喪禮》《既夕禮》《士虞禮》《特牲饋食禮》《少牢饋食禮》，有司徹。《漢書・藝文志》《儒林傳》並云『高堂生傳《士禮》十七篇』，即此也。《六典》即《周官》，已見上。陸德明《經典釋文・叙録》：『或曰，河間獻王廣開獻書之路，時有李氏上《周官》五篇，失《冬官》一篇，乃購千金不得，取《考工記》補之。』《漢・藝文志》，《尚書古文經》爲四十六卷，注爲五十七篇。今所傳《僞古文尚書》，比之孔安國百篇之目尚缺四十二篇，即《汩作》《九共》九篇，《稾飫》《帝告》《釐沃》《湯征》《汝鳩》《汝方》《夏社》《疑至》《臣扈》《典寶》

《高宗之訓》《明居》《肆命》《徂后》《沃丁》，《咸乂》四篇，《伊陟》《原命》《仲丁》《河亶甲》《祖乙》《分器》《旅巢命》《歸禾》《嘉禾》《成王政》《將蒲姑》《賄肅慎之命》《亳姑》，共四十二篇。馬氏不知何指也。孔安國以今文讀孔壁古文，多得十六篇。東晉而梅賾僞造本已行，孔氏文又亡矣。

漢隋唐宋之史，俱有《藝文志》，然《漢志》所載之書，以《隋志》考之，十已亡其六七，以《宋志》考之，隋唐亦復如是，豈亦秦爲之厄哉？昌黎公所謂爲之也易，則其傳之也不遠，豈不信然。夫書之傳者已鮮，傳而能蓄者加鮮，蓄而能閱者尤加鮮焉。宋皇祐時，命名儒王堯臣等作《崇文總目》，記館閣所儲之書而論列於其下方，然止及經、史而亦多缺略，子、集則但有其名目而已。近世昭德晁氏公武有《讀書記》，直齋陳氏振孫有《書録解題》，皆聚其家藏之書而評之。今所録先以四代史志列其目，其存於近世而可考者，則采諸家書目所評，并旁搜史傳、文集、雜説、詩話，凡議論所及，可以紀其著作之本末，考其流傳之真僞，訂其文理之純駁者，則具載焉，俾覽之者如入群玉之府而閲木天之藏。不特有其書者，稍加研窮，即可以洞究旨趣；雖無其書者，味兹題品，亦可粗窺端倪，蓋殫見洽聞之一也。作《經籍考》第十八，經之類十有三，史之類十有四，子之類二十有二，集之類六，凡七十六卷。

漢唐宋俱名『藝文志』，《隋書》名『經籍志』。韓愈，字退之，先世昌黎人，封昌黎伯。王堯臣字伯庸，宋應天府虞城人，傳見《宋史》卷二百九十二。宋仁宗景祐元年，詔王堯臣、王洙、（堯臣叔父，字原叔。）歐陽修等校正昭文、史館、集賢三館及秘閣所藏書籍，討論援次，分類編目，總爲六十六卷，於仁宗慶曆元年上之，賜名《崇文總目》。原本於每條之下具有論説，逮南宋時，鄭樵作《通志》，始謂其文繁無用。紹興中，遂從而去其序釋，致學者無從考見古書之崖略，而卷數亦因此頓減。今傳者僅爲十二卷，且有補輯之文，見《四庫提要·史部目録類》。宋鼂迥有《昭德新編》，因居昭德坊，故以名書。公武即迥之子孫，故其集亦名《昭德文集》。（書亡。）公武，字子止，巨野人，守榮州時作，稱《郡齋讀書志》四卷，又《後志》二卷。其後趙希弁又爲《考異》一卷，《附志》一卷，今皆存。陳振孫字伯玉，號直齋，宋安吉人，《書録解題》二十二卷，今存。《穆天子傳》二：『至於群玉之山，……阿平無險，四徹中繩，先王之所謂策府。』郭璞注：『言往古帝王以爲藏書册之府。』《唐六典》，内閣司舍，惟秘閣最閎壯，穹隆高敞，謂之木天。

以上《經籍考序》。

昔太史公言：『儒者斷其義，馳説者騁其辭，不務綜其始終。』蓋譏世之學者以空言著書，而歷代統系無所考訂也。於是作爲《三代世表》，自黄帝以下譜之。然五帝之事遠矣，而遷必欲詳其世次，按圖而索，往往牴牾，故歐陽公復譏其不能缺所不知，而務多聞以爲勝。

太史公語，見《十二諸侯年表序》。《三代世表》索隱：『此表依《帝系》及《系本》。其實叙五帝、三代，而篇名唯《三代系表》者，以三代代系長遠，宜以名篇；且三代皆出自五帝，故叙三代要從五帝而起也。』歐陽修語見《六一居士集》卷四十三《帝王世次圖表序》。按圖索驥，喻無變化也。伯樂子執父之圖而相馬，而得悍馬，不可用。伯樂曰：『此所謂按圖而索駿也。』

曾云：以上言《史記》世表爲歐陽修所譏，譜系似不可信。

然自三代以後，至於近世，史牒所載，昭然可考，始學者童而習之，屈伸指而得其大概，至其傳世歷年之延促，枝分派別之遠近，猝然而問，雖華顛鉅儒不能以遽對，則以無統系之書故也。

曾云：以上言無譜系則茫然難考。

今倣王溥唐及五代《會要》之體，首叙帝王之姓氏出處，及其享國之期、改元之數，以及各代之始終；次及后妃、皇子、公主、皇族，其可考者悉著於篇；而歷代所以尊崇之禮、册命之儀，并附見焉。作《帝系考》第十九，凡十卷。

以上《帝系考序》。

封建莫知其所從始也。禹塗山之會，號稱萬國；湯受命時，凡三千國；周定五等之封，凡千七百七十三國，至春秋之時，見於經傳者僅一百六十五國，而蠻夷戎狄亦在其中。蓋古之國至多，後之國日寡，國多則土宜促，國少則地宜曠。而夷《説文》段注：常也。考其故則不然。試以殷周上世言之，殷契至成湯八遷，史以爲至商而砥石，自砥石而復居商，又自商而亳。周棄至文王亦屢遷，史以爲自邰而豳，自豳而岐，自岐而豐。夫湯七十里之國也，文王百里之國也。然以所遷之地考之，蓋有出於七十里、百里之外者矣。又如泰伯之爲吴，鬻繹之爲楚，箕子之爲朝鮮，其初不過自屏於荒裔之地，而其後因以有國傳世。竊意古之諸侯者，雖曰受封於天子，然亦由其行義德化足以孚信於一方，人心翕然歸之，故其子孫因之，遂君其地；或有灾否，則轉徙他之，而人心歸之不能釋去，故隨其所居，皆成都邑。蓋古之帝王未嘗以天下爲己私，而古之諸侯亦未嘗視封内爲己物，上下之際，均一至公，非若後世分疆畫土，争城争地，必若是其截然也。

《左傳·哀七年》，禹會諸侯於塗山，執玉帛者萬國。杜注以爲壽春，今安徽壽縣也。或以塗山爲會稽，或且爲巴縣之地矣。又此萬國，與下三千國、千七百七十三國，其數皆不足據。《後漢書·郡國志》引《帝王世記》：『逮湯受命，能存者三千餘國。』五等：公侯伯子男，見《孟子》北宫錡問。（《萬章下》）子男同一位，五十里則爲四等也。千七百七十三國，見《王制》：『天子之元士，諸侯之附庸，不與焉。』顧棟高《春秋大事表》載，春秋國名，其數在二百以上。《晉書・地理志》：『見於《春秋》經傳者，百七十國焉。百三十九知其所居，三十一國盡亡其處，蠻夷戎狄不在其間。』（國名見《地理志》注中。）殷契至成湯八遷，見《史記・殷本紀》：『湯始居亳，從先王居。』（《集解》：『契父帝嚳都亳。』）《殷本紀》，契封於商，今陝西商縣。砥石：《荀子・成相篇》楊注：『或曰，即砥柱也。』《周本紀》：后稷名棄，棄封於邰，公劉遷於豳，太王居於岐，文王邑於豐。湯以七十里，文王以百里，見《孟子》。此但言其地之小也，汪中《釋三九》所謂虛數不可詳也。泰伯，周太王之長子，讓國而化於荆蠻。鬻繹：即熊繹，周成王時封於楚，居丹陽。箕子：《漢書・地理志》：『殷道衰，箕子立，之朝鮮，教其民以禮義，田蠶、織作。』

曾云：以上言古者上下均一至公。封國非有截然之疆界。

秦既滅六國，舉宇内而郡縣之，尺土一民始皆視爲己有，再傳而後，劉、項與群雄共裂其地而分王之，高祖既誅項氏之後，凡當時諸侯王之自立者，與爲項氏所立者，皆擊滅之，然後裂土以封韓、彭、英、盧、張、吳之屬，蓋自是非漢之功臣不得王矣。逮數年之後，反者九起，異姓諸侯王多已夷滅，於是悉取其地以王子弟親屬，如荆、吳、齊、楚、淮南之類，蓋自是非漢之同姓不得王矣。然一再傳而後，賈誼、晁錯之徒，拳拳有諸侯强大之慮，以爲親者無分地而疏者偪天子，必爲子孫之憂。於是或分其國，或削其地，其負强而動如七國者，則六師移之。蓋西漢之封建，其初則剿滅異代所封，而以畀其功臣；繼而剿滅異姓諸侯，而以畀其同宗；又繼而剿滅疏屬劉氏王，而以畀其子孫，蓋檢制益密而猜防益深矣。

秦亡後，諸侯王之自立，與項氏所立者，見《項羽本紀》《史記・年表》。韓信、彭越、英布、盧綰、張耳、吳芮，並有傳，見《漢書》。張耳封在四年，其明年始誅項氏。反者九起：燕王臧荼、潁川侯利幾、韓王信、趙相貫高、代相陳豨、淮陰侯韓信、梁王彭越、淮南王英布、盧綰也。此後非劉氏而王者惟有長沙王吴芮，傳五世，無後，國除。荆王劉賈、吴王濞、齊王肥、楚王交、淮南王長，説並見賈生《陳政事疏》。賈、晁，《漢書》本傳並載有削除諸侯之議，而吴楚之反，即因以誅錯爲名也。賈生《陳政事疏》：『親者或無分地以安天下，疏者或制大權以傷天子。』景帝三年，吴王濞、膠西王卬、楚王戊、濟南王辟光、淄川王賢、膠東王雄渠，皆舉兵反，詳見《通鑑紀事本末》。六師，天子六軍也。

曾云：以上言漢之封建凡三變，而猜防益深。

昔湯、武雖以征伐取天下，然商惟十一征，周惟滅國者五十，其餘諸侯皆襲前代所封，未聞盡以宇内易置而封其私人。周雖大封同姓，然文昭武穆之邦，與國咸休，亦未聞成康而後，復畏文武之族偪而必欲夷滅之，以建置己之子孫也。愚嘗謂必有公天下之心而後可以行封建。自其出於公心，則選賢與能，而小大相維之勢，足以綿千載；自其出於私心，則忌疏畏偪，而上下相猜之心，不能以一朝居矣。景、武之後，令諸侯王不得治民補吏，於是諸侯雖有君國子民之名，不過食其邑入而已，土地甲兵不可得而擅矣。然則漢雖懲秦之弊，復行封建，然爲人上者苟慕美名，而實無唐虞三代之公心，爲諸侯者既獲裂土，則遽欲效春秋、戰國之餘習，故不久而遂廢。

《孟子》：『湯始征，自葛載。（始也。）十一征而無敵於天下。』周滅國者五十，見《孟子·滕文公下》好辨章。《史記·漢興以來諸侯年表》：『同姓五十五。』《左傳·僖公二十四年》：『管、蔡、郕、霍、魯、衛、毛、聃、郜、雍、曹、滕、畢、原、酆、郇，文之昭也；邘、晉、應、韓，武之穆也。』《漢書·諸侯王表》曰：『景遭七國之難，抑損諸侯，減黜其官。（師古曰：『謂改丞相曰相，省御史大夫、延尉、少府、宗正、博士，損大夫、謁者諸官長丞員等也。』）武有衡山、淮南之謀，作左官之律，（服虔曰：『仕於諸侯爲左官，絶不得使仕於王侯也。』）設附益之法。（師古曰：『附益者，蓋取孔子云「求也爲之聚斂而附益之」之義也。』）諸侯惟得衣食税租，不與政事。』

曾云：以上言必有公天下之心，而後封建可久，因及漢末之弊。

逮漢之亡，議者以爲乏藩屏之助，而成孤立之勢。然愚又嘗夷考歷代之故，魏文帝忌其諸弟，帝子受封有同幽繫，再傳之後，主勢稍弱，司馬氏父子即攘臂取之，曾無顧憚。晉武封國至多，宗藩强壯，俱自得以領兵卒、置官屬，可謂懲魏之弊矣。然八王首難，阻兵安忍，反以召五胡之釁。宋、齊皇子俱童孺當方面，名爲藩鎮，而實受制於典籤、長吏之手，每一易主，則前帝之子孫殲焉，而運祚卒以不永。梁武享國最久，諸子孫皆以盛年雄材出爲邦伯，專制一方，可謂懲宋、齊之弊矣，然諸王擁兵，捐置君父，卒不能止侯景之難。然則魏、宋、齊疏忌骨肉，固以取亡，而晉、梁崇奬宗藩，亦不能救亂。於是封建之得失不可復議，而王綰、李斯、陸士衡、柳宗元輩所論之是非，亦不可得而偏廢矣。

《三國志·魏志·武文世王公傳》評曰：『魏氏王公，既徒有國土之名，而無社稷之實，又禁防壅隔，同於囹圄；位號靡定，大小歲易。』又裴注引《袁子》：『王國使有老兵百餘人，以衛其國。雖有王侯之號，而乃儕於匹夫。縣隔千里之外，無朝聘之儀，鄰國無會同之制。諸侯游獵不得過三十里，又爲設防輔監國之官以伺察之。王侯皆思爲布衣而不能得。』司馬氏父子，懿與其子師、昭，晉文昭子炎也。晉武初立五等封建之制，封諸王以郡爲國。邑二萬户爲大國，置上中下三軍，兵五千人。（中軍二千，上、下各千五。）萬户爲次國，置上、下軍三千人。（上軍二千，下軍千人。）五千户爲小國，置一軍，千人。其官屬王，置師友、文學各一人。改太守爲内史，有郎中令、中尉、大農爲三卿。大國置左右常侍各一人，省郎中，置侍郎二人，典書、典祠、典粥、學官令、典書丞各一人，治書四人，中尉、司馬、世子、庶子、陵廟、牧長各一人，謁者四人，中大夫六人，舍人十人，典府各一人。見《晉書・地理志》及《職官志》。八王者，宣帝子汝南王亮、武帝子楚王瑋、（案：一作暐。）宣帝子趙王倫、景帝子齊王攸之子齊王冏、武帝子長沙王乂、成都王穎、宣帝弟安平王孚之孫河間王顒、宣帝弟東武侯馗之孫東海王越也。八王之亂，詳見《通鑑紀事本末》卷六十四。宋武帝七男，文帝十九男，孝武帝二十八男，明帝十二男，皆以幼弱受封，小者五歲，長者亦不過十一二。詳見《南史》卷十三、十四。齊高、武、文、惠、明帝諸子三十餘人亦然。見《南史》卷四十二至四十四卷。典籤，掌文書之吏，南朝置，諸王國以天子近侍爲之，其權最重，謂之籤帥。長史，漢三公屬官，魏晉諸王國置之。梁武在位四十八年，爲侯景所弒，年八十六。侯景，初附梁封河南王，太清二年反於壽陽。入臺城，武帝以憂憤死人間。景弒帝，自立稱漢帝，陳霸先、王僧辯合力討平之。王綰，秦丞相，請封諸子，李斯以爲不便。見《始皇本紀》。陸機有《五等諸侯論》，柳宗元有《封建論》，極言封建之不可行。

曾云：以上言疏宗藩者有弊，獎宗藩者亦有弊。

今所論著，三皇而後至春秋之前，國名之見於經傳而事迹可考者略著之，如共工、防風氏，以至邶、鄘、樊、檜之類是也。春秋十二列國，既有太史《世家》詳其事迹，不復贅叙，姑紀其世代歷年而已。若諸小國之事迹，見於《春秋三傳》《雜記》者，則倣《世家》之例，叙其梗概，邾、莒、許、滕以下是也。漢初諸侯王、王子侯、功臣外戚恩澤侯，則悉本馬、班二史《年表》。東漢以後無《年表》可據，則采摭諸傳，各訂其受封傳授之本末而備著焉。列侯不世襲始於唐，親王不世襲始於宋，則姑志其始受封者之名氏而已。作《封建考》第二十，凡十八卷。

春秋十二列國，魯、齊、晉、秦、楚、宋、衛、陳、蔡、曹、鄭、燕也。

曾云：以上自述凡例。

以上《封建考序》。

昔三代之時，俱有太史，其所職掌者，察天文、記時政，蓋合占候、紀載之事，以一人司之。漢時太史公掌天官，不治民，而紬史記、金匱、石室之書，猶是任也。至宣帝時，以其官爲令，行太史公文書，其修撰之職以他官領之，於是太史之官，唯知占候而已。蓋必二任合而爲一，則象緯有變，紀録無遺，斯可以考一代天文運行之常變，而推其休祥。然二任之隳廢離隔，不相爲謀，蓋已久矣。昔《春秋》日食不書日，而史氏以爲官失之，可見當時掌占候與司紀載者各爲一人，故疏略如此。

掌天官不治民，史公《報任少卿書》所謂『文史星曆，近乎卜祝之間』也。《史記·自序》：『紬史記石室金匱之書。』《索隱》：『石室、金匱皆國家藏書之處。』《漢書注》引如淳曰：『遷死後，以其官爲令，行太史公文書而已。』《補注》引朱一新曰：『言遷死後，以其官爲令，非其實。』《本傳》言：『卒三歲而遷爲太史令。』《李陵傳》言：『太史令司馬遷』，是遷官爲太史令無疑。

曾云：以上言古者司天文與紀時政合而爲一。

又嘗考之，春秋二百四十二年，而日食三十六；自魯定公十五年至漢高帝之三年，其間二百九十三年，而搜考史傳，書日食凡七而已，然則遺缺不書者多矣。自漢而後，史録具在，天下一家之時，紀載者遞相沿襲，無以知其得失也。及南北分裂之後，國各有史，今考之：南自宋武帝永初元年至陳後主禎明二年，北自魏明帝泰常五年至隋文帝開皇八年，此一百六十九年之間，《南史》所書日食僅三十六，而《北史》

所書乃七十九，其間年歲之相合者纔二十七，又有年合而月不合者。夫同此一蒼旻也，食於北者其數過倍於南，理之所必無者，而又日月不相脗合，豈天有二日乎？蓋史氏之差謬牴牾，其失大矣。懸象著明，莫大乎日月，雖庸奴舉目可知，而所書薄蝕之謬且如此，則星辰之遲留、伏逆、陵犯、往來，其所紀述，豈足憑乎？姑述故事，廣異聞耳。

曾云：案漢哀帝嘗以日無精光、邪氣連昏之事問待詔李尋，而尋所對具言其故：光武以建武五年詔嚴光入禁中共卧，而太史奏客星犯帝座二事，見於李尋、嚴光傳。而以《漢志》考之，終哀帝之時，不言日無精光之事，建武五年亦不言客星事，亦可證其疏略也。《爾雅》：『秋爲旻天。』注：『憫萬物彫落也。』莊子爲其脗。脗即吻也，兩唇相合，喻事之合也。薄，掩也。《史記》：『日月薄蝕』，謂掩其光輝。

曾云：以上言諸史記日食之不可信。

《天文志》莫詳於晉、隋，至丹元子之《步天歌》，尤爲簡明。宋《兩朝史志》言諸星去極之遠近，《中興史志》采近世諸儒之論，亦多前史所未發，故擇其尤明暢有味者具列於篇。作《象緯考》第二十一，首三垣、二十八宿之星名、度數，次天漢起没，次日月、五星行度，次七曜之變，次雲氣，凡十七卷。

《隋書》《晉書》各有《天文志》三卷。鄭樵《通志·天文略總序》：『隋有丹元子，隱者之流也，不知名氏，作《步天歌》以觀象焉。王希明纂《漢》《晉志》以釋之，《唐書》誤以爲王希明也。』洪邁《容齋隨筆》：『本朝國史凡三書，太祖、太宗、真宗曰《三朝》；仁宗、英宗曰《兩朝》；神宗、哲宗、徽宗、欽宗曰《四朝》。』《兩朝國史》，王珪等撰，凡一百二十卷，中有志四十五卷。《中興國史》，專記高宗一朝之事。三垣：紫微垣、太微垣、天市垣也。二十八宿：東方角、亢、氐、房、心、尾、箕（蒼龍宿）；北方斗、牛、女、虚、危、室、壁（玄武宿）；西方奎、婁、胃、昴、畢、觜、參（白虎宿）；南方井、鬼、柳、星、張、翼、軫（朱雀宿）。天漢：天河也。五星：金、木、水、火、土。七曜：日、月、五星也。

以上《象緯考序》。

記曰：『國家將興，必有禎祥。國家將亡，必有妖孽。』蓋天地之間，有妖必有祥，因其氣之所感而證應隨之。自伏勝作《五行傳》，班孟堅而下踵其説，附以各代證應爲《五行志》，始言妖而不言祥。然則陰陽五行之氣，獨能爲妖孽而不能爲禎祥乎？其亦不達理矣。雖然，妖祥之説未易言也。治世則鳳凰見，故有虞之時有來儀之祥，然漢桓帝元嘉之初、靈帝光和之際，鳳凰亦屢見矣，而桓、靈非治安之時也。誅殺過當，其應爲恒寒，故秦始皇時有四月雨雪之異，然漢文帝之四年，亦以六月雨雪矣，而漢文帝非淫刑之主也。斬蛇夜哭，在秦則爲妖，在漢則爲祥，而概謂之龍蛇之孽可乎？僵樹蟲文，在漢昭帝則爲妖，在宣帝則爲祥，而概謂之木不曲直可乎？前史於此，不得其説，於是穿鑿附會，强求證應而罙音彌，入也，周行也。有所不通。

『記曰』數語見《中庸》。伏生名勝。又《尚書大傳》四卷見《四庫書目提要》第三卷《洪範五行傳提要》，曰：『漢代緯候之説，實由此起。』董仲舒治《公羊》，亦好言五行灾異，見《春秋繁露》及《漢書·五行志》《漢書》卷五十六本傳。此下之言者滔滔矣。《書·益稷》：『簫韶九成，鳳凰來儀。』《後漢書·五行志》：『桓帝元嘉元年十一月，五色大鳥見濟陰己氏。靈帝光和四年秋，五色大鳥見於新城，時以爲鳳凰。』秦始皇九年，嫪毐作亂，始皇誅之，斬首數百級；大臣數十人，皆車裂以徇。是歲四月，寒凍有死者。漢文帝四月雨雪，並見《五行志》。斬蛇夜哭見《高祖本紀》。伏勝《五行傳》：『王之不極，是謂不建，言時則有龍蛇之孽。』《漢書・五行志》：『昭帝時，上林苑中大柳樹斷，仆地，一朝起立，生枝葉。有蟲食其葉成文字，曰：「公孫病已立。」眭孟以爲，木陰類，下民象，當有故廢之家公孫氏從民間受命爲天子者。昭帝富於春秋，霍光秉政，以孟妖言，誅之。其後宣帝立，帝本名病已。』《尚書・洪範》：『木曰曲直，言揉而曲，可矯而直也。』《洪範・五行傳》曰：『田獵不宿，飲食不享，出入不節，奪民農時，及有姦謀，則木不曲直。』《漢書・五行志》曰：『木失其性』，『爲木不曲直。』

曾云：以上言《五行志》之説，多不可通。

竊嘗以爲物之反常者異也，其祥則爲鳳凰、麒麟、甘露、醴泉、慶雲、芝草，其妖則山崩、川竭、水涌、地震、豕禍、魚孽。妖祥不同，然皆反常而罕見者，均謂之異可也。故今取歷代史《五行志》所書，并旁搜諸史本紀及傳記中所載祥瑞，隨其朋類，附入各門，不曰妖，不曰祥，而總名之曰物異。如恒雨、恒暘、恒燠、恒寒、恒風、水潦、火災之屬，具妖也，不可言祥，故仍前史之舊名。至如魏晉時魚集武庫屋上，前史所謂魚孽也；若周武王之白魚入舟，則祥而非孽，然妖祥雖殊，而其爲異一耳，故均謂之魚異。秦孝公時馬生人，前史所謂馬禍也；若伏羲之龍馬負圖，則祥而非禍，然妖祥雖殊，而其爲異亦一爾，故均謂之馬異。其餘鳥獸、昆蟲、草木、金石，以至童謡、詩讖之屬，前史謂之羽蟲、毛蟲、龍蛇之孽，或曰詩妖、華妖，今所述皆並載妖祥，故不曰妖，不曰孽，而均以異名之。

魏齊王嘉平四年魚孽，有二魚集武庫屋上。晉武帝太康有鯉魚二，亦同之，見《晉書・五行志》。白魚入舟，見《史記・周本紀》。秦孝公事見《漢書・五行志》引《史記・京房易傳》曰：『諸侯相伐，厥妖馬生人。』龍馬負圖，《禮運》孔疏引《中侯握河紀》注云：『龍而形象馬。』童謡如成帝時『燕飛來，啄皇孫』

之謡，詩讖如隋煬帝在東都賦『徒有歸飛心』之詩。豕禍，《五行志》：『《左传》嚴公八年，齊襄公「田於貝丘，見大豕，從者曰：『公子彭生也。』公怒，曰：『彭生敢見。』射之，豕人立而啼。」』鼠妖：昭帝元鳳元年九月，燕有黄鼠銜其尾，舞王宫端門中，王往視之，鼠舞如故。王使吏祠之，一日一夜死。後燕王反，誅。

曾云：以上自述命名物異之意。

其豕禍、鼠妖，則無祥可述，故亦仍前史之舊名。至於木不曲直者，木失其常性而爲妖，如桑穀共生之類是也；若雨木冰，乃寒氣脅木而成冰，其咎不在木也，而劉向以雨木冰爲木不曲直；華孽者，花失其常性而爲妖，如冬桃、李花之類是也，若冰花乃冰有異而結花，其咎不在花也，而《唐志》以冰花爲華孽；二者俱失其倫類，今革而正之，俱以入恒寒門，附雨雹之後。又前志以鼠妖爲青眚、青祥，物自動爲木沴金，物自壞爲金沴木，其説均後學所未諭，今以鼠妖、青眚各自爲一門，而自動、自壞直以其事名之，庶覽者易曉云。作《物異考》第二十二，凡二十卷。

《五行傳》：『「伊陟相大戊，亳有祥，桑穀共生。」《傳》曰：「七日而大拱。」』桑穀，二木名也。雨木冰，《五行志》：春秋成公十六年事。得雨而成冰也。此劉歆説以爲木不曲直。《漢書・五行志》：『惠帝五年，桃、李冬花。』《唐書・五行志》：『景福中，滄州城壍中冰有文，如畫大樹華葉芬敷者。』景福，昭宗年號。《漢書・五行志》：『異物生，謂之眚；自外來，謂之祥。』木色青，故有青眚、青祥。《漢書・五行志》引漢儒説：『氣相傷，謂之沴。沴猶臨莅，不和意也。』周威烈王時，九鼎震，《漢志》以爲金沴木；魯文公時，大室壞，《漢志》以爲木沴金。

曾云：以上整正諸名目。

以上《物異考序》。

昔堯時禹别九州，至舜分爲十二州，《周・職方》復分爲九州，而又與禹異。漢承秦分天下爲郡、國，而復以十三州統之。晉時分爲十九，自晉以後，爲州寖多，所統寖狹，且建治之地亦不一所。姑以揚州言之，自漢以來，或治歷陽，或治壽春，或治曲阿，或治合肥，或治建業，而唐始治廣陵。至南北分裂之後，務爲夸大，僑置諸州，以會稽爲東揚，京口爲南徐，廣陵爲南兗，歷陽爲南豫，歷城爲南冀，襄陽爲南雍。魯郡在禹迹爲徐州，而漢則爲豫州所領；陳留在禹迹爲豫州，而晉則屬兗州所領。離析磔裂，循名失實，而禹迹之九州寖不復可考矣。

《禹貢》九州：冀、兗、青、徐、揚、荆、豫、梁、雍也。《尚書・堯典》：『肇十有二州。』《僞孔傳》分冀州爲幽州、并州；分青州爲營州。《周禮・夏官・職方氏》：九州有幽、并，無徐、梁。漢興，以秦地太大，加置郡國。其後，開越攘胡，土宇彌廣，改雍曰梁，梁曰益，又置徐州，復禹舊號。南置交趾，（後爲交州。）北置朔方。（後爲并州。）以此五州，合司隸、（治畿輔。）荆、豫、揚、冀、幽、（凉）兗、青諸州，凡爲十三州。晉時分司州（漢司隸之舊部。）及兗、豫、冀、并、青、徐、荆、揚、凉、雍、（分三輔爲之，治京兆。）幽、平、（分遼東爲之，治昌黎。）交、廣也。廣陵即今江都縣。隋、唐、元爲兩縣。宋神宗熙寧三年併入江都。漢順帝時，分浙江以西爲吴郡，以東爲會稽。晉又置會稽國。宋復爲郡，常置東揚州，尋罷州。至梁又加置東揚州。京口，今丹徒縣，宋置南徐州，至隋廢。宋文帝於廣陵郡兼置南兗州，北齊改爲東廣州，復曰南兗州。宋因晉歷陽郡兼置南豫州。梁末屬北齊，置和州及歷陽郡。宋分青州爲青、冀二州。冀州治歷城，後入魏。襄陽於東晉末，以雍州既没，流入聚居其地，遂僑置雍州。宋文帝復割荆州治雍州，後隸西魏，改曰襄州。陳留屬兗州，自漢已然。

曾云：以上言九州無定，禹迹不可考。

夾漈鄭氏曰：『州縣之設，有時而更；山川之形，千古不易。故《禹貢》分州，必以山川定疆界，使兖州可移，而濟、河之兖州不可移；梁州可遷，而華陽、黑水之梁州不可遷。故《禹貢》爲萬世不易之書。後之作史者主於郡縣，故州縣移易，其書遂廢矣。』善哉言也！杜氏《通典》亦以歷代郡縣析於禹九州之中。今所論著，九州則以禹迹所統爲準，沿而下之，府、州、軍、監則以宋朝所置爲準，泝而上之，而備歷代之沿革焉。至冀之幽、朔，雍之銀、夏，南粤之交趾，元末嘗入宋之職方者，則以唐郡爲準，追考前代，以補其缺。

鄭樵，字漁仲，宋福建莆田人。居漈山，故稱夾漈。此數語見《通志》卷四十《地理略序》。《僞孔傳》：兖州東據濟西，北據河。梁州東據華山之南，西據黑水。《禹貢》：濟、河爲兖州，華陽、黑水惟梁州。《地理考》：黑水出張掖郡，南流入海。或曰即今怒江也。府、州、軍、監，是五代時地方制度，宋因之。

曾云：以上言上以禹迹、下以宋代爲準。

而於每州總論之下，復各爲一圖，先以春秋時諸國之可考者分八九州，次則及秦、漢、晉、隋、唐、宋時所分郡縣，考其地理，悉以附禹九州之下，而漢以來各州刺史、州牧所領之郡，其不合禹九州者，悉改而正之。作《輿地考》第二十三，凡九卷。

以上《輿地考序》。

昔先王疆理天下，制立五服，所謂蠻夷戎狄，其在要、荒之内，九州之中者，則被之聲教，疆以戎索。唐、虞、三代之際，其詳不可得而知矣，《春秋》所録，如蠻則荆、舒之屬也，夷則萊夷之屬也，戎則山戎、北戎、陸渾、赤駒之屬也，狄則赤狄、白狄、皋落、鮮虞之屬也。載之經傳，如齊桓之所攘，魏絳之所和，其種類雖曰戎狄，而皆錯處於華地，故不容不有以制服而羈縻之。至於沙磧之濱，瘴海之外，固未嘗窮兵黷武，絶大漠，逾懸度，必欲郡縣其部落，衣冠其旃毳，以震耀當時，而誇示後世也。

五服：甸、候、綏、要、荒也，已見《土貢考》節。東夷、西戎、南蠻、北狄，見《王制》。戎索，謂戎之法也，見《左傳注・定四年》。荆即荆楚舒，春秋時有舒蓼、舒庸、舒鳩諸國。萊夷，今山東黄縣東有萊子城。山戎即北戎，《左・僖二十二年傳》秦晉遷陸渾之戎於伊川。赤騶，《通考考證》（浙刻本）據《左傳》改爲支騶。皋落，赤狄别種。鮮虞，白狄别種是也。魏絳和戎，見《左・襄四年傳》。《漢書・西域傳》：『懸度者，石山也。谿谷不通，以繩索相引而度云。』

曾云：以上言三代時四裔皆在中華之地。

秦始皇既并六國，始北却匈奴，南取百粵。至漢武帝時，東并朝鮮，西收甘、凉，南闢交趾、珠厓，北斥朔方、河南，以至車師、大宛、夜郎、昆明之屬，俱遣信使，齎重賄，招來而羈置之，俾得通於上國，窺其廣大，割齊民以附夷狄，弊所恃以事無用。自是之後，世謹梯航，歷代載記所叙，其風氣之差殊，習俗之詭異，可考而索，至其世代傳授之詳，則固不能以備知也。作《四裔考》第二十四，凡二十五卷。

北却匈奴，南取百粤，見《始皇本紀》。《漢書・武帝紀》收匈奴渾邪王地，置酒泉郡；收休屠王地，置武威郡，尋又分武威、酒泉地，置張掖、敦煌郡，皆甘凉地也。又武帝遣路博德、楊僕等平南越，置南海、蒼梧、鬱林、合浦、交趾、九真、日南、珠崖、儋耳九郡。又元朔二年，衛青出塞取河南地，築朔方郡，見《漢書・匈奴傳》。《武帝紀》曰：置朔方、五原郡。河南，北河之南，今河套地。車師、大宛，皆西域國。夜郎、昆明，皆西南夷。車師後分爲前後兩國：前國今新疆土魯番縣地，後國在今烏魯木齊東。大宛，即今俄領中亞之費爾干省地。

夜郎、昆明，夜郎爲川、黔、滇三省交界之地；昆明，今雲南順寧、保山、騰衝等地。

以上《四裔考序》。

跋

元代馬端臨撰《文獻通考》三百四十八卷，因唐代杜佑《通典》而廣之。以《通典》八門析爲十九，而增以經籍、帝系、封建、象緯、物異五門，共爲二十四門。所述事迹，上承《通典》，下迄南宋寧宗嘉定末。自唐天寶以後，即爲馬氏增補續修者。命其書曰《文獻通考》。其内容之謹嚴不及杜氏《通典》，而材料之詳贍則過之。上比杜佑《通典》不足，下比鄭樵《通志》則有餘。其自序詳述編撰體例與其作意，縷析條分，言簡意賅，實書作之綱要也。該序向乏箋釋，後之覽者，多難了然於心。

高翔先生既爲曠世之奇才，又獲高賢之指授，讀破萬卷，粲然於中，無愧華陽林氏清寂堂之學術傳人。其道德文章，於四十年代即已名滿西都，聲流海外。已撰爲《學本》《文論探源》《方志論》《國風流别論》《詞賦流别論》諸篇，而師命難違，遂長私立蜀華中學，受命於該校危難之際，惟全力投入，妙手春風，歷四年半而欣榮焉。

先生已謝梁漱溟北碚勉仁文學院之聘，却難辭王恩洋成都東方文教學院之邀，因執教於該校，僅及一年而辭歸，隱於成都東郊，躬耕自養，歷近四十載而應四川省文史館禮聘，尚欲有所爲而終未可得，惜乎，悲乎！先生耕讀之間，未忘述作。該序箋釋，即成於退隱之初，正當先生盛年之時，乃歷劫付炬後之遺珠也。先生已矣，箋釋幸存，亦史學界之幸哉！其學術價值，必爲後來者所公認無疑。雖非鉅筆，已窺良史之才。若無此等膽、識、才俱備，焉能爲是！

余校録之，斷續經年。一以生計所煩，殷憂無已；一以藏書所限，資料難尋。箋釋稿本，序文惟少量標點，其餘與箋釋，文不加點。愚所標點者，必有舛誤。箋釋原係雙行，惟以引號將序文分别。另有眉批，亦迻入相應位置，並注明以示區别。先生墨書，行草兼之，有時一字未辨，歷數日始覺悟；有時引文出入，以數種相校勘。甘苦自知，責無旁貸。其中尚有無資料校訂者，一依原稿迻録。方家其正之，覽者其鑒之。歲次戊寅陽月下浣短至前八日受業新都張學淵敬跋於雒城無爲書屋。

史學家張森楷先生與《通史人表》

合川張森楷先生，字式卿，晚又自號石親，據他説是取與木石親之意。以一九二六年應成都大學校長張瀾之聘，來校作史學教授。我那時還是預科一年級學生，得聆先生教益，粗知史學門徑。先生教的是他編的《舊史學研究法》。先生是主張通史的，所以贊成鄭漁仲、章實齋的學説，而於當時聞名的梁啓超頗致不滿。我記得那時的老師，除了林山腴先生不大在教室裏臧否人物而外，向仙喬先生、龔向農先生他們都嫌梁啓超淺薄，所以對張先生的批評也就不以爲怪。那時學校初建，一切都很簡陋，住校的教師雜在學生宿舍之間，没有電燈，點菜油燈，因此我們更能接近張先生。先生那時已過古稀之年，但每天早晨我們還卧床未起，張先生已經明燈看書了。晚上十點我們就寢已久，張先生還在看書。先生自己説，他有五十年的时间，每天平均要看十點鐘的書。先生初來時，吴又陵先生向我們推薦説，張先生幼年讀書，怕常常起身誤了爲學，曾經用鐵鏈把自己的足鎖在書桌足下，这样的刻苦學習實是人所難能。所以就四川的人才來説，文學方面，每代都有出色的人物；史學方面，宋代出了一些名人，明清以來怕就衹有張先生了。

張先生的一生是坎坷的一生，他的著述也遭遇了無數的坎坷還不能出版，這當然是由於牽涉面過廣，又没有投合時好。但是幾次有了機會又没有成就，幾於使原稿損缺，雖僥倖得全，而迄無人能與表彰刊布。他編的《合川縣志》，梁啓超《中國近三百年學術史》，民國以來的縣志，祇舉了這部。就這書的價值來説，體例之詳備，考證之精確，也是其他縣志所罕有的。這樣能爲海内通人所鑒賞先生自言的著作成書時，也還經了許多波折，受了訟累，最後完成也還有先生墊付的款未能全數償清，其他的就不必説了。

先生幼年喪父，靠母親劉氏撫養成立，繼續求學，在艱苦環境中，自然更奮力勤學。當清末光緒二年（一八七六）張之洞督川學，取爲縣學生；又在成都開辦尊經書院，調高材生入院。次年譚宗浚繼任，先生再試皆高等，遂與縣人丁樹誠、戴光同入尊經書院肄業，得讀尊經藏書，深喜過望。擬爲《周官通考》一書，草創未就，會以事为人構陷於院長王壬秋，被開除。雖先生後來成學，仍向王壬秋悔過，恢復了師生關係。但這一打擊却使他改變治學方向，從經學轉到史學。王壬秋在尊經書院規定，院生每人必須專治一經。先生從尊經出來，改住錦江書院。錦江院長伍崧生先生早先曾從學八股，得先生來，大喜，使爲都講，兼管書籍。先生益感激奮發，自立禁約三條：一不爲經學詞章，二不應歲科優拔考試，三不事書畫詩詞應酬，專治史學，以與尊經相抗。其實先生在尊經所擬作的《周官通考》，也是以史學觀念在治經。所以先生也算學焉而得其性之所近了。

先生專力治史，因史以人事爲重，遂創爲《通史人表》；又因考史事而發現正史許多顯然矛盾而不合的地方，與顯然錯誤的字句，於是又爲其《廿四史校勘記》。這兩書是先生畢生從事的大著，而其創意著作則始於在錦江書院時期。又以蜀中地處西陲，見書不廣，聞張之洞總督在湖北，請伍崧生寫一信介紹，向張之洞借書，未得答復。時黎庶昌任川東兵備道，先生乃上書於黎，自述治學情況。次日黎即召見，詢問顛末，當即延入幕府，年俸膏火費二百金，令專力著述，不責以政事。先生雖於事亦偶有條陳，爲黎嘉許。然讀書日多，又奉母居渝，無家事之念，是爲先生一生學問得以成就的最大關鍵。先生嘗笑許多人，今天想到一點意思，明天就去著作，後天就去出版，再後天别人就丢在字紙簍去了。所以先生所有著作都是經過深思熟慮，然後創稿，再經過反復修改然後成。像《通史人表》《廿四史校勘記》這樣的巨著，資料的搜集，也不是一時可就，不是先生有幾十年每天有十點鐘的時光去從事，也很難想象。所以兩書初稿成，就花了二十多年的歲月。光緒十八年（一八九二），先生中式入京，又以兩書例言遍謁當代學者繆荃蓀、王懿榮、李慈銘、康有爲，又訪俞樾於蘇州、陸心源於湖州，見王韜、羅振玉於上海，就其所商榷，又加修改。至光緒廿五年（一八九九），《廿四史校勘記》寫成；次年，《通史人表》寫成，計《廿四史校勘記》三百二十卷，《通史人表》二百四十八卷。民國三年（一九一四）客於京師，又以兩書請教於王壬秋、楊守敬、宋芸子、王樹枏、張謇、陳衍、劉師培等，皆願爲作序。尚未著筆，侯官林萬里於劉師培處見《齊書校勘記》而委之，願爲介紹於上海大、書局，使散附各史之後，如阮元《十三經校勘記》附經後之例，使自爲序。序成而印書之事未果。陸心源又謂先生，我當作君南邁主人，可來觀我皕宋樓藏書。先生未及往而陸卒。羅振玉謂《校刊記》是全史功臣，一經傳播，即爲史學家所不能廢。索其稿，願代爲介紹於大書局。會時局變動，羅避居日本東京。一日，蜀人龔煦春於謝無量處見《校勘記》稿署先生名，乃謝於擔頭以廉價得之者，先生大驚，即赴謝處取回。又函問羅，羅謝云，但遺失部分，幸已爲君友所得，餘稿交繆小珊太史奉還。於是《校勘記》之出版又成虚事。今聞此稿尚存中華書局，新印廿四史摘録部分，餘想無再刊之望矣。我所以説先生著述的問世也是坎坷不平，而其願力難遂，徒拋心智也。

我嘗感覺清代的學風，學者所致力的多半是校勘考證，教人怎樣去讀古書，所謂乾嘉學派大都走的這一條路。至於貫穿百氏、上下千年，包羅全史，究古今之變，成一家之言，像先生這樣的人實在無幾。先生的《廿四史校勘記》爲人所重，也因爲它涉及面廣，又投合時尚，但又惜他見的古本不多。其實多見古本，也不過是多一點對本子的時間，談不上學問。至於深造自得，能與善本暗合的地方，纔是學問。再來説《廿四史校勘記》，不過可見先生的校勘學，而《通史人表》纔能見先生史學，先生自負也在《通史人表》。所以林山腴先生的《霜甘閣燕集》詩叙王壬秋在四川開啓學風，下面便説『弟子成名盡飈起，廖經宋賦張讐史』。先生很不滿意，説他不止是史部的校讐者。我前面已經談到，《廿四史校勘記》不過是《通史人表》的副産物，所以我願意談一談先生的《通史人表》。

自來的史學作者關於歷史的記載，有紀傳、編年、紀事本末三體。《通史人表》把三體融爲一體。表雖以人爲主，有紀年，在人物之上有本事紀，在人名的首格，人名方面又分爲十六格，計帝王、后妃、皇子孫、宗室、大臣、卿貳、藩牧、庶僚、儒林、行義、雜流、雜人、列女、宦寺、雄據、夷裔，又附以將校合卿貳、文苑合儒林，而以史家之道學，儒林、文苑、文學併入此格；行義格舉史傳中之孝義、忠義、孝友、獨行、高隱、逸民、隱逸、止足諸人併入此格；而策士、俠客別立時人之目，亦附此格；佛道諸家，併入雜流格，而星相、堪輿、琴棋、書畫、木石、工巧，謂之藝術，併入此格；椽史、僚佐以下，凡見於史傳無多特能者，併入雜人格；婦女，凡見於史傳者，併爲列女格；佞幸附宦寺，群雄附雄據，將校合卿貳，外戚附后妃，公主夫人附皇子孫，宗婦女附宗室，逆賊附雄據，降叛附夷裔。從漢初到明末二千年的人萃於一表。先生自言：『自疑上下古今人，無或出此矣。』《人表例言》關於人的方面，姓氏、名字、謚號、爵里、生卒、年壽，都經過一番詳審的考證。本事記的事，也是經過有關各書的比較核對纔記載上去。表中又有互著一例，正足以見先生對於一人的評價，如竇嬰、田蚡，同为宰相，但竇嬰就大臣格互見外戚，田蚡就在外戚互見大臣。至於先生的見解有時的局限性，這倒不必强爲解説。像四人幫時編的《辭海》，不是也有許多的影響嗎？先生的

《人表》，爲了檢索方便，又有《姓字目録》四種，又有《職官考説》，把各官分列等級的作用，因此就可以從一等級中了解古代官職沿革名稱不同而性質相近的地方。所以，我們看了這表，可以當翻人名大辭典，可以當讀歷代職官沿革考，也可以明了古今官制的異同。本事記又可當人物的小傳，又可當《通鑑綱目》《通鑑輯覽》一類的書讀。從人物的廣泛排列，又可觀時代風尚、社會狀況，而且亦可以用作廿四史提要或索隱一類的書使用。比之於錢大昕的《考異》，趙雲崧的《札記》，實在適用得多。一部書而具有這許多的用途，可以當史學專著讀，也可以當工具書讀，比據一二條就寫出的作品，不僅費力得多，也深厚得多。

先生逝世六十多年了，費了幾十年工夫完成的兩部鉅著，《廿四史校勘記》没有像阮元的《十三經校勘記》附在書末，新出版的廿四史也衹選録了少數一點；至於《通史人表》，就没有人提了。想他七十高齡還在孤燈之下寫作不休，而後生小子却許多不知張先生的名字。比之廖季平先生，經學剛好投合當時時尚而聲名洋溢。假若這稿子還存在，也不知將來還有人能研究它不？這一生力量用在此而得這種結果，真是坎坷一生而又難伸於死後，這真使我感慨萬分了。

蒙文通賴皐翔談話紀要

五月四日，過蒙文通先生水井街共談，頗多新解，記之如次

凡言開創學派，必非一人之力，亦非一時可就。人才在乎培養，學派成於講習。有三數人共治一學，互相影響，互相啓發，三數年後，則學派成矣。如川劇周慕蓮等，到重慶保持川劇之舊意味；成都川劇則滲入話劇，演員吐詞清楚，而與重慶異派矣。浙東史學，非但全謝山、莫期同諸人也，浙東史學家皆熟於《文獻通考》。《文獻通考》所録宋人葉水心、陳同甫諸人之文，即開啓浙東史學。章太炎教蜀人須熟三

通，蓋三通真乃通史，廿四史不過可以補三通，不足爲通史也。史必須於制度上求其通，知其一脉相承者何在。先明其制度，則知其通矣！王應麟《漢藝文志考》，即通兩漢諸史，以證其通者也。《明夷待訪録》雖祇一册，然其於歷史制度，脉絡相承，分明如畫。爲之疏證，亦非成數卷之書不能爲功。此即所謂通史之學也。故不專制度，不足以爲通史。今日之治史者，必須先以制度入手也。

今世之治史者，先言古史，顧頡剛之《古史辨》是也。後乃推及沿革、地理，顧氏又有沿革地理之作。後乃推及民族。最後乃推及社會制度，陶希聖等爲之。顧始作《古史辨》，後作《禹貢半月刊》。陶辦《食貨雜志》，言漢代爲奴隸制度，南北朝乃爲封建社會，陶已言之。今人固不知兩漢之有均産制也，亦不知南北朝時行均田制者，其時大地主固安然無恙也。東漢時有田客，田客非即今之佃客也。田客可以由主人轉賣，五胡多數即爲田客。石勒等人，故曾經被驅賣者；劉淵諸人，即賣而譁變者。故人但知有五胡亂華爲民族矛盾，而不知此中有階級矛盾也。又，東漢人有擁田客至千餘者，此豈尋常佃客乎？

兩漢會要，未爲完備。《食貨志》最不易讀，以其中多當時官牘文字也。今日爲史，當先求通史之名物訓詁。清代人治經，兩經解尚能通名物訓詁，然則史學不當先作《史學簒詁》，如今日《經籍簒詁》之流乎？今日陳援庵、陳寅恪諸人尚在，尚可爲也。史，宋代乃有學，此學之絶久矣！今日言文學史，當有脉絡可尋；而哲學史，則無一佳者，以哲學自宋以後亦絶無解人也。故不通制度，不能得其相承嬗變之迹，不足以言史學也。余近論一條鞭制，知明世之所以能爲此者，以北方經濟其時已漸與南方通同，此乃可以南方之制度行之北方。其實，兩税制即一條鞭也。《周官》即制度，縱云僞造，不能晚於漢代。然則漢代制度，即當受其約束。有所約束，乃足以窺見制度之原。不然，徒紛亂無條理也。按：蒙先生此論，實則廖氏學派。廖之於經，固從《王制》以統今文，以禮制分今者也。

杜甫在成都，生活最爲豐饒，時有達官，過從飲酒。就其詩中考之，所有草堂全部各房舍計之，占地約百畝左右矣。六朝時之草堂寺，距城十里，今已不在。杜甫草堂，距城七里。杜去後，其地爲□□居，後捨宅爲寺，即今之草堂寺也。

余初到東南，其地言學者與四川相近，故無所軒輊。到北京，日與諸人講論，始聞孔子不删六經之説，甚異之。後乃熟查之，周代故無孔子定六經之説，此特漢人之説也。周人亦罕言六經王制，樂正崇四術。荀卿始亦不言六經，後偶言之。《天下篇》非莊子作，不足據。六經，蓋至荀卿始總成之。《易》本道家之説。江東子弓則南人。荀子取南人道家之説以入儒家，此爲儒家之發展。六經經傳以千萬，僅存經爲儒家正宗矣。

徐陵《玉臺新詠》，劉肅《大唐新語》以爲，梁簡文爲太子，好作艷境；内化之晚年，欲改作追亡。不及，乃令徐陵爲《玉臺集》以大其體。《四庫提要》據之又謂，雖皆取綺羅脂粉之詞，而去古未遠，猶有講於温柔之遺，未可概以淫艷斥之。是皆以《玉臺》爲行世移風之作。故一歸之側艷之傳世大宗，一則辨其淫詞之變俗。按：徐陵《玉臺新詠序》，通首皆主宮幃内人説，其末則云：『至如青牛帳裏，餘曲既終；朱鳥窗前，新妝已竟。方當開兹縹帙，散此縚繩。永對玩於書帷，長循環於纖手。豈如鄧學《春秋》，儒者之功難習；竇專黄老，金丹之術不成。因勝西蜀豪家，託情窮於魯殿；東儲甲觀，流詠止於洞簫。』則此書本以供妃嬡肄習，夫何妨其綺麗！紛紛辯析，皆是誤在將此書懸爲令甲，傾作程式，故争論於風化之間，殊無味也。

《四庫提要》詩文評類一《竹莊詩話》條下，焦仲卿妻詩，明人活字版《玉臺新詠》妄增『賤妾留空房，相見常日稀』二句，謬傳至今，實則郭茂倩、左克明兩家《樂府》及舊本《玉臺新詠》皆無之。此書亦無此二句，足相證明。案：如此則『君既爲府吏，守節情不移』，守節是蘭芝自謂，非指仲卿也。吾前時講此篇，亦用謬本故釋，守節爲仲卿，言不常回家，不如去此二句之順。又『命如南山石，四體康且直』，本仲卿自謂將死之狀，俗人但知南山爲祝壽之語，而不知《張釋之傳》漢文帝云『以北山石爲椁』，則北山石亦與死具爲伍，乃妄謂此二句爲祝頌其母之詞，真郢書而燕説矣。

屈子《國殤》：『霾兩輪兮縶四馬』，上文云：『陵餘陣兮躐餘行，左驂殪兮右刃傷』，則鋒刃交下，戰已敗績，又得復從容作霾輪縶馬以示必死也；霾當如《終風》且霾之霾，謂輪陷於地，如晉惠公韓之戰，馬旋而止也；縶當如《莊子·秋水》：『东海之鱉，左足未入，右膝已縶』之縶，絆也。輪陷於地，馬絆於車，然猶援枹擊鼓，厲進不已。其爲勇毅何如哉！余以後當集諸小品筆記爲書，名曰《一得録》。一九五八年元旦記。

《四庫》詩文評類存目《詩式》條，延年詩稱：『貽我青銅鏡，結我紅羅襦。不惜紅羅裂，何論輕賤軀。』稱似蕩也。又稱：『男兒愛後婦，女子重前夫。人身各有分，貴賤不相逾。多謝金吾子，私愛徒區區。』所謂貞也。案：紀以『不惜紅羅裂』二句爲似蕩，正近人俞平伯解『紅羅裂』爲『裂紅羅而贈之』之意，故當以『貽我』『結我』二句平列也。紀説不知有無他據？俞説當即緣紀而生誤。王壬秋《日記》論此詩云：『不惜紅羅裂』，使小人一驚，謂胡姬自裂其襦，於文理自爲順適。俞改從紀説，轉益穿鑿矣！宜人云指斥及之也。一月二日午前記。

鍾嶸詩品後序

昔魏文《典論》稱『文人相輕，自古而然』，乃云：『君子審己以度人，故能免於斯累。』陸機《文賦》既謂『每觀才士所作，竊有以得其用心』，猶復致嘆於『意不稱物，變難詞逮』，學淵案：原文作『文不逮意』。以此見文論之未易矣。夫金銑玉華，或嗤於拙目；巴人下里，自格於庸聽。向聲背實，莫不皆然。若既異於巧心，豈能度乎妍手？世有才非作者，專好詆訶；學不逮人，迷真信僞。忘己事之已拙，笑他人之未工。俗鑒既乖，喧議遂起。雖通才雅尚，遠覽古今；而或智多偏好，情莫圓該。隨其嗜慾，以陳標榜。詠歌之途，精思所寄。前乎唐宋，評裁未多。方申衡鑒，必造單微。向非妙涉文流，徒自棄於高聽。此則鍾記室《詩品》所以爲難；後世諸賢，去古俞遠，未能探求勝解，輒復自下己意，坐令大道蔽於謏愚。凡在有心，能無懷愧？余舊習五言，挹此高致，退省諸家所論，或有不同。爰就群疑，更爲要索，録爲是篇，以中厥緒。雖無宏通之美，庶弗畔以爲賢云爾。

案：《詩品》所以召後來之謗議者有二焉：曰品第之間，曰源流之論。究其品第，莫過於王世禎。糾舉既多，若或可信。及夫《四庫提要》之論，以爲『梁代迄今，邈逾千祀，遺篇舊製，什九不存，未可掇拾殘文，點定當日全集之優劣。』《詩品》提要。余謂文製大體，雖古今未異。至於風尚好嗜，隨性各殊，必核品第之得失，豈識鍾君之主宰？若乃循一人之矩矱，定前世之眇言；非獨類夏蟲之疑冰，抑亦方井鼃之談海。無徵不信，此既難矣。至夫推溯源本，誼在會通；不總群篇，寧知正訛？比諸抱殘文以咎其品第，固有同譏。然而昧者不察，猶多膠執。摘其致蔽，凡有三種。《詩品》所述，兼綜情文。舊師論藝，多循體勢。或視此有合，於彼無徵。引風格之多方，疑統類之乖錯。是生同異，其流一也。條貫所系，非謂後不逮先；源流自出，豈曰師承之謂？若乃矜其所尚，遂惡有美於前；亦或考厥淵源，直言本無所與。不悟人之體性，有間代而一歸；物之趣操，或百慮而一致。是生同異，其流二也。近時論者，夸言創始。本自因仍舊貫，謬欲截斷衆流。積習生常，寖及論學。苟欲有所尊崇，遂乃疑其歷史。是生同異，其流三也。因此三蔽，以啓多疑。雖物論不齊，而總歸斯囿。今之所述，非敢自謂悟一往之惑，通衆家之紛，誠欲圓照博觀，去其偏執。斯理謂信，請復詳言。

余觀記室三品，上品之内，家家表其源流；中品之内，著源流者十不三四；下品之内，推明體系，不過數人。詳其分列三篇，本以差次優劣。雖升降猶非定制，詮叙已有別裁。由兹溯源，足審輕重。將毋不徵同調，但欲顯其短長，詳紀宗派。所以資於尋討，豈爲隨手掇拾，殆是研精所寄？又其叙述，或曰出於某家，如古詩云：『源出於國風。』並是依方附類。於嵇康云『頗似魏文』亦是。或曰憲章祖襲，如中品於應璩云『祖襲魏文』，於郭璞云『憲章潘岳』。頗亦近於師承。至於詞既失高，兼難成立。豈無效法，不著其宗。斯非貶詞，亦已明矣。凡推其源流，是史家之例。鍾氏引《九品》《七略》，以爲是篇之同調，則其源流之論，本於《漢志》諸子。其曰：『詩之爲技，較爾可知。』諸子出於王官，時人已知其可信，何獨於是篇疑之哉？雖八代措語，義忌雷同。若此分別，豈曰無意？源流之論，亦何可以輕議之乎？晚近以來，人縱浮誇之情，競持不根之論。諱言本源，既已成習。豈亦有好學深思、心知其意者，於其所著異同之故，詳審之哉！故依所稱言，列爲一表，以次諸家，然後疏釋所由，用申其旨。

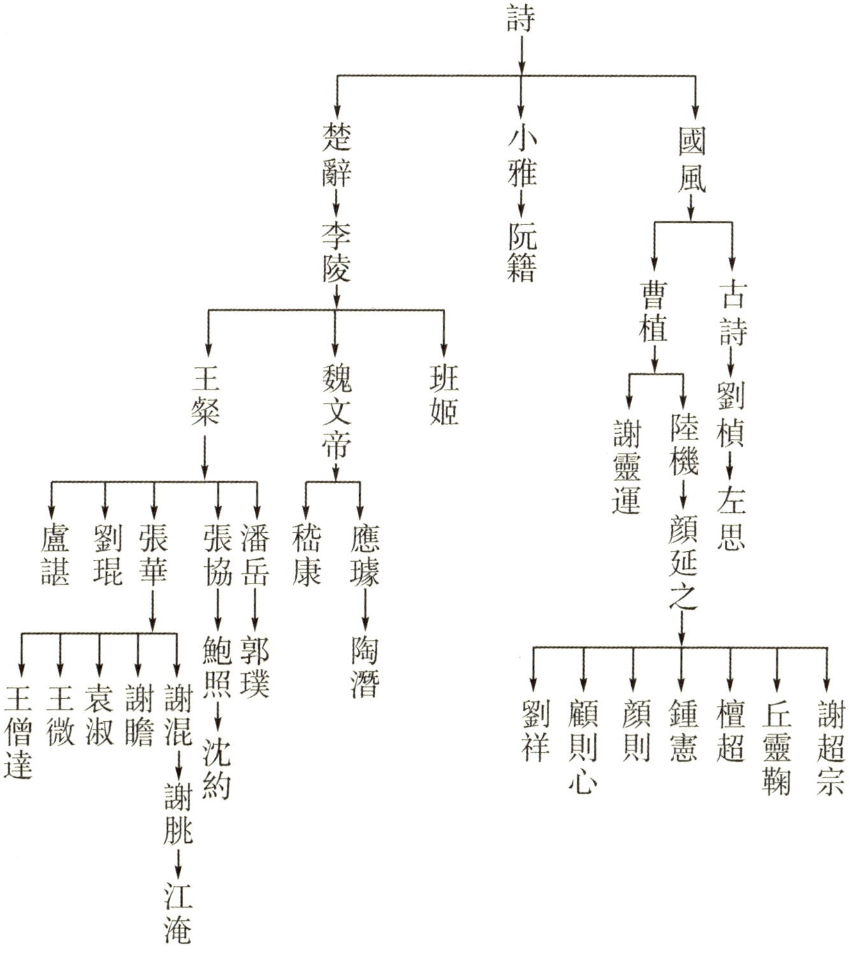
詩
楚辭
小雅
國風
李陵
阮籍
曹植
古詩
王粲
魏文帝
班姬
謝靈運
陸機
劉楨
左思
顏延之
盧諶
劉琨
張華
張協
潘岳
嵇康
應璩
鮑照
郭璞
陶潛
沈約
王僧達
王微
袁淑
謝瞻
謝混
謝朓
江淹
劉祥
顧則心
顏則
鍾憲
檀超
丘靈鞠
謝超宗

蓋記室所定爲源流者，有二本焉：篇章之屬，則以《風》《雅》《楚辭》统其宗；名家之論，則舉曹、劉、阮、李建諸首。夫《詩》《騷》爲詠歌之祖，自古詞人，莫不誦言。此以《國風》《小雅》《楚辭》分列三類，溯諸既往，蓋尠成規。案：淮南王劉安《離騷傳》稱『國風好色而不淫，小雅怨誹而不亂。若《離騷》者，可謂兼之。』馬遷之叙屈原，亦引以入傳。今之所本，毋乃是乎？自五言之興，詩詠偏用於人事。樹兹三本，理無不宜。《大雅》與《頌》，廟堂之詞，鬼神之事，譬諸草木，區以别矣。若夫李陵、曹、阮，隸是三本，將覈所論，必徵言焉。考《詩大序》之述《風》曰：『風，風也。』又曰：『上以風化下，下以風刺上。主文而譎諫，言之者無罪，聞之者足以戒，故曰風。』述《雅》曰：『雅者，正也，言王政之所由廢興也。政有小大，故有《小雅》焉，有《大雅》焉。』又曰：『一國之事，繫一人之本，謂之風。言天下之事，形四方之風，謂之雅。』是則微言感動，風雅所同。自一人之哀樂造耑者，風之屬；自生民之休戚造耑者，雅之類也。《楚辭》者，以屈原之作爲本。《史記·屈原傳》曰：『屈平正道直行，竭忠盡智，以事其君，讒人間之，可謂窮矣。信而見疑，忠而被謗，能無怨乎？屈平之作《離騷》，蓋自怨生也。』又曰：『余讀《離騷》《天問》《招魂》《哀郢》，悲其志。』諸篇居《楚辭》之要，『離讒憂國』本《漢志·詩賦略序》屈原作賦。之所發。是則身世不諧，憂傷怨艾者，《楚辭》之類也。古詩邈眇，人世難詳。就今所傳，大抵悲小己，念窮通，吟詠性情，懷其舊俗者也。陳思曹植之作，樂府而外，酬贈爲多。謝靈運論之曰：『公子不及世事，但美遨游，然頗有憂生之嗟。』《鄴中詩序》此雖一人之言，實古今之至論。循其緣情哀樂，蓋亦古詩之流。《詩品》又云：『「去者日以疏」四十五首』，『舊疑是建安中曹、王所製。』《詩品·古詩》則植之所作，託體與古詩爲近，政當是有目共論，故發此疑。所云『文温以麗，意悲而遠』，《詩品·古詩》是亦窮者之達言，有同勞人之歌事。斯二屬者，謂非源於十五國風者乎？阮公籍之作，今惟詠懷八十餘首。

《文選》李善注引顔延年云：『嗣宗身仕亂朝，常恐罹謗遇禍。』又云：『雖志在刺譏，而文多隱避。』記室品之，亦云：『言在耳目之内，情寄八荒之表。』又云：『自致遠大，頗多感慨之詞。』合兹二家之説，足定阮詩之本，蓋亦言天下之事，議時王之政，怨誹而不亂者也。謂非源出小雅者乎？李陵贈別之篇，世多知辨其爲僞，然采於昭明之世，宜爲記室所稱。其品之曰：『文多悽愴怨者之流。陵，名家子，有殊才，生命不諧，聲頹身喪。使陵不遭辛苦，其文亦何能至此！』是則與屈平放逐而賦《離騷》者同科，亦所謂『信而見疑，忠而被謗』，不能無怨者也。因兹成詠，謂非源出《楚詞》者乎？故記室之建此三本，雖不能無取於風調，實則多徵其詞意。他日復當取其詞爲之比論。夫四言五言，句度既殊；楚賦漢謠，成篇亦異。不探文體，蓋亦有由。近有章君太炎《辨詩》，《國故論衡》之一篇。謂王粲、曹植、阮籍、左思、劉琨、郭璞，皆與風同流；謂謝瞻、張子房詩，浸淫及於大小雅。而陶潛之語田舍，靈運之敘山川雲物，則詩又幾爲賦。亦復不計風調，但徵詞意。要其定詩人之興詠，原本經術，不及詞章。雖可補《詩品》之不周，未足廢記室之所論也。

又記室之嫉當世，固以爲淄澠並泛，朱紫相奪；喧議競起，準的無依。若是所言，當有準的。案：其述陳思王植曰：『骨氣奇高，詞采華茂。情兼雅怨，體被文質。』雖以品藻一家，蓋將矩度群類，詳所商榷，大抵取則於斯。故曰孔門用詩，則『思王入室』。具體之徵，溢於言表矣。若其建曹劉仲宣，以統多術。所以樹表，亦有三焉：一曰華茂之體，陳思之淵流也；二曰樸壯之體，公幹劉楨之淵流也；三曰清麗之體，仲宣之淵流也。《三國志》之評陳思曰：『文才富豔。』魚豢《魏略》云：『植之華采，思若有神。』《三國志》注引。陳思自序《前録》稱『君子之作也，儼乎若高山，勃乎若浮雲。質素也如秋蓬，摛藻也如春葩。泛乎洋洋，光乎皓皓，與《雅》《頌》争流可也。』《藝文類聚》引。則託體華茂之明驗。沈德潛之所稱爲

『五色相宣，八音朗暢』者，《古詩源》固不若其自論之詳也。《詩品》之述陸機曰：『才高詞贍，舉體華美』；又曰：『咀嚼英華，厭飫膏澤。』述謝靈運曰：『興多才高，寓目輒書。内無乏思，外無遺物，其繁富，宜哉！』至於述顔延之則稱爲『體裁綺密，情喻淵深』；又云：『喜用古事，彌見拘束，雖乖秀逸，是經綸文雅才。』方之張華之論士衡，所謂『患其才多』者，若有同符。隸於陸機，故當無愧。若此之類，非以華茂爲體，而同流陳思者乎？魏文《典論》之稱劉楨曰：『壯而不密』；《與吳質書》之論劉楨曰：『公幹有逸氣，但未遒耳。』『其五言詩之善者，妙絶時人。』學淵案：原稿眉批，姑録於兹：『左思詩文，氣勢最盛。其平生所爲學曰「著論準《過秦》，作賦擬《子虚》」，亦以氣勢同符，非樂其詞意也。』謝靈運之論劉楨曰：『卓犖偏人，爲文最有氣。』記室述劉楨曰：『出於《古詩》，仗氣愛奇，動多振絶。』夫古詩之體，因始謳謡，比於齊梁，豈同雕琢之自飾？今仗氣之作，既復不宜華靡；華靡之體，亦非壯氣所存。是以陸雲則云：『不取悦澤。』《與兄平原書》：『往日論文，先辭而後情，尚勢而不取悦澤。』記室則云：『雕潤恨少。』品劉楨云：『氣過其文，雕潤恨少。』此則氣盛詞衰，理無兼善。劉楨之出古詩，用是何疑？下逮左思，記室品之，以爲『野於陸機，而深於潘岳。』學淵案：眉批録於兹：『詠史稱「著論準《過秦》，作賦擬《子虚》」，此二篇亦氣盛之作，可以知太沖之所重矣。』《世説》引孫興公之言，亦以爲『潘文淺而净，陸文深而蕪』。夫譏之以野，毋亦逸氣之流。即上所云『公幹有逸气』。目之爲深，殆是樸厚之體。若此之類，非託流樸壯，而比踪劉楨者乎？魏文之論王粲曰：『惜其體弱，不足起其文。』學淵案：《又與吳質書》句。謝靈運之論王粲曰：『家本秦川貴公子孫，遭亂流寓，自傷情多。』學淵案：《擬魏太子鄴中集詩》句。《文心雕龍》之論王粲曰：『穎出而才果。』《體性》《詩品》述之，則云：『文秀而質羸，在曹、劉間別構一體。』明其所以與曹、劉爲鼎足，承李陵之餘風。由於體弱質羸，以樹其清；才果文秀，以張其麗。而復流寓自傷，是以發詞悽愴也。《詩品》之述潘岳曰：『如翔禽之有羽毛，衣服之有綃縠。』

夫綺縠雖薄而華美，羽毛雖麗而輕舉，《續文章志》之所謂『雖綺而輕』者也。《世説新語》注引。又《文心雕龍·體性篇》亦云：『安仁輕敏，故鋒發而韻流。』述張協曰：『文體華净，少病累。』即《文心雕龍·才略篇》之所稱才綺者也。述張華曰：『巧用文字，務爲妍冶。雖名高曩代，而疏亮之士，猶恨其兒女情多，風雲氣少。』即《文心雕龍·才略篇》之所謂清暢者也。述劉琨、盧諶曰：『善爲悽戾之詞，自有清拔之氣。』即《上品叙》之所稱清剛者也。序云：『劉越石仗清剛之氣。』若此之疑，非託流清麗，比踪王粲者乎？夫哀怨之語，曲本清商；悽愴流連，動人悲感。非獨李陵《贈别》當展此聲，即魏文之天資文藻，『洋洋清綺』。《魏志》及《文心雕龍·才略篇》。班姬之『詞旨清捷，怨深文綺』，學淵案：《詩品》卷上。亦何莫非兹體之流？總是三端，以觀衆作，雖曰未備，亦庶得其大凡。至若嵇康清遠，『頗似魏文』；郭璞彪炳，『憲章潘岳』；陶潛、應璩，以真古與深篤相規；學淵案：眉批照録：『顔延年《陶徵士誄》云「文取指達」，亦謂其樸。』沈約、鮑照，以功麗與巧似同體。大較如此，可以類推。

原夫談藝之書，其所紀别異同，貴能徵之篇翰。今但擷諸論評，以爲疏證。詞意多方，動生乖牾。周璞鄭鼠，何由定其會通？然記室之論，本自先有簡擇。觀其論沈約所云：『剪除淫雜，收其精要，允爲中品之第矣。』則當日去取，必有不同。與其據傳世之殘文，曷若徵當時之名論。世有依此準則，以考詩家，神理既昭，妙契自合。能通析乎情文風調，豈無喻於流變會通？固不必膚受俗訾，肆情呵古。然後先哲之響應可察，而記室之評識可通矣。

民國二十九年八月五日初稿寫竟

一九九七年丁丑秋七月廿七學淵敬録

詩品附記

余既爲《詩品後序》，以證記室源流之論。更取其書，以觀齊梁之風氣，復得三善。又將約舉古今爲《詩品》疏解諸家，定目於後，因作附記。

當六朝之世，文尚綺靡，又多巧密。或更侈言玄理，以飾其淺率。記室於《上品序》曰：『若乃春風春鳥，秋月秋蟬，夏雲暑雨，冬月祁寒，斯四候之感諸詩者也。』此明詩歌所詠有本於節物者也。又曰：『嘉會寄詩以親』，此指公燕詩。『離群託詩以怨。』此指行旅詩。『至於楚臣去境，漢妾辭宮』，此指傷放逐之詩。『或骨横朔野，魂逐飛蓬』；此指悲離亂之詩。『或負戈外戍，殺氣雄邊；塞客衣單，孀閨淚盡』；此指征戍閨怨之詩。『或士有解珮出朝，一去忘返』；此指別離詩。『女有揚蛾入寵，再盼傾國』。此指情詩。此明詩歌所詠有本於人事者也。斯二端者，於詩道幾盡矣。其所致議於當世者，大體有三焉：

一，過江以後說理詩　《上品序》曰：『永嘉時，貴黄老，稍尚虚談。於時篇什，理過其辭，淡乎寡味。爰及江表，微波尚傳，孫綽、許詢、桓、庾諸公詩，皆平典似《道德論》，建安風力盡矣。』

二，宋齊以來隸事之詩　《中品序》曰：『夫屬辭比事，乃爲通談。若乃經國文符，應資博古；撰德駁奏，宜窮往烈。至乎吟詠情性，亦何貴於用事？「思君如流水」，既是即目；「高臺多悲風」，亦惟所見；「清晨登隴首」，羌無故實；「明月照積雪」，詎出經史。觀古今勝語，多非補假，皆由直尋。顏延、謝莊，尤爲繁密，於時化之。故大明、泰始中，文章殆同書鈔。近任昉、王元長等，辭不貴奇，競須新事。邇來作者，寖以成俗。遂乃句無虚語，語無虚字，拘攣補衲，蠹文已甚。但自然英旨，罕值其人。詞既失高，則宜加事義。雖謝天才，且表學問，亦一理乎！』

三，齊梁音律過密之體　《下品序》曰：『古曰詩頌，皆被之金竹，故非調五音，無以諧會。若「置酒高堂上」，「明月照高樓」，爲韻之首。故三祖之詞，文或不工，而韻入歌唱。此重音韻之義也，與世之言宫商異矣。今既不被管絃，亦何取於聲律耶？齊有王元长者，嘗謂余云：「宫商與二儀俱生，自古詞人不知之。惟顔憲子乃云律吕音調，而其實大謬；唯見范曄、謝莊頗識之耳。嘗欲進《知音論》，未就而卒。」王元長創其首，謝朓、沈約揚其波。三賢或貴公子孫，幼有文辯。於是士流景慕，務爲精密，襞積細微，專相陵架。故使文多拘忌，傷其真美。余謂文製本須諷讀，學淵案：缺『不可蹇礙』。但令清濁通流，口吻調利，斯爲足矣。至於平上去入，則余病未能；蜂腰鶴膝，閭里已具。』

此三則所論，在後世爲詞家之通則，在當時則犯天下之不韙。記室以分列三品之序，著其持論之所以異於時賢，其用心亦可謂卓爾不群矣。

民國二十九年八月六日初稿

一九九七年丁丑秋八月朔日學淵恭録

滄浪詩話跋

夫文有詞繁理富，而意不指適；效績片言，而神超象外。蓋思表纖旨，筆所不追。文貴曲致，逐迹逾遠。是以古之作者，緣情哀樂，感物造端。不煩精思，獨標興會。遂有掃除美刺，專任性靈；或狀溢目前，或情在詞外。張戒《歲寒堂詩話》引《文心雕龍》，情在詞外曰隱，狀溢目前曰秀。朝華夕秀，譬懷珠而媚川；玉藻瓊敷，若中原之有菽。此則應之以會，得之無心。真宰浮沉，清音遂遠。其所致美，豈外飾之爲哉？昔者沈休文之論聲律，以爲高言妙句，音韻天成，皆暗與理合，匪由思至。鍾仲偉《詩品》，亦稱『古今勝語，多非補假，皆由直尋』。夫先士盛藻，所貴天成。非獨暗合直尋，多緣勤力難逮。譬之成連移我，老子猶龍。一發遂工，千載難繼。然而機有通塞，非造次所能兼；妙契自然，有百思而不擬。且清則境狹，妙則詞約。易致雷同，難爲因襲。於是超超玄著，不能競於衆流。終古鬱鬱，矜兹獨步。若夫利害所由，標舉自遠。唐宋以後，稱述始多。非徒藍田良玉，始喻難即之景；鹽梅酸鹹，創通味外之味而已也。《困學紀聞》載戴叔倫語，謂：『詩家之景，如藍田日暖，良玉生烟，可望而不可置於眉睫之前也。』司空圖《與李秀才書》：『梅止於酸，鹽止於鹹，而味在酸鹹之外。』世之論嚴羽《滄浪詩話》者，或尊爲獨創，比之達摩；胡應麟《詩藪》。或詆爲囈語，爲之糾繆。馮班《嚴氏糾繆》一卷。不知其上承六朝隱秀之風，《文心雕龍》有《隱秀篇》，其文雖僞，目自不僞，可以見六朝之所重。下啓漁洋神韻之格。商榷異趣，混生妍蚩。遂令古今之達言，成一家之眇論。後生詵詵，失所據依。流俗昏迷，不能持正。余少習韻言，丐阮亭之餘馥；中學唐人，尊王孟之超逸。而鈍思苦拙，妙悟益難。每求劍於刻舟，愧忘筌而得兔。遭時否塞，詩道榛蕪。嗟兹末俗，去古逾遠。常以暇日，究儀卿所論，《南宋文範·作者考》，嚴羽字儀卿，一字丹丘，邵武人。自號滄浪逋客，與嚴仁、嚴參齊名，號三嚴。工詩，有《滄浪集》《滄浪詩話》。欲因所見，以待論於時賢，於是述爲是篇，申其要語。或謂之信，請更詳言。

自來之詩論者，多以宋儷唐。蓋詩至唐而體格始備，至宋而風調始變。此夫人而知之者也。自《詩》《騷》以後，漢魏晉之五言，爲五言之正宗，華實並茂，雅怨兼賅，至南北朝則辭盛於意。然詩道固當以詞華爲尚，乃足以摇蕩心靈，形諸哀樂。此下迄唐時而未變者也。南北朝始多七言長篇，而意境不舒，託體猶隘。初唐四杰猶未能越此風格，獨李白杜甫始以叙情擴爲長篇，則七言歌行之正宗，足與漢魏之五言相互爲用，以申其長言詠嘆之情者也。沈佺期宋之問之律詩與杜審言三家並稱，下至王維孟浩然及盛唐諸家之律絶各體，皆能以整飭嚴肅之形式，道怨思徘徊、欣愉要眇之情。而詩之體備，詩之用廣，皆未嘗捨華詞而重風格者也。李杜二家，杜之格式嚴於李，其采詞亦視唐代諸家爲廣，軌式途轍，自易遵循。韓愈之徒，號能以奇崛拗折爲詩，皆杜之別派，所以下啓宋人。世或訾其以爲古文之道爲詩，蓋文非六朝藻麗之風，則詩體之捨詞華而重格調，亦勢所必然。且文字之用，不過數千；格調之變，可以無窮。以數千之文，配無窮之格，錯綜複雜，變化萬端。人情厭舊，文詞尚新。以格調求異於前修，比之恃有限之成詞，狀耳目所見，千古雷同之光景者，必易於趨新。又時代既殊，人事蕃變，所以發詠歌之情事者，宋亦多於唐。此則宋詩之所以異於唐，亦後人之所以貴宋而使之儷唐者乎？夫重格調則詞多拘攣，而樸實之風易顯。貴樸實則文采不揚，而隱秀之情難致。於是古文之道，盡以入詩，典則累野，雅而不豔。蕭統《答湘東王求〈文集〉及〈詩苑英華〉書》：『夫文典則累野。』陸機《文賦》：『或清虚以婉約，每除煩而去濫。闕太羹之遺味，同朱絃之清氾。雖一唱而三嘆，固既雅而不豔。』斯又世之所以薄宋而謂不如唐者乎？故綜而言之，唐以前之詩文，視格律輕於情詞。故其文少長篇而多文采。唐以後之詩文，視格律重於情詞，故其文多長篇而少文采。此爲軒輊，本末易言。嚴叟之論，以意境爲主，自當於情詞格調之外，別樹風規。然意境之表見於格調者難，意境之表見於情詞者易。以格調寄意境，在音節之流與滯，猶不能無恃於情詞。以情詞寄意境，在音節之自然，不必乞靈於格調。斯又嚴叟之所以標盛唐爲宗，昌言妙悟者乎？《四庫總目提要》以爲宋代之詩，競涉論宗。又四靈之派方盛，世皆以晚唐相高。故爲此一家之言，以救一時之弊。後人展轉承流，漸至於浮光掠影，初非羽所及知。其於嚴叟之所以爲此爲説者，固不爲無見，要亦未盡也。嚴叟《滄浪詩話》論當時之詩弊曰：

近代諸公乃作奇特解會，遂以文字爲詩，以才學爲詩，以議論爲詩，夫豈不工，終非古人之詩也。蓋於一唱三嘆之音有所歉焉。且其作多務使事，不問興致，用字必有來歷，押韻必有出處，讀之反復終篇，不知著到何處。其末流甚者，叫噪怒張，殊乖忠厚之風，殆以罵詈爲詩。詩而至此，可謂一厄也。

則《禮記經解》所以標温柔敦厚爲詩之教也，鍾嶸所以譏當代之作『句無虚語，語無虚字』，而謂『吟詠情性，亦何貴於用事』也。《詩品·中序》至以『叫噪怒張』責宋人之以議論爲詩，則深中宋人之病，亦見議論多則所貴於温柔敦厚，與文外曲致者必無一當。斯則嚴叟之所以譏當代者可謂卓爾矣。

至其唐宋詩家之比較，則《詩評篇》曰：

唐人與本朝人詩未論工拙，直是氣象不同。唐人命題、言語亦自不同，雜古人之集而觀之，不必見詩，望其題引而知其爲唐人、今人矣。大曆之詩，高者尚未失盛唐，下者漸入晚唐矣。晚唐之下者，亦墮野狐外道鬼窟中。或問唐詩何以勝我朝？曰唐以詩取士，故多專門之學，我朝之詩所以不及也。詩有辭理意興。南朝人尚詞而病於理，本朝人尚理而病於意興，唐人尚意興而理在其中。漢魏之詩，辭理意興，無迹可求。

此論宋詩之所以異於唐而不及唐者也。《詩辨篇》曰：

國初之詩，尚沿襲唐人，王黄州學白樂天，楊文公、劉中山學李商隱，盛文肅學韋蘇州，歐陽公學韓退之古詩，梅聖俞學唐人平淡處。至東坡、山谷，始自出己意以爲詩，唐人之風變矣。山谷用功尤爲深刻，其後法席盛行，海内稱爲江西宗派。近世趙紫芝、翁靈舒輩，獨喜賈島、姚合之詩，稍稍復就清苦之風。江湖詩人多效其體，一時自謂之唐宗，不知秪入聲聞，辟支之果，豈盛唐諸公大乘正法眼者哉？

此則論宋詩之所以同於唐而不及唐，東坡、山谷之自立門户亦未爲當者也。論唐宋之優劣如此，可謂既詳盡矣。此後則明高棅《唐詩品彙》引詩法源流之説，稱唐人以詩爲詩，宋人以文爲詩。唐詩主於達性情，故於《三百篇》爲近；宋詩主議論，故於《三百篇》爲遠。其言明快，然猶是襲嚴叟之陳言者也。後之論唐宋優劣者，無過於此矣。

唐詩之分初盛中晚，至明高棅《唐詩品彙》而後秩然。其託始莫之所由，然《滄浪詩話》之所論，固已分明界畫矣。其《詩體篇》以時分體，則有初唐體、盛唐體、大曆體、元和體、晚唐體。《詩辨篇》以禪爲喻，而謂『禪家者流，乘有大小，宗有南北，道有邪正。學者須從最上乘，具正法眼，悟第一義。若小乘禪，聲聞、辟支果，皆非正也。論詩如論禪，漢魏晉與盛唐之詩，則第一義也。大曆以還之詩，則小乘禪也，已落第二義矣。晚唐之詩，則聲聞、辟支果也。』於唐詩以時代爲説，皆漸近初盛中晚之論。舉數百載之詩家，所謂『篇章之珠澤，文采之鄧林』者，一一釐其高下，辨其不同，以簡持博，以一持萬，自非妙契玄通，精思有悟者，孰是能條貫如斯者乎？以此而論，嚴叟固已灼見淵原，深識流別，不爲尋常詩論，捃摭利弊，掇拾小文，以自矜其瓌寶者矣。其視唐詩之流别，明畫昭如，故論詩以盛唐爲宗，用以箴當時之病，而謂『不自量度，輒定詩之宗旨，且借禪以爲喻，推原漢魏以來，而截然謂當以盛唐爲法，雖獲罪於世之君子不辭也。』嗟夫！此其卓識特見不避世之譏責者，雖孟軻之排楊墨，韓愈之詆佛老，亦何以加焉！而馮班、錢曾《讀書敏求記》雅不平此，爲之譏彈，以著其妄，亦可謂有傷善之心而工呵古人者焉。故論唐勝於宋，則以明其歸趣；論盛唐爲高，則以樹之表的。以當時言唐詩而逐其末流，學逞豪健而不免叫囂。然末流之弊，一變至道；叫囂之習，施戒爲難。故推李杜爲高，而不復舉李杜以爲吟諷者之津逮，操觚者之門户也。

其言曰：

詩之極至有一，曰入神。詩而入神，至矣，盡矣，蔑以加矣，惟李杜得之，他人得之蓋寡也。《詩辨》

又曰：

論詩以李杜爲準，挾天子以令諸侯也。《詩評》

此皆明李杜之詩不可以喻之於世俗者也。夫李杜爲後世詩家極軌，猶人倫之有周孔，鱗羽之有麟鳳，自非庸俗所能庶幾。庸俗之人，則誨之以妙悟而已。所謂妙悟者，固嚴叟引禪理以論詩之至言也。夫詩之爲道，所以發抒性靈，描狀胸臆，形在江海，心游魏闕，心無天游，則六鑿相攘；陶鈞文思，貴在虚静。此與禪家之理，自有同符。惟深於禪理，乃能論文，劉勰《文心》之作是也。羽之《詩辨》曰：

大抵禪道惟在妙悟，詩道亦在妙悟。且孟襄陽學力下韓退之遠甚，而其詩獨出退之之上者，一味妙悟而已。

又曰：

夫詩有别材，非關書也；詩有别趣，非關理也。然非多讀書，多窮理，則不能極其至，所謂不涉理路、不落言筌者上也。詩者，吟詠情性也，盛唐諸人，惟在興趣；羚羊挂角，無迹可求。故其妙處，透徹玲瓏，不可湊泊。如空中之音，相中之色，水中之月，鏡中之象，言有盡而意無窮。

蓋其舉妙悟爲承學之次第，引興趣爲成篇之極軌，以博觀約爲悟入之資藉，詳《詩辨》。以體製氣象辨詩之真僞。《詩證》所精論要語，殫見洽聞之論也。叙優游不迫，沉著、痛快爲詩之二途。《詩辨》姚姬傳陰柔陽剛之説，王壬甫寛和清勁之論也。自餘一鱗一爪，時見精思。後之論者，莫或能外。《四庫提要》譏其持詩有别材，不關於學；詩有别趣，不關於理之説，故止能摩王孟之餘響，不能追李杜之巨觀。夫豈得謂之知言者哉？

民國三十年七月二十日初稿寫竟

一九九七年丁丑八月初四張學淵敬録

樹蕙滋蘭叢稿叙

背山面郭，桃花窈窕之林；帶水臨皋，春草萋迷之徑。横塘右却，大道東迴。蘋婆當階，不隔晚照；薔薇浥露，無待暄風。月望古而如新，玉生烟而映曉。菰蒲覆渚，東去怨於伯勞；海棠亞枝，歸思啼於杜宇。中庭旅穀，遥指君家；陌上花開，望纏客路。畫堂寂寂，落空梁之燕泥；楊柳依依，寫離情於騑轡。道長晝短，惆悵征途；室邇人遐，低徊鏡影。願言思子，託幸同懷。遲夢蝶之三生，賞靈犀於一點。屋烏能愛，矧是房櫳；塞雁將來，便迎環珮。出郊而至，領朝霞之熹微；歷階而升，想蘭室之彷彿。堂有舊日之綦迹，客即主人之契好。而主人也，南泉藴璧，西里傳芳。和渝社之竹枝，溯巴江之文藻。胡西元子，結今世於庭萱；陳平後身，美少年之冠玉。充男教養，渾忘裙屐之年；代父承家，早無脂澤之好。清揚婉目，令儀豐容。芄蘭佩童子之觿，珠履作嘉賓之飾。藐姑雪映，瓊石朗而無温；塞北霜寒，臙脂紅而不媚。

條桑橫序，託春事於蠶絲；摘花門前，遠西鄰之竹馬。名先同舍，黜重家閭。夭桃灼於一村，鼓鐘聞於千里。高操既邈，雅興莫儔。本無好於紛華，遂絶情於富貴。秋星燦而無對，明河望而難親。始重千金，終慳一諾。江中捐袂，依然北渚爲家；橋頭采蓮，便覺西洲未遠。既而世教更新，閑闈解禁。辟雍絃誦，方學步於鬚眉；博士講席，更無殊於履舄。詩題斑管，摩訶池上之游；秋隔銀河，芙蓉城頭之賞。漆室吟魯，非獨恤緯之心；弄玉居秦，遂有吹簫之選。東流錦水，波蕩雙鴛；吉擬蘭徵，夢成三鳳。燕棲無幾，雁翼忽摧。埋玉樹於荒丘，倚翠竹於空谷。背人彈淚，方自詡於忘哀；引鏡窺形，已積憂而悴色。春行秋令，早無御於鉛華；父嚴母慈，遂獨專其家政。三車移宅，一硯傳先。起榱桷於東山，種瓜桃於南畝。歸裁狂狷，江沱玉笋之班；出茂菁莪，浣溪荃蘭之畹。既多談辯，倍益神思。彤管題箋，錦囊搜句。天機清妙，高裴迪之微吟；文秀質羸，比仲宣之作賦。靈襟在抱，美意能傳。尚秉謙抑，要爲點定。余少游太學，忝厠先進；及登講席，復共宮牆。列客座而高談，過村居而游燕。方名叔嫂，擬分同生。經筵授業，絳帳卷於宣文；小郎解圍，青綾撤於謝韞。閑居講析，辯慧能通；廣悟多聞，微言不障。辭霏玉屑，看花賞月之辰；雪滿前村，剪韭炊粱之飯。雞黍留信，二年之約可期；金石方堅，久要之情不渝。試占新製，彌念舊游。浣筆三秋，薰薔一諷。見西施而憎貌，敢論淑媛；方陳思之定文，寧超敬禮。名山之業，待在其人。若論賞心，執兹爲券。丙戌中秋節後同學弟皋翔拜撰。

跋

癸酉夏日，皋翔師尚健在，命余清理其殘篇，偶於廢紙之中，得見斯文，幸而無損。因誦之篇首，先生即告示：『此爲《樹蕙滋蘭叢稿》之叙也。』余乃緣筆補署所序之名。先生溘逝，倏忽經年。余翻檢遺文，重理舊稿，點定句讀，鈔録一通，欲其傳諸異代，以爲後學法門。新都張學淵敬跋，歲次甲戌且月朔日於古雒邑房湖畔無爲書屋。

劉君惠蘋花集序

昔齊髡諫酒，寄想遺簪；宋玉招魂，方陳曼鬋。寫桑濮之綺句，等是風人；録楚越之豔歌，俱入樂府。至若歡聞子夜，枕索丁娘。贈芍藥以將離，采葑菲而誓死。蓮根難斷，恨引絲絲；芳草初抽，春來寸寸。芝田秣駟，神光離合之悲；北渚登蘋，公子荒忽之望。詩緣情而綺靡，賦寫恨而流連。未免離憂，孰則無嘆。此劉子君惠《蘋花小集》所爲作也。君惠幼被文質，情兼雅怨。閨中警夜，子興昧旦之歌；坐上稱名，山抹微雲之婿。雖復緑波錦水，自泛雙鴛；而碧豔桐花，猶憐幺鳳。狂來命酒，問紫雲於當筵；怨去吹簫，索小紅而低唱。則有東都麗質，北里佳人。逐輕絮而沼泥，汎飄萍而上峽。吴姬善睞，倚袂如思；越女含顰，横波已淚。於是子因感發，妾以情牽。約指雙銀，照形一鏡。宓妃留枕，進玉手而卷衣；楊叛踏歌，送金尊而度曲。陌花野蔓，方宜種於中園；澗萍溪蘩，何嫌登於牖下。然而泉幽易澀，瑆美難當。莞蒻有同聲之心，桃葉無渡江之楫。宜嗔宜怨，豈幽篁而望天；靡室靡家，忽摽梅之有實。青衫引泣，紅豆寫思。嗚咽秦淮之波，蹀躞御溝之上。新詞舊曲，惆悵彌多；斷緒零懷，凄馨甚已。猶復麗以花箋，裝之緗帙。總是風懷，要爲弁首。余學道不堅，觸物易感。補休文之六憶，綺語難删；代平子之四愁，閑情方茂。聊命子墨，述彼幽憂。敢云香籢作序，擬玉臺以成篇；庶幾綺閣他日，酬瓊枝而倒盞云爾。

跋

皋翔師遺文《劉君惠蘋花集序》墨迹，蛀蝕殊多，缺殘難考。方今夏日，先生精神尚佳，命余清理殘稿，得見斯序於匣中。先生述之始末，解釋疑難。因補其筆畫，使能卒讀。余携歸寓宅，裱以宣紙，令其顯明。雖殘損過半者，亦堪辨識。終致此數十年前佳構，得以幸存傳世。癸酉陽月小雪後五日新都張學淵録畢敬跋於西蜀雒城房公湖畔無爲書屋。

校長序

蜀華中學高中部第九班學生既屆畢業，於其將去，集同級師生名字邑里以爲一録，謂余忝主校政，要使序言。余惟古於同門，貴其緣義而有類，道一而風齊。以聲氣感應，美俗行化，水流溼而火就燥，雖州黨庠序之法訓，有足被於天下者焉。孔子曰：『入其國，其教可知也。』昔者董生有言：『彊勉學問，則聞見博而自知明；彊勉行道，則德日起而大有功。』夫少成若天性，習慣若自然。君子所爲，居必擇鄉，游必就士，以求友於遠方。賢達防邪僻而近中正者，捨學校何由焉？《周禮·地官》：『以鄉三物教萬民。』蓋皆初學入德之門，終身由之所不能盡。然則立身行己必於少壯始植其基，及其成業，培壅加厚，有不可得而變革也。今之中學，期以三年，言乎智能，則根柢未周，去於知類通達，開物成務之功，固已遠矣。獨其雕琢鄙性，立綱維，正思慮，以樹爲人之大本，過是則非其時也。余之率教於此，亦三年矣。雖親及諸君之成業，獨無魁行鉅德，蒸爲習尚，是誠所爲滋愧。而於諸君之醕謹修飭，好學親師，未嘗有大過，又引爲私幸焉。抑余更有言者，諸君之爲此別，雖出處進退未必齊迹，其不能雍容故轍者一也。然則樹不拔之志，以不淫移於富貴貧賤，由乎昆山顧君所舉博學，有耻而期，有本多聞，固所宜勉者也。若或中道而廢，或敗行喪檢，則比牒而品其高下榮辱之所由辨。持是編者，豈獨爲别後相思之資而已哉！

民國丁丑夏代理校長易光謙序

跋

皋翔師健在時，囑爲整理文稿，得見是篇排印序文，把以告師，師云：『序文爲代易先生所作者也。』師棄世，倏已數稔。今録斯文，並爲標點。錯斷句處，方家正之。民國丁丑者，一九三七年也。易光謙，名建文，四川富順人。約生於清光緒二十七年辛丑，即一九〇一年，病逝於『七·七』盧溝橋事變後，年三十有七。國立成都大學政治系畢業。嘗任江安省立第三中學校長，革除舊弊，校風肅然。後任私立蜀華中學校長，歷三秋，學生自二百餘增至千餘。又赴外省考察，返川即病故於校長任上。元配某，遺子一。繼室胡珮玖先生，吳虞女弟子，子女三：長女明熠，供職信陽軍隊醫院；仲子明熾，廣西大學教授；季子明煦，綿陽朝陽機器廠工程師，均已休退。胡爲富順才女，膽識過人，嘗任校長教員。一九四九年後，退隱成都東郊。私宅數椽，竹林花圃一隅，廣種蘭蕙，四時花放，香溢郊坰。同學諸君乃西都之名士，白髮郊游，亦人生之至樂。仲春花信，則東山看桃；中秋時節，則新都賞桂。稀齡多病，常住信陽；耄年之後，移居西大。而皋翔先生躬耕自養，述作未已，大隱乎斯，歷經三十有八年。然後移居城内文殊院側白家塘街，又數年而病逝，享年八秩晉七。東郊故宅，雖經改建，人去梁空，惟遺浩嘆！歲次戊寅三月望日新都張學淵跋於雒城南郊無爲書屋。

孟子大義叙録

《孟子大義》一卷，成都《敬業學院叢刊》第一集第一種，北平京城印書局排印，民國二十年（一九三一）十一月出版。四川宜賓唐迪風著。全書五章，各章分列。篇首有《敬業叢刊例言》。例言二云：『本刊以闡發中國文化，搜輯四川文獻，采訪四川風物爲主旨。』例言之後，具列第一集書目十種。迪風先生以民國二十年五月十日逝世，此書即以是年十一月印行。《敬業叢刊》第一集除《孟子大義》而外，似均未得付刊行。就中如劉鑑泉咸炘先生之《近代理學論》，尚友書塾或有刻本；龐石帚俊先生之《國故論衡注》，後改名『國故論衡講疏』，但注文部分在成都排印；彭芸生舉先生之《蜀風集》，但聞其名，未見其書。《孟子大義》後有芸生先生一跋，稱『此篇乃爲諸生所撰講稿』。據自序，『此書成於民國十九年六月』，而迪風先生即以次年五月歸宜賓病逝，則此書乃逝世前一年之所撰，可謂最終定論矣。彭先生跋此書謂，所著尚有《諸子論釋》《志學謏聞》《文集》《詩集》若干種，均未見刊行。未幾而敬業學院停辦，此事亦風流雲散矣。

迪風先生名烺，一名倜，字鐵風，見林山腴師《清寂堂詩録》丙寅刊本《挽唐鐵風》詩題。以字行。迪風乃後來所用名，而別字淵嘿。見歐陽竟無所爲墓志。《孟子大義》經《學衡》轉載。迪風先生歿後四十三年，其子君毅字毅伯者，始就《學衡》七十六期所載，於香港刊行。尚未得敬業學院刊本也。學淵案：君毅先生之妹至中先生注：『非未得見，因哥哥外出而彭伯伯所贈此書留成都故。』

吾以兩本對勘，香港本於卷端增迪風先生遺墨二幅，及歐陽竟無所爲墓志銘，與迪風先生所書『思誠』二大字與其題詞。刻鑑泉先生所爲《唐迪風別傳》及吴碧柳《別傳》一節。又吴芳吉先生與吴雨僧刻劉鑑泉、鄧少琴諸書道及迪風先生之語。彭芸生先生《旅燕雜詩》，龐石帚先生《贈迪風》詩，彭詩有『昔哭故人宅，今勘故人書』語，蓋印行《孟子大義》時之所作也。龐詩有『孟疏勤削稿』語，則撰《孟子大義》時所題贈也。毅伯又有《孟子大義重刊記》及《先父行述》《刊行〈孟子大義〉校後記》。而林山腴師《挽唐鐵風》之作，則未得刊入。林詩云：

苦雨成生別，重來竟不然。奇窮嗟至此，天道究誰憐。婦有黔婁節，人悲扈載年。七篇仁義旨，強聒若爲傳。

注云：『君近來極推尊孟子之學，曾撰《孟子大義》一卷。』此詩感慨悽愴，似尤能盡迪風先生之爲人；與其賢配安貧樂志、鴻案相莊之美德。毅伯其時年少，但能記與父往還密切諸人，故未能憶及此詩。又歐陽竟無所爲墓志，乃就支那内學院刊行《竟無詩文》載入。其文所引唐夫人詩有『今年更比去年窮，零米升升過一冬』二句。今香港印《孟子大義》附載歐陽文，輯録者似嫌窮冬失韻，故改爲『斗米兼旬篋不饜』，非惟傷其自然，抑亦點金成鐵。且於當時情事，亦相去甚遠。且香港所印的唐夫人的《思復堂詩》，仍作『零米升升過一冬』，則實輯録歐陽文者誤也。記吾曾與李源澄送此銘拓本於林山腴師，林師當即舉此二語，稱美不已。蓋一家數口，旅寓南京，乃無斗米之資。一升復一升，但能供一二日的饔飧之費。所謂朝不及夕，則艱苦可知。此皆當亟爲補正者也。附録迪風先生文三篇，詩六首，均不載入目録。彭先生一跋，本當在後，而放於序前。毅伯平生深思哲理，窮究天人性命之源，而於書籍部居，文章體式，未嘗措意。此皆當重爲校正者也。至中注：『已按賴先生意改正次序重編。』

張表方瀾先生之長成都大學，以學術自由爲標志，故有非儒之吴又陵先生，以《墨辯解詁》聞名之伍非百先生，又有崇孔孟闢楊墨之唐迪風先生。迪風先生之教成大，吾已入本科，未得聞其緒論。但經過其授課之教室，聞其大聲疾呼，尊孟子之言，斥非孔之語而已。

迪風先生之爲學，其初蓋一循餘杭章太炎氏之軌轍。章氏之學以文字聲韻植基，迪風亦好文字聲韻之學。章氏有《新方言》，迪風亦有《廣新方言》，就蜀中方言考其在文字學上之淵源。章氏爲《諸子學略説》，多詆排孔子，迪風亦曾出題命學生歷舉孔子之失。章氏撰《國故論衡》，一反舊説，推崇孔子，然其《原儒》一篇，别儒家及五經家爲二，亦復隱示意同；迪風則寢饋儒學，深研宋明儒者，而有《孔學常談》《孔門治心之道》二文。至於《孟子大義》之成書，而其學純然於儒者之教矣。亡友仁壽宋君梁材，於蕭仲侖先生爲懿親子弟，又嘗執教於敬業中學，所聞諸老輩談及迪風先生之爲人，莫不交口稱譽，足證毅伯《行述》中所謂『諸父執與吾父論學，雖不無異同，而於吾父之爲人，則皆無間言』之説，並非溢美。抑諸老輩之所贊譽者，蓋尤在唐夫人陳大任女士之令德。

陳女士曾任吾縣簡陽簡易師範教務。好學能詩，實舊日婦女界中難能可貴之材。吾觀其《思復堂詩》，稱心而言，不假彫飾而情真語摯，無絲毫怨尤之語，矜躁之情。歐陽竟無《迪風墓志》，稱爲奇女子。又於志中引其『自磨麥麵和麩食，清煮鮮蔬入碗香』之句，吾以爲此其心境蓋幾於宋明儒者所謂能得孔顔樂處者矣。吾意迪風先生所以推崇孟子，先揭義利之辨，而致意於辭受取與、出處進退，不惜顛沛流離，憔悴而終，以實踐其言者，蓋得於賢内助者多矣。否則啼飢號寒，交謫於室，雖孤介特立，亦何以安其室家。毅伯之編《思復堂詩》，附有題記，謂其母常稱温柔敦厚爲詩教，於古人詩喜道及陶之意境與杜之性情。吾觀《思復堂詩》殆於陶尤爲傾慕，故有《擬陶淵明癸卯始春懷古田舍》之作。記毅伯亦曾爲吾言平生最喜陶詩哲學思想之豐富，爲詩家所罕見。此當由耳目濡染於其母故也。若其眷懷家國之深情，憫念僑民之苦痛，則得於杜甫『窮年憂黎元，嘆息腸内熱』之深情也。此可於其在港諸詩徵之。

陳女士之赴港，蓋由毅伯之迎養。至中注：『非哥哥迎養，乃幼妹來謁接母，以哥哥當時生活益不好。』生活不失豐贍。當衆人以出國爲榮，以香港爲安樂窩，樂不思蜀之時，而其《同寧兒游荔枝角海灣》一詩叙其與愛女蕩槳於海闊天空之際，而詩曰：

天蒼蒼，海茫茫，乘興呼兒試淺航。扁舟摇蕩碧波光，漫游原也無方向。登彼岸兮，情内傷。環山叠嶂，大陸在何方？人情涼薄兮，海水樣。世道變化兮，滄桑。草木摇落兮，露爲霜。群雁南歸兮，弟與兄矯首西望，地遠天長。父兮！母兮！塋墓荒涼。緬焉神往，何年何月得見我家鄉？那山頭挂一縷斜陽，影射躍波輝煌。噫吁兮！大陸在何方？

此詩一再言及『大陸在何方？』乃翹首西望，有地遠天長之感，何年何月得見我家鄉之思，實足以代表無數僑居異地眷戀祖國之深情。歸歟！歸歟！千百年來席履豐厚之僑民，人同此心，心同此理。其不忘故國，非獨一陳女士也。而陳女士『言爲心聲』，道出其心曲之隱。今香港已與英協定，主權還歸，使陳女士今日而猶健在，則其歡欣踴躍，當爲何如也？

此詩之後，又有《華商客居九龍》詩曰：

無才拙生計，饑驅至海涯。喧天歌舞急，蔽日酒旗斜。木屋低於甕，躬身類伏蛇。傷哉殖民地，人賤如泥沙。

市廛一隙地，華客不能賒。被驅若雞犬，群集噪寒鴉。袖中有日月，分外發光華。如許盜鈴事，人民可欺邪？

則其憫人民之痛苦，亦不自覺言之悲也。又有《對月憶故園松柏》及《蜀中》詩，『誰使香洲來更遠，江南回望是家鄉』之句。以及《點絳唇・客香港回憶家鄉》。又《點絳唇・客香港》云：

爲問東皇，怎生不作繁華主？港灣處處，無復尋生趣。　大陸春回，誰又留他住。桃源渡，武陵人去，何必尋歸路？

皆表其心繫故國，不忘欲返之情。一篇之中，再三致志。所以終於別其子媳，浩然來歸。其既歸也，則有《觀群童搏鬥爲戲》詩，又有『祖國建設正輝煌，歡迎游子歸故鄉，姊姊妹妹，弟弟兄兄，一齊携手向前往』之句。雖當時措施尚未能盡如人意，而亦希望無邊，使得見十一届三中全會以後，國内之巨大變化，則其歡樂當更有加於此也。中國歷史上稱頌漆室之女不愛己身而憂國家，以爲女界之典範，而陳女士具之。則陳女士之外相其夫，内教其子女，必有以異乎尋常。毅伯之所以能以中國哲學揚聲世界，必出於其母之勗成。所謂非此母不生此子者也。此吾所以述及迪風先生一家而重有感也。

吾與毅伯之相識，蓋由於吴君毅先生之一言。時吾方畢業大學，教於蜀華中學，有資州師範校長來託代聘一教務主任，吾問之吴君毅先生，先生即以毅伯薦。已有成説，而此校遽聘他人。吾耻於見欺，在蜀華言之而嘆。時蜀華教務傅君爲成大同學，願聘毅伯教哲學概論，囑代爲致聘。吾因訪之於錦江街寓宅，見其衣履穿弊，面有菜色，以爲此績學之士不修邊幅者適然，而未知其家之窘也。至中注：『其實當時我家生活還不算太壞，他是言過其實。最苦時是在父親去世之時，哥哥尚未工作之時。』其後得交李源澄，源澄與毅伯夙相契好，因得稍稍過從。一日，三人共聚於吾文廟西街，各述所企求。吾云我所求者安定，毅伯云我所求者自由，源澄不言所求，但自稱樸實而已。又一日同聚，源澄道及内學院宜黄邱君之死訊，毅伯愴然不怡者久之。源澄語吾云，此可見毅伯之深於情感。又一日，源澄告余毅伯閉門一月，草寫一書，因同往訪之，詢其梗概。毅伯告以有關人生問題之探究，初擬名『人生之路』，以其近於基督教福音，故未定名也。其後源澄與毅伯共創一雜志，名曰『重光』，出五期而停。羅孔昭運賢之《四家詩異義序》，即載於其上。其後毅伯去任中大哲學系主任，至中注：『哥哥離蓉赴渝非回中大，乃去教育部也，此與實際不符。』即不復相見。吾與毅伯往還談論，今所能記者雖止於此，然其事固時時往來於吾心。今源澄之逝已逾廿年，毅伯殁亦數載。兩君皆齒少於吾，而溘然先盡。吾述此文，所爲感舊欷歔而不能自已者也。

一九八四年十一月於成都

附録：賴高翔先生致唐至中先生書

至中先生大妹：

奉到五月十三一函，並有令兄照片。放置案頭，朝夕展對，猶想見當年寓齋共話情形，深爲感謝。所悼令兄一文，聊表故舊之哀思；若復收受稿酬，毋乃增人愧怍。

我自離蜀華後，避地村居，遠地師友，均已音信斷絶。惟成都師友，偶有往還。在蒙文通先生處探得令兄與錢賓四先生在九龍辦一大學，當時深爲欣慰。得來教乃知其辛勤勵學，艱苦迎親，孝思之殷，進學之猛，實朋輩中所罕有。他日當將此事寫入傳中，以爲後生小子瞻式。

《孟子大義》一稿，學淵案：即此鈔件也。本王善生向文史館負責談及，囑爲寫作。我以此類有政治任務之文，難於下筆，力爲辭謝。王先生以爲不妨以《孟子大義》爲主，叙述兩親，附及令兄。文成交去，王先生又將首段删去，改題爲《憶唐君毅及其二親》，並爲謄録一通。越日開會，恰好同負責編輯坐在一處。此人當即向我商量，説文中立意，當先説令兄當日赴港，由於認識不清。我立即反對此説，以爲亡友不當用此態度，况國家亦無此等政令。當時索回原稿未得，又託王先生取回原稿。王君竭力阻止，謂不日即將開會，此稿必可通過。當日恐誤令兄紀念刊出版日期，是以别作一篇寄廣州。目前成都情况，文章發表尚難暢所欲言，尚不如港澳之自由，深爲慨嘆。匆匆奉復，不盡所言。

敬訊

時安　並候

譚吉

賴高翔頓首　五月廿九日

跋孟子大義序録

寒氣浸骨，百忙之中，將賴皋翔先生遺著《孟子大義序録》録畢，並附録先師當年（一九八五）致唐君毅先生之妹唐至中先生之書。猶如一段長途跋涉後暫得片刻休息一樣，心中感到無比舒適。此件録自有唐至中先生批注之先師手稿複印件。以原複印件有不甚清晰處，余嘗函索於瀘州王德宗先生，王爲李源澄先生弟子。王即將唯一收藏之複印件寄來。余將兩件對照鈔録如上。此或爲賴師初作之文。先師以不能收回原稿，復作文寄廣州者，或爲余經唐君毅先生弟子唐端正先生轉寄臺北刊載於《鵝湖月刊》第二二七號之文。該文題爲《追懷香港中文大學新亞書院唐君毅教授及其雙親唐迪風先生陳大任夫人》。之後，又於唐君毅先生在大陸之弟子劉雨濤先生處，得見《唐君毅全集》卷三十『紀念集』賴先生著《憶唐君毅教授》一文。今將三文對勘，互有出入，尤以開篇差異較大，而以《孟子大義序録》一文叙述爲詳。以上三文，可供他日研究者互參，亦使後來者知此文章之外尚有如是曲折之經歷。

特別值得一提的是，賴皋翔先生自一九五一年離開王恩洋所辦東方文教學院教席後，避地村居於成都東郊，躬耕自養，述作未已。至一九八四年，經故清華大學研究生、《劉光第集》編輯、四川省文史館王善生先生及同學諸君之舉薦、敦促，及文史館之禮聘，方出任文史館館員，即以正義之聲，反對謬誤之説，爲亡友唐君毅先生辨誣。若非大賢大勇者，焉能如此！此種大無畏精神，當爲吾曹之示範，亦令後來者知道當時塵世尚有此等碩儒在。

歲次乙亥嘉平月初八日寒夜新都張學淵敬跋於西蜀雒城南郊無爲書屋

周重能先生遺稿序

吾友金堂周君重能既逝之明年，其弟子張學淵裒其遺詩，將悉數刊行，以存鄉邦文獻，而索序於余。余惟蜀中自湘潭王闓運壬秋來主尊經書院，樹八代三唐，以爲標志。一時人才，蔚起西南，與清末同光流派異轍同工。名山吴之英伯朅，才德並茂，見賞王翁，號爲尊經首選。而幽人貞介，閟響空山，所爲《壽櫟廬叢書》，中州人士至不能知其名字。愛智先生吴虞又陵，從名山問卿雲之學，擅雕龍之譽，高談奪席，執教上京。張壽櫟之墜文，續尊經之餘緒。闡幽揚隱，蜀學遂東。先生晚教成都，以問孔非儒，違牾鄉論。雖名高九牧，而謗叢一身。重能堅蘭芷之湛，動羹牆之念，昌言禦侮，没齒不衰。其詩典重高華，足稱作者。而執性謙退，不自掇集，奄然殂化，將同秋草。學淵以晚歲傳薪之弟子，爲玄亭負土之侯芭，片紙隻字，搜訪靡遺，於以流布簡策，傳之異代。昔蜀莊沉冥，揚雄表於京師；仲尼至德，子貢爲之先後。今學淵之爲此，亦可謂踐先德之孤蹤，紹師門之逸軌者矣。余與重能太學同業，交垂五十餘載。篇籍賞會，詩酒流連。范張雞黍之歡，王貢彈冠之誼。金石之契，終古所難。比年以來，我棲錦里，君傍桂湖。載馳脂車，周旋永晝。方謂大齊百歲，不難長奉清言。何圖彌月之别，遽傷永訣。撿兹遺集，慨想平生，聊介片言，以諗同好。所愧衰憊餘生，無干時之譽。既不獲白馬素車，臨喪一慟；亦豈足增榮廣價，紙貴三都。以爲隨珠在掌，自成照乘之功；卞玉剖璞，寧謝連城之貴。世有真賞，儻不河漢斯言。癸亥春暮賴高翔序。

跋

壬戌仲冬，重能師辭世，終年八十又四。其明年，余赴蜀都東郊皋翔先生居宅，祈爲遺稿作序，先生欣然允諾。而後作爲斯序，弁於重能師遺稿卷一之首。倏忽十稔，皋翔師亦棄吾儕而去。今二師之遺文在握，雖奔走四方而難以付梓。余誦其文而慨嘆殊多。爲存鄉邦文獻，欲先刊是序而過録之，以俟乎有意者。歲次甲戌且月上澣新都張學淵謹跋於雒城。

桂湖題詠録序

少游太學，從愛智先生學爲詩歌。先生誦名山桂湖之篇，氣節精神，春水歸魂之句。壽櫟廬《桂湖》詩：『功名翻爲氣節苦，精神僅借文章補。春水盈塘魂未歸，秋香滿地花無主。』長言永念，感興遥深；諷味遺言，于今未沫。獨恨平生孱懦，意怯征行。雖一舍非遥，輪軌所達。卅年傾想，曾無信宿。不得流連賞會，發思古之幽情。每念升庵先生以華省名家，擅當朝大節。詞章學術，冠冕朱明；考獻徵文，拓開清代。而風烟六詔，無賜環之期；丹鉛一録，有求全之毁。簪花鬖髻，自寫哀思；歲暮朝陽，傳其閨怨。數百年來，仰其高而悲其遇。津途所憩，式閭景行。浥叢桂之清芬，賞朱華之綺豔。莫不溯洄秋水，想像伊人。而余以鄉郡後生，滄風浴德。曾不能託之鉛槧，闡述幽微；發爲詠歌，彰其徽美。瞻言在昔，慙恧曷勝！吾友金堂周君，著愛智籍，爲門生長。文章爾雅，風概從容。寫玉溪之麗則，諳金荃之律度。登高能賦，勞事遂歌。老至抽簪，領桂湖之一曲。既取升庵詞筆，爲之疏解。官給簡札，用廣流傳。至於春朝秋夕，朔雪凍雨。選勝登樓，臨皋載筆。才人故宅，摇心文藻之思；異代蕭條，棖觸纍臣之恨。棲遲偃仰，佳句充囊。集爲一編，命曰『桂湖題詠録』。託意軒亭，寫象林鳥。情因事起，境以人傳。顯前修之孤貞，弘師門之雅教。在三之誼無愧，懷舊之念實多。夫美言不信，老氏至譏；丘山善人，蒙莊所誚。然而楚臣撫壯，表廉貞於九章；魯殿巍然，傳靈光之一賦。文能經國，用在妍華。悱發所資，不遺聲教。矧其立誠有自，述德不誣。移情風月之前，寫興塵埃之外。與夫悲小己，念窮通，刻鏤山川，徒工章句者，諒有間焉。達者知言，倘曰予信。

癸卯夏月同學弟賴高翔僅序。

贈王善生叙

富順居蜀之南，山川明秀，品物豐饒。自清末劉光第以革政匡時，殉身燕市；而宋育仁、陳崇哲復以尊經高第，文章學術，震耀西南。先民有作，後起蔚然趨風，以故富邑人材爲巴蜀冠。時有『富順才子内江官』之諺。吾友王君善生，即其人也。君名谷，字善生，以成都高等師範優行考入北京清華大學。文章才美，固已爲京師耆彦劉叔雅、楊遇夫、余嘉錫諸先生所賞重。升車撰杖，造膝密言，請益析疑，飫聞諸論。蜀都詞賦，何止齊魯同風；澤國琅玕，不數東南竹箭。師友交贊，盛譽益隆。翺翔二京，棲遲申滬。因茲暇豫，雅好藏書。於近代佚篇，鄉邦文獻，周咨博訪，篋衍充盈。閲肆搜尋，率多秘籍。遭時靡憲，奸邪亂政，昌言廢學，與古爲仇。捆載搜掠，靡然俱盡。而君亦牽於吏議，非罪見羈。逮夫禁網少寬，解懸倖免。脱身西望，有婦無家。遂乃寄籍資陽，孤游錦里，得預四川省文史研究館館員之選。從容日夕，大獲倚重。且得推轂士類，宏獎風流。一善之長，一詞之更，終身咨誦，未或遺忘。至於搜尋典籍，積習難除。插架充楹，堆庋滿室。諷誦之餘，發爲文章。哀窈窕，思賢材，悱惻芬馨，芳菲靈異。至於攄懷舊之蓄念，發思古之幽情。考獻徵文，纖悉必備。亦可謂多識博物，好古敏求者矣。予夙仰高名，相見恨晚。傾蓋之間，便如夙契。餘生白首，幸此周旋。屢荷游揚，數蒙提挈。感珪璋之特達，愧瓊琚之無報。聊申縞紵之誼，不志雲龍之隨。雖曰未盡，庶其不誣。此日記之言，久要不忘。平生情深，仰之微生。他日述蜀都耆舊之傳，請視斯文。

跋

右贈王善生叙，爲臯翔師暮年之所爲作也。另有謄清之稿，賴師生前，即在胡楊處。師棄世後，雖多方聯繫，終未得見。余數閲斯文草稿，未能卒讀，以先生目將失明時所作者也。諸古文稿將校録竟，余復閲此文稿，已辨認太半。因展紙校録之，於未了然處反復誦讀、辨識，終至除個別字外，竟能卒讀。欣慰之情，豈能言表。忽憶及今日爲四月十八，乃重能師九十九歲冥壽之日也。是文能校録竟，莫非重能師神靈之助乎？戊寅余月十八日受業張學淵謹跋於蜀西雒城南郊無爲書屋。

簡陽懷舊録

序

余先世居沱水之濱，南界資陽，去縣城四十餘里。孩提在抱，數有播遷。或越境而南，或涉江而北。牽衣隨母，識字分甘。童幼嬉游，常縈寤寐。自離家就傅，以至鼓篋縣學。十年之間，未疏鄉井。春秋絃誦，踐暇郊游。驛舍訪碑，榛途尋古。搜奇攬勝，陟險窮幽。至於夜月臨溪，漁舟唱晚。烟雲繚繞，花木蕭疏。快目摇心，移晷忘倦。洎終童棄繻之歲，來游大庠。捧手名師，抗心希古。驚載籍之浩博，感吾生之孤陋。心窮墳素，手倦編摩。雖有勝游，罕復注想。成業而後，留教西都。隨賞爲家，卜居錦水。寒暑寧親，不逾旬月。掩關日多，出門日少。而一丘一壑，某水某山，在心成象，永矢弗忘。二親謝世，罔極哀深。愛子早殤，祝予永慟。八紘既掩，天下爲公。量力守轍，猶堪隴畝。乃得借皋橋之一廡，託通德而爲鄉。雖手鋤耰，未忘撰述。十年動亂，捆載成灰。平生累心，泯然俱盡。以爲藏山之業，終非我分。縱有精詣，索解何人？自斷此生，便當永絶文字。偶有友朋投贈，結習未忘。賡韻酬答，亦復不自收拾。不圖華顛頹景，得見太平。故人推轂，當軸收齒。應官聽鼓，重涉文史之庭。而故書雅記，遺忘已多。搜索陳編，一時頗難著筆。杖朝既及，忽有歸興。於時邑中骨肉，猶有一妹一女。雖豐約不同，情誼則一。剥棗分梨之憶，提携保抱之心。謂余久去故鄉，並來促駕。於是季蘭扶杖，女倩隨車。始以今歲初冬，言旋故邑。不涉兹境，殆四十年。親舊凋亡，房櫳易迹。閭閻廣舊郭之三，坊巷爲前衢之倍。高樓雲起，長橋跨江。商賈宏興，市廛櫛比。民康物阜，可云豐盛。而游觀之美，賞心之地，歷代之所樹置，前修之所諷味，匪特亭軒池館，片椽無遺。而名賢碑碣，先哲題署，亦捶碎摧燒，與瓦礫俱盡。佛塔寄叢舍之中，公園慁編户之宅。遼鶴遄返，城郭都非。天臺人歸，舊游安在？幽情思古，良用慨然。余年及耄期，桑榆遲暮。一世馳驅，惟在錦里。莊嶽齊語，久無楚越之聲；死傍要離，寧復首丘之想？但念國家富庶之餘，方爲觀美。舉凡名媛遺迹，才流故居。梵宇琳宮，名山勝地。莫不崇飾裝修，興廢繼絶。張古國之風流，標明時之雅韻。舊文新藝，題榜書聯。踵事增華，發抒文采。簡陽爲東道首邑，旅途必經。古迹消亡，未聞興復。故撰爲斯録，略述前游。昔班孟堅論都之賦，慨述西京；楊衒之伽藍之録，傷心禾黍。倘縣人好事，創議興復。俾先賢模式，不泯於來今；江山之麗，重光於他日。寄精神於文明，揚中樞之美化。則游士有停車之想，勞人得憩息之娱。兹編之作，倘申風人敬恭之心懷，幾莊生暢然之望也。歲丙寅冬。

三溪祠

自縣城南門出，東渡沱江，高岸壁立，有市集曰東溪場。在東溪場南十數武有祠，祀宋三溪先生，故曰三溪祠。三溪者，前溪劉涇，後溪劉光祖，東溪劉伯熊也。祠東西向，而門在其南。祠凡一堂一樓一閣，自祠門入，右爲堂，俎豆之所也。對面爲樓，一壁障之。東西北三方，施以欄檻，可以遠望，樓與堂連。自祠門至樓，迴廊連之，與閣爲兩院。閣臨池水，堤上樹以楊柳、芭蕉，小橋通焉。閣之上層有横榜，偶邑人燕游倡和。堂楹有聯，大抵官士之所留也。每春秋佳日城中游，咸渡江來此，流連忘反。爲近邑第一名勝。

奎星阁

出三溪祠，南行不數武，杰閣臨皋，俯視沱江，與隔岸白塔，遥遥相對。閣凡三層，上祀奎星。閣之周圍，樹木芙蓉，秋日繁花似錦。短垣繞之，有屋一椽，守者居之。門楣皆以石爲之，榜篆書『芙蓉小苑』。

聯字作北魏體，瘦勁挺拔。榜聯皆縣人黄子瞻所書。黄君書畫並工，余曾見其花草蜂蝶斗方一幅，工細絶倫，而栩栩如生。但不輕爲人作，故罕有傳者。今並此石刻，亦不能保其殁也。縣人曾華臣先生挽以聯云：『閲世既深，有幾知交如我輩；惜君太吝，不多留墨在人間。』其爲名賢所痛惜如此，可以知其所造詣矣。

白塔寺

故宋景德寺，本爲一大叢林，僧衆受戒於此，余猶及見前殿法輪。寺有磚塔，凡七層。白堊其外，故俗稱白塔寺。因而其外地名亦稱白塔壩，宋黄山谷《題也足軒》詩序云：『簡州景德寺覺範道人，種竹於所居之東軒，使君楊夢貺題其軒曰「也足」，取古人所謂「但有歲寒心，兩三竿也足」者也，仍爲之賦詩，余輒次其韻。』詩曰：『道人手種兩三竹，使君忽來唾珠玉。不須客賦千首詩，若是賞音一夔足。世人愛處但同流，一絲不挂似太俗。來者若問有何好，道人優曇遠山緑。』余及見時，已無東軒，惟寺之東北隅短垣，與門前大道相隔。有碑刻黄詩於中，不知是當時遺迹，或後人補鎸，有人拓以入市。余見寺凡三進，白塔居首殿之後院。每年舊曆三月三日，爲塔寺廟會。攤販雲集，布殿中廊下，敷設皆遍，以農具及家用雜物爲多。疋頭書市，亦漸附焉。游人如織。婦女携伴偕幼，穿堂過殿。或焚香祭拜，或閑游購物，雖鬧市無此喧擾。今則殿宇全無，惟白塔空存於叢舍籬落之中。不知遺此區區，亦何所取也。

北崖寺

出北郭三里許，有崖臨江。其下爲成渝大道所經，依山麓建寺，去平地五尺餘。自寺後門登崖，屈曲而上。就其窪谷，以爲亭榭，有明御史劉念讀書臺。自崖上北望石橋鎮，南望簡陽城。閭閻撲地，人烟稠密。縈青繚白，遠與天際。石橋鎮爲商業薈萃之區。簡陽之與石橋，猶成都之與重慶，南京之與上海也。

石橋當商業繁盛，有銀行十三家，商賈流通，自金堂趙家渡而外，此爲巨鎮。登北崖而望，舟船往來，帆檣如櫛，道上行旅，上下不絶。車水馬龍，以集市爲最盛。寺中僧舍，僅以一人司香火，常有碩儒達尊授徒於此。縣人曾華臣先生即曾設帳於此，吾舅父吴雪琴先生曾就學焉。曾先生名國才，工詩文，刻有《橘園詩草》行世。其季子曾可傳先生，爲余小學時歷師，故在通材書院從名山吴伯朅先生學。可傳先生嗣子文萃字橘孫，與余中學同學交好，因得讀其兩世諸文詞稿。橘孫亦能書，其天性所開，未嘗勤力。惜不好文，後從軍任參謀。曾在成都，有一日共飲於小雅，自後遂不相見。其先人手迹，想亦蕩然無餘矣。

夜月洞

出縣城西門三里許，有山曰西塞山，遥控城中。自西塞山以大炮轟擊城中，瞭如指掌。自西塞山東向，炮擊對岸東溪場，東軍不敢渡江撲城。楊森攻成都，守城兵不足一營，北軍旅長馬某，即駕炮此山，使川軍沿趙家渡來者，不敢越大江一步。西塞山山脉北行，抵絳溪之濱。其前爲簡陽至仁壽通道，有廟。寺廟在道旁。廟中有洞，泉響丁東，其凉震齒。外有大榕樹一株，陰覆畝許，故行人夏日恒就此憩止焉。洞下臨絳溪，懸岸數仞。對面隔絳溪，山勢凸凹相間，蜿延數里，俗稱大葫蘆、小葫蘆。山麓亦有道，隔絳溪相望。絳溪者，底無沙石，夾泥流下，其水常赤，爲縣中八景之一，所謂金絳流虹者也。四望景物，亦有可觀。惟夜月不照洞中，殊覺名實不副。加以至洞入城，必經叢葬之處，彌望數里，皆殯所聚，故游者罕至焉。

萬安橋

出城北不數武，有橋横跨絳溪。去溪與沱江相合處，亦纔十數武。橋高出平地丈餘，有石級上下。橋上覆以瓦屋，中通車馬，兩側爲市肆，晝則設攤販賈，夜則席卷歸家。橋上多横扁，亦有前代縣官，留靴於此，以著遺愛者。橋頭有成都知府、嘉魚劉心源一聯曰：『聽百里溪聲，畫境當參吴道子；續萬安橋記，書名我愧蔡君謨。』地爲成渝通道，自築馳橋與地平，房屋亦不復存。今則橋雖仍存，溪不復有絳色，一房屋題署亦與時俱盡矣。

折柳橋

自萬安橋北行里許，爲折柳橋故址，昔人送行者止於此。橋已不存，僅餘一碑，紀其迹地。舊名情盡橋，唐簡州刺史雍陶題詩曰：『從來衹有情難盡，何事名爲情盡橋。自此改名爲折柳，任他離恨一條條。』詩不知何時刻石道旁。其地濱江，略有人家。有社公廟甚大，爲施姓舊業，故謂之施家土地。在其地附近，縣中土地祠，惟此與城南黄泥井土地祠特大，香火亦盛。尤有異者，他祠土地夫人皆一人，惟此土地有夫人二，並列其間。二女同居，不虞詬誶，亦奇觀也。

通材書院

在縣城西街。縣故有三書院，一爲鳳來書院，在縣北。吾先外祖吴從五先生曾掌是院，久已廢爲民居。吾幼時猶見門上藍底金字横額，僅存大門。一爲鳳山書院，後改爲縣立小學。予幼時曾就學於此，今猶爲縣小學所在，而門户更易，迥非當時面目矣。一爲通材書院，在西街，與鳳山書院斜對，後改爲中學，亦予少時從學之所也。名山吴之英先生曾任通材書院山長，當時造就人材極衆，鄉先達胡皋如先生以駢文得名成渝兩地，即吴先生高足也。縣小學歷史教師曾可傳先生，爲縣名宿曾華臣先生之幼子，雖家學淵源，然亦以吴先生之教而成學。可傳先生嗣子文萃，與予中學同學，予曾假可傳先生手録書札，後刊入

《卮言和天》者，迻録而誦習之。予之好魏晉文，自此始也。通材書院當時情事，已不甚了了。予在縣立中學時，自大門入爲一巷道，左斜抵一四合院。院外階吴先生手書所撰《通材書院記》石碑猶存。院爲層樓，樓上爲諸生宿舍，樓下右爲食堂，中爲廳。廳之兩側，左爲教職員會客室，右爲校長室，在食堂上方。食堂下方爲庶務室，食堂之背爲庖厨，餘地爲理髮之所。四合院之背與縣公署後園毗鄰。正廳供孔子牌木，主樓上爲魁星塑像，蓋通材書院舊制。魁星室亦爲宿舍，後室半間，能容榻，余曾憩止焉。樓下客廳之下，有宿舍以居教師。中爲通道，抵别一院則諸齋舍。又一通道抵别一院，西爲教室，左爲齋舍，右則教師棲宿之所也。自教室北行，亦有宿舍二間，抵别一院則廣場，爲操練之所。西北各有房舍，西鄰菜園爲講舍，北鄰街爲宿舍。地雖不廣，而曲折深邃，非若鳳山書院之直入三進，了無餘味者也。今已廢爲工廠，臨街宿舍，並闢爲市肆，並通材書院名山先生之遺迹，亦邈然無復孑遺矣。

文廟嘴

出縣城北，過萬安橋路右側，當絳溪與沱江交會處，有小平原。文廟背路面江，外有廣場。再北臨江，爲簡陽故城遺迹。其下有驗屍亭，舊時命案驗屍之所也。文廟前地數畝，舊植橘樹，故土人又稱文廟嘴。其下臨江，漁艇泊焉，舟楫櫛比，縣八景所謂漁村暮艇者也。民國□□，安岳李青廷字俊臣，以旅長兼簡陽縣長，始就文廟前建爲公園。李故出身木工人，或陰呼爲李木匠。以木匠而能闢地建園，以爲游人憩息之所，亦可謂能附庸風雅，非徒介胄之士矣。然亦由其徒知介胄，故園中僅有一茶樓及茅亭數所。以縣人之請，倩桐城方旭爲一碑記，樹之園北。折宫牆，見殿宇，以瑞蓮池爲之。池沼初無聯扁文華之飾，池沼亭臺之名也。且李雖匠而選材施工，亦未經心。園不十年，便就圮毁。邑人倡議重建，舅氏吴雪琴先生以耆宿任縣通俗館長，館在文廟右側，實董其役，命余作記。乃作《簡陽公園銘》，其詞曰：『簡陽公園，建於己巳之歲，桐城方鶴翁曾有碑記，歲久圮廢。邑中士大夫倡議繕完，舅氏吴雪琴先生實董斯事，功成命記，乃作銘曰：「金絳不波，沱潛既道。懿兹一丘，雙江所抱。軒亭爰度，嘉木始陰。途平一達，果蘦千林。籩豆之庭，圜橋修禮。芹藻在阿，朱華淥水。丹堊重附，朝陽麗東。攘剔灌洌，蔚已新功。游士息車，行舟罷櫓。秋月春風，悠然終古。」』此銘由縣人雷君仲偉書以上石。今園居雖有改建，而小樓一所，尚雜編氓。記銘二石，不知湮於何所，而園中無榜署題聯，則依然如故也。

石經寺學淵案：有題無文，不知何故。

癸酉陽月初八日張學淵敬録並爲斷句

文史雜論卷四

傳志誄贊

劉光第傳

清末戊戌政變駢死者六人，世所稱戊戌六君子者也。六君子中，蜀人居其二：其一綿竹楊鋭叔嶠，其一即光第也。光第字裴村，一八五九年生於四川富順縣趙化鎮西街。父宗準，字永茂。母王氏，生子三人，光第居長。家素貧，其父必使讀書，於是四歲入私塾。母督教之甚，勤命學書，日得數十字則獎以食物。幼絶慧，讀書數行俱下。十二歲時，偶書宋人語滿壁，父母皆喜，愈勗勉之。六歲，伯父宗匯，偶携以出游，指示道里之數。光第問：『道里何盡？』曰：『盡天邊。』光第又問：『天邊爲數幾長短？且數亦豈無盡時，今欲究其竟，用何法？』伯父奇其問，由是酷愛之，頗購書使讀。由是多所涉獵。年十三而父卒，家庭多故。母以一身支撑内外，艱難鞠養而不使廢讀。故光第得從里儒管兆莘，管督課嚴。光第三更歸來，雞鳴即起，母應時呼之，不少誤。五年始學爲詩，時時吟詠，頗有佳句見於集中。家既貧窶，母氏又病，幾瀕危殆，或勸令使光第棄學習賈，以給家用。時光第年已十七矣。故光第之得以成立者，母氏之力爲多也。年十八，娶妻張氏雲仙。十九，應童子試，縣令陳錫鬯奇其才，拔置案首。或有控光第父曾業理髮，不當應試，錫鬯力斥駁之。復延致署中，爲講歸、方、劉、姚作文諸法。光第由是盡得窔奥，文益進。

次年應督學試，下第歸，慚顔自愧，母笑慰之曰：『但勉力讀書耳，功名早遲勿計也。』次年，使偕弟光竺留學成都錦江書院。時錦江書院多爲帖括八股之學，光第獨致力詩古文，且深研宋儒義理，以爲朱子爲入道基，由朱子入，不惟可款周、程、張、邵之關，其後之有見於四書者，亦倍親切。主敬存誠以爲本，而爲學之要，作人之方，上以肩聖賢道統之傳，下以開宇宙太平之福，以光第立身行己之道，故亦以此詔人。逾年，中式補廩膳生。一八八三年應會試登進士第，授刑部主事。京官清苦，酬應亦多，賴宗人劉舉臣父子及陳錫鬯歲滙金以濟其困。然亦躬自節約，出行無車，恒步至署。洒掃漿洗之事，内外躬親自奉，非人所堪。而執禮扶義，傾所有不惜。六七年間交游初官事治，而尚書累欲倚以爲用。有□□爲□國，光第執不可，由是宿疏達人。其專力治事，鍵户讀書，雖不與當時名士要人相往還，而斷讞之精，持身之謹，文章氣節，亦寖寖爲人傳聞。然光第以國事糜爛，終非一木所能持，時時謀捨官歸。張之洞六十生日，光第爲文壽之，深爲之洞所喜。時光緒帝載湉方勵行新政，詔天下舉人材。蜀人喬樹枏臚舉天下人材，或稱光第。時湖南號稱新政，謂湘撫陳寶箴子三立亦以此知光第。之洞遂囑寶箴，以楊鋭及光第奏，召見，命入爲軍機章京，加四品卿銜，參預新政。光第性不喜洋務，非僞儒下士專言變法，摘拾西人唾餘者比。然其入直，批覽簽識，政府同列，咸謂無新舊之見，公允持平。凡入直十餘日而禍作。光緒幽於瀛臺，那拉氏復垂簾主政，六君子皆駢斬西市矣。光第之死，自清室遺老及康、梁諸人視之，固爲忠於清室，懷始終之姓之義，此在當時情事，誠有可言。然觀其《雜詩二十首》，力斥清室上下誤國殃民之罪，初無韓昌黎『臣罪當誅，天王聖明』之意，而有『文王曰咨，咨汝殷商。汝炰烋于中國，斂怨以爲德』之情。以及《重葺張忠烈公墓詩並序》《賴義士傳書後》諸篇，蓋所傷者民生疾苦，所重者民族氣節。假使不遭此禍，知其道不行，或思退隱講學，藏器待時；或應天順人，投身革命，終不如康有爲之始終保皇，侑於亡國大夫之側可列也。

跋

八十年代後期，臯翔師尚住沙河故宅時，一日留宿，於先生居宅裏間小卧室臨後花園窗前寫字桌下，拾得一練習簿紙，其上爲百七十有五人之名録。以之詢師，云，乃擬作《晚清四川文獻徵略名録》也。收録人物自戊戌六君子中川籍劉光第、楊鋭二人始，迄四十年代末終，廩生以上，或具影響、有專長者，每人一傳，一評論文，合爲三百五十篇。傳用文言，評論以白話，分爲二部。無奈當事者意不在斯，案：隱逸已出，大功告成。遂已灰心，不再勞神，言已悵然。數年後，師便棄世，而當時所列名録已不知去向，惜乎！世間尚有能爲是者乎？今所能見者，惟《劉光第傳》與《劉光第詩略論》草稿二篇而已。於此亦可窺其大概。因繫草稿，其中未能辨識者姑付闕如，以俟乎後來之俊彦據原稿補足；已録者或尚有舛誤，亦俟後來更正，謹記之以俟乎將來之有意者。戊寅桃月廿日散花節受業張學淵並跋於西蜀雒城無爲書屋。

吴之英傳略

吴之英，字伯朅。博通群經，尤精三禮。年十五，餼於庠，以高材調尊經書院。住院十年，舉優行朝考，以訓導就職灌縣。時資之藝風，簡之通材，及尊經、錦江兩院，先後延主講席，請業者常數百人。中日戰後，競言變法。蜀人士擬辦報鼓吹，聘任主筆，旋却之。未幾，楊、劉禍作，愾而嘆曰：『刳胎毁卵，麟鳳遠颺，不去將及我。』即日解紐歸，署其門曰『壽櫟廬』。養親餘暇，著書垂釣以自娱。宣統初，禮學館以顧問聘，不就。蜀開國學，聘任院長三年。臨去，餘薪九百金貽助院費。其大義概類此。長鄉校十年，裁成甚夥，至今邑人知重古學，其遺教然也。性剛耿，尤重禮法。處鄉黨，和藹迎人。獎掖後進，惟恐不及。若遇權貴，則凜然不稍假借。即失禮，嬉笑怒罵，蔑如也。奉母有至性，數十年不離膝下。母歿，以毀卒。鄉人思之不已，於游釣處立碑封磯，禁網罟焉。生平著述甚富，除《壽櫟廬叢書》外，有《詩》《書》《易》《春秋》《公羊》講義若干種藏於家。

跋

是篇乃應《名山縣志》之請撰稿，無標點，改動幾無；後段及末尾有增添文字若干，亦無改動。據原稿謄清，並加標點。定稿寄名山，以故未用，另用白話文稿。今特收入遺集，以遺後世。癸未旦月學淵謹跋。

蜀賢張真如先生傳

張真如先生名頤，四川叙永人也。父廷楀，生先生昆弟六人，先生最幼。憫其稚弱，使從師里塾。先生念家世業農，父兄日夕勤耕，猶不給於衣食，又時見侵於勢豪債家，非致力有立，不足以振饑窮而扞門户。故其誦習恒倍諸生，亦以是爲戚黨所稱，助其資費。年十八，值清季變法興學，始入永寧中學肄業。中學諸師多鋒發敢言，如楊庶堪、朱之洪、向楚輩既中國革命同盟會會員，數以革命之説激厲生徒，尤重先生之敦篤好學，先生亦傾瀉肝誠，深自結納，遂著籍爲同盟會會員。未幾，復以選拔甄試，升入成都高等學堂，卒以優行成業於此焉。先生之來成都也，所識同盟會會員尤多。時有乙辛學社，用精誠結契，以任恤相期，爲四川同盟之中樞，先生預焉。受命奔馳，赴蹈艱危。自保路同志會之軒然大波，以至蜀軍政府之成立，無役不從。清社既屋，任重慶軍政府秘書及四川省政府民政長公署秘書，非其所好也。以謂大難芟夷，當息肩學術，遂改應公費留學生考試，之美利堅合衆國密執安州大學及其研究院，前後六年，獲哲學博士學位。又轉學英吉利牛津大學研究院二年，牛津大學復以哲學博士授先生。當是時乙辛學社諸人，多秉鈞軸，或專方面，榮觀燕處，噓枯吹生。先生超然遠引，再涉鯨波，索於冥漠，鍥而不捨，其視榮利若浮塵土梗之過，不足一攖其心，故名歸實進，益爲承學之士所重。先是先生學於美洲，有教授某，其論學以德意志學派爲依歸，又工辯説，甚爲先生所傾慕。念當赴德，親證所聞。在德居埃爾朗根大學及柏林大學又二年。積二年之辨析，著《黑氏倫理探究》一書問世。歐美之治黑格爾哲學者，多稱引之。時蜀政不綱，日尋干戈，留學生公費不得以時賦給。歲需既絀，歸資益無所出，乃之法蘭西考察以待。在法一載，成都高等師範學校校長吴玉章聘長教務，資以歸國。舟次香港，聞吴玉章解任，遂改就北京大學哲學教授聘。居北京最久，前後歷二十四年，中間曾出任厦門大學文學院長及副校長三年。北大之例，任教數年，得休假一年。先生由是復有歐美之游，期竟歸來，舊友任鴻雋方長四川大學，請任文學院長。任氏身負重名，執中國學術界大權，僕僕往來京蜀間。其去也，恒以先生代長。及任鴻雋辭職，新任未届，其事皆先生主之。先生自以留學之資，道路之費，皆蜀人所供，而遠教上京，睽離鄉里，居恒不釋於懷。自是欣然得展其力於桑梓焉。中日戰興，京滬諸大學多溯江西上。北大、清華等校，在雲南昆明共組西南聯合大學。武漢大學亦遷四川樂山，於成都爲近，先生移家往教。日軍既退，北京大學得返故都，先生亦歸其講席。甫及一載，血壓驟高，醫師戒其講學，遂休歸於家。中華人民共和國興立，聘先生爲四川文史館研究員、四川省政協委員，所以養護之者甚至。於時吴玉章出任北京人民大學校長，與北京大學校長馬寅初皆禮至先生。馬君且語以所職在啓導諸生及後學，不責期效，以符國家供老尊賢之至意，庶絶學得有傳人。先生諾之。政協全國委員會亦聘先生爲委員。先生本有濟世之志，方冀竭其餘生，陳力就列，而『文化革命』起，牽連訊誶，頓之道路，操心既危，疾患又深，遂以血栓逝於北京醫學院附屬三院，年八十三歲。先生爲學，用力深邃，謹於疆畔，疏發綱維，朗心獨運。當其深造自得，枝葉盡剗。於德意志諸家哲學靡不貫通，而於黑格爾爲尤精。其論黑氏，以爲思理艱深而文詞晦澀，謂黑氏以至理爲中堅，使純粹思想與宇宙本體彌綸合一，用相反相成，推於至極。而此至極者，即其基礎與依據。故曰最初乃最末，最末乃最初。又謂黑氏於自然科學及數學用力並深，重經驗而輕玄想。其出詞命意，間有參差不備，要當融合各論，以爲折衷，始不以言掩意，以一端失大體，其説皆足以示津途而祛迷誤。中國之治黑格爾哲學者，唯先生導其前，國人仰之如泰山北斗。顧平生不喜著書，其張皇碎義、譁世取寵者，宜先生之所賤。即比傅中西，棄異求同，如前世之所謂格義，以期喻於後學者，亦未嘗措意焉。其天性縝密謙謹如此。余不識先生，亦未能深稽其説。友人鄭君容若，以先生嗣君文達所述行實及先生遺著數事，命次爲傳，意先生親炙弟子，於其精義微言，必有能董理之者。年老學殖荒落，不足以盡先生，姑以此塞兩君之意。蓋所謂不知而作者，則所爲滋愧者矣。

跋

數年前，皋翔師即以其所著《張真如先生傳》及其友人鄭先生題箋之複印本贈余。先生棄世後，又得一複印本。將兩本校對，以免舛謬。今欲刊行之以存鄉邦文獻，特過録而跋之。甲戌小暑時節新都張學淵於西蜀雒城無爲書屋。

林山腴先生傳

林山腴先生，名思進（一八七四—一九五三），自署所居曰清寂堂，晚年又號清寂翁。四川華陽人。父濤如，不應官試，而與王晉卿、喬樹枏、端午君及詩僧雪堂，往還唱和，詩酒流連，有《澹秋集》傳世。先生幼時，受此環境熏陶，即好詩文。幼時家居板橋，井研廖季平先生於板橋洪家任教，往從學焉。廖先生以經學聞名海内。先生於時尚幼，雖未深受其影響，而終身敬事不衰。時不善爲八股及試帖詩，屢應縣、府試俱不利。年逾三十，尚未入學，然其文已爲人所稱誦。桐城方旭開辦學務公所，已羅致所中任教科書編纂。

癸卯爲清三百年鄉試最末一科。方旭及編修胡峻雨嵐爲納捐，以國子監生中式，與蒲殿俊伯英、余舒蒼一爲同榜。科舉停，游學日本。歸任内閣中書舍人，回川開辦成都府中學堂。復入京，因胡雨嵐、趙堯生之介，得與同光派諸名流結社唱酬，旋以母老棄官歸。歸來數月，而辛亥革命起，民國成立。

民國初，蒲伯英爲四川首任都督，欲引先生共事，先生辭謝。友人蔡東倓適長財政，欲以統捐局委先生。當時此缺，故膏腴之地，先生亦不就。人問所欲，答以願爲長圖書，因照會爲四川省立圖書館長。自視事之日起，即閉門整理。時國政改變，滿清官吏多賤貨藏書。先生以省作役，添購圖書數十萬册，編寫目録，使之整齊。又訓練補書工人，包裹漿糊，綷書用綫，書頭寫字，皆詳加指畫。聘史學家祝彦和主中文部，老清華學生韓德滋主西文部。逾年開館，書籍燦然具列，並未多費政府經費，先生亦得以餘暇縱情披覽。又於館前種松八十株，署曰『八十松館』，時與賓客游讌其間。民國七年，改任華陽中學校長。經費支用，歲有餘儲，將校舍一律新修。圖書儀器，大量購置。延聘名師，扶植新進。龐俊石帚、吴祖沆念存，皆因趙堯生之介紹，而以少年來教。龐先生遂用文章學問，得爲太學名教授，皆先生推挽之力也。先生常教學生無輕視，此少年人將來成就勝諸老宿也。其治事之精，好賢之切如此。即此諸端，亦可以窺其大凡矣。

先生少壯時，蓋常有志於天下事。故當蒲伯英在四川組織進步黨時，先生曾任進步黨文書股長。其後見諸人徑如利所願，遂絶口不過問此事。及楊森來督四川，先生始離華陽中學，專從事教學。先生雖去職，華陽中學之規模及聲望，實自先生始奠之也。先生去校長職後，歷任各中學及高等師範、華西大學、成都大學、四川大學，前後數十年。蜀士之能文者，蓋無不出先生啓導，或揚聲海内，或馳譽三蜀。民國以來，言文學者，無不推重，蜀士亦無不承先生教誨。故謂王壬秋主尊經書院，爲蜀中人材之所由興；則尊經以後，蜀才之所由能繼起者，捨先生實莫能居其功也。蓋先生教學，善能識拔人才。其改校文章，往往以一句之善，一言之要，即以顯其成就。多士之由先生而有成者，皆以此一語之長、一言之善而顯。先生特出而知所趣向和所知辨力，鍥而不捨，以砥於成。其精識，雖他人莫及也。

先生之教學所因，與其詩文所出其家學，而來源有二。一則尊經派王湘綺之餘波。先生與湘綺入室弟子宋育仁、顧印愚、吕雪堂交往甚密，時聞諸論。其教詩用《八代詩選》，即吕雪堂所贈之王湘綺批點本也。一則同光派陳石遺、陳散原、林琴南、曾剛父、趙堯生諸人在京結社唱和之所薰習矣。同社人在南河修禊，林琴南爲寫《南河修禊圖》。先生講古文，用《桐城先生點勘史記讀本》，則同光派之流風也。故先生論文教學，無門户之見，不沾沾於一家之言，不輕貶古人。能通達古今，辨其心貌同異之故，而無論甘忌辛，賤彼貴此之情。從之學者，亦得因性之所近而各有所成。其能造就人材，蓋非偶然也。

先生以長歌自負，故其詩有『湘綺長歌擅，一時前賢殿』。後來我作前……草稿至此，以下則佚！

跋

此殘稿係據草稿迻録，雖多方考訂，亦難免其中有錯訛者。原稿先生已交省文史館，乃應《四川近現代人物傳》所作。而省文史館諸君云，文辭深奥，莫能知之。遂棄置勿用，另請林山腴門人王仲鏞先生撰文刊行。而師之文，經函詢主事者，答曰不知所之也。該文之定稿如尚存文史館舊稿間，將有發現之時；若竟以故拋棄，惟太息而已。即斯殘稿，亦可因而知林山腴之學術淵源與主要閱歷，而補他人所未能道及者也。此外，尚有《憶林山腴先生》可補闕憾。癸未仲夏學淵敬跋。

李源澄傳

李源澄，字浚清，四川犍爲龍孔場人。龍孔云者，市爲山所環抱，一孔通其前。若使桃生夾道，津途阻絶，則一武陵源也。君世居場屬李家塥。祖富春，入縣學，以文行，教於鄉里。父昌緒，生君兄弟二人，君其長也。幼穎悟，祖愛之，使從己學。少長，入榮縣中學，試輒高等。以祖父之教，尤好文史。既成業，遂入成都國學院肄習。國學院，故清末存古學堂。當時諸師，多一代名宿，如吴之英、廖平、宋育仁、謝无量、劉師培，皆海内所尊仰，其流風餘韻，尤足啓誘後來。自存古學堂而國學院，而國學專門學校，凡三易名，及成都各專門學校併爲四川大學。教育廳長向楚總其名而易國學專門學校爲中國文學院，使存古學堂高材生、成都大學教授蒙文通主其事。蒙先生器君之才，介之井研，使從廖平治經學。時廖先生已罷教家居，獨留君與講説數月，盡通群經大義。復之蘇州章氏國學講習會，從餘杭章炳麟太炎治子史。君鋭思深入，發揮旁通。其所論述，滔滔汩汩，一瀉千里。張爾田孟劬稱君學如開封鐵塔，不假輔翼，直上干霄。邵瑞彭次公云：『李生年少而其學如百尺之塔，仰之不見其際。』華陽林先生贈君詩亦有『推隱鈎沉抉奥義』之贊。其爲名流所稱譽如此。然君之爲學，實根柢於蒙文通先生，遇廖氏而深邃，經章氏而廣大。故三先生最所服膺，而與蒙先生師弟之誼尤篤。太炎既卒，君受唐文治聘，任教無錫國學專科學校。會日寇侵華，中原淪陷，政學内遷，萃於西南。君亦治任歸，凡教於遵義浙江大學及蜀之蜀華中學、四川大學、南充西山書院，皆不稱意。乃自立精舍於灌北之靈巖山，命曰『靈巖書院』。躬爲主講，而邀四方名宿名人來游青城者，爲諸生陳説百家勝義，古今之變。由是蜀中學子，聞聲響集。蒙先生亦使其子蒙默往就學焉。靈巖之法，午前講述，午後自修。不置僕役，飲食浣濯之事，皆諸生躬自從事，以習勤勞。山徑逶迤，去縣城七里。食用所資，皆自城繦負而上。故其學風樸實堅勁，不以外物干其心。至今從學者多能發憤自厲，以底於成。在靈巖三年，以師友牽致，復教於五華書院、中國民族學院。浙大學生王樹椒，頗能傳君典章禮制之學，間關相從，至成都病卒。君哭之慟，貽書於予，以『種樹尚爲人愛惜，况此生』。蓋其悼生才之難，而爲世用惜者，其天性然也。其後，梁漱溟先生創勉仁文學院於北碚，復要君往教。梁先生，君夙所欽重，賓主相得歡甚。中華人民共和國成立，勉仁併於西南師範學院，以君爲副教務長。君勇於任事，伉直敢言，深爲忌者所嫉惡。及反右派之風起，嫉君者乃得造作言語，深文羅織，以爲渝中諸大專院校正言訕上者，皆出君指撝，謚爲軍師，規爲禍首。君自傷正道直行，不容於世，信而見疑，忠而被謗，冤苦痛酷，告愬無門，遂發狂易之疾以死。君死而國事寖以凌遲，至於『文化革命』，四凶秉權，志士仁人，無不罹其苛毒。又十年而撥亂反正，盡雪枉濫，去君之殁已二十餘載矣。君死時纔四十八。無子，有女二，皆幼。

予之始識君，在蜀華中學。君在成都，與予及宜賓唐君毅爲篤，次則周輔成。及唐君往教南京中央大學，周君亦他有所就，君獨與予常相過從。每發一義，相視而笑，莫逆於心。予爲論學之文，自識三君始，亦惟君得遍觀所作，雖間有切磋，幾於篇篇見賞。故予之治學，君知之最深。每至一處，必推轂於主者。其誦説予者，不啻若自己出。雖累有成議，而予安土重遷，又兼親老難於遠游，遲疑未決。迨屏居躬耕，交游盡絶，與君遂不相聞問。此則予負君之甚者也。君本懷濟世之志，時時欲有所爲。予嘗諷以徐孺子所言，以爲大厦將傾，非一木所能持，何爲棲棲不遑寧處。君怫然謂此乃玩世不恭，非聖賢憂世飢溺之意，予亦未與深辨也。嗟夫！使予徇君往教，休戚是同，當不可爲之時，説之以文明柔順之道，濡弱謙下之旨。雖未必遽戢君邁往之心，免其亢龍之悔，而相從患難，泃濡相資，亦庶幾散其鬱陶，箴其尤怨，以期剥極之復。而予亦將因君之策厲，不復頹然自放，至於衰暮，精力銷亡如樗櫟之以無用而全生盡年也。此則予傳君所爲感慨唏嘘而不能自已者也！君與予交雖至密，而未嘗道及家事，其事皆君弟子王君德宗諗予。王君與蒙君默及諸同門，將盡搜君所著，集而傳之於世。予故不復論及之也。

案：關於李源澄從廖季平學，廖幼平《答劉雨濤書》云：『李源澄先生到我家時，我正停學在家代父親照料家務，因之我接待過他，並爲他們安排過學習的地點和時間。但對他們請教的内容，却一無所知。可是從表面上看來，父親不是系統地講經，而是解答疑難。他們在井研住了一兩月就走了。幾年後，父親去世了。從此再不知道李先生的消息了。因之我提不出什麼詳盡的有價值的資料，敬祈原諒。』

跋

數年前，王德宗先生索其師李源澄先生傳於臯翔師，師以尚未定稿而索回初稿。癸酉中秋，臯翔師溘然長辭。之後，余清理師之遺著，得初稿一與尚有改動之稿一，並於是載孟冬，以巴蜀書社稿紙所書之改稿爲底本，間參初稿，以免迻録易致之謬誤，並爲斷句標點，謄清一稿，以爲定稿。又複印之以寄奉王先生。後又寄一複印件予李先生之賢侄弘毅君。至今尚不知是否寄達。近日復撿舊稿，重爲點訂，欲以之刊行於世，以存鄉邦文獻者也。歲次甲戌且月伏夏新都張學淵謹跋於雒城之無爲書屋。

亡友徐荊石傳

徐君荊石，名朝璧，四川崇慶人。羸秀好學，與人落落，而以高材爲鄉里所推重。年十九，考入成都大學文學系。大學多老宿名師，問業者左右采獲，恒恐未盡。君獨謹於所事，不以多聞爲名。嘗以詩求正於華陽林山腴先生，先生激賞之，由是益肆力爲詩。聽受之暇，時自放於郊坰溪曲，或坐臥田塍，以摩蕩於山川雲物之際，流連忘返。返則展誦陳編，亹亹不倦。酒食之娱，朋游之歡，一無所預。蓋其孤介特立，淡聲利而甘林藪者，天性然也。然既勤爲學，加以通敏，雖每自斂抑，名益起。成業後，歷教石室、崇慶、江安、蜀華、協進等中學。諸生篤志好學者，經君指授，咸有師法。誦數不苟，其務期悦耳。視講舍如負鼓説書之場者，固不足以知君也。世之衰也，師道盡廢。君方以古誼求之，是以所如者不一二載輒捨去。人或始慕而終棄之，以是不樂。而鄉里故人，方馳驅世要，争以改轍之説勸。君亦思更端以求養矣，始就政治學校學簿書期會之事。在校復以詩名，時銓叙部副部長某，案：劉雨濤云，當時無副部長。亦好爲詩，指名索君，用爲部員，驟遷長一科。勸君者騰聲相告，以爲去鹽車而騁於天衢矣。余固知非所好也，贈之詩，有『徒憐霜雪情，來即喧風吹』之語，君未嘗不以爲知言，顧未知所税駕耳。及其得告，鼎社遂遷。新制優遇教師，而君離校已久；留用舊員，而君解任先歸。振拔滯遺，尚須後令。家居益困，會李君嘉仲方長重慶師範專科學校，延授聲音文字之學，委以編選教材，留成都講習於四川大學一年有餘，始促往教。至未幾，李君遽遷去，君復以介性與繼事者不協告歸。值歲大饑，乃蕩然無所託命矣。君之歸也，以就醫來成都，猶得數相見於其女弟子之家。最後别去，寓書丐糧。余輾轉求乞，得糧票值一斤者寄之，君已困卧公社醫院。復書來，述妻亡子廢學，身亦病憊，情詞悽愴，然猶有幸存之望也。其後余遇君同郡某，探詢病狀，則君死矣。

君平生專壹文事，晚治小學，撰録甚勤，而未有成書。其文，詞采精拔，穎然高秀，用六朝之體式，而剪其浮豔。詩，七言歌行、近體並工，跌宕縱横，舒卷自在，務去陳言，而無鈎章棘句之累。尤善尺牘，摸寫俗事，而不損妍華；深情斐蔚，而不傷遝冗，並時之所罕見也。余與君結契，在太學同級，雖神交有素，而燕賞不闕。嘗以成業，邀諸同學江樓醵飲留照，君先期避去，其他可知矣。離校後，箋贈漸多，過從猶鮮。及君以師專教員留成都講席，乃得樂數晨夕，盡傾懷抱。每憂君志節太峻，謀己太疏，不謂終以此自隕其生也。昔王湘綺叙其友黄子春，以爲『其身則若行而若藏，其志則若屈而若伸，殉流俗之末榮，枉天下之奇材』。持此語以論君，蓋益符契，而逃患於棟折榱崩之後，置身於物不我貴之地，一瞑而身名俱盡，尤可哀也已！

戊寅三月初四受業張學淵校録於雒城居宅

亡友鍾佛操傳

鍾君佛操，名崇基，以字行。四川郫縣人，寄居成都。身頎而上微傴，目短視，性寬厚有容。始志學，從趙少咸先生，專詁訓以通《春秋左氏》，用教於建本小學。建本云者，其國文課以經史專書講授，比於大學。有某君自贊於校，求爲《左氏》師，校長周君守廉不許，曰：『《左氏》已有鍾先生。』君故學於日本工科，教算術可矣。其後某君卒去爲大學文學系主任，則建本所以重君，與君之學可知矣。余之識君，在蜀華中學。君方去川東師範來成都，蜀華校長易君建文，與君叙成都師範同學誼，延之講席。余家支磯石街東頭，君居西頭，下直相過從。自鈎析疑滯，潤色文章，以至師友之言行，里閭之軼事，君所論述獨多。余每嘆知君之未能盡也。易君卒未幾，君往教南充中學。會趙先生就四川大學文學系主任，以講師聘君，君欣然謂得展所抱矣。然君之爲教，訥於文辯而謹於章句，既無聲氣廣爲推挽，又未有著述流布以自表暴。趙先生解任，君亦不得安於其事。已而鼎革，君以族姓之舉，長鍾氏離山中學。余偶過之，治具留飲，厨人方愬無以爲炊，君抽牀下束薪與之。其艱困如此，然猶以此致錮廢。久之，始得教於遠郡。當是時，君年已逾六十，循例休致，而金堂周君重能，亦告老留新都。周君宿與君共教於川東師範及蜀華、南充兩中學，而余弱年與訂深交於太學者也。於是三人議，即成都市肆爲期月之會，以詩詞相倡和。君自力苦吟，每至深夜。其詩歌遒勁，高者往往突過前人。一日盛暑，當會，雨暴至，車行水中，如輪舟之逐浪。余避雨人家簷下，衣履盡濕。抵會，周君方手凌霄花與君共證白居易詩，衣皆半濕，相與大笑，以謂雖少年好事，未必有此逸致也。東山故多種桃，仲春花開，彌山熠谷，兩君來壽余，登覽延眺，率步行十里外。春秋佳日，則偕訪周君桂湖。余《桂湖禊集詩序》所謂：『江湖要眇，甘留賞以十年者，亦度兩君年過七十，濟勝之具日衰，此樂何常，要難遠計。』乃不五載，周君已憚車行，君亦數病，惟以書疏通問，相見日稀。歲丁巳，余造新都，偕周君桂湖照相，歸以示君，有賞桂之約，未果。而君妻吴幼泉女士，馳書告君以八月廿六日卒於醫院，得年七十有九。余不意君之遂止於斯矣，悲乎！君以孤貧力學，博求師友，而不得竟其業。勤懇式誨，知無不言，而不爲生徒所附。生齒日繁，衣食於奔走，而不得溫裕，未嘗有不足之色。退休後，康强老壽。城西有宅一區，子女俱自成立，安其室家。夫人結髮齊眉，相依白首，皆世所難得。而君顧日瑣瑣以勞擾其心，不得自暢於安樂，將毋所謂衰氣之先見，而君之所以不得永其年也夫。

此作情詞稱謂，既殊史傳之科；摛藻紀人，又無金石之例。追思夙好，略舉生平，若其成式之篇，請以俟之他日。皋翔自記。

吴先生墓志銘

先生諱虞，字又陵，四川成都人也。曾祖廷剛，以武節樹勳，得謚壯勤，宣名《清史》。考某，案：名興杰，字士先。某縣教諭，文行淵懿，多士嚮風。先生資性敏達，叡發幼冲。天稟既高，志學又篤。年始弱冠，文采秀發。雖洛陽少年，江夏無雙；方兹揚聲，殆無以過。於時蜀學始興，珪璋特曜，懷鉛吮墨，士思振奮。蓋自湘潭王闓運壬甫以大師作範，來主尊經書院，闓開耳目，實啓宗風，門下成業，騰譽九區。而名山吴伯朅先生之英，獨見賞拔，稱爲首選。井研廖季平先生平，復以洞明經例，高視漢京，一編始出，天下風靡。先生從名山問卿雲之學，窮文章之奥，又請益廖氏，參稽其説。值四海會通，群論燦發，蜀中耆舊，蔽所希聞，固距西學，指爲異端。先生取彼哲言，署曰愛智，搜訪新籍，不顧鄙笑，凡十餘年，蔚成風氣。遂復浮海東游，研尋法理，於東西聖言，士林偉論，手摩心追，積久有入。然後深悟乎一孔之足錮聰明，而百家之未易軒輊也。乃辯儒墨之是非，窮申韓之微旨；要探孝慈於六親不和之始，而有非孝之文；驗禮教於忠信既薄之餘，而有譏禮之論。至於明律例而檢身有度，導情性而人道得遂。箴俗士之愚蒙，起千載之廢疾。其言既立，群聾震撼，俗惡雋異，轉相排詆。既積銷骨之讒，遂有亢龍之悔。削迹違害，流離播遷，秉直不撓，困而彌亮。洎夫世諦更新，粃糠堯舜，先生之學，有如北辰在天，雖物論多方，理難齊一，而數十年間，寰區之内，不得陳周孔而立私議，誦六藝以文姦言。斯所謂開拓心胸，推倒豪杰，不獲世之滋垢，皭然與日月争光者乎？當非儒之説始出，和者蓋寡。一二才彦，若章炳麟、陳獨秀、錢玄同、胡適之流，轉相引致，喜於西南得朋。世異時移，間復自刊舊説。惟先生卓然貞固，老而益峻。其學流衍異邦，九牧交贊。鄉里月旦，或時不同。蓋李蕭遠有言：『其身可抑而道不可屈，其位可排而名不可奪。』自非若先生之輝光篤實，孰能有與斯言？粤以民國十年講授北京大學，又四年，歸蜀，歷成都大學、四川大學教授，年垂六十，告休於家。平生清静寡欲，澹於希世，少無科舉之事，長無仕禄之榮。所居曰愛智盧，家富藏書，門無雜客，游心典籍，致忘衰老。神明未損，奄從大化，享年若干，案：七十八。以某年月日案：九月。葬新繁西郊。夫人曾，先卒，繼常。女九人。所著《文録》五卷、詩《秋水集》一卷行世。哲人其萎，梁木遂摧。竊有端木心喪之哀，愧無侯芭負土之實。摛其光耀，乃成是銘。銘曰：

泰伯克讓，始造勾吴。因封命氏，受姓厥初。華胄遥宗，降符大雅。精耀井絡，道光戎夏。惟古於義，堯禹武湯。自周迄孔，六典張皇。宥在千秋，學蔽於一。匪是莫思，靈慧日窒。聖定一尊，百家乃黜。曰惟先生，辨其白黑。昔在仲任，辭譏尼父。居巢論史，惑經疑古。降及明代，贄也有言。遥源峻波，先生始傳。蔽吾能解，覺在民先。辨章百代，牖啓後賢。萬方同流，慭遺一老。掩魄即棺，孰遵此道？跐彼黄泉，終天莫曉。銘勒幽石，慨焉心悄。

弟子賴鴻翲周裕冕同撰

跋

曩者重能師諱裕冕，字重能，以字行。尚健在時，屢語云，賴先生諱鴻翲，字高翔，一署皋翔，以字行。爲文章聖手，吾儕爲文，多請修訂。並出示所存手工紙排印件《吴先生墓志銘》，謂余曰，是銘即爲吾之初稿，由高翔改訂潤色者。壬戌冬，周師棄我而去。其後，余往成都外東沙河皋翔師居宅問學，師嘗出示其改正件，並告知上海社科院歷史研究所唐振常先生專程來川訪問周、賴二師有關吴先生事迹之詳情。賴師亦於癸酉中秋殂化。二師遺著問均存有《墓志銘》排印原件。當重能師八十以後，數次謂余曰，吴先生尚在世時，即命吾爲作《墓志銘》，經高翔改訂，印好後呈吴先生，先生甚以爲然。示意余爲作《墓志銘》，余答云，先生尚健，稍候一二年何如？先生默許。一日，邀余與鄧小軍弟往升庵桂湖門側桂湖照相館合影留念。數年後，賴師邀余二人往望江樓照相即終未成行，留無盡之憾意焉。孰料周師躬赴選舉之會，逆其本意而賦

《滿江紅》三十首，令余刻印四十份示故人，由是一病不治，竟未得親見余所作《墓志銘》與傳文，誠終古之遺恨。先生既歿，余所作《周先生墓志銘》，幸得賴師修訂，余往又新，書丹付刻納壙，了却周師生前心願。後作傳，經賴師改訂，刻於《遺稿》卷四之首。而賴師之傳，即於師生前寫就，經賴師認可，然後排印。今余將周師所存件，依賴師改正件糾排印之舛謬，以爲定稿。然後參稽唐振常著《章太炎吴虞論集》附此文標點件，趙清、鄭誠編《吴虞集》録該文標點件，與卞孝萱、唐文權編《民國人物碑傳集》録斯文標點件，予以標點、補闕、分段，謄清如右，以爲定本。戊寅夏受業新都張學淵跋。

譚肇聞先生墓志銘

先生諱宗棪，字肇聞。先世籍陝西城固，清乾嘉間遷成都，遂著籍爲成都人。成都之譚，有石門、子鶴父子，以書畫著聞於時，先生獨以數學顯。考字文波，以鄉貢注選教諭。妣王氏。先生體素單弱，爲二親所惜護。而天性謹慎，曾不恃愛肆驕。年十七，居父喪，哀毁中禮。父卒後，考入中西學堂，後併入爲成都高等學堂，遂以高等學堂高材生畢業留校。旋教於越嶲師範、彭縣中學，凡五年。辛亥後返成都，歷任陸軍軍官學堂、四川工業專門學校及成都各中學教師者四十餘年。中間曾任華陽中學校長六年，争聘名師，成績斐然。舅氏王章祜仕爲教育廳長，薦升至教育部次長。先生居約守素，未嘗以私相干。晚年於所居自立精舍曰肇聞補習學校。四方學子，聞聲響集，虚往實歸。與先生同時以數學教於中學者，自王伯宜用算術雜題自立一宗外，教代數者有孟和清，三角有周子高，稱孟代數，周三角，譚幾何。蜀中學子，殆無不知有此數先生者。其後孟君早卒，周君數任校長，不復在講席。中華人民共和國建立，先生最爲老師，論五十年講學之績，尊爲後生典範。先生性和易，與人無忤。至於正是非，疾貪濁，雖臨之以威力，不能易其毫髪。斯可謂守死善道，貞固不遷者矣。年八十六，以疾卒。嗣子明禮，篤守家業，亦以文學居講席數十年，迄於休致。亂瘼既夷，世論漸定，追惟先訓，思闡前徽。以予與先生連席式誨，先後十年，乃來請銘。去先生之歿，已二十二年矣。銘曰：

烝民之知，實緣師道。開而弗違，瑩成荆寶。世衰學廢，苜蓿寒氈。人所不堪，先生恬然。五十餘年，辛勤教誨。奕世傳徽，風流不沫。教爲時貴，德爲世珍。式此先達，用啓後人。

一九八八年教師節

吴先生贊並序

先生諱永權，字君毅，成都人也。博涉多通，游履無外。九州歷覽，百氏勤搜。德量則江海能苞，風節則嵩華增峻。東瀛采勝，共推麐角；西陵咨奇，無煩象譯。至於餘事倚聲，未遑編録。毫芒流落，秀絶人間。自歸國以還，歷北京大學政治系主任，北京法政大學教務長，成都大學教務長，四川大學秘書長、法學院院長。益都當武人割據之餘，大庠草創，經始立制，以及光被，實惟先生發謀，匡贊樹之風聲，甄陶所鈞，迄於四海。文翁倡教，振蜀學於鄒魯；匠石運斤，資大厦之梁棟。鄉里導化，垂三十年。佚老無多，積衰向盡。以辛丑春仲卒於四川省立醫院。夫其宏獎風流，推轂士類。天惟泛愛，雅好賓游。達心氣類之求，盱衡一善之美。尊俎不空，門前履滿。一從卧疾，奄忽在殯。子息羈遠，友徒睽絶。弱女寡妻，獨持喪紀。驗廉館之盈虚，感玄亭之寂寞。逝者可作，能毋悼心。蒙以頑質，幸列門下。平生推獎之惠，當年談燕之歡。秋澄蟾魄真賞，澈天人之間；春引鴒原前席，發鬼神之問。顧瞻靈坐，尚想清言。不待逾月，永絶絶古。撫今惟昔，流連在衷。空有心喪三年之哀，曾無憑棺一慟之敬。含悽表德，用垂頌聲。其詞曰：

夷聖之清，惠德之和。達人兼濟，溯懷揚波。貞不絶俗，通而能固。瀟洒平生，坎坷末路。珪璋之達，內美宜修。横絶四海，縱貫九流。歐陸觀成，扶桑原始。上采官師，下詢閭里。賢爲邦寶，招以旌弓。翔而後集，薪采斯隆。濟濟京邑，四方是考。言旋言歸，作之師保。乃眷西顧，群彦響臻。靡有先覺，孰開我人。恩斯勤斯，善誘善導。接下若虚，抗威弗撓。巍峨太學，欝起岷嶓。左右張公，笙磬之和。篳路開山，錦蕞習禮。草昧既興，於穆不已。先河後海，偉哉初基。三遷無改，百世可知。異代尚功，尊本敬始。不報不酬，梁崩哲萎。墨棺三寸，宋食五升。生薄其養，死殉其貞。極其枯槁，永安幽冥。惟學之勤，宏通中外。大涵細入，不遺纖介。宫牆重峻，著籍萬千。淵哉論政，弟子所傳。旁及樂章，晏殊淮海。夕秀已披，朝華猶采。懸車告老，賞會益親。夙昔侍坐，燕語申申。往日之欣，九州八表。星火牛津，春櫻蓬島。南都士女，北郭樓臺。心游目想，佇望徘徊。衰境之娱，清歡菽水。鴻案相莊，雙珠濟美。德門餘慶，蘭玉充庭。上承先緒，廣譽揚聲。井絡之精，山川之氣。江漢載英，餘芬不墜。靈光雖翳，令問無窮。千春萬祀，視此休風。

及門賴高翔拜撰

宋梁材像贊並序

君諱明，字梁材，一字遵晦。四川仁壽人也。幼而岐嶷，雅善談論。孝友之性，體於自然。年十九來成都，時太學始興，群士懷奮。君以温勤之資，承殫洽之教。抗心希古，卓爾有成。以民國某年成業，留教西都。飛辯升堂，華繁玉振。一時生徒，翕然顧化。而操行婞直，哀樂尤多。遭叔弟伯兄，相繼殂謝。蹙國内侵，爰及江漢。菽粟貴於珠玉，庠序播於郊坰。饔飧旦夕，則積憂能傷；風露爪角，則觸微成損。遂嬰時沴，溘爲委蜕，年三十有六。其家聞訊來奔，寡鵠孤息，悽動行路。矧復堂有衰親，下惟弱弟。薄田饑饉，簞瓢難供。以是思哀，哀可知矣。余與君少同横舍，迄在講席。十餘年間，離居蓋尠。文章風誼，相賞有真。秖以相望少奢，易滋疑沮。雖言笑無間，而箋贈已疏。比年以來，頗自申列。本謂善交久敬，取驗方今。何圖平生之信，未昭於生前；寢門之哭，遽儕於後死。夙心素志，積蘊莫宣。適君妻李錦林女士，以遺像囑題，因陳端末。庶幾庾亮報祭，奉孔坦之降神；孝標答書，存秣陵之梗概。但憑棺有慟，懸劍無期。懷舊傷今，慨思曷已。其詞曰：

德有貞孤，仁云剛毅。焚玉不灰，磨金始利。英英君子，鬱鬱其操。文尊魏晉，詩樂謝陶。身則多乏，心懷修義。朱門無干，蓬室自貴。攝齋講舍，孔志周情。辯立頑懦，心存典經。高論古人，希企峻德。折角不撓，抗聲愈激。禰生忤世，叔夜狹中。口陳緇白，交有異同。道值艱屯，家遭多難。鴒原再悲，鴻嗷永嘆。憂能損壽，禄不代耕。含哀累憤，殲我奇英。風人有言，百身可贖。未辨成虧，宜知榮辱。生徒知涕，友朋銜悲。徘徊舊迹，尚想遺徽。蔡女傳經，期之異日。黔妻正被，柏舟式烈。達人之澤，奕世惟光。永言長嘆，頌此剛腸。

陶亮生誄並序

歲甲子季夏之旬，滎經陶君亮生卒，得年八十有六。嗚呼哀哉！夫人命靡常，無金石之期；間世生材，猶旦暮之遇。而泉甘早竭，膏明自煎。聲華茂則造請塞門，文章貴則求乞盈道。百年易盡，用智無涯。難獻酬於群心，已銷爍其靈府。然則君雖臻耄耋之際，未是天禄之終。一瞑不復，靈光悽盡。湝然思舊，乃作誄曰：

江漢載英，淵雲錫類。世有隆汙，賢能無匱。君家僻左，負笈蜀都。抗心在昔，與古爲徒。天亶聰明，博涉强記。巧對驚群，高文拔萃。小成州序，升造上庠。捧手豪俊，導我周行。試則冠曹，文不加點。耆宿咨嗟，聲聞日遠。攝齋講舍，高揭典經。廉頑立懦，孔志周情。騏驥一躍，駑駘十駕。玉振華繁，雍容大雅。作之師保，領袖群倫。斂財償債，談言解紛。桑梓敬恭，學優則仕。外佐武略，内敷文治。八紘既掩，府帥驟遷。遺彼簪組，還我儒冠。新藝舊學，辯通無礙。九牧彰聞，四方同概。嗟名之至，乃爲身灾。驅蠅玷璧，聚蚊成雷。火炎崑岡，瑾瑜灰敗。蘭生當門，刈同蕭艾。廿年纍累，九地煩冤。搏箕掃穢，戴盆望天。剥極之復，皤然耆舊。措以華茵，祓濯緇垢。前修已逝，後起未遒。獨肩文獻，冠冕西州。勝地題楹，名迹書贊。點綴江山，增輝詞翰。菁華已喪，血氣難回。勞心積損，抱疾長歸。嗚呼哀哉！知己冥漠，齋庭虛曠。無復清言，空瞻遺像。曖曖雙燭，嫠人守幃。欒欒素棘，失祜同悲。國喪典型，士傷模楷。哲萎梁摧，凄然千載。嗚呼哀哉！

賴集雲誄並序

君諱兆欅，字集雲，四川宜賓人也。幼而篤學，有聲庠序。周旋進退，樸茂無華。年二十六，考入四川大學文學系。從師請益，涉獵百家。辨字析音，遂通許義。成業就教，留止西都。川大附屬中學主任李君書農，菁莪育士，慎選賓師。延君講席，特相倚重。會學校遷併，君不樂鄉里，思遂東游，泛舟出峽，爰集吴會。值强敵内侵，都門烽火，蒼黄返棹，壯志不酬。墊江李培甫先生，雅愛君材，致力推獎。又得同門汲引，仍循舊貫，凡教於蜀華中學十有餘載。洎於鼎革，移君遠郡。比及來歸，年積六十。新制養老，例得退休。乃以餘生，益攻方技。《傷寒》《金匱》之論，《靈樞》《素問》之編。縮食節衣，博搜廣覽，爲學日損。生也有涯，德不潤身，憂難永壽。有活人之術，無自濟之方。從老得終，凄然向盡。以己未年七月廿五日，卒於成都西馬棚街居宅，得年七十有九。余與君建國命氏，同始晚周，百世本支，難詳譜牒。而鼓篋太學，後先一載。橫經式誨，連席廿年。勸善規失，有無通共。旁觀嘆羨，謂爲同生。慨世異而時移，不寖近而愈疏。以余稀齡，聞君噩耗，平生舊誼，追想流連。既未能臨喪會葬，長慟寫心，累德明哀，敢辭稱述，乃作誄曰：

木訥近仁，堅貞表度。用世則疏，持操則固。惟君體性，兼此二途。超越鄉里，譽起西都。鷦鷯一枝，室家千里。比翼中折，二遺猶累。傷哉貧困，禄不代耕。窮則思變，望集上京。世運多艱，外壓强敵。戎馬生郊，悽心返轍。師恩獎借，友誼奔勞。重刊皋比，再續鸞膠。井臼不親，米珠薪桂。操勞持家，實惟淑配。甕飧顧復，女啼男喧。提携保抱，以及成年。戚戚生資，卑棲貧賤。憂叢於身，神周於算。銖積寸累，飲瓢食簞。酬庸增俸，買宅三椽。玉步既更，衣食奔走。白髮盈顛，勞心難久。國有常例，六十告休。優游卒歲，謂我何求。長嗣雖摧，丁男繞膝。兒女承歡，暖衣甘食。經脉藥石，上池長桑。平生寢饋，終老難忘。參苓引年，宜享遐壽。愁嘆無端，心摧形朽。人生有死，修短誰知？傷今懷舊，涕下漣洏。嗚呼哀哉！

静女哀詞

繄民生之多艱，每摧挫乎才雋；何弱女之卷然，亦數罹其顛困。躍莫邪於大冶，被不祥之訾論。慨鸞鳳之在笯，解拘縶於末命。譬爰居之止庭，陳九獻而誰問？雖五十之非夭，顧吾年之未盡。記將扶而來省，諒承歡之難更。歷冬春而逾夏，斂形骸於灰燼。竟不逮余餘生，邈千秋而永恨。嗚呼哀哉！乃作誄曰：

女德柔嘉，温順是則。嗟汝幼沖，乃秉堅栗。志從啓導，心戾捶笞。鞭扑所加，執固不移。四歲從師，怡情傾化。進退閑習，從容大雅。口陳故實，手繪梟鷺。賓客滿座，拊掌稱奇。十歲離家，從余錦水。王母在庭，陳詩習禮。小學建本，經史裁篇。未能上達，黽勉隨肩。强寇之興，蹙國百里。鳶飛彈墮，四郊多壘。老弱俱去，惟余獨遺。雲瞻親舍，夢想嬰唲。天道不仁，驅役萬有。誰謂丱角，亦同芻狗。甘陵部黨，下及童騃。當時隨例，異世成灾。厥魁罔上，虚擬副職。彼既隕軀，冤誣證絶。蔡琰悲憤，怨毒頻加。唯一不謹，牽累無涯。嗚呼哀哉！外患既紓，子復我從。小成縣學，升造辟雍。學圃灌園，資生是踐。海逐蘋漂，風行草偃。嗚咽隴水，冰雪天山。懷此埶業，以涉窮邊。余時山棲，託庇良朋。勤唯履畝，善不期豐。弱女非男，慰情則一。恃子資奉，以保元吉。榆塞風悲，玉關人遠。隨例寧親，歲朝一反。冤沉胏石，怨起摽梅。纏心引恨，晤語生哀。剥復難期，分終此運。復協鸞占，以延歡慶。結褵廿載，繞膝雙雛。更從遷調，得返故居。怨積憤深，久嬰沉痼。火炎崑岡，又逢苛虐。新政惠人，昭雪枉濫。酬子俸餘，萬金輸半。福兮禍倚，凶吉同期。宿愆則浣，血氣已摧。病入膏肓，十年卧簣。俾子愜心，絶焉隕絶。嗚呼哀哉！去歲深秋，力疾來見。父子情親，永絶一面。目擊顛沛，實愴余懷。昔呵爾去，今望魂歸。魂去何之？心傷荼苦。我女若在，庶幾傳汝。嗚呼哀哉！

哀程生並序

程生榮章，篤信好學，守死善道。執心尚義，勇於爲人。以民國某年成業蜀華中學，考列西北大學法商學院商學系。自我不見，四序未周。玉折蘭摧，溘焉殂化。其同門以尺書來赴，倉卒銜哀，未能具列家世。於致疾之故，亦復不詳。想其臨命悽愴，託死朋友。陳屍待瞑，皋某不歸。翳七尺於一丘，豈百身之可贖？悲夫！余尋生今春秦中來書，方期遠大。紙墨猶燦，朝露已晞。物久人脆，嗟何太促！昔陸士衡以四十之年，追計舊要，嘆逝成賦。余年始過壯，顧惟友輩，凋落已多。託契後生，今復秀而不實。撫懷傷悼，哭以短章。二三諸子，倘知余慟。其詞曰：

遠志超終賈，生年感逝端。役車空萬里，歸路慘一棺。望日長安近，招魂蜀道難。秣陵書未達，淒絶抵愁看。

跋

昔高翔師尚健在，得見該文。師告曰：『程生榮章，高十一班蜀華生。次年考入西北大學，忽焉殂化，悲慟無已！其校刊載有是稿。』今師謝世，亦已五稔，能不愴然！戊寅三月初五學淵跋於雒城。

哭去非並序

遂寧羅君去非，與余同舉太學，並寄西都。齒輩齊行，肺腑恩篤。雖出處之道，終始有殊；而久要之情，白首未渝。君發軔解易之臺，馳車九折之阪。一棄儒業，遂領簿書。徘徊掾史之間，沉滯州郡之職。久宦嘉陵，遷於簡邑。始得奉調省廳，出領鄉校。壯猷未遂，時勢已非。降志辱身，卑棲塵俗。蟣蝨生其衷袙，垢穢積於面目。鞠躬殫力，以奉所天。豈親附之實難，幸猜嫌之獲泯。措之講席，饑困已紓。尊世尚同，奮勇表暴。中孚未信，嫉忌遂深。青蠅點璧以成瑕，黃雀見鷂而投網。用此無罪，淪胥以鋪。雖磨磚之在理，猶戴盆以望天。子長縲紲，橈枉未申；龔生蘭膏，天年竟夭。方冀解懸置散，還憩故居。共樂餘生，重傾積愫。不圖北海之筵，未交尊俎；黄鑪之望，遽邈山河。百身莫贖，一見無期。既不獲臨穴撫櫬，長慟寫心。兆有陳根，始聞哀訊。掛青萍於何地？驅白馬而安歸？追想生平，永懷傷悼。寄情此篇，言不盡意。死如可作，庶鑒余衷。

枳棘困鸞棲，鹽車傷德驥。踴躍作莫邪，不祥大冶忌。嗟哉吾去非，遭命何乖戾？身世兩不諧，忠信貽非議。黽勉事新朝，懇勤憂職事。誰謂靖恭人，反作貪饕棄？煌煌樞府令，枉濫齊寬貰。普天樂浩蕩，此邦猶濡滯。感彼烈士心，憤血摧胸臆。一怒裂眦髮，悽然瞑不視。皎皎白日光，曖曖浮雲翳。死生亦何繁！拊心難爲淚。

文史雜論卷五

緬懷

憶林山腴先生

我知道林先生，是由於我的同鄉卿廖詩。卿君是林先生頗爲稱道的學生。林先生買住宅，還是由朋友學生集會買的，卿廖詩就占了一局。會簿由林先生親筆書寫，因此對林先生有了初步的印象。一九二五年秋，我考入了國立成都大學，第一堂就是上的林先生的課。教室在至公堂的右側莅園内。林先生進來，同學們都起立，準備行禮。林先生還用目光環視一下，看見每一個人都起立了，他纔點頭下去，大家纔坐下。那時是向先喬先生的中文系主任。林先生首先談了他對向先生所擬課程標準的不同意見，然後又談他的教法。他説要分兩小時的時間，來教他編的《中國文學史概要》；此外要講幾部專書；到畢業時，纔講《古文辭類纂》，作爲你們將來教書之用。專書最先講的就是《史記》，這期因爲成都各界争教育經費獨立，罷課游行，衹上了六個星期的課。第二年張表方先生來任校長，聘了吴又陵先生，但却没見到林先生了。張校長一天在對學生談話説：『林山腴先生，因爲我這次來成都没有去拜訪他，所以他不肯來教。我這次來成都，一切故人都没有拜訪，不止林先生啊！但同學們還是希望林先生來講授的。』後來大概張校長也去拜訪過了；又因爲吴君毅先生回來任教務長，所以林先生又來繼續任下去。

林先生的風格很高，無論在教室内，或是私人會見，他從不臧否人物，對後進却極喜歡稱譽游揚。他同吴又陵先生感情原先還好，後來絶了交，兩人又同在成都大學教課。吴先生無論在講堂上，或者私人見面，總要譏諷林先生。但林先生却從來没談過吴又陵怎樣。衹有一次把他的《文學史概要》交給我時説了一句：『我對這些書，都是全部翻過的，不像吴山人衹看一篇序。』他的《論詩絶句》中有一首：『問訊姚江老布衣，和平悲憤飾知稀。不成分魯山無趾，會作談詩杜德機。』曾經一度把小注中吴的名字删去，代以白框；後來晚年刻的，依然把名字補出。正如林先生同徐子休先生也曾有一度不快，也曾把懷人詩中霽園名字删去一樣。後來我還曾在林先生客坐見到徐子休先生，他們還是非常和洽的。劉光伯的自序説：『昔在幼弱，樂參長者。爰及耆艾，數接後生。學則服而不厭，教則勞而不倦。』我感覺林先生真具有這種精神。尊經書院刻本《唐詩選》，是王壬秋選的，因爲校勘中有一個尊經生，爲王壬秋所不喜，後來王壬秋在湖南另選一部，序上説四川這書，經人竄亂不可用。林先生把兩部書來對勘過，發現差別很小，林先生就作了一篇序，補刻在《唐詩選》上。使我印象最深的一句話就是：『大凡老師宿儒，心有不快，狹中狷動。』但林先生却不如此，尤其到老年來，他更顯得寬宏大度。我在成都教書，是由林先生的推薦。但我在成都十多二十年，衹向林先生拜過兩次年，拜過一回壽。每年去候問林先生不過三四次，但林先生對我教誨獎借，却不遺餘力。這在一般的老師宿儒來説，恐怕是很不容易的吧。

林先生二次來成都大學，仍然是講《史記》，『文學史』已經由吴又陵先生講了。林先生講《史記》，對於史公寫人物生動活現的地方，必提醒大家注意；有時自己再三吟諷，就這吟詠諷誦，也使學生體會到文章的神理氣味，因而也能想象作者的心情意境。我曾把林先生講的歸納爲二十類，寫在《方志論》的《編撰》篇裏。林先生又説：『寫一個人物，要先審定他可傳的那一方面，就要突出這一方面，纔能使後人看出這人物的真面目。至於那些人人都能有的品節，於這人平生的成就無關的，就不用去寫。不要把一生的瑣事寫來像流水賬，而且換一個人名，照樣可以用上。史公的文字，絶不如此。』他又説：『一個名家，也不能每篇都好；一篇文，也不能每句都好；有一兩段好的，其餘但能穩妥，沒有毛病，就好了。』林先生講《漢書》，講到《霍光傳》，他説：『良史書事，善惡併見，爲什麼《霍光傳》止寫他公忠體國，却沒有寫他的缺點呢？因爲這種歷史上偉大人物，不能使人看出破壞的形象；但他的缺點，却在別人的傳中叙述；所以讀書要看全書，不要別人剪裁取捨過的材料。』講到《楊王孫胡建朱雲梅福雲敞傳》，他説這就是人有一節之長的作法。講到《趙廣漢傳》中的『鉅箒』『鈎距』等，他説姚姬傳讀書，就把這些筆記下來。因此先生就談到看書必須動筆鈔録，但絶不要分類；衹要覺得有意思，就鈔下；分類就不易鈔，而且已成類書了。樊樊山鈔本就最多，有一千多本，所以任何題目都能作。講了《史》《漢》，就講《古文辭類纂》，專講『墓志』一類，對韓愈、歐陽修講得最多，其次是王安石，也是沿《史》《漢》的道路講下來的。此外又講了《文心雕龍》和《文選》，也寫了一些校勘考訂。但最大的特點，是疏通證明，發揮文學的特點，能使學生明瞭駢散文的異同得失，古今文學所應該共同注意的是什麼。我挽林先生的詩有幾句説：『精言會神思，斲手驗急徐。心貌同異間，億載通津途。』自己覺得也還能扼要説明林先生教書所以啓導後學，造就許多文學方面人材的關係。

林先生從不輕易貶損古人。他説不要笑別人作得不好，前代的作者捨棄不用的，你們都趕不上。對於詩文，前人的批評有争議的，他總是立足在贊成的一方面，去體會作品的好處。我平生作學術思想的研究，也高興對前人的説法力求同情的瞭解。亡友李源澄看過我幾篇學術論文，他説像你這種不須打翻案，又能自成一家之言，不合古人雷同，不是很好嗎？這話使我慚愧。但我這種治學的態度，却是受林先生講文的影響。記得在《甲寅雜志》上，看到林先生寫給章士釗的信，有兩句話是：『吾雖不能言，而此中多有。』不能言是先生自謙，此中多有，却並非誇大。可惜不但没有系統的寫出來，就連一鱗半爪的筆記，也没有剩一本。《中國文學史概要》也大半是綜合别人的説法。我曾寫過一本《文論探源》，想把文學的原理，文學史的原理，文學批評的原理，全用中國的説法，中國人的資料，系統的叙述出。中間大部分就是根據林先生的見解，自己的心得並不多。但這手稿也在『文化革命』期間損失。我自己不足惜，没有把林先生心得完全傳給後學，没有達到林先生『火盡薪傳』的希望，這纔是很大的遺憾呢。

林先生講詩，我有一篇文章交文史館出版的《文史雜志》去了。這裏衹簡單補充一點那篇所没談到的。林先生的詩有兩個來源：一個是王壬秋主持尊經書院開創的尊經派，先生同尊經生顧印愚、吕翼文、宋育仁都有往還，講八代詩所用的《八代詩選》，還是用的吕翼文送他的王壬秋的批點本；一個來源是他在北京任七品小京官時，同陳石遺、陳散原、鄭蘇戡一般同光派詩人往來下議論聽得的。林先生講五古，以八代爲主；講七言古和近體，却是以唐人爲主，對初盛中晚四時期以及從這時期到第二時期的特徵，莫不詳細指出；講七言歌行，也像講古文一樣，對於轉折動宕，組織結構，都下細的講説。講《春江花月夜》，他説每轉皆提，故能不入流靡。講宋之問的《明河篇》：『洛陽城闕天中起，長河夜夜千門裏。』他批説文筆也中天而起。我們年終考試，先生出的題是《梅花引》，我用初唐體作了歌行，吴君毅先生監試，看到卷子很賞贊，但林先生打的分數却很低。後來講到李東川的《愛敬寺古藤歌》：『南階雙桐一百尺，相與年年老霜霰。』他説去年的《梅花引》，爲什麽不照這詩作呢？講白居易的《長恨歌》：『漁陽鼙鼓動地來，驚破霓裳羽衣曲。』他説這是行文的轉折處，明白這點，可以省去許多贅語。王壬秋的《題蒹葭送别圖》：『空山花落十二秋，車轍重尋九衢路。』正是這種句法。他講五律引了明人徐禎卿的『洞庭葉未下，瀟湘秋欲生。高齋今夜雨，獨卧武昌城。重以桑梓念，淒其江漢情。不知天外雁，何事樂長征』，及高子業的『二月鶯花少，千家雨雪飛。可憐值寒食，猶未换春衣』『積水生空霧，高城背落暉。忍看楊柳色，從此去王畿』二首。講七律引宋芸子的『有人憑軾送西征』一句，他説趙堯生先生最賞識這句，説這是宋的本領。講劉長卿的《登餘干古城》『落日亭亭向客低』一句，説趙堯生先生説每日晚舟行，深覺此句之妙。其餘在《林先生論詩》一文已談到的，這裏就不再談了。

林先生的詩文，首先自然由於家學，他的父親太先生濤如。濤如太先生有《澹秋集》傳世，往還的人如王晉卿、喬樹枏、端午君，以及詩僧雪堂，都是一代名流。所以他小時耳目濡染，就很不尋常。我曾熱天在霜甘閣看到壁上掛的端午君的『平泉細竹』畫卷，真是濃陰滿地，几席生凉。王晉卿的《澹秋集序》説：『錦里春風，草堂人日，二十年閑賞宴游之地，夷爲兵戈戎馬出入之場。余叙隱君之詩，所爲感舊欷歔而不能自已者也。』家庭中有這些名流往還，環境的感染對林先生也就很大。先生最注重識度，他説人要培養自己的氣度，《世説新語》《顔氏家訓》不可不看。先生講書不大談學問。我借過他一些漢人的著作來看，他的評校，都覺得愜心允當。假如把這些評校集下，像《義門讀書記》一樣，再補一些證據，在學術方面，一定有很多用處。他幼年曾從學廖季平，却没有多大影響，但他後來對廖先生執弟子禮却十分恭敬。林先生常嘆有些借廖先生招牌去出名，却忘了廖先生。有詩題是《廖季平師來松館看菊留飲，因話昔年與先生往還，余家尚居板橋時事，感呈二首》説：『白髮門生術業荒，蟹鰭作對菊花黄。板橋重説先人舊，三十年前意味長。』『海内靈光魯大儒，青雲驥尾感何如。傳經縱是慚師法，終勝無裁吕步舒。』前面談林先生的文學方面有兩個來源：一個尊經的源流，八代三唐的風格；一個同光派的來源，古文宋詩的風格。因此先生講起書來，對於這種理論，都能深入發揮。我們當學生時聽到的，似乎前一種理論要多一些。同一些後來受林先生教的同學，談到文學方面的賞鑑，又似乎後一方面的理論多一些。林先生的詩，自然是以歌行爲第一。所以他自己也說：『湘綺長歌擅一時，後來我作前賢殿。』林先生的歌行也作有初唐風格的，但一般還是與杜甫、韓愈爲近，很少走宋人的途徑。吴又陵先生有一次拿到一本日本人寫的中國近代詩的表，宋詩裏没有林先生的名字，他就拿去問林先生，意含諷刺，林先生説：『我本不是作宋詩的。』這話實在千真萬確。林先生的五言古，大部分都是八代的風格。南河修禊和同光派一些名流賦的詩，就是三謝的風格，迥然與諸人不同，這是完全看得出來的。林先生的五律，有好些是王維的風格，次一點的同符大曆中劉文房、錢起諸人。我曾對林先生指出他一些像王，哪些像杜，林先生笑説：『你們想的。』實在林先生已經默認了我的批評。林先生説我的文以陽剛陰柔分派，是屬於陰柔的。我覺得情韻低徊，流連哀思，自然不免流入陰柔。其實林先生許多文章，亦還是與歐陽修爲近的。我曾對林先生談過，我説：『我覺得汪容甫有些文章，就意境來説，好像也和歐陽修接近。』林先生也頗以我這話爲然。我畢業大學，林先生寫了一首《師道篇》送我，勸我應當從事教育，不要走上其他途徑，中間説：『會心如有同，法巽昭繹悦』；又説：『火盡待薪傳，兹理未宜絶。』會心我不敢説，但當時先生的許多微言，我曾是筆之於書的。老來記憶差，十不存一，寫在紙上的，又在文革期間全部損失。『火盡待薪傳』，拿什麽來傳？又待誰來傳？這真使我談到這裏，不禁感慨繫之了！

林先生最善於改作文，凡是學生寫去的，他必定認真修改，使它像一個樣子。張式卿先生講舊史學研究法，很推崇章學誠。我因此把章氏的書全部看了一遍，也倣照他寫亡友列傳，把死去的好友吴瑞新、楊宗模，寫兩個傳。吴是我的表兄，我寫同他在中學時，在圍城中，住在學校樓上，槍子走房上飛去飛來，以爲壯美，覺得十分好玩。林先生説這不近人情，即使你當時是這種想法，話也不能這樣説。我還記得林先生改的是：『宵深四望，星月皎然。而少年志氣坦夷，幾不知兵凶戰危。事過境遷，猶太息於此日之難得也。』這就使我有深切的體會，使我知道作文應該怎樣措詞命意，纔能全面周到。林先生不贊成章實齋，認爲他文既作得不好，考證又多疏忽，所以把題目改成《吴楊二子傳》。林先生能從學生詩文中的一句、或一段，賞識這學生，認定能有成就。同班的徐君荆石，就是因爲他花會詩『青羊道士如春帝，管領年年二月花』兩句，林先生很稱道，認爲他必然有成；後來林先生還在别班許多同學之間都提到過這詩。後來徐荆石果然也就以詩聞名。陶君亮生説林先生賞識他因爲所作的《哀李斯倣陸機弔魏武帝文》。我恰亦有這種情況。我在中學，教國文的是應茂如先生，是主張桐城文的。應先生曾把他《修竹齋鈴語餘書》中的《文談類纂》，所纂儘是方望溪、劉海舉以下論文的話。命我鈔録一本。我又曾把王先謙的《續古文辭類纂》摘鈔了些篇幅來玩味。自己對古文，還頗有信心。但有一次《史記》考試題是《伯夷列傳書後》，我用古文筆調作的，林先生不以爲可。後來考《文選》，出的題是《哀李斯倣陸機弔魏武帝文》，恰巧我那幾天正在圖書館閲汪中的《述學》，在序上頗有一點汪中的詞意，林先生大爲贊賞。這序他改得很少，後面的韻文，却删改得很多。因此我就把從前所學抛棄了，來專學八代文學。不過後來林先生講《古文辭類纂》，我也還能領會，不能不歸功於中學的一段根柢。最後同學們請求教授每期出題改幾篇文，我們這班是請林先生改的。因爲劉啓明説：『林先生纔肯改，吴又陵先生衹是圈點加批，並不在卷上添字改句。』後來因此吴又陵先生還對我很不滿意，認爲不找他是我的主張。林先生前後給我們改了不到二十篇文，但每一篇文都給人很大的啓發，使人知道用詞造句的取捨。記得有一篇題是《尊經閣銘》，林先生把序和文前後都改了許多，獨對序中的一段，特别賞識，説是這一節文，他的集内也没有。我現在還記得那節文是：『夫瞻言闕里，緬想宣尼；棲止甘棠，留思召伯。況於游學稷門之下，贏糧通德之鄉；餘烈未灰，循牆猶見者乎。』現在看來亦覺得尋常，或者在一篇之中，這幾句還流動自然，所以得先生的稱許。不過因此却堅定了我學魏晉六朝文的信心。

林先生在成都教了四十多年，教的學校有高等師範、師範大學、成都大學、華西大學、四川大學。幾十年來，各大專學校、中級學校文學方面的教師，幾乎都出先生門下，直接間接，都受先生的影響。在王壬秋尊經書院以後，沾被四川文學界、教育界的老師，没有比林先生更爲廣遠的。如果説四川清末的文學風氣之開拓，要完全歸功於王壬秋，那辛亥革命以後，一九四九年以前，四川文學的承先啓後，就應該完全歸功於林先生。凡是願意統計一下四川現在各大專中學文學教師，以及瞭解一下幾十年四川文學界的情況，我相信絶不會説我這話是誇大，是阿其所好的。林先生教的是文學，我前面已經談過他不侈談學術。但是林先生對於學術方面的見解，是很精湛的。就看他《中國文學史概要》談經學、史學的地方，也十分扼要。雖然他自己的識見，衹要别人談過的，他就補出别人的名字。林先生所批校的書，所校改解釋的，都使人感到不可移易。因爲先生對於每一種文體，每一人的風格，用語的特徵，都掌握得十分深刻。假如再給些證據，那就是絶好的校勘考證。清代乾嘉以來許多校勘考證家，最重要的就是版本、類書徵引、本書的慣例。不知古版不能無誤，類書引文不能無改移，本書慣用的話，也有時難於一律，所以都不是絶對可靠的。惟有在文義方面有深切的體會，纔能對誤書有精確的校正，纔不致妄删妄改。衹是先生無暇去另尋證據，所以不能公之於世罷了。

這些年來一般都把林先生看成隱君子，不過問世事，好像先生對於人生社會，毫不相關。其實林先生還是對於民生疾苦，十分繫念的。四川進步黨成立的時候，蒲伯英任黨長，林先生還是文書股長，張表方先生他們都衹是政治組的組員。後來先生絶口没有談過。《清寂堂詩》裏隨時都有憂時念亂之作。壬申

《兵禍詩》叙成都巷戰，憤斥軍閥，簡直是許多人所不敢言的。《感憤詩·述事抒懷成十二首》，對各方面都寫得淋漓盡致。對於先後人材的凋謝感嘆，也十分情真語摯。蜀華中學校長易光謙之死，他送了一副挽聯是：『先聖嘆才難，方期教散風移，忽訝盛年凋殞；後來思繼者，要令基堅學正，無負良友幽冥。』不但對死者哀嘆，對後來者亦抱了無窮希望。林先生對易光謙並不熟識，對蜀華亦無關係，但先生却表示出如此的深情厚意，後來繼易光謙的人辦了八年没有使一般人滿意，校董會因爲我是學校的老教師，要我去繼任。我自來專力教書，没有做過行政上的事；又想這學校校董，許多是軍政方面的人，不想去同他們打交道。那時陶君亮生，已出任成城中學校長。林先生聽説我不願意去，叫高詠陶來勸我，説：『現在教育界的情形這樣，我們學國文的人爲什麽不來主持一下，樹立一點風氣。』後來校董會答應不介入、不過問學校一切，由我自主。我還是去了，就是没有做到『基堅學正』，没有達到先生的期望，使我感覺十分慚愧。先生逝世的前三年，我曾去看望過一次，後來就没有見到過了。先生病，我不知；先生死，我不知。後來走問吴秋實纔知道。我住在鄉村，消息不通。勉强作了三首挽詩，最後一首最後幾句是：『猶驚異問虚，窀壙已不還』；又説：『葬無臨穴慟，哭不憑輀棺。追思移晷談，一訣不再攀。三秋隔萬古，對此空汍瀾。』林先生逝世又幾十年了。林先生的弟子正在爲他搜集遺文，準備出版。爲我們門生長的陶亮生又死了，剩下的也都老了。我希望有大力的同學們，促使這事早日實現，使先生的精神面貌，長留於天地間。這也是對四川近代文獻的重要工作啊！

一九八二年六月寫竟

跋

本文爲四川省文史館故館員賴高翔先生遺著。撰該文時先生已七十六歲。同時所撰尚有《憶李培甫先生》《憶吴芳吉先生》《憶向先喬先生》《我所知的張森楷先生》等文。《憶吴芳吉先生》曾影寄江津市文化局，云將刊行，却杳同黄鶴。此外，先生曾撰《林山腴先生傳》交奉省文史館，迄未刊行。先生爲文，素以文言，駢散兼行，見稱海内。而前數文，因係語體，先生嘗囑勿入其論集。然其中所叙，具有難得史料價值，確爲重要鄉邦文獻。該文自教學過程、往事追憶，娓娓道來，而林山腴先生傳道授業之品格風神，暨其學術源流，俱躍然紙上矣。其中印象尤爲深刻者『從不臧否人物』！僅此一點，已足可與聖賢同列者也。千禧庚辰如月十九受業張學淵録竟斯文敬書數語。

憶李培甫先生

李培甫先生名植，四川墊江人。祖惺，字西漚，曾任錦江書院山長，工書法，以當時考試的試帖詩出名。當時所用的七家詩，是考八股時作詩用來作範本，私塾學生必讀的。西漚先生就是其中的一家。試帖詩是用古人的一句作題，詩五言八韻，開頭也像八股的破承題一樣，也要有幾句切題的。西漚先生十分方嚴，不苟言笑。相傳有個故事，就是西漚先生曾經作過一首『夜半無人私語時』的試帖詩，起首兩句是：『寂無人一個，已是夜三更。』有位滿州將軍請他看戲，開始就是一個偷兒出來指天上，就念他這兩句詩，使得西漚先生也不禁啞然失笑。

但培甫先生對人却是有説有笑的，而且李培甫先生談話還是永無休止的，從一個故事又引到第二個故事，從一種解釋又引到第二種解釋。要是他不發問，可以使你坐幾小時没有插話的機會。我們曾經聽過李先生的《音韻學》一學期，畢業的時候，中文系的同學舉行酬師宴會，請教授們講話。李先生先引《漢書》『蜀人好文』，刺譏浮慕勢利。然後談到現在的蜀人，多半由湖北麻城縣孝感鄉遷來等内容，滑稽多彩，却也隱有所刺，引得全堂歡樂的氣氛增加得很高。當時是我致答辭，先舉了某先生説些什麽，接着又説我們應該怎樣去接受教訓。那天談話的不少，但我都一一引了原話。下來聚餐，敬酒到李先生面前，先生很稱贊我的記憶力强，問我記得多少篇文。我當時衹有遜謝，也記不起怎樣説的了。

我畢業以後，三大就合併。我還没有遷出學校，一天，李先生就同鄰近一個學校的校長來寢室訪我，要我去教文科，要徐荆石去教理科。在那貴老賤少的社會，我那時還是青年，兩校又近，天天見面，恐怕不適宜。我去請教林山腴先生，林先生説，去是可以去，但不要沾滯，不合則辭。我先有了思想準備，果然没有處好。荆石先辭，我也把聘書退了，還給李先生一封信，中間有幾句是：『况荆石已去，勢難獨留；王式輕來，於今爲悔。』那時陶亮生、羅孔昭在成都教書已經很有名了。林先生推薦我去教書，還説此人將來不在陶、羅之下。李先生因此作了三首絶句，寫在一張單條上，説：『赴海江河各導源，差肩盧駱衹虚言。相望五十人前後，安用時流定一尊？』『國士無雙善將多，登壇意氣故嵯峨。淮陰衹解輕樊噲，擁盾披帷奈爾何？』『狗曲談經道已孤，翁思何事辨驪駒。若論是古非今法，郇令於今亦賤儒。』我很愛這幾首詩，可惜遺失了。因此我肯到李先生那裏去閑談。李先生的大侄子李伯奕同我在蜀華同事，因此我去時，常常李先生留下飲酒。李先生喜歡的是火鍋下生菜，此外就是大塊油渣，幾乎每次都有這兩肴菜。每次去，李先生都把他寫好或者未寫好稿子拿出來給我賞味，有時我就順手帶回來。因此我留存的李先生的詩稿比較多，可惜都在『文革』期間損失了。

有一次，李先生給我看一篇《朱叔癡壽序》。我説，這就像李先生談話，紆徐委備，往復百折。李先生很滿意的，他説，林先生説他如果遇上這題，可能也做得到這樣。林先生不説他更作得好，衹説作得到這樣，太謙了。李先生的文章，不但纏綿宛轉，有時也氣度宏闊。章太炎的追悼會在成都開，祭文是龐石帚先生作的，李先生在全文已經結束之後添了一段。李先生曾把龐先生的原稿和他添在後面的給我看過，現在我把李先生添的一段鈔在下面：

自古在昔，同兹血氣。凡民有喪，匍匐執事。其在士友，千里赴義。而况承金玉之德音，奉槃敦之盟誓。或深私淑之慕，或霑啓發之誨。山川修阻，邈矣莫攀。弔不及門，哭不憑棺。惟此尊酒，以酹煩冤。望吴臺之鬱鬱，送岷水之漫漫。泝江源而窮委兮，精魂儵忽猶往來於其間。敷聖文而刷國恥兮，竦威儀乎漢官。惟夫子之靈實輔我民兮，俾千秋億載以常安。烏虖哀哉！尚饗！

李先生添的這一段，音節高亮，情意深摯，爲龐先生的原文生色不少。我最喜歡這一段文字，以前幾乎背誦得出來。我對李先生的文字，所見到的就是這段和《朱叔癡壽序》。嘗鼎一臠，可以知味。不知《朱叔癡壽序》人間還有存稿没有？很可惜當時没鈔一份下來。不過縱然鈔有，經過『文化革命』，亦無法倖存了。

庚辰孟夏受業張學淵點校迻録

憶吴芳吉先生

吴芳吉先生，四川江津白沙人，住的地方名德感壩。先生的父親在重慶經商，先生出生在重慶楊柳街碧柳院，十歲回江津聚奎小學讀書，老師刁建勳給他取號碧柳。當時聚奎小學還有一位永川唐憲斌老師，喜歡談李二曲的學問；先生受的影響很深，因此就奠定了他的人生觀。

先生是一九二七年秋天到的國立成都大學，因爲教育系教授宋謀歐的推薦，張校長一再函聘纔來的。我記得那時學校還組織有一個聘任教授的委員會，各系主任之外，也還有教授參加。向先喬先生還是中文系主任，當提出吳芳吉先生時，向先生立即附和，說：『在《湘君》上看過吳芳吉的詩。』因此張校長纔聘先生來中文系任教授。據《自訂年表》，時年三十一歲。

未來成大之前，先生本在東北大學任教，同事間相處很好。先生對校中的老教授林損，最爲尊敬。林損有時還訂正過先生的著作。先生談到林損，十分欽佩，他說：『林損講中國哲學史，自稱林先生。向學生說：「你們看林先生是何等人？」學生答：「是講中國哲學史的。」他說：「錯了，那是擡轎子的；林先生是坐轎子的。」』意思就是說自己是哲學史上的人物。這樣目空一切的人，却對吳芳吉先生十分好。吳芳吉先生得到父親病重的消息，從東北大學回家。文學系主任汪悉鉞同他要約說：『歸蜀而父病愈，則暑假内挈眷出川；歸蜀而父病不救，則安葬後挈眷出。』同時吳雨僧又說：『他的西洋文學無根柢，宜從讀書數年，不必再去東北。』待先生回家，父親已在前夜逝世。先生安葬既畢，欲返東北，又違反北京吳雨僧的期望；欲去北京，又失掉東北的感情。同時又以喪葬負債千金，非還清不能出去。所以決定就成都大學的聘來成都。

沿途作有紀行詩三十首，開頭引了杜甫兩句詩：『得歸茅屋赴成都，直爲文翁再剖符。』後來先生對我們講：『文翁就指張校長。』以張校長辦成都大學，延聘名師，開通風氣，造就許多人材，比於文翁，真可謂當之無愧。先生初來的時候，成都大學還在皇城内。從至公堂下了一些階梯，下到平地，一列寢室。過了寢室，一大院壩。右邊是荒地，左邊一列小教室；我們的教室是從外面進去的最後一間。先生到成大第一堂就是我們的課。我們看見教務長吴君毅先生領了一位身材不高，架深度近視眼鏡，雙目炯炯有神的教師進來，介紹說：『這就是吴芳吉先生。』大家肅然起立，行禮後坐下。先生反向黑板，運筆如風，寫下『佛云不可說，不可說；子曰如之何，如之何』兩行大字，然後面向學生開始講他學詩的經過。他聲音明亮，語帶感情地說：『自己是宣統二年即一九一〇年在成都考起清華幼童班送到北京清華學習，預備留美的，到了民國元年就該送美國留學了。恰逢何魯這時因事觸犯了外國董事，被打了一耳光，大家覺得有損國格，於是推舉代表，發生學潮。』先生是四川代表。這學校是美國人控制下的學校，自然各班代表均被開除學籍。中間經教育部次長范源廉出來調解，斥退學生祇要寫一悔過書，仍然恢復學籍，一律送美。許多同學都已寫悔過書走了，先生說自己是代人抱不平，無過可悔，祇好退學。他先在北京的時候，川人吴山，對他很好；這時便寄留在他家。可是吴山却把他當成奴隸使喚，挑水、煮飯，大雪天他睡在階簷下，燒字紙來取暖，受盡辛苦，祇好離去。

從吴山家出來，到處流落，不得安身，因此準備回家。可是又值討袁世凱的軍事興起，到處都是軍隊，既無路費，又不能走舊路。沿途乞食，饑一餐，飽一餐；風一程，雨一程。又要繞過兩軍對抗的地面，繞行了三千多里，經過了五個多月，纔得雲陽人鄔鏡蒼送了他一點錢；但他走到宜昌錢又用完了，仍然乞食回家。目擊沿途百姓的痛苦，感念自身的艱窘，寫了七十首詩。寫好寄吴雨僧，吴雨僧大爲嘆賞，認爲他有詩才，可以成爲詩人。給他一信說：『蜀山蜀水，天付詩人受用久矣。』同時問：『當艱窘時，何不告訴我？』因此發起集金，資助他專力作詩，他纔得全心全意地作詩。又想到遭遇艱困，和杜甫相像，所以纔愛杜詩。先生叙述這一段經過時，聲情悲壯，很能動人。當時我還寫了一篇文，題爲《記吴芳吉先生學詩始末》，似乎還在什麽地方發表過，對吴先生的話，印象很深。所以有朋友問我吴先生教詩的情況，我説：『八個字的評語，就是「自述身世，悽惋欲絶」。』

吴先生不但自述身世，對各地方的山川風物，都能很生動地講述出來。衹要先生講授，在座學生，固然欣欣忘倦；教室外的人，亦流連不去。他又常冷天夜到皇城洞，照起火去看那些乞丐的情況。看見一些小乞丐，互抱來跌下去，又起來，這樣來取暖。第二天講書，他就引來作例證。他主張講詩要在野外風景區去隨處講説，纔能體會深切。有天天氣很晴朗，他説：『今天可以遠望大雪山。』便引我們大家去煤山上望大雪山，去賞玩它的美。先生講杜詩，對於格韻技巧談得少，對於杜詩所提到的地理環境，風土人物，却發揮得淋漓盡致。先生後來又任過中文系主任。人事安排，雖然没有改變；對詩學提倡之功，却不可磨滅。因先生的提倡，許多教師，都大作其詩，印來散人。

現在就吴先生的《白屋遺詩》來看，平心而論：長篇誠不免泥沙並下；短篇準備改變詩體的，也有不古不今之感；但有許多却不失爲漢樂府的音節格調；也還有些近體詩，清婉可誦。至於情感之深摯，氣調之旁礴，却可以籠罩古今。可惜三十幾就去世了。要是再多活一些年歲，窮而思返，定不止這樣就終止了的。先生也並不是不知詩應該力求精煉。我曾經寫過十四首懷友的五言詩請先生看，他批語很多溢美之詞；但他又説：『能合多首爲一首，則其氣較厚。』所以我斷言先生多活一些年歲，他的詩一定還會有改變的。

先生在學校對於年齡相近的教授，如蒙文通、彭芸生、劉鑑泉諸先生，都很浹洽。對老年的似乎不那麽好。他曾經在教室内談過向先喬先生批評他是『武秀才，勇於爲詩』。吴又陵先生也因爲他把丘逢甲來和屈原、陶潛相提並論，很不以爲然，説丘詩連邵青門都比不上，何況屈、陶。但林先生却没有談過。没有好久，先生就離開成大回鄉去，不準備轉來。那時中文系衹有兩班，大家請求得張校長的同意，挽他再來。信是我主的稿，原文已記不得了，衹記得先生的回信有幾句話説：『蜀風輕易、淫泆、柔懦、褊阸，兩漢至今不易。然明敏豪華，實可爲之資也。』先生講杜詩出了一些研究題，頗有意思，我已不太記得了，太約有『杜甫與孟子』『杜甫行蹤圖』『杜工部年表』『杜詩地名考』等。先生又提倡文學系辦個刊物，當時同學很多人投稿。我素來不愛發表自己作的東西。中文系的人，大概除了我以外，都投了稿。但先生却主張不須選擇，全部刊載。取名爲《文學叢刊》，這刊物出了一期以後也就没有再出版了。

成都大學後來遷在南較場，那時已經正式成立文、理、法三院。在文、法學院後面空地，起了一幢雙層樓房。那時我曾去過先生宿舍兩次，先生住在樓上很寬大的一間屋，家具却很稀少。先生同吴雨僧、劉宏度、劉柏榮幾位，感情是十分親密的。彼此間通信，就是個人的私事，亦幾乎無話不談。先生有時也把一些朋友的信給我們看；劉宏度的書法最好，每每使人把玩不忍釋手。記得有一封信還批評劉鑑泉先生説：『劉君之學，自言同章實齋，而不免於陋，何耶？』我想這所謂陋，大概就是吴又陵先生説張石親先生的有點苕氣，也就是説有一點村塾氣息。劉鑑泉先生是讀書最多，學問最博的人。在四川的史學人物，他算是讀書最廣泛的。初年的著作，誠然不免有些村塾氣；後來新舊書看多了，這種習氣也就逐漸消除了。祇可惜如此人，曾不得四十歲。這真是四川學術界的一個重大損失！劉先生死時，吴芳吉先生已經不在成大了。

吴先生二次來成大，曾經去外面聘過教師，但那時許多人都不願來四川。吴先生把湘潭劉柏榮先生介紹到成都大學，後來又把文學系主任推給劉先生。吴先生曾説可以把吴雨僧先生約來四川。有一次我們在教室内問吴雨僧先生是否可以來？吴先生遲疑了一下，就問最近一期的《學衡》，你們看見没有？原來這期《學衡》上載有先生寫給吴雨僧的信，告訴吴雨僧他們夫婦間一些不和的情况。這也是他們朋友好了無話不談的關係。吴雨僧却把這信發表在《學衡》上，並加按語説：『文學家應當有好的配偶；像這樣的女人，應該離婚。』吴先生這時單人住在成大，他的夫人並没有來。不過吴先生是篤信宋學的人，他平時標榜吴雨僧，就説吴雨僧品德很高；妻子是朋友的妹妹，這朋友却對吴雨僧説他妹妹非吴雨僧不嫁。别人都對吴雨僧説『這女人無可取之處』，但吴雨僧却説：『有這樣的知己，爲什麽不娶？』不過結婚後夫婦的感情却不好，但那時也還没有鬧離婚。中央大學有一位教授姓朱的，是個大麻子，他出國留學，當了博士回來，全靠妻子資助成名的，這時却要妻子離婚。當雙方在離婚約上簽字，這女人傷心痛哭地説了她幫助朱某的經過，最後説：『錢到没關係，可惜了我這一片心。』吴雨僧是去參加這一次簽字儀式的。吴先生説他批評了吴雨僧，何以這樣慘痛的事，你爲什麽去參加？這女人離婚後病了，在西湖養病，吴雨僧又去看望她，並作了幾十首《落花詩》。吴先生説這是朋友的身份，同情這婦女的遭遇而作的，這一次却要主張吴先生離婚了。吴先生説這是他自己想離婚，所以借我來開脱自己。但自此以後，吴先生也不大談吴雨僧了。

吴先生在成大不久，就同沈懋德、彭用儀他們去辦重慶大學。在重大不久，又因爲好友谷醒華邀約他回來辦江津中學。在江津中學，他寫信給劉柏榮先生，要約一個本期畢業的學生去，同班的陳澤熙就去了。過了一學期，陳澤熙回來説，吴先生説一定要約我去，並説他也不是在江津久住的人，稍後一點，可以同他一道到北京去。吴雨僧在清華研究院任主任，又主持《學衡》和《大公報·文學副刊》，他存儲有許多資料，莫時間寫，把它整理過寫出來發表，生活不成問題，看書作研究也方便。但我是安土重遷的人，又感覺父母老了，不想離開成都，辜負了先生這番厚意。不久先生也就死在江津中學任上。成都辦追悼會，我作了一副挽聯，是『悲默以爲生，擁帚横經，客館商歌留白下；枯槁而不舍，絜冠正履，圍城烽火念西安。』叙先生最凄慘的上海流落、西安圍城兩件事。

先生的詩很多，在成都就印行了兩大册，可是最爲人所知的却是先生的《婉容詞》。這詩最爲人傳誦，也是最受人訾議的。這裏我不想談它的是非，我衹談一點關於這詩的成因。據先生説，他『因爲在《新青年》看見胡適之譯的老洛伯詩，因而想到自己也聽説過這樣一個故事，所以寫了《婉容詞》。脱稿後恰巧在女生班上課，便拿去講給女生們聽，引得全班痛哭流涕。也因此自己纔感到文學是有感人的力量的，所以把它來發表了。』吴先生這篇詩，不但感動了女生，也引起了許多人的眼淚。友人叙永鄭君容若説：『叙永東關外有一山，名真武山，因山有真武廟得名。山脚下有一座墳，墳前有一碑，碑高不過一尺四五，碑上就題有婉容墓幾個字，字體拙劣。』鄭君十五六歲時，常在那裏游玩。我想吴先生或許看到這一墓碑，所以把詩題取名《婉容詞》。詩中的婉容，未必就是墓中人；婉容的某生，也未必就在叙永。然而却因爲這點，引起一些傳説，説某生就指的張真如先生。據張先生的《自傳》也説：少年時家庭爲他娶了鄰人李氏女，生了一個兒，他不以爲子。夫婦既没有感情，後來當然離異了。《婉容詞》的序上，明説某生以元年赴歐，五年赴美，與美國一女子善，女因嫁之，生出婉容。但張真如先生却是民國元年赴美洲，在美國住大學及研究院六年，得了博士，纔到歐洲牛津大學研究院，又得了博士。張真如先生的夫人是李幼椿的姊妹，也不是美國女子。兩人的出處情形，家庭情况，完全相反。鐵的事實，證明和《婉容詞》中的某生渺不相干。而好事的人，偏要妒賢忌能，把這傳説來强加在張真如先生名下。我們當年還誤以爲真呢。

最後要談的就吴芳吉先生是以詩著名的。寫的文章，洋洋灑灑，動輒數千言，大有下筆不能自休之概，似乎不能作短篇了。但他的箋啓，却也寥寥數言，情文交至。此外還有一篇辭江津中學校職的公牘文字，以駢文論事，曲盡情理，也是陸宣公一流。現在我把它鈔在下面，讓大家共賞。這篇是他遺稿內沒有收入的。

呈爲誠懇辭職，不堪重任，請予照准事。竊芳吉去年原在重慶大學，以本縣駐軍師長張公清平，志切教育，謬采虛聲，囑令縣長谷公武鄉，來渝相勸，責以縣立中學校事。芳吉以客居日久，鄉里多疏。不請師資，但憑徒手。恐收效之無望，慨得人之已難。況乎錙銖微利，不免黨派之爭；絃歌盛業，每懷陷阱之險。當再推辭，未敢承命。後以暑假回鄉，師長、縣長，適由成都歸來。謂鈞廳之命已下，闔邑之士盡聞。義不容辭者，桑梓之情；責無旁貸者，興亡之任。芳吉自惟與鈞座有一日之雅，谷公於芳吉有再生之恩。政府之威信不可回，友朋之高誼已難報。因竭駑鈍，出效馳驅。受任以來，賴我軍政長官之提携，職教諸師之維護；家庭父兄之信仰，縣政會議之同情。使積弊漸清，百廢俱舉。學子饒生人之樂，庠序有師道之尊。化日舒長，忽焉半載；朔風凄厲，遽爾窮冬。芳吉未嘗不欲久在故鄉，長依老母。既可辦學，兼以持家。無如重慶大學，忝在發起之例，應有始終之義。諸人曾許芳吉以一期爲度，今已屆滿，信當歸去。又芳吉在外雖十餘年，一向教書未嘗出與事會。蓋性好沉思，素鮮決斷。君子愛其平直，黠者利其優柔。是故登高能賦，斐然情深；善任知人，病於才短。良以術疏不能察下，性直難以防閑。縱肝腦以塗地，猶傀儡之登場。我負其名，人取其實。獨木豈能支厦，哲夫乃可成城。憂讒畏譏，正則有江籬之嘆；無心競物，九齡深海燕之悲。固非鈞座所知，不足外人道也。所望速選高明，早臨接辦。勿使地方事業，假公器而便私圖；名教關頭，種善因而成惡果。芳吉力盡於玆，言止乎此。敢云高蹈，實具決心。謹呈。

這篇呈文就文來説，誠然不無可議之處。好像隨筆寫來，一切字句，都未經下細推敲。就情來説，却是誠摯動人，鬱伊多感。吴先生死了五十多年了，想到他的對人，讀到這文，都還使我悲從中來，不可斷絶呢。

庚辰孟夏受業張學淵校録

憶向先喬先生

向先生名楚，字先喬，自號觙公，四川巴縣人。國民黨老同盟會員。文字學家、文學家，書法亦好。先生的一生，是回翔於仕宦之途與教育之鄉的人物。愛好他的人，覺得先生對人處事太無分別，好人壞人相容並包，所以李培甫先生對向先生也有太丘道廣之嘆。反對他的人甚至於駡他是馮道。向先生是以在教育行政方面長期的經歷擔任上教育廳長的。那時四川雖然軍閥割據，但教育廳長却要選一個頗有聲望於學界的人物，而實際是没有權力的先生。對於求他人也不想過於使人失望，但他的許諾實際是無法辦到的。因此，一般人又給他一個『向水漩』的綽號，或稱爲『向水翁』。我記得看見趙堯生先生寫給林先生談向先生的話是：『先喬訥於語言，其周旋晉接如樵夫野老。』一個如樵夫野老的人，却被人稱爲水漩，這是何等相反的對比啊！在我的心目中，向先生却是十分忠厚的人。先生處事是立身自有本末的，他的處事應該是《易經》上説文王的話：『内文明而外柔順以蒙大難。』這是無損於先生之爲人的。説了一些對先生辯謗釋疑的話，現在纔正式談到我和先生的關係和幾十年的往還。

我初次見到向先生的時候，是考起成都大學口試的時間。先生問了我的縣籍，又問受過胡皋如先生的課没有？我説：『認得，但没有聽過胡先生的課。』當時，向先生在我的印象上是十分和藹可親的。開課後第一堂上的林先生的課，第二堂就是向先生的文字課。向先生指定買的教本是顧實的《中國文字學》，但講授時却没有照書講，海闊天空地談了許多。從許慎到段玉裁，從顧炎武到章太炎，我們聽得天花亂墜，却理不出什麽頭緒和結論。有時又引到胡適之論清儒治學方法的話。但記得先生教我們要審音不要時時徵之於紙上，節節失敗於口中。那時高師有校刊，每期都載有先生的古韻分部及各家之短長得失概論，但没有載完，不知成書没有？這一學期因爲争教育經費獨立罷課游行，没有考試。後來曾經考過一次，試題是『補鄧廷禎《説文雙聲疊韻譜》』。第一天上午拿題下來，限第二天八點鐘交卷。當時對雙聲疊韻還不很熟習，要把許書全部翻完，還要一字一字地去審它的聲韻，我幾乎熬了個通夜纔完卷。後來也没有去看過試卷，也不知先生的評判如何。在教授聘任委員會上，先生隨時提請聘李培甫、趙少咸兩先生來校任課。後來兩先生聘來，先生又去任教育廳長去了。我們好像衹考過一回試，但《音學五書》《古韻標準》《音學辨微》《國故論衡》這些參考書，都是因先生的介紹，我們纔去買的。

向先生雖然教的文字學，有時也談文學。先生對古文似乎有偏好，他説，有一次在南京，陳石遺請客，照例都是帶本書去消遣，他帶的是《古文辭類纂》。陳石遺説，這書選得還是未爲盡善盡美。有一回談詩文，先生説，趙堯生最近有信給他，説詩文須字字研秀。因此先生的詩文，也是在秀字方面下過功夫的。先生也注重帶學術性的文字，他説，像姚姬傳的《古文辭類纂序》，曾國藩的《聖哲畫像記》，都是《漢書·藝文志》一類的作法，不是一年半年就可交卷的。先生論古文非常注重音節，他説，姚姬傳説過，凡詩文須從聲音證入。同時，背誦歐陽修《豐樂亭記》『滁於五代干戈之際』，至『百年之間，漠然徒見山高而水清』一節，説這是古文中音節最好的。從這言論，我們也可以想見先生詩文的大略了。

先生論學的文，我看見川大《文學集刊》上《論廖平》一文，對廖先生的六變内容，談得十分精確。

雖然持的是不贊同的態度，但對六變的瞭解，却很少有像這篇透闢的。可惜我這一册書，因爲一個朋友何域凡要寫尊經書院的學者文人，我把這書借給他，後來何君去世，這書也不知遺失何處了。先生後來修《巴縣志》。《巴縣志》我没有看過，衹在川大《文學集刊》上看見一篇序例。先生的詩不知存稿没有？除了在林先生《清寂堂詩》裏面有一首五律在附録中而外，我在畢業時裁了一張條幅請先生寫，先生裁成兩節，寫了兩首詩，一首是夏亮功著丁文誠甲胄照像題的，我祇記得前二句：『小試先朝舊鐵衣，花潭一水照人非。』一首題記不得了，詩是：『五十年間萬事殊，玉山遺墨尚模糊。消閑賸有雲迂叟，爲寫春山潑墨圖。』易光謙死了，訃文上題詞有一首是：『念爾南游太苦辛，陡驚滄海已揚塵。昨宵夢聽山陽笛，又哭云亡國瘁人。』又《新新新聞》五周年紀念，先生的題詞是：『晦朔春秋漫五年，跰躚一鑑井中天。眼前世事如棋樣，叱得猧兒局又翻。』我同班宋梁材是井研蕭仲侖先生的表侄，在蕭家聽到一些人議論『云亡國瘁』的用法不妥當，我覺得翻用熟語到更能免陳俗濫調，就像『晦朔春秋』『跰躚』『鑑井』，這些都覺得新奇可喜。向先生的聯語我記不得，不過有一個印象，就是先生喜歡切當事人的姓，如像冷杰生遇刺，先生的挽聯就有這兩句：『妻是女中黄崇嘏，人悲地下冷朝陽。』先生的對聯，我看過幾副，大約都是切姓的，内容方面似乎還在其次。

先生在成大没有好久就出任教育廳長。當時學潮很多，他出門包車後面都有幾個弁兵背槍保護。他的包車上有一皮坐墊，平時甚爲珍惜。太虚法師來成都，先生用自己的車子迎送。一次，車夫忽略，拉空車回來，坐墊被偷兒竊去。車夫去向太太告罪，請求保護，得向師母的允許。向先生回來，聽説坐墊遺失，十分惱怒，但經師母的沮勸，也就算了。我們畢業的時候，恰好先生教育廳長卸事不久。我們中文系舉行畢業酬師會，有同學主張請先生，但大多數的同學都反對説，我們請廳長是趨炎附勢。也有人解釋説，先生現在已經不是廳長了。反對者説畢竟纔當了廳長。我也怕擔趨炎附勢的聲名，雖然很敬仰先生，亦没有堅決主張請先生。因此，我們的酬師會，就是去選修旁聽過幾小時的都請了，獨缺先生。後來，我也去公館謁見過先生。看門的説，廳長這幾天下來以後，來的客都很稀少了。但我見到先生還是十分坦蕩，毫無不悦之色。此後，先生就没有教課了。繼駱公驌任國學專門學校校長、省立四川大學校長。三大合併後，一直任四川大學文學院長。

我任蜀華中學校長的時候，校董會在董事長馬德齋拾裏請客送聘。飯後閑談，馬德齋向我説：『前任周校長是校董，所以校董會没有管他的經濟。賴先生不是校董，所以仍由周董事住校管理經濟。』我當時答覆説：『馬董事長今天談的，和那次約我來任校長的人談的話不同，好在將來總有見面的時候，一切可以説明。』馬當時愕然，又問：『賴先生有什麽意見，不妨明説。』我説：『没有什麽。』答話就這樣終止了。第二天，我就去晉見向先生，他已遷在四川大學錚園内住。見面之後，我就談我：『易建文校長死的時候，學校並没有負債。周來接任，辦了八年，學校弄來每年學費收入衹能支兩個月，其餘四月都要借債。現在還要來住校管理經濟。這樣的校長怎樣當？校董不出錢，我又没有經濟權，如何整理？』我的意思，希望向先生來主張公道。先生極力勸我不要和馬德齋抬杠，隨和點。我知道没有益，就告辭回校。當時宣布：『我不辦這學校了！等别人來辦。』也不牌告開學。不幾天，馬德齋又用電話約我到他家去，衹有原任校長，我們三人在。馬德齋説：『易建文是你的同學，現在聽你主張；他從前怎樣，你還是怎樣。』就這樣，我又纔把蜀華接手下來。但從此也就少有到向先生那裏去，不過偶然通一通信。

先生滿七十的時候，同學們在『頤之時』聚餐爲先生祝壽。先生作了幾首五言詩，是宋詩的流派，而且頗亦流入《擊壤集》一流，所以亦没有引起我的記憶。向先生雖没有教書，但還是不廢學問，常有著述。記得有一次在吴君毅先生那裏，討論成大中文系的教授，君毅先生當然首先舉到龔向農、吴又陵、林山腴三位先生。我又談到向先生，吴君毅先生説：『當然，向先生，我們都不僅把他當朋友看待，把他看成在師友之間的人物。』我在蜀華，因爲聽從同學省成中校長錢智儒的計劃，三年之内，把學校的欠賬還清了，又修了一座大禮堂，把石頭嵌在壁上，去請向先生作一篇記。向先生並没有推卸，但是他説，還有人找他作文，要先把那裏作了纔能輪到作我們的。我想，作文的，是不能催逼的，所以没有再去問。接着，我也離開蜀華了。

一九四九年後，黄應乾約鄧克明、唐建業、徐荆石四人在三洞橋酒家爲先生祝壽。向先生依然是談笑風生，精神十分。他談了王壬秋《湘綺樓尺牘》中許多有趣的話，又有一處是我們没有注意的，就是王壬秋給卞撫台的函説：『他日閻王殿下，惟有俯首認罪，自下油鍋，不知可平旦夕之氣否？』向先生説：『這就是唱戲的説的：千不是，萬不是，總是小生的不是。』大家聽了都好笑。此後，我似乎還去川大看望過一回先生，但從此就再没有見面。

最後，我還記得曾經聽得向先生談過一件事，就是先生少年時，經過景德鎮，看見窑户們都供的是邛崍李二之位。可見這邛崍李二師傅，正是景德鎮瓷業的創造者。這樣偉大的人物，可以和魯班比美的，却没有文獻的紀載。瓷業史上載的，儘是某一個達官貴人的改進瓷器花樣顔色，還不及紡織業的黄道婆，還有江浙文士的許多筆録可考。那麽喻浩，假如不是著了《木經》，也許不會有人知道，尤其是四川的人。所以，吴之英的學問文章，會無聞於世，會被人目爲艱深。其實，劉師培的《中古文學史序》，又何嘗不艱深呢？所以，黄季剛笑他説：『劉先生的文没有空氣。』向先生的詩文却是平易，我也希望有人搜集來刊行，以存四川近代文獻。不知有没有來作這一工作的呢！

庚辰孟夏受業張學淵點校迻録

我所知的張森楷先生

《四川文史資料》第三十三輯載《史學家張森楷的著作及其治學精神》一文，作者劉放皆，是張先生早年的學生，對張先生的著作談得很詳盡。我在進入國立成都大學的第二年，亦在學校聽過張先生一學期的課。從張先生自己談的，以及從旁人處聽來的，也還有些軼聞遺事，爲劉君文中没有談的。我想寫在這裏，作爲該文的一點補充，也許是研究張先生需要的資料。

中國史籍有通史、斷代史兩類。《史記》是通史，《漢書》是斷代史。先生是主張通史的，所以他極力推崇《史記》，鄙薄《漢書》。他認爲班固的《漢書》，衹不過歌頌漢代帝王，而且斷代爲史，又有古今人表，這是不倫不類。章學誠也是主張通史的，所以先生對於章學誠的議論，十分契合。章學誠的《文史通義》，對於方志，對於校讎，有很多精闢的見解。先生在這方面的成就也很大。

梁任公的《中國近三百年學術史》，對民國以來修的方志，衹舉了先生的《合川縣志》。《合川縣志》修好後，地方上還對修志用的錢没有撥够。張先生上成都來告狀。他自誦他狀詞的警句説：『縣志爲海内通人所鑒賞，爲鄉里小兒所把持。』這似乎認梁是『海内通人』了。但談到史學方面，却對梁有許多地方不滿。在所編的講義，對梁的評語是：『識草學疏，心粗口滑。』先生曾説準備編一部《通史民鑑》，一反向來的帝王爲主的史書，改以人民爲主，頭一篇就是梁任公《中國歷史研究法之商榷》。查劉君所舉先生的著作目録，没這部書。大約有了擬議，亦還没有着手。所以在《舊史學研究法》中，亦没有談到有關這書的體例。此外，在成都還給藏書家嚴谷聲寫了《賁園書庫記》。用校讎學的方法，把嚴家的目録徹底整理過。嚴谷聲把這篇文刻印出來了。

先生讀書勤苦，自幼至老，未嘗倦怠。在成都大學時，晚間要到十點過。那時學校還没有電燈，衹有菜油燈。先生就在一燈如豆之下，翻書撰述，毫無倦意。他説平生自計有五十年的時光，每天平均要看十點鐘的書。曾經有一次陷在土匪窟中，没有紙，用草紙也在寫作。據吴又陵先生説，張先生少年讀書，因爲怕控制不住自己偷懶的心情，曾用鐵鏈把自己的足鎖在書案足上。像這樣終身勤苦，力學不衰，造次顛沛，不改其常的學者，在我所見到的前輩中，還没有見過第二人。這種精神，真使我敬佩。所以纔能把廿四史讀過三遍，並且寫出了精湛的《廿四史校勘記》。雖在四川所見到的版本不多，但一個研究精深的學者，正如劉君文中所引劉光謨的話説：『就臆測所及，多與善本不謀而合之處。』傅沅叔的《藏園群書續記》就舉過一段故事説：劉端臨校書，遇到有當時的假宋本書，他的校語是：他本是，宋本非。後來證明所謂的宋本，實是僞本。所以古本不一定都可靠，這全要讀者的好學深思，心知其意。張先生的校書，可以説有這種精神。

張先生研究學問的細緻，也可以從一點小事看出：他經常肯到李鐵橋那裏去，從他宿舍到李鐵橋那裏，轉幾個彎，一共要走好多步，都一一記得清楚。有這種細大不捐的精神來治學，尤其是講校勘，自然會有許多過人的特識。我聽張先生講課時，先生已年過七十，精神仍然十分康健，面色紅潤。上街總是步行，身體微胖，手提四五寸一個小錢包。他聽説有同學因讀書過勞早死，先生很不以爲然，他説：『誰説讀書會勞累死人？我讀幾十年書，並没有感覺勞累呢？死怕不是勤勞學問的原因吧！』

張先生談他初來是住尊經書院，後來因事被退學，纔改到錦江書院。也因爲退學纔憤而專研史學，不搞經學和文學。所以他關於經學和文字音韻的著作，都是在尊經書院作的。自己學問有成了，又到湘潭去向王壬秋悔過，請王壬秋爲父母作墓志。王壬秋也欣然作了。尊經生的風氣，是自己深造有得，以爲

『閉門造車，出而合轍』，所以不大願看外省人的著作，其實這也不怪。清代的樸學盛於乾嘉，但乾嘉諸儒，就有許多對宋人的著述不屑一覽的。張先生《舊史學研究法》，列舉了許多他自己的著作，就有些是别人已經作過了的。張先生專心治史，對詩文却不甚留心。就拿《合川縣志》來談，文章就覺得拖沓冗煩。張先生没談過他的詩。我在周紫庭的詩集看見附録的幾首詩，就當時的標準來説，不能算好詩，但也還平正通達。讀書多了，自然信手拈來，都不至於太落凡近。張先生的《史記新校注》，是竭畢生之力以從事的。可惜我還没有看到這書，不能談出書的優點。一九四九年前看到《史地雜志》上彭芸生先生有一篇介紹《史記新校注》的文章，談得很簡略。我曾經問過彭先生這書的内容，彭先生也没有詳説。張先生常常教我們不要輕易著作，他説：『現代有些人，今天想到一點意思，明天就寫出來，後天就被人丢到厠所去了。』現在古典文學的書紛紛出版，將來專門研究的人多了，先生這書一定會受到重視，重放光芒的。

王壬秋平生自視甚高，《湘綺樓箋啓》和《日記》中，許多滑稽玩世的話。據一些老輩談，有人説王壬秋文學不好，他衹是一笑置之，從不争論，因爲他自己心中有數，知道不是别人駡得倒的。尊經生中，廖季平也有這種風度。張先生雖在尊經不久，也有滑稽，講書極有風趣，也能容忍别人不恰當的駡斥。考試時有同學並没有認真答題，駡先生頭腦封建，講義中談帝王站在封建立場上談話。先生並不計較，還給他較高的分數。據我的同鄉胡皋如先生談，張先生去見王壬秋時，説先生的經學有廖平傳，文學有吴之英、宋育仁傳，史學還没有人傳，意思就説自己可以作史學方面的傳業弟子。王壬秋説：『史學我早就傳給九小姐了，不信你去同她談，或者你還談不過她呢。』張先生果然就要去和九小姐談，僕人説：『九小姐在樓上梳洗，不能下來。』後來打聽九小姐，纔在學認字。但先生並不感覺受玩弄，對王壬秋還是十分尊重，對他替老人作的墓志，還是異常稱道的。

文人一般都愛取別號，張先生却没有。張先生初年名森楷，字式卿，老年自己改字石親，據他説取與木石親的意思。梁任公作的《中國近三百年學術史》，《合川縣志》的作者，就是用的張石親。林先生的詩集上仍然用的是張式卿，《清寂堂詩録》有一首詩，題目是『癸亥冬日小集霜甘閣，酒後感時作歌，呈廖井研師、張式翁及同坐諸子，兼柬宋問琴東山』。詩中談到王壬秋在尊經書院造就的人材有『弟子成名盡飈起，廖經宋賦張讐史。』張先生對讐字很不滿意，要林先生改成通史，林先生不肯。張先生談到，很感覺不平，但也衹是説些風趣話來發泄不平之氣算了。

張先生任教成都大學的時候，牙齒已經落完，全部是安的假牙。當時學校初創，一切都很簡陋。孤身住在學校，伙食也不好。又因爲急於要去北京找羅振玉的宋版《史記》來校訂，所以教一學期就離去了。這學期考試完畢，他約我和幾個同學在宿舍閑談，問我專研些什麽？我説初入大學，纔知道學問的浩博，還談不上專研，樣樣都想知道一些。先生説學問必須有所專精，興趣太廣泛了，至多不過學到楊升庵，不會有特殊成就的。這教誨我印象很深，但性情老不容易改。第二年春天，我從家到學校，還在龍泉山頂上見到先生，坐在藍色布篷的滑竿上看書。抬轎的都在用飯。我走去打了招呼，也没有多説話。從此就再没見到先生了。先生死在北京。林山腴先生的挽聯很有風神，聯文是：『坎坷生與俱來，憑古傷今，人過麥秀殷墟地；著述老而未已，精思極慮，命斷閶門匹練時。』先生去世將近五十年了。我現在已超過先生教我時的年齡了。回想平生，似乎樣樣都懂得一點，又都没有一樣專精。窮年皓首，一事無成。回想先生的教誨，真不禁感慨萬分了。

庚辰孟夏受業張學淵校録

追懷香港中文大學新亞書院唐君毅教授及其雙親唐迪風先生陳大任夫人

讀到臺灣的《書目季刊》雜志的《唐君毅先生逝世三週年追思特刊》，不禁爲之愴然。唐君是我故人，其邃學勵行，海内共知，無待介紹。尤使我聯想致念的是君毅的父親唐迪風先生及其母親陳大任夫人。其高志苦學而愛國憂世之深，居室則鴻案相莊，對世則誨人不倦，實近世蜀賢之卓卓者。君毅又自費印行了迪風先生的舊著《孟子大義》，和大任夫人的《思復堂詩》，前者我尚存有當年成都敬業學院的舊印本，後者則五十年前已耳熟心儀，今獲讀新篇，不能不略抒管見也。

《孟子大義》一卷，成都敬業學院叢刊第一集第一種，北平京城印書局排印。迪風先生以民國二十年（一九三一）五月十日逝世，此書即以是年十一月印行。《孟子大義》後有彭芸生先生一跋，稱：『此篇乃爲諸生所譔講稿。』據自序，『此書成於民國十九年（一九三〇）六月』。而迪風先生適於次年五月染疫病逝，則此書乃逝世前一年之所撰，可謂最終定論矣。彭先生跋中又謂，迪風所著尚有《諸子論釋》《志學謏聞》《文集》《詩集》若干種，均未見刊行，未幾而敬業學院停辦，不復刊書。今亦未見君毅爲父另有刊傳之書，似遺稿多佚，殊可惜也。

迪風先生名烺，一名倜，字鐵風，見林山腴師《清寂堂詩》丙寅刊本《挽唐鐵風》詩題。以字行。迪風乃後來所用名，而別字淵嘿。見歐陽竟無所爲《墓志》。《孟子大義》曾經早年南京的《學衡》雜志特載，今日香港印本即據《學衡》，而未見成都敬業學院所印，即余所藏之最後印本。

吾以兩本對勘，港本附録有遺墨、志、傳、吴芳吉先生書、彭芸生龐石帚兩先生題贈詩等，敬業刊行本成於迪風先生逝世之頃，當然未載這些文件。惟林山腴師有《挽唐鐵風》詩，君毅教授重刊父書時，竟未輯入，疑其未見或偶遺也。林詩云：

苦語成生别，重來竟不然。奇窮嗟至此，天道究誰憐。婦有黔婁節，人悲扈載年。七篇仁義旨，强聒若爲傳。君近來亟推尊孟子之學。

此詩感慨凄愴，似尤能概狀迪風先生之爲人，與其賢配安貧樂志，鴻案相莊之美德。

又歐陽竟無所爲《墓志》，港版《孟子大義》所載，乃據支那内學院刊行的《竟無詩文》；但原文引陳大任夫人詩『今年更比去年窮，零米升升過一冬』二句，港版所載改爲『斗米兼旬簋不饛』，似嫌原作窮冬失韻，然而傷其自然，抑且不合當時情事。即港印之《思復堂詩》，固亦作『零米升升過一冬』也。記吾當年與李源澄君送此《墓志》拓本於林山腴師，林師當即舉此二語，稱美不已。蓋迪風先生一家數口，流寓成都，乃無斗米之資，一升復一升，但能供一二日的饔飱之費，所謂朝不保夕，其艱苦可知矣。

又港本《孟子大義》附録迪風先生文三篇、詩六首，而目録不載；彭芸生先生一跋，本當在後，而置於序前。君毅教授平生深思哲理，窮究天人性命之源，而於書籍部居，文章體式，未嘗措意，似應重爲校正者也。

張表方先生之長成都大學，以學術自由爲標志。故有非儒之吴又陵，有以《墨辯解詁》聞名之伍非百，又有崇孔孟、闢楊墨之唐迪風。迪風先生之教成都大學，吾已入本科，未得聞其緒論。但經過其講授之教室，聞其大聲疾呼，尊孟子之言，斥非孔之語而已。

迪風先生之爲學，其初蓋一循餘杭章太炎先生之軌轍。章氏之學以文字聲韻植基，迪風亦好文字聲韻之學。章氏有《新方言》，迪風亦有《廣新方言》，就蜀中方言，考其在文字學上之淵源。章氏爲《諸子學略説》，多詆排孔子，迪風亦曾出題命學生歷舉孔子之失。章氏後撰《國故論衡》，一反舊説，推崇孔子，然其《原儒》一篇，别儒家及五經家爲二，亦復隱示異同。迪風則寢饋儒學，深研宋明儒者，而有《孔學常談》《孔門治心之道》二文。至於《孟子大義》之成書，而其學純然於儒者之教矣。

亡友仁壽宋君梁材，於蕭仲倫先生爲懿親弟子，又嘗執教於敬業中學，所聞諸老輩談及迪風先生之爲人，莫不交口稱譽，足證君毅爲父《行述》中所謂『諸父執與吾父論學，雖不無異同，而於吾父之爲人，則皆無間言』之説，並非溢美。

抑諸老輩之所贊譽者，尤在迪風夫人陳大任女士之令德。唐夫人曾管吾縣簡陽簡易女子師範教務，雖不務聲華，而美譽流聞，爲衆矜式。今觀其《思復堂詩》，稱心而言，不假彫飾，而情真語摯，無絲毫怨尤之語、矜躁之情。歐陽竟無於《迪風墓志》中稱爲奇女子，又於志中引其『自磨麥麪和麩飽，清煮鮮蔬入碗香』之句，吾以爲此其心境，蓋幾於宋明儒者所謂能得孔顔樂處者矣。吾意迪風先生所以推崇孟子，先揭義利之辨，而致意於辭受取與出處進退，不惜顛沛流離，憔悴而終，以實踐其言者，蓋得於賢内助者多。否則啼飢號寒，交謫於室，雖孤介特立，亦何以安其室家。君毅之編其母《思復堂詩》，附有題記。謂其母常稱温柔敦厚爲詩教，於古人詩，喜道及陶之意境與杜之性情。吾觀《思復堂詩》，殆於陶尤爲傾慕，故有《擬陶淵明癸卯始春懷古田舍》之作。記君毅昔曾爲吾言，平生最喜陶詩哲學思想最爲豐富，爲詩家所罕見。此當由耳濡目染於賢母故也。若其眷懷家國之深情，憫念僑胞之苦痛，得於杜甫『窮年憂黎元，嘆息腸内熱』之深情也。此可於其在港諸詩徵之。

大任夫人之赴港，蓋由君毅之迎養，生活不失豐贍。當有人以出國爲快，以香港爲安樂窩，樂不思蜀之時，而大任夫人在其《同寧兒游荔枝角海灣》一詩中，叙其與愛女蕩槳於海闊天空之際，而詩曰：

天蒼蒼，海茫茫，乘輿呼兒試淺航。扁舟摇蕩碧波光，漫游原也無方向。登彼岸兮，情内傷。環山叠嶂，大陸在何方？人情凉薄兮，海水㨾。世道變化兮，滄桑。草木摇落兮，露爲霜。群雁南歸兮，弟與兄矯首西望，地遠天長。父兮！母兮！塋墓荒凉。緬焉神往，何年何月得見我家鄉？那山頭挂一縷斜陽，影射躍波輝煌。噫吁兮！大陸在何方？

詩中一再言及『大陸在何方』，乃翹首西望，有地遠天長之感，何年何月得見我家鄉之思，實足代表無數僑居異地眷戀祖國之深情。歸歟！歸歟！千百年來席豐履厚之僑民，人同此心，心同此理。其不忘故國，非獨一唐夫人陳女士也。而大任夫人言爲心聲，道出其心曲之隱。今日中英已簽協定，香港還歸有日，使大任夫人今日而猶健在，則其歡欣踴躍當爲何如也？

此詩之後，又有《華商客居九龍》詩曰：

無才拙生計，饑驅至海涯。喧天歌舞急，蔽日酒旗斜。木屋低於甕，躬身類伏蛇。傷哉殖民地！人賤如泥沙。

市廛一隙地，華客不能賒。被驅若雞犬，群聚噪寒鴉。袖中有日月，分外發光華。如許盜鈴事，人民可欺邪？

則其憫嘆同胞之痛苦，亦不覺言之悲也。又有《對月憶故園松柏》及《蜀中》詩，『誰使香洲來更遠，江南回望是家鄉』之句。以及《點絳唇·客香港回憶家鄉》；又《點絳唇·客香港》：

爲問東皇，怎生不作繁華主？港灣處處，無復尋生趣。　大陸春回，誰又留他住。桃源渡，武陵人去，何必尋歸路？

皆代表其繫心故國，不忘欲返之情。一篇之中，再三致意，所以終於别其子媳，浩然來歸。其既歸也，則有《觀群童搏鬥爲戲》詩，又有『祖國建設正輝煌，歡迎游子歸故鄉。姊姊妹妹，弟弟兄兄，一齊携手向前往』之句。雖見當時措施尚未盡如人意，而亦希望無邊，使得見十一届三中全會以後，國内之巨大變化，則其歡樂當更有加於此也。

中國歷史上稱頌漆室之女不愛己身而憂國家，以爲女界之典範，而大任夫人具之，則夫人之外相其夫，内教其子女，必有以異乎尋常。君毅之所以能以中國哲學揚聲世界，必出於其母之勗成，所謂非此母不生此子者也。此吾所以述及迪風先生一家而重有感也。

吾與君毅之相識，蓋由於吴君毅先生之一言。時吾方畢業大學，教於蜀華中學，有資州師範校長來託代聘一教務主任，吾問之吴君毅先生，先生即以唐君毅薦，已有成説，而此校遽聘他人。吾耻於見欺，在蜀華言之而嘆。時蜀華教務傅君，爲成都大學同學，願聘君毅教哲學概論，囑代爲致聘。吾因訪之於錦江街寓宅，見其衣履穿弊，面有菜色，以爲此績學之士不修邊幅者適然，而未知其家境之窘也。其後得交李源澄，源澄與君毅夙相契好，因得稍稍過從。一日三人共聚於吾文廟西街，各述所企求。吾云：『我所求者安定。』君毅云：『我所求者自由。』源澄不言所求，但自稱樸實而已。又一日同聚，源澄道及内學院宜黄邱君之死訊，君毅愴然不怡者久之。源澄語吾云：『此可見君毅之深於情感。』又一日源澄告予，唐君毅閉門一月，草寫一書，因同往訪之，詢其梗概。君毅告以有關人生問題之探究，初擬名『人生之路』，以其近於基督教福音，故未定名也。其後源澄與君毅共創一雜志，名曰《重光》，出五期而停。羅孔昭運賢之

《四家詩異義序》即載於其上。其後君毅去任中央大學哲學系主任，即不復相見。吾與君毅往還談論，今所能記者雖止於此，然其事固時時往來於吾心。今源澄之逝，已逾廿年，君毅殁亦數載。兩君皆齒少於吾，而溘然先盡。吾述此文，所爲感舊欷歔而不能自已者也。

一九八四年十一月於成都

癸酉玄月立冬前五日受業張學淵録

跋

該文曾於皐翔師棄世後將謄清稿寄香港中文大學哲學系唐端正教授、唐君毅弟子，由唐端正先生將該文轉寄臺北鵝湖月刊雜志社，並於一九九四年刊登在《鵝湖》第一九卷第一一期總號第二二七號『唐君毅先生專題』。該刊寄來，我又前往成都，分送皐翔師親友。學淵補跋於甲申之春。

憶唐君毅教授

唐君毅教授逝世，遂已數年。今年秋，吾在成都遇其弟子劉君雨濤，出示君毅在港所印行其尊人唐迪風先生《孟子大義》一書，及其母陳太夫人《思復堂遺詩》，與香港紀念君毅之作，始得君毅逝世詳情；及與吾别後德業之猛進，聲華之燦爛。君毅論年，蓋猶少吾二歲。一代哲人，遽先殂化。蜀山蜀水，頓失斯才。追想生平，曷勝愴悼。

君毅所印行之《孟子大義》，係據《學衡》所載，其《自述》深以未得見敬業學院彭芸生先生所刊初印本爲恨。吾檢舊藏適有此書，因取兩本略爲勘對，撰爲《孟子大義叙録》，兼略述迪風先生之堅苦卓絶，與陳太夫人之令範高致，與夫吾與君毅相識之由來。其所録歐陽竟無《唐迪風墓志》，所引《思復堂詩》，爲印歐陽詩文集所誤改之句，亦略有辯正。又補入《清寂堂詩·挽唐鐵風》五律一首。林山腴師此作，於迪風先生夫婦之行誼，稱述得宜，情詞悽惋，不獨友朋之戚而已也。此文友人王善生先生以爲省文史館急需有介紹唐君毅教授之作，因爲改易題名，並易其首段，交文史館。此稿行成於倉卒，又無副本，一時難以索回。劉君亦以吾撰文之事，通知君毅令妹唐至中先生。頃得至中先生來書，以明年所出君毅紀念刊，已預計拙文。理難辭謝，故復撰此篇，聊以塞責。吾於君毅年來撰著，既未得過覽，無由稱述。加以四十年之别，其起居動止，亦復茫然。年事衰邁，往事遺忘已多。空洞無聊之言，適足貽識者之笑噱耳。

吾與君毅之初相識，蓋在一九三二年，其時吾方畢業大學，任教蜀華中學。有资州師範校長某君，請代聘教務一人。吾時居西馬棚街，與吴君毅師槐樹街巷衢鄰比。偶遇謁吴師，談及此事。吴師云：『唐君毅兄，其人品行學問俱佳，中大畢業，且又迪風先生之子也。』吾因轉告某君，已有成説。某君忽又改聘他人，吾深以受欺於人，失信於師爲耻。在蜀華上課，言之而嘆。蜀華負責主持人傅君，亦同學也。當即告吾：『此事不難，我校聘教哲學，便可成全。』即具一聘書，囑吾轉送。蜀華中學在錦江公學舊址，地名錦江街，後改爲蜀華街。君毅家即居此街，吾往叩門致聘，略談數語而别。見其面容枯瘠，衣履垢髒，以爲篤學深思之士不修邊幅者之常情，而未知其家之窘也。此後數年之間，有無過從，已不省記。七七事變以後，李源澄來教蜀華，與吾深相契合。君毅已不在蜀華任教。吾時居文廟西街，源澄時偕君毅來寓中共談，吾亦數往君毅之家，然皆與源澄同往，亦以源澄之故，得識周輔成於此時。吾平生論學之作，自以未臻完美，未嘗輕以示人，獨源澄得盡觀所爲，幾於篇篇見賞。源澄亦必以所爲相示，徵其切磋。友朋之樂，講習之益，以此時爲平生之冠。四十年來，吾移居近郊，朋游稀簡，源澄亦未嘗一通音問，至於夭逝。加以年事衰邁，記憶力日不如前。昔日所與同游一途，同讌一室者，十年不見，乃至不能道其名字。獨君毅尚有數事，猶時時往來於吾心。今述之於下，亦庶幾略暢吾之哀思也。

憶源澄與君毅共聚吾寓，各述所企求，吾云：『我所企求者安定。』君毅云：『我所企求者自由。』君毅所以遠離故土，飛聲海外，意者此一念有以促之歟？又一日論及中國古昔文家之思想，君毅云：『我最喜陶淵明詩，以其哲學思想之豐富，爲其他文士所不及也。』又一日在吾寓，源澄談及支那内學院宜黄邱先生之死訊，君毅黯然不怡者久之，既而嘆曰：『何好人之易逝也。』源澄事後語吾云：『此可見君毅之深於情感。』又一日共論中國文化之精神，君毅忽見譽云：『足下之心性行爲，可爲中國文化之代表。』吾深愧此言，然頗怪與君毅往還無多，何從而相期之厚也。意者源澄與之共論及吾有以契於其心歟？故吾之有志於學，友朋之中，源澄、君毅實導其先路。荀卿有言：『庸衆駑教，則劫之以師友。』今源澄之没，既已二十餘年，君毅亦數十年音問阻絶，以至於死，吾所以終於庸衆駑教也夫。又一日源澄告吾：『君毅閉門一月，撰著一書，已將告成。』因同往訪之。叩其大略，君毅云：『書名尚未確定，原擬名「人生之路」，以其與基督教福音相似，故未用也。』後源澄贈余《理想與文化》數册，得讀君毅此作，書名不省記。但記其思想湛深，文詞優美，至今猶時時往來於吾心也。君毅之夫人謝女士，其兄謝紹安，亦曾負笈成都，與吾同學相識。方兩家議婚時，吾亦曾以此事問之君毅，君毅云：『我當俟吾母與吾妹之同意。吾母與吾妹謂可，即吾所允可者。』吾亦以此服君毅之孝於其親，而友於其妹也。君毅之就任中大哲學系主任，在成都似猶得相見一次。見其顔色憔悴，以爲篤學苦思，精進太過。君毅云：『我近欲推舉二人入中大任教，又以阻力太大，恐不易通過，遂至數夜失眠耳。』吾於此事亦見君毅爲人謀之忠及其任事之勤。凡此種種，真足爲中國文化之代表而吾之所謝短者也。此蓋吾與君毅最後之一面也。

吾常與源澄共論成都諸老輩懿親子弟，必以君毅爲稱首。以爲傳世之才，非但震耀於一時而已也。君毅著述，吾雖未得細讀；然深信其爲中國近代探究宋明以來中國哲學，最爲精微廣大之一人。其書之必傳世不朽，可以無疑。其弟子追思不已，則其學之繼起亦必將有人，可以無慮；獨恨其溘然先逝不得見十一届三中全會以後國内之巨大變化，以及中英協定歸回香港主權；且更以餘年重游故國，與吾輩僅存之二三故人，弔昔懷今，共傾數十年闊離相思之夙抱也。

一九八四年十二月十九日寫竟

附录

附録一　《愛國詩人杜甫》綱目

一、杜甫的愛國主義

（一）杜甫和别的愛國詩人比較

白香山同情被壓迫人民的詩

陸放翁憤恨異族侵略的詩

杜甫抵抗異族侵略和同情人民痛苦，念念不忘

（二）杜甫的愛國主義表現在兩方面

民族仇恨方面『潼關百萬師，往者嘆何卒？』

民生疾苦方面他隨時想到人民的痛苦，國家的灾難。

非戰與抗敵　統治階級的荒淫與暴戾　人民的饑寒與流散

（三）杜甫愛國主義的思想根源

人道感　正義感　自身不幸的遭遇

二、杜甫的生平

（一）杜甫的少壯從七歲到卅四歲

少時的聰明博學　《壯游詩》《奉先贈韋左丞》《劍器行》

廿歲以後漫游吴越齊趙，認識了祖國美麗的山川。《登兗州城樓》《望嶽》

壯年認識了李白、高適、王維、岑參諸詩人，這些都對他的創作有很大的影響。同李白的感情尤其好。《夢李白》《憶李白》

（二）杜甫壯年以後的困苦流離卅五歲到四十四歲

卅五歲以後到長安所見到的統治階級驕奢淫逸，貪官污吏横行霸道，以及自身受到的貧困疾病。在長安卜居杜陵旁的少陵。《兵車行》《麗人行》《自京赴奉先詠懷》

四十五歲以後，經安史之亂，他出入賊中，幾死兵禍。《三吏》《三别》《悲青坂》《悲陳陶》《春望》《北征》《喜達行在所》《羌村》諸詩。

（三）杜甫的晚年　從秦州到同谷　從同谷到成都　《秦州雜詩》《同谷七歌》《聞官軍收河南河北》

成都居住同嚴武的關係。四十九歲。嚴武表爲工部員外郎

出川後死於耒陽五十五歲出川離成都，五十七歲出川

詩人生命的終結五十九歲死

三、杜甫和他的草堂

（一）草堂不止一處　不止一人　梁周顒以蜀草堂寺杖錖可懷，乃於鍾嶺立草堂。白香山有廬山草堂，杜甫有瀼西草堂、東川夔州草堂、成都草堂，成都草堂最著名。

（二）成都草堂和人日的關係　高適的詩

（三）杜甫居留成都草堂的情况　成都住了九年前後兩次

和田夫野老一起生活非常融洽　《客至》《遭田父泥飲》《客至，喜崔明府見過》

偉大的人道主義　《茅屋爲秋風所破歌》

學杜甫『讀書破萬卷』『語不驚人死不休』『新詩改罷自長吟』的苦學精神

學杜甫忘却己身痛苦，希望人民安樂的人道主義

附録二　聯

章太炎先生逝世周年公祭聯注：丁丑（一九三七）年撰

學術解乾嘉諸老之紛，通時自古難兼，豈僅末師辨鵬鷃；
字迹與顧黄兩君爲近，小雅於今盡廢，更悲噩讖念龍蛇。

輓省成中校長錢智儒注：約丙戌（一九四六）年撰

富貴不能淫，貧賤不能移，涓滴奉公，先唱頓窮誰其繼？
絶賓客之知，忘室家之宜，辛勤守自，斯人而死吾何歸？

輓某某注：一九五〇年代撰，輓者不詳，疑爲張表方。

文章結習難忘，深慮先憂，何止中流資砥柱？
世事艱虞未已，大星遽隕，祇餘清德表山河。

自况兼赠胡佩玖注：丙申（一九五六）年撰

遯迹近六年，何期陶令閑居，能與朱家投氣類；
華顛各五秩，猶憶秦坑劫外，曾託漂母作主人。

自况聯注：一九六〇年代撰

莊情孔思，沈筆陶詩，平生白業一揮手；
文苑儒林，獨行隱逸，他年青史四傳人。

挽周君適注：戊辰（一九八八）年撰

無端東省寄游踪，網羅舊聞，僞滿宫廷雜憶在；
曾記西城同讌席，道存目擊，蜀中詩畫古懷新。

應新都請爲新桂湖撰聯注：一九八〇年代撰

樓臺認故家，遷客在滇海不歸，篇翰出心胸，正無愧文壓朱明，學開清代；
江山留勝迹，此地是秦蜀通道，游踪息車駕，好同賞三秋桂子，九夏荷花。

題成都府南河注：一九八〇年代撰

二江合流，春水緑波明錦里；
三蜀攬勝，飛甍畫棟紹唐年。

自題總結平生聯注：一九八〇年代撰

立身有本末；
所樂非窮通。

附録三　書信

一、致佛操書甲寅六月廿一日

佛操大兄足下：

登車一別，瞬息至家。天散夕陰，地留餘潤。既有涼風以扇暑，又無雲雨之沾衣。回想高談，快心猶在。道上口占一絶，聊當報謝，詩曰：『久別東皋讌賞歡，轉勞豐饍勸加餐。車如流水通郊郭，肯信相思道路難？』詩不能工，用博一哂。幼泉先生談及花種，歸來撚視，有鳳仙及西番蓮殘存，敬用奉上。此時播植，想尚可生。此次奉訪，主旨在探視病情。深覺精神雖佳，而形骸銷削。百年無幾，所宜珍重。王摩詰之詩曰：『晚年惟好静，萬事不關心。』一事關心，便難安静。非所以排除憂患，消遣年涯。誠曠然怡然，息心廣志。尋莊生之至樂，師淵子之坐忘。湛然天君，乃堪佚老。倘健康恢復，無暈車之苦，肯來村舍，一尋舊游？當擁篲清塵，遲君道右。如何如何？此頌

時祺　並候

幼泉先生納福

二、致重能書乙卯正月初六日

重能吾兄足下：

臘底見寄諸篇，循環捧讀。豪情逸興，老健回春。詞序尤爲高華朗潤，駸駸欲度前人。可卜年壽之未央，亦徵精神之健旺。敬賀敬賀！趾祥處代轉去，兼附足下通信處，想有報書。新正何以自遣？能來成都否？如過正月十五不來，便擬奉訪共談。如何如何？詞録如别。

即頌

時祉

三、致重能書丙辰八月初五日

重能吾兄足下：

地脉蕩决，何處可安？不立巖牆，便爲知命。近亦從衆防震，於後園竹下，搭一方棚。警報之來，换班坐卧。鳳仙數本，摇曳其間。忽憶昔日『湧幢小築修篁裏，幾樹疏花取次紅』之句，遂爲今日之讖。頗謂事或先定，無勞自至。憂危生平，未諳科學。不親儀表地震之説，未敢斷其有無。然以歷史而觀，成都從無震塌房屋之例。又向來地震多在山區，似此沙水爲基，平原曠野，倘不變成洪川！未必遂即傾仄。恃此無恐，亦以少安。佩玖雖子女勸遷，函電交馳，亦故持鎮定，不擾不驚。至於弟者，久歷風波，大難不死，豈復聞雷失箸，致此紛紜？用報故人，相爲安慰。足下移尊就養，長幼環列，雖逃震無殊，而井竈之勞，已寬往昔。亦自得計，何用後悔之爲？至於農曆九、十月之間，想已一切安定，故居重返，何必見卵而求司夜，早計肉票之終。但勉遵雅意，爲告通訊之家。備而不用，是所期於左右者矣。

專此即頌

時祺　並候

令愛舉家安吉

四、致重能書丁巳二月十三日

重能吾兄足下：

今年生日，用足下之例，杜門謝客。辱荷詞篇褒飾，謹和二篇，用酬高誼。暮春風和日暖，或當來新都奉訪。兼謀製作皮蛋，以佐酒尊。去歲所寄諸篇，反復數過。《寓居》《十年》二闋，逼近稼軒；《西江月》亦宋廣平《梅花賦》之比。勉擇有關諸作，次和數首，用酬雅意，不免貽笑方家。昨更奉到《西江月》各篇，不及補入矣！足下詞心日富，撰述日多，將來集録單行，尚可弁言其間，倘無佛頂著糞之譏否？近來興居如何？何以自娱？詞奉如别紙。即頌

近祺

五、致重能書丁巳端午前一日

重能吾兄足下：

桂湖照像兩張，並佳攝者，足稱高手。尊作聲實並茂，自贊之言，可謂大而非誇。奉和數篇，亦可謂策駑馬而追驊騮者矣！兩張資費，當時概由足下探囊，並照者誼不敢辭。獨照一張，何關左右？並出尊費，未免傷廉！皮蛋二十，與佩玖共謝厚誼。餘款七角，恰好補照像半數。此即處置之道，望勿二言。鄧克明白翳障目，小車傷足，又復自力潔清，沐浴斗室，一跌之下，斷其筋骨四根。上月前往看望，相留小酌，半日清言，自云尚無痛楚，但胸圍膠布，猶似兩襠。室無驢目，而病消渴。據云，肥甘過多所致。李保禄亦患此，有新藥治愈。不過此疾未瘳，難於刮目，恐終成盲者耳。午後往視佛操，所住寢室，業已出讓此君，移住中廳，蕭然病榻。相留時許，無以慰之，亦盼足下能來。何日成行，跂予是望。專此即頌

時綏

六、致重能書丁巳年七月九日

重能吾兄足下：

昨奉一箋，計已入覽。易明煦出差來蓉，將於七月十二下星期二，農曆五月廿六日。道過新都，停車踵候。代制皮蛋，便可交付携去，了此一重公案。昨得馮祉祥峨眉書，談及秋後可作成都之游。足下既非禪定，乃禁足不出，欲坐而致人，何其過於慎，毋亦稍變其例乎？專此奉達。即頌

時祉

七、致重能書戊午正月廿六日

重能吾兄足下：

殘冬別去，瞬及春初。舊約在心，時思一踐。而新正以來，堆盤列鼎，飽食無虞。乍暖還寒，興居難戒。滋味煎其府藏，風濕中於腰膂。偶親井臼，遂致勞傷。不濕寢而腰疾，遠鞍馬而髀困。行動艱楚，坐卧難安。始則索諸藥籠，審疾自醫。而杜仲無功，蒼术不效。宜求針灸，衆論愈同。但就人求診，傳聞已多。心畏其難，出門足蹇。遂捨銅人之砭石，用曲家之寶丹。兼旬以還，漸有起色。但春糧百里，其事尚難。奉候之辰，尚難先計。倘足下不忘前言，或有佇望。特奉一箋，以告旅途。病中草率，筆不成書。

即頌

時綏　仰惟

珍重

八、致重能書戊午三月廿六日

重能吾兄足下：

乍暖還寒，陰晴未定。久病初起，道遠猶疑。賞春之游，遂不克赴。但前約既虛，後約當踐。擬於足下嘉辰，或先後一日，以天氣爲候。同佩玖四姊，前來奉祝。不識於足下健康有無干擾？尚盼即日見覆，以示津途。

專此　即頌

時祉

九、致重能書己未三月十七日

重能吾兄足下：

上巳閑居，有唐、吴兩君見過，云欲撰述一文，辯愛智先生晚年荒落之謗。囑介一言，造謁左右。弟以在三之誼，足下尤篤。師門禦侮，當不俟鄙薄一言。像是匆匆，遂缺箋候，度足下之能見厚也。清和訪晤之約，擬在嘉辰之後，端午之前。倘於君居無礙，仍盼能代託人製皮蛋四十枚，見時取歸，不知能事此否？時寒時暖，久疏筆硯，詩文遂無一字。倘有所造述，望能寫示，以啓予心，如何如何？即頌

時綏

注：唐指上海社科院歷史研究所唐振常先生，吴或爲吴君毅教授之子。唐自上海，專程返川，親往賴、周兩師居宅，探明吴虞晚年情況。先將打印稿《吴虞研究》寄周師，後將《章太炎吴虞論集》寄賴師，其中爲吴虞晚年多所辯正。

十、致重能書己未九日

重能吾兄足下：

九日佳節，萬里晴空。莫往莫來，四難俱廢。追思往昔游好，良用悵然。令孫女欲來成都，國慶假期已過，不知當在何日？吴師母從北京來函告，吴榮世妹考赴舊金山留學之訊；兼説有人結伴，當來成都一

游；並詢及足下及佩玖近況。已函復一切，兼表歡迎。亦不知果能成行否？賤軀尚適，佩玖亦已康復，但仍憚車途之勞耳！别有小詩一首奉懷，録如别紙。專此即頌

時祉

注：吴師母即吴君毅教授續弦遺孀蔡綺雲先生。吴縈爲其女，留學歸國，執教天津南開大學。蔡即隨女，長住天津，至於終老。

十一、致重能書辛酉中秋前一日

重能吾兄足下：

飈輪風送，兩地遂分。寓室繕修，想已竣事。端居無事，吟興宜高。敢賦七律一篇，以當塼引。前所録贈王君一詩，歸來後有改易，並録請指正。

專此即頌

時祉

注：王君指王善生。王爲清華研究生，省文史館員。

十二、致學淵書甲子閏十月

學淵仁弟足下：

錢説疏略，不足爲據。以蜀人而談近代先正，不注出處，亦自無礙。否則，寧引《名山縣志》，亦視近代文學史爲詳。大稿爲點定數語，已足參吴氏生平，不煩羅縷也。即頌

時祉

注：吾刻印周師遺稿，參錢基博《現代中國文學史》，作吳之英小傳，函請賴師點定，而得此覆函。時寓什邡永興，背山面江之處。

十三、致劉雨濤書丙寅八月十九

雨濤大弟足下：

昨囑查『易在蜀』語，偶檢類書引《宋史・譙定傳》。舍間無《宋史》，無從核對原文。有小事，又頗無暇。足下可自檢《宋史・譙定傳》録出。

所交卡片，當時放在文史館辦公桌内，此時未能一併寄上，甚歉！專此

即頌

時祉

注：劉雨濤，四川崇慶人，一九二三年生。中央大學哲學系高材生，唐君毅教授弟子。五十年代罹『右派』之難，改正之後，仍教於廣漢師範至退休。著作勤苦，先後發表朱熹研究等多篇文章，在學術界有一定影響。

十四、致重能書四月十六

重能吾兄足下：

四月十八日，約期已久。整裝待發，兼有令妹同行。欲攬桂湖、寶光之勝，此日無法回改。倘及足下清閑之會，請炊粱相待。當自具盤飡，不煩烹鮮作膾。如其世累見羈，閉關徑去。則過門不入，明非我罪。長街列肆，隨處可以療飢，亦不爲虚此一行。如何如何？即頌

時綏

十五、致重能書

重能吾兄足下：

前得和詩，深嘆衰颯。神明未損，起居如常，何爲出詞如此？天寒足凍，街頭茗坐，亦常往否？謂宜圍爐坐嘯，自擁書城。曠然怡然，優游卒歲，毋爲長戚也。兹有奉懇者，有成大同學米君慶雲，近擬撰述一文，紀張表方生平及其著述。走訪同門，資訪故實。已得材料，可成長編。弟處《説仁》《説義》，亦前來鈔纂。獨張先生詩稿，所得甚少。頃告以吾兄前在果州，曾與張先生屢有酬唱，來往篇什，想尚存集中。米君即囑弟代奉一緘。倘及清閑之燕，别紙録一份，不特米君感此厚貺，亦吾兩人再三之誼不可忽者也。近來同學黄天鵬君，已撰一篇，交社會學院發布。黄君任教西師，未能旁搜博采。米君此作一出，庶幾張先生精神面貌，焕然復彰。吾人不可不助其一臂也。專此奉達。即頌

時祉

附録四　祭文

祭賴皋翔先師文

惟甲戌孟陬吉日之良辰，受業學淵等謹具素饈果醴，祭祀於當世哲人皋翔先師之墓前而銜悲稽顙以報諸神靈曰：

龍泉巍峙，沱水東流。絳溪汩汩，石橋幽幽。飛蓋牛鞞，爲散濃愁。祭祀先師，泣血墓丘。哲人已矣，風範長留。彪炳青史，照耀千秋。倏別數月，無以解憂。笑貌音容，永駐心頭。道德文章，光射斗牛。詩歌詞賦，七子奔走。渾涵八代，異世五柳。夷齊比肩，卿雲爲友。溯洄披誦，瞻式彌久。曠世奇才，英名不朽。先自八閩，遷蜀清初。定居石橋，傳家詩書。祖以鄉秀，馳譽閭閻。考弗治生，困厄窮廬。外祖副榜，精擅程朱。鳳來書院，山長名儒。舅父鄉秀，求學東渡。張瀾同窗，抗心希古。學成返川，鼎新革故。功昭後世，光宗耀祖。母承庭訓，詩文並舉。歲次丁未，文星賜予。尚在懷抱，啓蒙識字。六齡通覽，三國演義。頭角崢嶸，神童相許。八歲赴讀，石經古寺。四書五經，特聘毛氏。越級縣學，國文優異。年及十八，上庠躋身。書破萬卷，下筆如神。潛心八代，根柢周秦。林吴龔向，盡獲其真。校長稱道，師得傳薪。民國廿年，冠冕成業。執教西都，至於鼎革。治理蜀華，傾注心血。妙手春風，錦里奇絶。大厦將傾，卓犖自立。近師陶潛，遠齊先哲。躬耕自養，明並日月。四十餘稔，耕讀娱閲。著述宏富，蹊徑獨闢。太半付矩，十年浩劫。省文史館，禮聘隱逸。欲益斯世，終未可得。平生交游，海内英杰。中秋之夜，梧桐雨滴。頓失恩師，八旬晉七。萬古不磨，真情未滅。嗚呼哀哉！伏維尚饗。

附録五　奉吊詩詞選

受業新都張學淵

敬和皋翔師見答詩 癸亥重九前二日生辰賦

焚琴煮鶴泣焦桐，劫難頻仍翰苑空。倘遇蘇妃凌紫闕，會逢珠玉棄蒿蓬。

難分涇渭斫孤桐，敢問蒼天墨吏空？爲訪東山陶靖節，誠知美璞卧枯蓬。

鳳凰棲老碧梧桐，一任寒鴉噪晚空。我乃怡然修道者，谿山覓食愛蓮蓬。

滄海横流鑒古今，秦皇漢武遠追尋。終因權勢迷清竅，致使無辜裂肺心。

文苑荒荒痛至今，英才零落孰探尋？焚膏繼晷窮經典，莫負恩師重託心。

敬和皋翔師見贈詩 丙寅秋

拜伏龍門樂此生，甚殷期望感深情。青春有幸承師道，耆宿無多負盛名。

魯殿巍然風物異，秦宮失火士儒輕。流年似水分陰惜，冀得傳衣向老成。

雨霖鈴 送皋翔師歸里用柳耆卿韻　壬申中秋

魂靈關切，問人天路，未肯稍歇？西都大隱頭白。經塵劫後，輪蹄將發。夢裏依依淚落，便瓊謳難噎。倏往矣，回首烟波，錦里繁華錦江闊。　人間自古嗟離別。况何堪、寂寞中秋節！重來故宅無主，空悵望、老梅孤月。此恨綿綿，腸斷、長亭餞酒休設。把舊稿、求索幽微，顧盼誰評説？

西河 皋翔師沙河寓居游記，用周美成長安道詞格　癸酉九日

龍舟路，行色怱怱朝暮。求知心切向沙河，四時奔赴。望江樓閣偶登臨，春波雲影花樹。　大隱處，歸來賦，闡釋幽微堪溯。躬耕吟詠在天涯，友生時顧。卌年辛苦植蘭蓀，悠然陶令風度。　漸老矣、依舊如故。戀西都、終身流寓，第二故鄉情趣。看人間、萬世枯榮，總付與、大荒西，東流去。

悼念皋翔師兼懷重能師佛操先生 癸酉玄月

丹桂香飄錦水濱，飛來赴電頓悽神。梧桐雨打中秋夜，宇宙魂歸大隱人。手握遺篇懷盛德，心隨三老友靈均。他年問字知何處？浪迹天涯自守真。

皋翔師棄世周年賦西湖明月引用吴夢窗詞格兼懷重能師佛操先生 甲戌中秋

中秋時節賦招魂，哭師門，暗傷神。寄迹異鄉，舊夢獨重温。雨打梧桐疑訃電，踵孤村。心悲戚，弔哲人。　卌年市隱錦江濱。乃全真，英氣存。躬耕自養，賦《歸去》、五柳詩文。三老神交，辛苦植蘭蓀。

劫難頻仍容易老，俟傳薪。握遺稿，悵獲麟。

追懷皋翔師乙亥歲暮

祭掃春山翠柏林，絳溪汩汩淚痕深。三年未得廬於墓，半世何堪病在心。手握遺編親校理，魂追先哲逐浮沉。隨珠卞璞誰能識？血映寒星照古今。

桂枝香皋翔師棄世四周年感賦

秋來酷熱，奈暑氣難銷，又當秋節。萬里冰輪高照，夜深圓缺。適逢全蝕長空黑，夢魂驚、金風嗚咽。隔窗遙望，碧霄星宿，冷光明滅。　最難堪、恩師永訣。記雞年今夕，風雨愁絶。五柳魂歸宇宙，喪吾賢哲。生前託付音猶在，正遺篇校録情切。絳溪沱水，滔滔東去，鬢添霜雪。

皋翔師棄世五周年兼懷重能師戊寅中秋

謾説中秋望月華，恩師棄我訪仙家。數篇珠玉如朝日，一代賢能照晚霞。後事難料傷遠道，前途未卜嘆生涯。萋萋墓草年年發，翠柏林梢俟暮鴉。

庚辰中秋皋翔師棄世七周年兼懷諸師友

歲月騣騣詎可留？思親念友又中秋。梧桐葉落悽惶雨，菡萏香銷黯淡愁。董理隨珠誰寶貴？珍藏卞璞自風流。前程未卜憂何益？生命休時道不休。

鹽亭袁焕仙贈賴皋翔先生詩

高唱恣他響入雲，如何絃管亂若紛？宵深有客寒吹笛，燈寂無人夜選文。耨月鋤從田父借，忘憂草向兒女分。平明來看九皋鶴，緘口孤翔不就群。

自注：此鹽亭袁焕仙贈余詩也。原箋不知遺失何所。静居無事，偶憶而録之。

注：詩用宣紙書録，前二字已佚，今補。詩爲一九四九年後師隱耕成都東郊時作。

校注皋翔師《文史雜論》《寄櫟軒詩存》書後

癸未九日前夕受業新都張學淵

知命蹉跎添八籌，重陽又逼莫驚秋。百年易盡如殘夢，一事無成到白頭。上不摩霄攬明月，下難隨俗逐時流。回看荊棘叢生路，未報師恩詎便休！

遺編理罷皆珠玉，未掩光芒匣卧時。異世陶潛罹浩劫，多謀諸葛亦差遲。一生襟抱終無悔，八代文章會有期。託鉢四方天不負，奇書留待後人師。

附録六　師友題贈

書贈高翔仁弟

林山腴

師道廢已久，常苦天下裂。悠悠暫學人，誰能喻舍鍥。平生負讀書，望道愧不切。徘徊歧路間，幸免中情熱。群言正淆亂，此衷猶可折。斐然二三子，高姿孕明哲。賴生尤淵淵，令器瑚璉別。會心如有同，法巽昭繹悦。資清一以化，成輝遂若潔。方嘆水深回，自謝規矩拙。火盡待薪傳，斯理未宜絶。

唐君毅贈言抗日戰争期間

足下之心性行爲，可爲中國文化之代表。

高翔六十七歲壽辰詩以祝之

甲寅如月　周重能

睨視塵寰一世榮，羞烹要護五侯鯖。東鄰共屬牛鞞縣，錦水同游蜀國城。八代文章尊格律，千秋人物笑豪英。閑窗高卧羲皇上，不與時賢競姓名。

卜居無悔近桃花，宅在東陵學種瓜。閉户宜修高士傳，留賓喜酌竹間茶。優游不向青雲路，偃蹇堪乘下澤車。趣涉丘園辭束帛，綠陰疏處看朝霞。自家香草遍陵阿，讀罷騷經帶女蘿。仙侶同觀東海水，誰人初設北山羅？百年都作黄粱夢，萬古難傳白雪歌。好祝春風千日酒，勸君莫惜醉顔酡。已任推排數十年，何須呵壁問蒼天！長松茂柏經霜雪，避地含杯樂聖賢。静坐心齋觀世易，高談門律獲神安。小園摘我東風菜，飯軟蔬香壽可延。

玲瓏四犯 爲皋翔壽用白石韻 乙卯如月

周重能

五柳門前，桃花山下，先生知是何許？清風高萬丈，峻節凌千古。聞伊草廬卧起，望澄瀾、嘯歌江浦。上品齊梁，下嗤唐宋，文味闡甘苦。　東皋右連官路。有芳蘭翠篠，三徑開户。小園春自在，退士時來去。蒙莊漫逞逍遥論，竟誰解、鵬鷃羈旅。應説壽無疆，是喬松伴侣。

祝賀皋翔華誕三首 丁巳花朝

鍾佛操

南極星輝映太蒼，羡君七十更康强。虞翻明易知興廢，賈誼過秦識亂亡。歸隱堪追陶靖節，避灾須憶費長房。岸然古貌徵遺逸，杜史居周未可量。

桃杏争妍豔豔春，沙河縈帶畫圖新。遥看錦里烟如織，近接青山草似茵。三徑就荒應戒露，一園幽賞且安貧。干戈不識無憂悶，畢世消摇竞濯塵。

一日栽花十日閑，槿籬竹徑隱青山。圖書坐擁無餘事，琴硯相依好閉關。屋後芝蘭難共賞，溪邊榆柳正堪攀。栖遲且喜衡門在，兩鬢如絲尚赬顔。

贈高翔學兄　壬戌　陶亮生

耕田識字漢，若個似斯人？病赭聲名逐，知玄著述新。老農甘槁項，高節欲生麟。鐍此便便笥，當年席上珍。

高翔學兄，文采斐然，夙著時譽。躬耕隴畝，逾三十年。雖世禍獲免，然非生靈之福也。詩云：『潛雖伏矣，亦孔之昭。』東坡居士更進一解謂：『聲名逐吾輩，此病天所赭。』蒼生囑望，恐無逃於天地之間。不過風虎雲龍，實關國運。李蕭遠陳言，良有味哉！

皋翔大兄以看桃花相期即赴所約詩以代柬　乙巳雨水　劉霽晴

實結穠花迎戴勝，膚如紫玉擬夫人。玄都觀裏重來客，遍賞千株萬朵春。逐水漁舟洞口濱，逃堯豈在避嬴秦？郊原日煖繩床穩，社屋風清陌柳新。

春歸翌日高翔兄招飲　甲子雨次　趙元凱

老去鄉人敬，村居溪路斜。好花紅上砌，疑是邵平瓜。君種花售價數十元。

竹外春鳩鳴，開尊對場圃。言笑不知歸，陣陣荼蘼雨。

奉壽高翔大兄六十晉一攬揆之辰　張霽樓

世重譙夫子，當門雪壓枝。岷峨深蔚秀，后伏自英奇。種樹東山去，褰裳故國遺。張侯繼渭叟，抱器佐明時。

致學淵書

學淵先生：

大札及尊撰賴翁傳拜悉。五十年前，流寓成都，嘗預翁交游之末。憶讀其所擬《吴又陵墓志》，嘆爲晉宋高文，容甫以後一人而已。何期世變紛紜，遂不相見，思之愴然。其遺文得先生校理，想非久可以傳世。企予望之。專覆

即頌

大安不備

程千帆

三月八日

附録七

賴皋翔文史雜論序

手捧遺編，思緒萬千。業師云殂，倏爾十年。哲人其萎，遼鶴唳天。溯洄披誦，淚雨緜緜。

歲次壬午，即重能師棄世之二十周年，其《水竹山莊詩文集》殘存數十萬言終於問世，爲師之故舊親屬，余之師友，與海内各省級圖書館諸處收藏。而皋翔師之文稿，雖早已校録竟，僅臺北之《鵝湖》、成都之《巴蜀史志》，各刊行一篇；詩稿則爲《重慶藝苑》收録五題，《老成都》之《歷代詩人詠成都》收録兩題。此外，師生前刊行兩篇，一篇收入《唐君毅全集》卷三十，另一篇刊於成都《文史雜志》者，爲憶林山腴講詩之文，雖經努力，未能蒐集，殊爲可惜。其餘詩文殘存數十萬言，未嘗刊行。

皋翔師生前，嘗將身後之事，託付余與鄧小軍。小軍以求學、執教而輾轉於成都、重慶及西安諸地，後又遠去上京，焚膏絶晷，久未晤談。故刊行皋翔師遺著之重任，惟肩負於余。幸皋翔師暮年，自定其文稿之名，命曰《賴皋翔文史雜論》；其詩稿則於一九四九年之前，自定爲《寄櫟軒詩存》，並自署寄櫟。且又囑余編輯之次第。

重能師《水竹山莊詩文集》刊行後，余即籌謀刊行皋翔師遺著。癸未之春，始清理皋翔師殘存詩稿，並遵師囑分類；參閱重能師、佛操先生及其他存稿，考定其次序；又蒐羅遺佚，獲詩文數題。然後徐徐校録，至仲夏方録畢。於是分卷編輯，安排目次，卒砥於成。而皋翔師故舊，太半已入鬼籙，存者亦已耄荒。數年以來，余嘗祈數人作序，皆未成。無奈，僅將程千帆教授賜函代爲序文。諸般已就，而募化尚未及半，詎能付梓？惟託缽四方，以期早日刊行。適逢山窮水盡，豁然柳暗花明，幸得香港唐君毅先生高弟霍韜晦教授暨其門人趙俊强君慷慨捐資，玉成刊布，功德無量。

曩昔皋翔師躬耕自養，歷四十年，苦樂俱在其中矣。四十年代初，唐君毅即許皋翔師：『足下之心性行爲，可爲中國文化之代表。』李源澄嘗稱師著《文論探源》爲『中國第二部《文心雕龍》』。程千帆則推師著爲『晉宋高文，容甫以後一人而已！』張秀熟嘗閲師著文後嘆曰：『大陸已無人能作此等文章矣！』而曹慕樊則云：『聞成都東郊有當世陶潛賴君，吾欲見之。』終未晤。即此已見諸賢於師之道德文章之推重若斯。

皋翔師著《國風流别論》《詞賦流别論》《駢文流别論》《詩歌流别論》《唐宋詞流别論》《元曲流别論》諸文，分之則自成體系，合之則爲《中國韻文史略》，至今尚存者僅前二篇。《學本》原有上下兩篇，僅存上篇，專論中華文化學術源流與治學之津梁。《毛詩美刺論》《二南之作者與時代》，爲研究《詩經》之美文。《方志論》原有五篇，弁言外，惟《編撰》尚存。《鍾嶸詩品後序》《滄浪詩話跋》，論詩歌之識鑒與前人之得失。《馬端臨文獻通考序箋釋》，爲研究歷代典章制度之綱領，亦治史學者必修課程，並可窺師廣博學識之一斑。《國故論衡原儒志疑》上下二篇，論析章太炎文章之得失，亦見其時學術研究之民主風氣。《蘭苑筆叢》卷一，論文章之源流與『蜀學』之古今，以爲自漢代司馬相如、揚雄以來之『蜀學』，爲開天下文章學術風氣之先河者，發千古不刊之論。《跋孟子大義序録》，爲有關唐君毅之父唐迪風

《孟子大義》刊行始末及其佚事。《簡陽懷舊録》爲追記一束，叙寫於故鄉人事滄桑眷戀之情。《樹蕙滋蘭叢稿序》爲駢文，即胡佩玖之傳贊。《吴先生墓志銘》，與重能師合著。爲研究吴虞重要史料，已爲數種專書收録。《吴先生贊並序》以下十五篇，爲研究當世蜀賢之珍貴史料。而《劉光第傳》《劉光第詩略論》，爲擬作《晚清四川文獻徵略》百七十五人中第一人之傳、論，其餘以故未成，孰堪補撰？《憶林山腴先生》以下諸文，聲情並茂，記叙諸多鮮爲人知事迹，爲研究以上人物重要史料。

皋翔師嘗告知請益者：學文學不通史學，便没有根基；學史學不通歷代典章制度，便不能入門，更何談登堂入室！皋翔師講論文學史，自與諸家殊異：每一時代，便有其獨特文學品類；此種文學品類，有幾位最負盛名作家？其中某位作家，有幾篇傳世之作？如此傳世之作，有幾段最傳神動人？如此杰作，歷代有何研究成果與重要參考資料？此種講論，於自學者尤爲有益；於深入探究者，亦指引方便門徑。師之講授記録十餘萬言，尚存成都胡楊處，以無法聯繫，故未能入編，利益來者。

皋翔師遺著得以刊行，承蒙諸師友不棄，或道義相扶，或慷慨捐資。皋翔師遺著刊行，必將有裨於中華傳統文化暨天下後世無疑。

鑒於編者水平，舛謬難免。誠請方家不吝賜教。

歲次癸未且月初八新都張學淵謹序於三星堆側無爲書屋

附録八　賴皋翔先生傳

賴先生名鴻翶，字高翔，一署皋翔。四川簡陽人。自先世由福建遷蜀，世居石橋。祖憲章公，爲清末秀才，數百字文，過目不忘，以記憶特强，名聞鄉里。考昌祚公，不善治生，以腦疾早卒。外祖吴崇武公，以旅舍賬房，自學成才，入選鄉秀；復考爲清末副榜，出長簡陽鳳來書院，主講程、朱理學，兼及音韻辭章。母吴氏，舅父雪琴公，爲同父異母兄妹，情甚篤，以至終老不易也。母方四齡，外祖見背。外祖母守節以扶養舅父，至於成立。舅父復以秀才，於清光緒廿九年（一九〇三）東渡日本，就讀於東京弘文書院師範科。張表方先生瀾同行且又同窗。學成歸國返川，首倡並主辦簡陽之新學，功垂後世。民國初年，歷任縣教育局長、圖書館長諸職。母則幼承庭訓，敏而好學；外祖卒，即由外祖母教育之；兼擅詩文，豈僅賢淑而已。先生以受母教影響殊多，直至青年時代之書信、文章及誦讀，皆由慈母指正。當其尚在懷抱，母即授以理學暨《曾文正公家書》，啓蒙識字。先生六歲，已能通讀《三國演義》類古典小説名著。六七歲間，偶患痢疾，便自查方藥，自療而愈。舅父家藏書甚豐，已多能閲讀。鄉里許爲神童。入私塾，從外戚張氏讀。八歲，赴讀小學於石經寺，舅父特延聘鄉秀才毛氏任教，授四書五經及國文。以國文優異，徑由初小越級升入高小，就讀於縣立小學堂。時祖父不以讀書爲意，而授以珠算。同學百餘人，惟先生以數學顯揚。小學僅三年，即考入中學；中學之前身，乃名山吴之英任山長之通材書院也。初學桐城文於應茂如先生，並摘抄王先謙《續古文辭類纂》文章以玩味焉；兼習外語，而以幾何推理見賞。歷四年畢業。民國十四年秋，舅父任國學院監學，而蔡松蕪先生任成大校長。先生於是年十八歲考入國立成都大學中國文學系。時成大招新生，僅試以國文、數學、外語三科。先入預科二載。林山腴先生思進主講國文，令諸生作哀李斯文，先生之作特爲林先生所賞識，頗爲之褒揚稱譽。由是盡棄桐城之學，潛心研習八代詩文。民國十五年，張表方接任成大校長，乃取效蔡元培治校之法，先後延聘吴又陵先生虞、林山腴先生思進、龔向農先生道耕、向先喬先生楚諸海内名流任教。先生以成大讀古書最多見賞於張表方。林山腴先生亦喜得學術傳人。民國二十年，國立成大、公立川大、師大三校合併爲國立四川大學。先生即於是年畢業。林山腴先生贈以所書『師道篇』横幅，詩云：『會心如有同，法巽昭繹悦。』又云：『火盡待薪傳，斯理未宜絶。』足見山翁之殷望。此詩至今尚懸諸寓壁。然後執教於成都縣立中學、錦江公學、省立成都中學、川大附中、私立蜀華中學諸校，而駐蜀華任教逾十載。蜀華爲四川肇端開辦私立中學之儲才中學與清末成都孤兒院所辦錦江中學二校合併而成。曾由先生之同學易建文先生任校長，惜乎盛年凋殞。周子龍繼任，積餘尚多，而歷時八載，債纍如山，一年收入，僅堪支付二月薪金。先生以民國三十四年秋抗戰勝利時出任校長，受命於學校危難之際，乃以全力，革故鼎新，延聘社會名流及歷届優生爲教員，建立學校聲譽；教學則實行經濟、操行、成績三公開，言必行，行必果。校風爲之巨變。一期則償還債纍，二期則減輕學子負擔，三期則改善教員待遇。而後修葺校舍，興建禮堂。學校舊貌，焕然一新。先生任蜀華校長四年半，初則妙手回春，終至生機盎然，爲國家培育出大批有用才賢。至一九五〇年將該校交付新政府時，已有學生廿四班千餘人。其間，先生將全部心血傾注，雖執行政、經濟權柄而克己奉公，無分文納入私囊。當彼貪污腐敗、大厦將傾時，誠卓犖自立於世。以軍代表盛氣凌人，即告辭職。五十年代初，任教於王恩洋所辦東方文教院，旋還居東郊董家山躬耕自養，累召不出。復徙居沙河橋東同學胡佩玖先生世玉宅三十八年。嘗以故人促，執教於成都紡織學校，僅及一年而辭歸。至八十年代，以王善生諸故舊力薦，四川省文史館主任禮聘，始出任四川省文史館館員至今。三年前，以年邁而移居城北文殊院側白家塘街老二號寓宅。癸酉中秋節凌晨以腦疾棄世。先生以清光緒卅三年丁未二月十三生，終年八十有七，斂骨藏灰於故土。先生自十八歲考入國立成都大學後，即以成都爲故鄉，經歷近七十年。先生身頎長，目短視，貌甚英俊，胸尤豁達。先生遠追先哲，近師陶潛。四十年代，唐君毅先生嘗許先生爲中國文化之代表。爲文章駢散兼行，清新雋雅；文史雜論，則以歷代所未曾述及者，獨闢蹊徑，成就最高；以詩詞爲文章餘緒，而出入八代唐宋大家之間。十年浩劫，詩文付炬者彌多，殊堪痛惜。今幸存而較完整者有《國風流別論》《詞賦流別論》《學本上》《毛詩美刺論》《二南之作者與時代》《方志論・編撰》《鍾嶸詩品後序》《滄浪詩話跋》《馬端臨文獻通考序箋釋》《國故論衡原儒志疑上下》《蘭苑筆叢》卷一、《跋孟子大義序録》《樹蕙滋蘭叢稿叙》《簡陽懷舊録》《吴先生墓志銘》與周重能先生合著、《吴先生贊並序》《宋梁材像贊並序》《劉光第傳》《蜀賢張真如先生傳》《憶唐君毅教授》《李源澄傳》《亡友徐荆石傳》《亡友鍾佛操傳》《周重能先生遺稿序》《桂湖題詠録序》《譚肇聞先生墓志銘》《賴集雲誄並序》《陶亮生誄並序》《劉君惠蘋花集序》《贈王善生叙》；《寄櫟軒詩存》舊稿及唱酬贈答詩詞近千首。而以現代語行文者有《憶林山腴先生》《憶李培甫先生》《憶吴芳吉先生》《憶向先喬先生》《我所知的張森楷先生》《追懷香港中文大學新亞書院唐君毅教授及其雙親唐迪風先生陳大任夫人》《劉光第詩略論》。先生中年，擬編《歷代文法史》《文學史論》而未遂；晚年欲作《晚清四川文獻徵略》《尊經書院考》《清末四川留東學生述要》《國立成都大學見聞》《吳之英之學術與文學》等。已排列四川近代名人詞目百七十有五，擬每人一傳，未成。先生嘗撰一聯以自況云：『莊情孔思，沈筆陶詩，平生白業一揮手；文苑儒林，獨行隱逸，他年青史四傳人。』又挽前省成中校長錢智儒聯云：『富貴不能淫，貧賤不能移，涓滴奉公，先唱頓窮誰其繼？絶賓客之知，忘室家之宜，辛勤守自，斯人而死吾何歸？』先生以爲，斯聯亦堪自況云爾。先生將『立身有本末，所樂非窮通』一聯懸諸寓壁，以爲處世之宗旨與平生之總結。而尤喜王闓運撰彭玉麟之墓志銘，志云：『然其遭際，世所難堪。始則升斗無資，終則帷房悼影。』又云：『蕭寥獨旦，終身羈旅而已。不知者羡其厚福，其知者傷其薄命。由君子觀之，可謂獨立不懼者也。』先生以爲，彭之遭逢，與己尤爲貼切。先生少壯之時，生計維艱，未得承歡膝下，惟慈母以六旬晉八下世，遽歸故里，守過七七之期，方返成都；中年以後，伉儷齟齬，至參商兩地，鬱鬱寡歡。師母吳氏字慧仙，與先生同齡，今尚健在，長住漢源次女家。次女名志恒，外孫二子一女，均已成立。長女静恒，嘗就讀於四川大學園藝系，惜英年早逝，遺外孫女、子各一，家居成都。幼女季恒，仍家故鄉，外孫女四，多營服裝之業。近年，先生以腦血栓致行動不便，幼女及婿陸氏來侍，扶持上下，不辭辛勞；先生謝世，又將師母迎回簡陽奉侍。先生嘗與同學宋梁材、易建文相友善，惜二君俱英年殂化；復與唐君毅、周輔成、李源澄、朱自清、豐子愷、宋大魯、徐荆石、鄭異材、王善生、賴集雲、陶亮生、周虛白、馮祉祥、郭君恕、劉君惠、林學詩、楊達綱、劉霽晴、王仲鏞、吳天墀、鄒文奎、羅去非及趙堯生之二子元凱、念君諸先生相契，時相過從。而諸先生或遠去異國他鄉，或後先凋謝，尚存者亦多已耄荒；而與周重能、鍾佛操先生結爲知己，詩酒流連，交垂五十餘年。惟先生闡述幽微，導引後學，誨人不倦。先生隱逸躬耕幾四十年，乃當世哲人。

癸酉長至後五日受業新都張學淵敬撰，嘉平月朔日補訂於雒城南門房琯西湖畔無爲書屋